KB059585

당과 인민

우려와 기대를 모두 넘어
진화하는 중국

당과 인민

共和国万岁

世界人民大

브루스 J. 딕슨 지음

박우 옮김

사계절

감사의 말

이 책의 시작은 나의 아이디어가 아니었다. 프린스턴대학 출판부의 정치학 분야 편집장 에릭 크레이한이 아니었다면 나는 이 책을 쓰지 못했을 것이다. 그는 중국 정치의 본질을 관통하는 책을 쓰자고 내게 제안했다. 이 책에 대한 그의 열정과 이 책을 읽게 될 잠재적 독자들이 나를 매료시켰다. 그가 승진한 후 브리짓 플래너리-맥코이가 이 책을 담당했다. 그는 초고를 읽고 분석의 틀, 주제의 순서, 그리고 책 전반에 걸쳐 더 많은 예시가 필요하다는 점 등 책의 모든 부분에 대해 현명한 제안을 했다. 또한 그는 섬세한 안목과 통찰력으로 독자들이 궁금해할 내용을 발굴해서 이 책을 의심할 여지 없이 더 나은 책으로 만들어주었다.

프린스턴대학 출판부의 제작팀과 일한 모든 과정이 매끄러

5

감사의 말

웠다. 여러 질문에 신속하게 답변해준 내털리 밴, 테리사 류, 그리고 특히 앨레나 체카노프에게 감사의 인사를 전한다. 켈리 맥브라이드와 앤 체리는 원고를 신중하게 검수했다.

　여러 사람이 매우 유용한 의견을 제시한 덕분에 나는 사실과 해석 사이에서 불필요한 오류를 줄일 수 있었다. 마틴 디미트로프와 여전히 익명인 다른 세 명의 검토위원은 전체 원고를 읽고 책의 완성도를 크게 제고할 수 있는 의견을 제시했다(수줍음 많은 검토위원들이 자신의 신분을 드러내주기만 한다면 그들에게 저녁 식사라도 대접하고 싶다). 특정 장에 대한 질문에 답을 해준 사람들도 있다. 스티브 밸러, 조 퓨스미스, 이언 존스턴, 존 케네디, 앙드레 라리베르테, 마리-이브 레니, 숀 시, 제시카 티츠, 그리고 카스텐 밸러 등에게 감사한다. 또한 수년 동안 대화를 나누며 중국에 대한 이해의 깊이를 더해준 천춘화, 메리 갤러거, 한언쩌, 피에르 랜드리, 리롄장, 멜러니 매니언, 페이민신, 선밍밍, 빅터 스, 왕위화, 그리고 댄 라이트 등에게 깊은 감사를 전한다.

　나는 이 책을 집필하는 동안 재능 있는 젊은 학자들과 함께 일하는 행운을 누렸다. 연구에 귀중한 도움을 준 엘리너 앨버트, 켄드릭 쿼, 그리고 마르크스 왕에게 감사한다. 그들이 있었기에 중국 정치에 관한 방대한 규모의 학술 문헌을 이해하고 여러 개의 사례 연구를 하나로 엮을 수 있었다.

　항상 그렇듯이 연구와 집필 과정을 응원해준 나의 가족—아내 베니타와 자녀 앤드류와 케이틀린—에게 감사의 마음을 전하고 싶다. 이 책에는 나 홀로 중국에 장기 체류하던 당시의 내용은 포함되지 않았다. 하지만 그 외에도 연구와 집필이라는 핑계로 나는 자주 가족들을 떠나 있었다. 그 시간과 인내에 대한 보상이 이 책에 담겨 있기를 바란다. 이들에게 애정을 담아 이 책을 바친다.

차례

2011년 9월, 우칸烏坎(광둥성 해안 지역에 위치한 마을_옮긴이) 사람들이 시위에 나섰다. 그들은 선출된 지도자들이 농사로 생계를 유지하던 촌민들에게 충분한 보상을 하지 않고 토지를 개발업자에게 팔아치웠다고 주장했다. 주민들은 보상과 새로운 선거를 요구하며 루펑시陸丰市에 있는 정부청사를 향해 행진했다.

루펑시 지도자들은 주민들의 요구를 받아들이지 않았다. 대신 무장경찰을 보내 시위를 진압하고 마을을 점거했다. 몇 달 동안 무장경찰과 대치한 끝에 일부 시위자는 경찰을 공격한 혐의로 기소되었다. 시위자 중 한 명인 쉐진보는 구금 중에 사망했다. 그의 가족들은 시신에 고문의 흔적이 있었다고 주장했지만, 정부가 발표한 공식 사인은 심장마비였다. 이를 계기로 무장경찰과 촌민사이의 긴장은 더욱 고조되었다.

　중국에서 지도자들이 인민의 정당한 요구를 무시하거나, 인기 없거나 부패한 지도자들이 저지르는 위법 행위에 반발하는 사람을 처벌하는 것은 매우 흔한 일이다. 그런데 얼마 뒤 우칸에서는 성급(행정 등급상 '국가급' 다음이 '성급'과 '부장/장관급'이다_옮긴이) 지도자들이 시위대의 요구를 수락하는 놀라운 일이 일어났다. 상급 관리들은 우칸 농민들이 받은 보상금을 조사하겠다고 발표하고, 토지를 개발업자에게 넘긴 우칸의 지도자들을 해임하고 그들을 대신할 새로운 선거를 준비했다. 그 결과 시위 지도자 중 한 명인 루주란이 신임 촌장으로 선출되었다.

　우칸에서 발생한 시위와 그에 대한 해결책은 중국 풀뿌리 민주주의의 새로운 모델로 환영받았다. 곧 베이징으로 가서 중앙 정치국 상무위원으로 승진할 예정이었던 광둥성 당서기 왕양은 평화적인 "우칸 방법"을 통해 성 전역의 지방 정치를 개혁하겠다고 말했다.

　하지만 중국 정치가 종종 그렇듯이, 이 사례도 겉으로 드러난 것보다 더 많은 이야기가 숨어 있다. 해임된 촌장도, 그리고 새로 선출된 루주란도 모두 당원이었다. 특히 루주란은 성 당위원회의 승인을 받고 시위 확대를 막기 위해 투입된 인물이다. 우칸 시위가 다른 지역으로 확산되지 않은 이유는 한편으로는 시위에 대한 언론 보도가 차단되고, 다른 한편으로는 사람들이 체포를 두려워했기 때문이다. 시위의 결과는 겉으로는 민주주의적 운동의 승리

11

처럼 보였지만, 실제로는 중국 공산당의 권력 재확립으로 귀결되었다.

루주란은 몇 년 뒤 부패 혐의로 기소되었다. 이것은 시위를 주도한 것에 대한 뒤늦은 보복이었을까, 아니면 지도자도 잘못을 하면 처벌된다는 사실을 일깨워준 사례일까? 중국 언론은 침묵하고 우칸 촌민들은 외국 언론과 접촉하지 말라는 경고를 받았기 때문에 진상을 단정하기 어렵다. 거대한 사건의 시작처럼 보였던 우칸 시위는—전 세계 뉴스에 보도되기는 했다—중국 내 대부분의 인민에게 주목받지 못한 또 하나의 해프닝으로 끝났다. 결국 "우칸 방법"은 확산되지 않았다.

이 에피소드는 중국 정치를 공부하는 학생들에게 익숙한 주제를 잘 보여준다. 지방의 지도자가 '경제 성장'을 이룩하라는 중국 공산당의 명령—예를 들어, 농지를 산업 및 상업 목적으로 전환하라—을 받고 시행한 어떤 조치는 지방 인민의 분노를 유발하여 국가와 사회 사이의 긴장을 조장한다. '사회 안정'을 또 다른 정책 과제로 삼고 있는 고위 관료들은 이처럼 긴장이 고조될 때면 지방 지도자를 해임하여 지방 인민들에게 암묵적으로 동조하는 경우가 많다. 이때 중국 공산당은 대중의 여론에 민감하게 호응하지만, 권력을 독점하는 당의 지위에 도전하는 요구는 용납하지 않는다.

21세기 중국을 이해하려면 그곳의 모든 정치 활동은 공산당을 중심으로 이루어진다는 기본 사실에서 출발해야 한다. 지난 수십 년 동안 중국의 경제, 정치, 사회 개혁에 대한 당의 접근 방식—
그리고 시진핑 체제에서 개혁의 많은 부분이 역행한 것—은 정치
제도뿐만 아니라 당과 인민의 관계에도 영향을 미쳤다.

• • •

마오쩌둥의 통치가 끝난 후 수십 년간 대대적인 개혁을 통
해 중국의 경제 및 사회 생활이 바뀌었다. 민간 부문을 키우고 국
가를 개방하여 세계 경제와 연결되었고, 이로 인해 개인의 소득이
증가하고 이동성이 확대되었다. 많은 중국인이 농촌에서 도시로
이동하기 시작했다. 이 모습을 본 외국 관찰자들은 중국의 정치
제도도 달라질 것이라는 기대를 갖게 되었다.

정치적 변화에 대한 기대는 사회과학에서 가장 잘 정립된 이
론, 즉 국가가 번영할수록 민주주의 국가가 될 가능성도 상승한
다는 '현대화 이론'의 영향을 받았다. 이 이론에서는 경제적 현대
화—도시화, 교육 수준의 향상, 공업 및 상업의 발달과 농업의 쇠
퇴, 중산층의 출현 등—가 정치적 가치관을 바꾸는 사회적 변화를
촉발한다. 그리고 새로운 가치관은 보다 개방적인 정치 제도를 요
구하기 때문에, 경제적 현대화는 궁극적으로 권위주의 체제와 양
립할 수 없다고 설명한다. 18세기와 19세기에는 서구에서, 그리
고 20세기 후반에는 동아시아와 라틴아메리카에서 이런 일이 일
어났다.

들어가며

하지만 중국의 지도자들은 다른 기대를 가지고 있었다. 덩샤오핑부터 시진핑에 이르기까지 중국 공산당은 경제적 현대화를 추진하면 대중의 지지를 얻고 권력을 공고히 할 수 있을 것이라고 기대했다. 번영은 오직 당의 정당성을 강화하기 위한 수단이었다. 중국 공산당은 1949년에 수립한 일당 체제의 본질을 보존하고자 했고, 당이 정책 목표를 확실하게 장악하여 정치 제도에 참여할 수 있는 사람은 물론 허용하거나—상대적으로—억압해야 하는 사상과 이익도 통제하고자 했다. 통치 대상의 동의를 기반으로 하는 민주주의 정권과 달리 중국 공산당 정권의 정당성은 국가를 현대화할 수 있는 능력에 근거했다.

중국의 지도자들은 상당한 수준에서 자신이 세운 목표를 달성했다. 중국에는 민주주의를 옹호하는 사람들이 분명히 있지만, 민주주의가 약속하는 정치적 권리 및 자유는 경제 성장, 사회 안정, 그리고 국가 통합을 중시하는—당과 우선순위가 일치하는—시민들 사이에서는 거의 지지를 얻지 못하고 있다. 중국 지도자들은 경제 발전의 대가로 당의 권력을 포기할 수는 없었기에 정치적 자유화는 피하기로 결심했다. 그들은 당의 우위를 유지하기 위해서라면 더 낮은 수준의 경제 성과에도 만족할 용의가 있었고, 민주화로 이어지는 정치 개혁과 관련된 모든 노력을 억압했다.

2008년 세계 금융 위기로 인해 15년간 두 자릿수 성장률을 이어가던 중국은 새로운 국면에 진입했다. 둔화된 경제 성장률—2019년 6.1퍼센트 성장, 코로나19가 확산된 2020년 1분기에는

6.8퍼센트 성장(2023년에는 5.2퍼센트로 더욱 감소했다_옮긴이)—
이 새로운 표준이 된 것이다. 시진핑 체제의 중국은 덩샤오핑이
주창한 "개혁개방" 정책을 외면한 채 여전히 그 정의가 불분명한
"신시대 중국 특색 사회주의"로 방향을 전환하고 있다.

중국의 현대 정치 제도를 가장 잘 설명하는 말은 "책임 없는
호응responsiveness without accountability"이다. 우칸에서 그랬던 것처
럼, 중국 공산당은 특정 사안에서는 여론에 민감하게 반응한다.
새로운 계획이 대중의 반발을 불러일으키면 당은 수력 발전 댐,
석유화학 공장, 고속도로 건설을 취소하는 것을 망설이지 않는다.
주요 도시의 대기 오염에 대한 여론이 악화되면 더욱 엄격한 환경
기준을 채택한다. 재개발 사업으로 압류된 토지에 대한 보상이 불
충분하다는 항의가 쇄도하면 농민과 주택 소유주에게 보상금을
지급하는 정책을 도입한다.

하지만 중국 공산당은 정치적 문제에는 결코 호응하지 않는
다. 중국에서는 거의 모든 것이 정치 문제로 비화될 수 있다. 만약
당이 그렇다고 판단하면 학문의 자유, 인터넷 사용, 여성의 권리,
이주 노동자와 장애인과 소수민족 및 그 밖의 사회적 약자는 모두
쉽게 정치화된다.

당과 정부는 특정 상황에서는 대중의 요구에 호응하지만, 대
중 전반에 대한 책임은 거부한다. 관리는 인민(선출)이 아니라 당
과 정부의 고위층(임명)이 정한다. 농촌 지도자와 지방인민대표
대회(중국 공산당의 입법부)를 제외하고 관리들은 표 얻을 걱정을

할 필요가 없다. 이들의 임무와 역할은 제한적으로 공개된다. 개인과 단체는 계류 중인 법률과 규정에 의견을 제시할 수는 있지만, 정부는 (미국과 달리) 이러한 의견을 공개하지 않는다. 의견들이 법률과 규정의 최종 버전에 반영되었는지도 알 수 없다. 자유로운 시민사회에서(중국에서는 '공민사회'라고 부른다_옮긴이) 언론은 정부 활동을 감시하는 중요한 감시자가 될 수 있지만, 중국에서는 국가가 언론을 통제한다. 탐사 언론인은 검열을 받고 때로는 투옥되며, 당의 정책과 지도자를 비판하는 시민단체는 일상적으로 탄압을 받는다. 지방 관리에 대한 시위는 종종 당의 양보로 이어지지만, 이러한 사례가 다른 시위를 자극하는 것을 방지하기 위해 일부 시위 지도자를—우칸의 사례처럼—사회질서 위협 혐의로 기소하고 수감한다. 시위는 정책을 제대로 이행하지 않는 관리들에게 이의를 제기하는 효과적인 수단이 될 수 있지만, 이에 대한 가혹한 처벌은 다른 사람이 같은 일을 시도하지 못하게끔 경고하는 역할을 한다.

요컨대 당은 대중에게 호응하지만, 언제나 선택적으로 그리고 자기만의 방식으로 호응한다. 당에는 인민에 대한 책임이 없으므로 관리 개인이나 법률이 인민의 지지를 받아야 한다. 민주주의 국가에서 운영하는 발의, 투표, 소환 같은 제도는 없다. 중국 공산당은 여론조사에 지도자에 대한 지지율을 포함시키는 것조차 허용하지 않고, 대신 당과 정부 관리에 대한 일반적인 지지 또는 신뢰 여부만 묻는다. 중국의 시민들은 부패하거나 무능하다고 생각하는 관리에게 직접 이의를 제기하는 대신 온라인이나 거리에서 공개 시위를 한다. 이 경우 문제가 된 관리를 해임하기도 하지만, 결정은 오직 그의 상급자의 몫이다. 따라서 관리는 인민이 아니라 자신의 상급자에게만 책임을 지면 된다.

중국 정치 제도의 특징은 전문가들에게는 잘 알려져 있지만 일반인에게는 낯선 이야기다. 현대 중국 정치에 대한 대부분의 연구는 일반 독자가 쉽게 접근할 수 없는 학술지에 게재되고, 또한 통계학 훈련을 받지 않은 사람은 이해하기 어려운 양적 연구가 대부분이다. 따라서 학계 밖의 독자들 중 중국 정치에 대한 통념을 이해하는 사람은 거의 없다.

대부분의 미디어—언론의 훌륭한 보도를 포함하여—는 중국 정치 제도의 억압적인 측면에 초점을 맞추고 있다. 그러한 측면이 실제로 존재하기에 언론의 활동이 중요하다. 하지만 중국 지도자들이 국가를 통치하기 위해 사용하는 다른 도구들, 즉 정치 활동에 영향을 미치는 당과 인민의 비공식적 협력과 21세기 중국의 일상적인 정치 관행에 주목하는 언론은 많지 않다.

...

이 책은 크게 세 개의 주제로 구성되었다. 첫째, 지도자의 선출 방식, 정책 결정 및 시행 방식, 국가와 사회의 상호작용 방식(협력 또는 갈등) 등 정치 제도에서 가장 중요한 이슈에 초점을 맞추었다. 둘째, 이러한 관행이 당의 우선순위가 달라짐에 따라 극적으로 변화한 과정을 추적하고, 시진핑 체제의 특수성(그리고 변화하지 않은 부분)에 주목했다. 결론을 미리 말하면 시진핑의 접근 방식은 '호응'보다는 '억압'에 가깝다. 셋째, 학자들 사이에서 합의를 이룬 분야와 논쟁이 계속되는 분야, 그리고 지식의 격차가 남아 있는 분야를 확인했다. 중국의 정치 제도는 그 어느 나라보다 불투명하다. 우리는 신뢰할 수 있는 근거를 확보한 영역과 그렇지 않은 영역을 구분해야 한다. 좋은 정보가 없는 상황에서 우리 자신의 논리나 두려움을 중국 지도자의 비전으로 대체해서는 안 된다.

민주주의, 체제 탄성, 체제 취약성 등 어떤 관점에서 보든 대부분의 외국 관찰자들은 당이 어떻게 권력을 유지하는가에 관심이 있다. 이는 중국에 대한 많은 실증 연구를 이끄는 질문이다. 따라서 마오쩌둥에서 시진핑에 이르는 중국의 다섯 세대 지도자들의 정치적, 경제적 우선순위와 그에 따른 당과 인민의 관계 변화를 비교하는 1장에서 이 주제를 시작하는 것이 적절하다고 본다. 또한 이 장에서는 중국의 3대 정치 기구—당, 정부, 입법부—를 소개하고 당이 다른 두 기관을 어떻게 통제하는지 설명한다.

모든 층위의 지도자들이 정기적으로 교체되는 것이 중국식 권위주의 정치 제도의 특징이다. 대부분의 권위주의 정권은 현직 지도자가 사망하거나 쿠데타로 전복되는 두 가지 방식으로만 지도자를 교체한다. 그리고 두 방식 모두 정권에 위기를 초래한다. 중국은 이런 점에서 예외였다. 지난 수십 년 동안 중국은 지도자를 선출하고, 승진시키고, 교체하는 일상적인 과정을 고안했다. 2장에서는 지방 지도자들이 서로 경쟁하며 자신의 역량을 입증하는 과정을 살펴볼 것이다. 경제 성장과 더 많은 세수 창출에 성공한 지도자는 촌에서 향, 진, 시, 성, 그리고 궁극적으로 베이징의 중앙 정부에 이르기까지 더 높은 수준으로 승진할 가능성이 크다. 생존자들은 수많은 경쟁을 거치면서 자신의 역량을 보여주었다. 하지만 결과적으로 고위직 승진은 정치적 인맥과 파벌 동맹에 의존한다. 최고위직에 오르는 사람들에게 역량과 인맥이 얼마나 중요한지는 장쩌민, 후진타오, 시진핑의 경력을 보면 알 수 있다.

　권력을 잡은 지도자는 정책 의제를 어떻게 발전시킬까? 이것이 3장의 주제다. 중국의 정책 과정을 연구한 결과 정책 분야별로 서로 다른 의사 결정 패턴이 발견되었다. 중국 공산당에 실존적 위협이 되는 정치 사안—예를 들어 인터넷 검열, 티베트 및 신장 등 소수민족 거주 지역의 개발—은 최고 지도부에서 엄격한 과정을 거쳐 결정된다. 단기적인 성장을 위해 경제를 활성화할지, 장기적인 목표를 달성하기 위해 구조 개혁을 도입할지 등 국가의 주요 전략을 정할 때는 국가 내부의 다양한 관료 집단과 중앙 및 지방 관리 간의 광범위한 정치적 경쟁이 벌어진다. 환경이나 보건처럼 기술적인 성격이 강한 정책은 이해 당사자와 일반 대중에게 더 개방적이다. 요컨대, 당은 일부 정책 분야에 대해서는 기꺼이 호응하지만 다른 분야에서는 호응하지 않는다.

　4장에서는 정책을 만들고 실행하는 과정에서 시민사회의 역

19

할을 다룬다. 마오쩌둥 이후 대부분의 기간 동안 중국 전문가들은 중국 시민사회의 존재와 그것이 사회 및 정치적 변화에 미칠 잠재적 영향을 놓고 논쟁했다. 이 논쟁은 강력한 시민사회가 권위주의 정권에 대한 위협이자 안정적인 민주주의의 기반이라는 전제를 바탕으로 한다. 이 장에서는 정치적인 이슈에 관여하고 민주화를 이루기 위해 노력하는 시민사회(일부에서는 "진짜" 시민사회라고 부르지만 중국에는 이런 예가 부족하다)와 성인 문맹, 직업 훈련, 빈곤 퇴치 같은 사회 문제에 대응하는 비정부기구NGO로 구성된 시민사회(상대적으로 많은 수가 존재한다)를 구분해 설명할 것이다. 전자 그룹은 국가에 비판적이고 국가는 종종 이들을 가혹하게 탄압한다. 후자 그룹은 필요한 자원을 확보하기 위해 국가와 협력하려고 노력한다. 이 장에서는 당이 다양한 유형의 시민사회 그룹을 대하는 방식이 지역별, 시기별로 어떻게 현저하게 다른지 살펴본다.

5장에서는 대중 시위의 원인을 확인하고 시위가 일상적인 정치적 안정, 특히 정권을 얼마나 위협하는지를 평가한다. 시위는 정권을 붕괴시킬 수 있는 근원적인 분노의 징후일까? 시위가 위험을 초래하는가 아니면 단순한 대중의 분노 표출로서 무해한가? 시위가 여론의 동향과 불만을 파악할 수 있는 정보원으로서 정치 지도자에게 도움이 될 수 있는가? 이미 많은 학술 연구가 시위 정치를 주제로 삼았다. 일부 연구는 시위대의 동기와 전략에 집중했고, 다른 일부는 국가의 호응에 초점을 맞추었다. 중국 공산당의 시위 대처 방식은 위에서 언급한 중국 정치의 이중성을 반영한다.

중국 공산당은 종종 시위대의 물질적 요구(예를 들어 저임금 혹은 미지급 임금, 압수된 재산에 대한 불충분한 보상)를 충족시키는 동시에 시위 지도자를 처벌하고 정치적 변화에 대한 요구를 탄압하기도 한다. 이 장에서는 중국의 시위에 대해 우리가 알고 있는 것들과, 이 알고 있는 지식의 한계들을 함께 살펴본다.

6장에서는 종교의 부활을 중점적으로 다룬다. 많은 언론의 관심은 기독교의 확산과 이를 통제하려는 정부의 노력에 집중되어 있지만 전통 종교, 특히 불교의 부흥도 그에 못지않게 빠르게 진행되고 있다. 중국의 종교 기관은 지역사회에 유용한 재화와 서비스를 제공하기도 하지만 국가와 사회 간 갈등의 원인이 되기도 한다. 중국에서는 국가가 종교를 억압한다는 일반적인 인식과 달리, 이 장에서는 종교, 종교 정책, 종교적 신념에 대한 다양한 접근 방식이 존재한다는 점을 강조한다. 또한 이 책의 반복되는 주제인 시진핑 체제의 더욱 억압적인 분위기와 그로 인해 과거에는 재가되지 않았지만 용인되었던 종교 단체에 대한 새로운 압력에 대해서도 설명한다.

민족주의는 중국 국내 및 외교 정책에서 보이는 두드러진 특징이다. 7장에서는 중국 민족주의의 원인과 결과를 검토한다. 한편으로 민족주의 시위는 중국에서 국가가 용인하는 몇 안 되는 반대 의견 유형 중 하나다. 그 결과 민족주의 시위가 종종 다른 유형의 불만을 대변하는 역할을 하기도 한다. 중국 사회가 과거보다 반드시 더 민족주의적이지는 않지만, 민족주의는 시위자들의 논

21

리적 기초로 더 많이 허용되고 있다. 다른 한편, 국가는 애국주의 교육운동과 공식 미디어를 사용하여 민족주의를 홍보하고, 나아가 정권에 대한 대중의 지지를 얻는다. 하지만 민족주의를 조장하는 것은 위험한 일이다. 국가에 대한 대중의 지지를 끌어내는 데 도움이 될 수는 있지만, 만약 대중이 국가의 행동과 발언에 불만을 갖게 된다면 국가에 저항할 수도 있기 때문이다. 중국 민족주의의 원인과 결과는 학문적으로 주목을 받는 현상일 뿐 아니라 외국 관찰자들에게도 큰 관심사다. 점점 더 민족주의화되는 중국이 이웃 국가에 더 공격적인 행동을 취할까? 중국의 민족주의는 외국의 이익에 위협이 될까? 이 장에서는 여론조사 데이터와 민족주의 시위에 대한 사례 연구를 통해 중국 외교의 잠재적 영향을 평가함으로써 이러한 질문에 답하고자 한다.

또한 이 장에서는 국가 정체성을 공유하지 않는 집단에 대한 당의 대응도 살펴본다. 티베트와 신장에서는 종교와 민족 정체성이 당이 위협적이라고 여기는 방식으로 중첩되어 있다. 당은 가혹한 탄압과 집중적인 애국주의 교육 프로그램으로 대응했다. 홍콩에서는 중국 정체성과 구별되는 홍콩 정체성의 인식이 높아지면서 2014년과 2019년에 장기간의 시위가 발생하기도 했다. 이러한 사례는 당이 구성한 중국 정체성이 지역 정체성과 결합되지 않을 때 종종 폭력적인 갈등이 발생한다는 것을 보여준다.

이 책은 중국의 민주화 전망을 평가하는 장으로 마무리한다. 교수이자 대중 강연자인 나의 경험에 비추어 볼 때, 이것은 미국의 청중들이 가장 관심 갖는 질문이다(하지만 이는 정권 교체의 가능성에 대한 보다 근본적인 질문과 비교했을 때 부차적인 문제다. 정권 교체 없이는 민주화도 없다). 내 의견은, 당이 권좌에서 물러난다고 해도 민주주의가 보장되는 것은 아니라는 쪽이다. 최근 수십 년 동안 전 세계에서 일어난 정권 교체 사례를 보면 한 권위주의의 몰락은 새로운 권위주의 통치의 등장으로 이어졌다. 이로 인해 많은 학자들은 민주주의의 전망을 탐구하기보다 공산당 정권의 취약성과 정권 안정의 근원으로 관심을 돌렸다.

마오쩌둥 이후 중국의 개혁 시대에도 중국 민주화의 잠재적 가능성은 학계와 그 밖의 사람들 사이에서 여전히 논쟁적이었다. 민주주의는 경제적 현대화의 필연적 결과일까? 정치 개혁이 수반되지 않으면 경제 개혁은 좌절될까? 중국 사회에서 민주주의에 대한 선호도가 높아지고 있을까, 아니면 권위주의 통치를 선호하는 여론이 계속 우세할까? 권위주의 정부는 언제까지 책임을 지지 않으면서 대중의 요구에 호응할 수 있을까? 마지막 장에서는 현재 진행 중인 논쟁을 평가하고 다른 국가의 최근 경험에 기초하여 민주화의 가능성, 민주화의 방식, 그리고 그 결과에 대한 비교를 제시한다.

이 책의 목적은 중국 정치와 관련된 풍부한 학문 연구 결과를 대중과 공유하는 것이다. 중국에 대한 정치적 담론이 악마화되고 있는 지금, 이 책은 그 어느 때보다 중요하다. 문화대혁명이나 1989년 톈안먼광장의 시위, 이후 수십 년간 정치 지도자들에 대한

23

비판과 언론 탄압 소식만 들었던 독자들에게는 이 책의 관점이 낯설 수 있다. 중국 공산당이 정적을 탄압한다는 사실은 의심의 여지가 없지만, 이들은 인민의 지지를 받기 위해 다른 수단—경제 성장, 민족주의, 심지어 여론 수렴—도 동원한다. 이 글을 통해 독자들이 중국의 정치 제도와 중국이 어떻게 여기까지 오게 되었는지, 그리고 어디로 나아갈 것인지 더 깊이 이해할 수 있기를 바란다.

1장

당은 어떻게 권력을 유지할까?

중국 공산당은 1949년부터 지금까지 중화인민공화국을 이끌고 있다. 그동안 당은 엘리트 사이의 갈등, 경제적 재앙, 중국 인민과의 극적인 긴장 등 다양한 상황에 직면했다. 그럼에도 불구하고 중국 역사상 가장 빠른 경제 성장을 이룩했고, 조직적인 반대 세력 없이 집권당으로서의 지위를 안정적으로 유지했다. 한때 취약해 보이기까지 했던 이 당은 어떻게 이토록 오랫동안 권력을 유지할 수 있었을까? 그리고 앞으로 얼마나 더 지속할 수 있을까? 중국 정치 제도의 내구성을 이해하려면 중국 공산당을 이해해야 하고, 중국 공산당을 이해하기 위해서는 공산주의 사상의 뿌리로 거슬러 올라가야 한다.

이론적으로 공산주의는 자본주의 제도를 전복하기 위한 노동자혁명과 공산주의적 유토피아 비전을 제공한 카를 마르크스의 사상에 기반을 두고 있다. 하지만 마르크스는 공산혁명이 어떻게 일어날 것인지, 그리고 공산주의 정부는 어떤 모습일지에 대해서는 별로 언급하지 않았다. 결과적으로 현실 공산주의는 블라디미르 레닌의 사상에 의존하게 되었는데, 레닌은 자신과 같은 지식인이 이끄는 "전위당vanguard party"이 노동자를 조직하여 혁명을 이끌고—혁명이 끝나면—새로운 공산주의 정부를 이끌어야 한다고 인식했다. 마르크스가 공산주의 이념을 제공했다면 레닌은 조직을 제공했다.[1]

레닌주의는 공산혁명을 이끌었을 뿐만 아니라 혁명이 끝난 후에도 공산주의 정부를 이끄는 기초가 되었다. 마르크스는 공산주의 국가가 결국 "소멸"될 것이라고 예상했지만 레닌은 그렇게 되지 않도록 했다. 레닌주의 정치 제도에서 당은 정치 조직을 독점하고 다른 정당과 권력 및 영향력을 놓고 경쟁하지 않으며, 당으로부터 독립된 여타 조직을 만들려는 노력을 탄압한다. 당은 모든 중요한 정책 결정을 내리고 모든 주요 직책에 당원을 임명하여 정부의 업무를 감독한다. 또한 당원들이 군대와 공안을 통제하게 한다. 당은 정부, 군대, 직장, 학교, 그리고 지역 곳곳에 "세포"로 알려진 당 지부 조직을 만들어 이들의 활동을 감시하고 그곳에서 일하고 생활하는 당원들에게 사상 교육을 시킨다. 당은 집권당이 된 후에도 여전히 전위당으로 남아 있고, 아주 소수만 당원이 된다(소련 및 소비에트 진영의 국가에서는 인구의 약 10퍼센트가 공산당

당은 어떻게 권력을 유지할까?

원이었다).

중국 공산당이 70년 이상 집권당으로 살아남을 수 있었던 이유는 레닌주의 원칙에 기반하여 조직을 구축하고, 이를 계속 준수했기 때문이다. 당은 정부 및 입법부 고위직의 임명을 통제하고 당의 정책 우선순위를 법으로 제정 및 실행하면서 정치 제도의 정점에 자리 잡았다. 중국 공산당은 정부, 직장, 지역 곳곳에 당 지부 연결망을 구축하여 지역에서 일어나는 일을 감시하는 동시에 지역에 영향을 미친다. 1949년 중국 공산당이 집권한 이후 일상생활에서 당의 역할은 꾸준히 감소하였으나, 최근 몇 년 사이 다시 강화되는 추세다. 중국 공산당 총서기 시진핑은 2017년 제19차 당대회에서 "정부, 군대, 사회, 학교—동서남북—를 막론하고 당이 모든 것을 영도한다"라고 말했다.

뒤이은 장에서 당과 인민의 관계의 다양한 차원들을 자세히 설명하겠지만, 우선 정당 통치의 부침과 당이 정치 제도를 통제하는 방식을 이해하는 것이 중요하다.

중국 공산주의 개요

1949년 이후 중국에서 일어난 극적인 변화를 추적하려면 독특한 영도 스타일, 정책 우선순위, 그리고 슬로건 등으로 구별할 수 있는 다섯 세대의 지도자가 중요하다(그림 1.1 참조).[2] 특히 두 개의 흐름에 주목할 필요가 있다. 첫 번째는 당의 경제 발전 정책이 소련식 국유 및 중앙 계획경제에서 마오쩌둥의 급진 좌파 정책으로 변화했다가 점점 더 시장화되고 세계화된 경제로 진화한 과정이고, 두 번째는 이러한 변화가 당과 인민의 관계에 미친 영향이다.

마오쩌둥(1949-76): "造反有理"

조반유리: 반항하는 것은 옳은 일이다 / 혁명은 죄가 없다

마오쩌둥 주석 치하에서 중국 공산당은 공산주의 사회 건설이라는 유토피아적 목표를 추구하던 급진 좌파의 시기와 경제 성장과 효율적인 국가 건설을 추구하던 발전의 시기 사이를 번갈아 오갔다. 마오쩌둥이 좌경화하자 중국 공산당은 이데올로그(혹은 "홍색 인사")를 임명하여 선전과 강압을 혼합한 방식으로 정치운동을 벌이고 관련 정책을 추진했다. 경제 발전으로 전환한 후에는 기술적 전문성을 갖춘 인재를 임명하고 정책 목표를 달성하기 위해 물질적 인센티브를 제공했다. 이러한 정책 변화로 좌파 정부에서 임명된 홍색 인사가 기술 전문가로 교체되면서 갈등이 발생하곤 했다. 이처럼 상반된 목표와 방법 사이에서 정부 관리나 사회 구성원 모두 정책이 얼마나 오래 지속될지, 무엇이 어떻게 바뀔지 알 수 없었다. 오늘 이 정책을 지지했다가 내일 정책이 바뀌면 처벌될 수도 있었다.

당은 어떻게 권력을 유지할까?

좌파적 목표와 발전적 목표 사이의 반복 선회 양상은 마오쩌둥 시대를 특징짓는 운동을 통해 이해할 수 있다. 1949년에 집권한 중국 공산당은 수십 년의 내전과 항일전쟁을 끝내고 경제를 복구하기 위한 농촌 및 도시 발전 정책에 돌입했다. 농촌에서는 지주의 재산을 몰수하여 실제로 토지를 경작하는 농민에게 나누어주는 토지 개혁을 실시했다. 도시에서는 산업 및 상업 기업의 사적 소유를 계속 허용했다. 공산주의 통치로의 전환을 원활하게 하기 위해 국민당 출신 관료들이 자신의 자리를 지키는 것도 허용했다.

　　1950년대 중반, 당은 발전 지향적 정책을 소련 모델을 기반으로 한 보다 정통적인 공산주의 정책으로 대체했다. 비록 이전 소유주들을 새로운 국유 기업의 관리자로 남기는 경우가 많았지

그림 1.1 다섯 "세대"의 중국 지도자(윗줄 중앙에서 시계 방향으로 마오쩌둥, 덩샤오핑, 장쩌민, 후진타오, 시진핑)

만, 당은 공업과 상업을 국유화했다. 중국 공산당은 집단 농업을 시작하기 위해 몇 년 전에 농민들에게 나누어준 토지 소유권을 다시 빼앗았고, 중앙 계획적 관료제가 상품과 서비스 유통의 기반인 시장을 대체했다. 수천 명의 소련 고문이 산업 기반의 발전을 감독하기 위해 중국에 파견되었다. 그러나 마오쩌둥에게는 단순히 소련 모델을 도입하는 것으로는 충분하지 않았다. 그는 계획적이고 체계적인 개발 방식에 좌절감을 느끼고 보다 빠른 경제 성장을 위한 급진적인 정책으로 방향을 전환했다. 마오쩌둥이 시작하고 다른 대부분의 중국 공산당 지도자들이 반대했던 대약진운동(1958-60) 기간 동안 중국 공산당은 농업과 공업을 발전시키기 위한 농촌 공동체를 만들었다. 당의 선전이 물질적 이익을 대체하여 더 열심히 일하게 하는 동기가 되었고, 열성적인 홍색 인사들이 공업 및 농업 전문가의 자리를 꿰찼다. 이후의 역사가 증명하듯 이는 재앙이었다. 정책상의 실수와 경제 환경의 악화는 결국 약 3000만 명이 사망한 대규모 기근을 초래했다.

1960년대 초, 중국 공산당은 경제 회복을 위해 발전 정책으로 선회했다. 농민들은 더 많은 생산을 지원하는 재정적 인센티브를 받았고 공동 경작지와 개인 경작지를 모두 경작할 수 있게 되었다(이러한 정책은 마오쩌둥 사후 1970년대 말과 1980년대 초에 단행한 농업 개혁의 기초가 되었다). 대약진 시기에 홍색 인사들이 차지한 당과 정부의 요직은 다시 공업과 농업 분야의 전문가들로 교체되었다. 그 결과 생활 수준이 향상되고 정치적으로 평온한 시

당은 어떻게 권력을 유지할까?

기가 도래했다.

마오쩌둥은 성장으로의 정책 전환이 성공적이었음에도 불구하고 달가워하지 않았다. 부유한 자본주의보다 가난한 공산주의가 더 낫다고 믿은 그는 1966년 자신의 유토피아적 목표를 우선순위에 두고 문화대혁명을 시작했다. 이 시기를 관통하는 슬로건이 바로 "조반유리"다. '홍위병'으로 알려진 젊은이들로 하여금 물질적 인센티브에 의존하여 "자본주의 길을 걷는" 당과 정부의 지도자들을 비판하고 "권력을 장악"하도록 독려하는 구호였다. 이 시기에 마오쩌둥의 분노를 불러일으킨 발전 정책을 설계한 덩샤오핑을 비롯한 수많은 지도자들이 숙청당했다. 상당수는 투옥되었고, 인민공사나 공장에서 노동 개조를 당한 이들도 다수였다.

제대로 된 정당과 정부 기관이 부재했던 중국은 내전 직전까지 몰렸다. 홍위병의 라이벌 그룹과 마오쩌둥을 지지하는 다른 그룹이 무력을 사용해 대치했다. 1967년 마오쩌둥은 자신이 일으킨 혼란에 염증을 느끼면서 질서 회복을 명목으로 인민해방군을 투입했다. 중국 전역의 당과 정부 조직을 임시 대체하기 위해 젊은 급진적 지도자, 지역의 군 지휘관, 베테랑 정부 관리들로 구성된 새로운 혁명위원회가 구성되었다. 당위원회는 1970년부터 점진적으로 개혁되기 시작했는데 이 위원회의 상당수는 문화대혁명 시기에 축출되었던 바로 그들로 채워졌다.[3] 문화대혁명이 초래한 혼란이 지나간 뒤, 마오쩌둥에게는 정치 권력을 조직하는 비전이 부족하다는 것이 분명해졌다. 그는 단지 과거의 당위원회를 재건

했을 뿐이고, 그중 대부분의 자리를 그가 이전에 쫓아냈던 사람들이 채우고 있었다.

중국 공산당은 다시 한번 경제를 살려야 했다. 덩샤오핑 등의 복권은 문화대혁명 기간에 권력을 잡은 급진파의 분노를 샀다. 급진파는 마오쩌둥의 지지를 사기 위해 원로 관리들과 경쟁했고, 마오쩌둥은 이쪽을 지지했다가 저쪽으로 마음을 바꾸며 오락가락했다.

마오쩌둥이 말년에 점점 쇠약해지면서 중국 공산당은 몇 개의 경쟁 진영으로 갈라졌다. 덩샤오핑 같은 문화대혁명의 희생자 그룹, 화궈펑(마오쩌둥 사후 중국의 지도자가 됨) 같은 문화대혁명의 혜택을 받은 그룹, 그리고 마오쩌둥의 부인이 포함된 이른바 "4인방" 같은 문화대혁명에 사상을 제공한 급진주의자 그룹이 서로 반목했다.[4] "4인방"은 1976년 4월 마오쩌둥에게 덩샤오핑의 숙청을 다시 건의하여 그가 발전 지향적 경제 정책을 펼치는 것을 가로막았다. 그러나 그해 9월 마오쩌둥이 사망했고, 10월에 4인방은 화궈펑과 다른 고위 지도자들에 의해 체포되었다. 이때까지 좌파 정책과 발전 정책이 끊임없이 번갈아 시행되었고, 그로 인하여 지도부 내부의 갈등이 계속되면서 사람들은 내일을 예측할 수 없었다. 마오쩌둥이 사망할 무렵, 국가와 사회는 모두 일관성 없는 정책과 정치적 혼란에 지쳐 있었다.

비록 마오쩌둥은 정치 제도의 관료주의적 성격을 싫어했지만, 그가 사망할 무렵 중국의 명령경제(계획경제)는 세 가지 중요

당은 어떻게 권력을 유지할까?

한 방식으로 사회에 대한 통제권을 당에 부여했다.[5] 첫째, 시장이 거의 사라진 상태에서 사람들은 일자리, 주거, 식량, 자녀 교육 및 기타 생활 필수품을 당에 의존해야 했다. 주거는 종종 직장과 연결되었다. 따라서 (업무의 질이 아닌 정치적 이유로) 직장을 잃은 노동자는 주택도 빼앗기고 자녀는 더 이상 학교에 다닐 수 없게 되었다. 당시에는 부동산 시장이라고 할 만한 것도 없었다. 신혼부부에게 적합한 침실 하나 딸린 아파트는 식구가 늘어나면서 점점 더 비좁아졌다. 노동자가 다른 직장이나 도시로 이동하려면 당에 전근 신청을 해야 했는데, 신청이 거부되는 경우가 다반사였다. 사람들이 원하는 소비재—자전거, 세탁기, 의류, 심지어 식량까지—는 엄격하게 배급되었다. 좌파적 격변기에는 시장뿐 아니라 돈도 사라졌다. 사람들은 매달 일정량의 육류, 곡물, 직물, 비누 및 기타 생필품을 구입할 수 있는 표(영어로는 쿠폰이라고 한다. 식량을 구입할 수 있는 양표糧票, 기름을 구입할 수 있는 유표油票, 옷감 등의 원단을 구입할 수 있는 포표布票 등이 있다_옮긴이)를 받았다. 중앙 계획 경제가 소비재가 아닌 중공업에 초점이 맞춰져 있었기 때문에 소비재는 늘 부족했다. 한 달이 채 지나기도 전에 표를 모두 소진한 사람들은 텅 빈 찬장을 채울 방법이 없어서 참고 견뎌야 했다.

소비재 의존성은 인민의 행위를 감시함으로써 당이 사회를 쉽게 통제할 수 있는 두 번째 방법을 제공했다. 개인은 자신이 태어난 곳에 거주하도록 등록되었고, 당의 허가 없이는 사실상 이주가 불가능했다. 호구 제도는 사람들의 거주지뿐만 아니라 근무지와 그가 어떤 사회 서비스를 받을 자격이 있는지까지 결정했다. 농촌에서는 대부분의 사람이 마을과 인민공사에 갇혀 살았다. 다른 사람을 신경 쓰지 않고 자유롭게 생활할 방법은 어디에도 없었다. 당은 동네와 직장의 풀뿌리 조직을 활용하여 사람들의 말과 행동, 태도를 감시했다. 문화대혁명으로 대표되는 마오주의 격변기에 당은 사람들의 생각은 물론 여가 활동도 통제하려 했다. 감시는 곧 일상에 대한 통제로 이어졌다. 순식간에 사람들이 어떤 옷을 입는지, 무엇을 읽고 어떤 음악을 듣는지 등이 모두 정치적 의미를 갖게 되었다. 누구든지 정치적으로 잘못된 말과 행동을 했다는 이유로 직장을 잃고 심지어 투옥되기도 했다.

당은 특정 행동에 승진으로 보상하고, 원하는 소비재를 추가 배급하는 방식으로 개인을 통제했다. 이는 반대의 경우는 배급 삭감, 노동자의 강등 및 해고, 심지어 투옥이 뒤따를 수도 있다는 뜻이다. 이것이 바로 통제의 세 번째 방법이다. 반복되는 정치운동으로 인해 당의 관리들은 이념적 변절이나 사소한 개인적 흠집을 가지고 적이나 경쟁자를 처벌할 기회를 얻었다. 격변의 시대는 오늘의 승자를 내일의 희생자로 만드는 복수의 기회이기도 했다. 마오쩌둥 이후 이 세 가지 통제 방식—의존, 감시, 그리고 제재—은 덩샤오핑의 경제 개혁 정책으로 인해 약화되었지만 완전히 사라지지는 않았다.

당은 어떻게 권력을 유지할까?

덩샤오핑(1978-92): "致富光荣"

치부광영: 부자가 되는 것은 영광스러운 일이다

1976년 9월에 마오쩌둥이 사망하고 다음 달 4인방이 체포된 직후부터 덩샤오핑이 승자로 부상하기 전까지 잠시 동안 당 최상부에서 내부 투쟁이 벌어졌다. 이후 덩샤오핑은 1997년 사망할 때까지 중국 공산당이나 정부의 공식 수장이 아니었음에도 불구하고 사실상 지도자 역할을 유지했다(마오쩌둥 이후 시대의 지도자 승계에 대한 내용은 2장을 참조하라). 마오쩌둥 이후의 개혁 시대는 1978년 12월 중앙위원회가 계급투쟁—마오쩌둥식 좌파 방식의 핵심 전술—및 기타 유형의 정치운동의 종식을 공식적으로 선언하고 경제적 현대화를 중국 공산당의 주요 임무로 채택하면서 시작되었다.

덩샤오핑은 농촌을 가족농 체제로 전환하기 위해 인민공사를 해체하고, 소규모 상점과 음식점부터 글로벌 대기업에 이르는 민간 부문의 성장을 장려하며, 무역과 자본 투자 및 기술을 위해 중국의 경제 구조를 세계 경제와 통합하는 "개혁개방" 정책을 주창했다. 그의 방식은 문화대혁명의 급진주의와 선명한 대조를 이루었고, 이제 시민들은 "부자가 되는 것은 영광스러운 일"이라는 말을 듣게 되었다. 인민은 마오주의 시대처럼 부를 추구한다는 이유로 "주자파"로 낙인찍히는 일은 없을 것이라는 확신을 갖게 되었다.

덩샤오핑은 대립하는 두 진영 사이에서 정책적 중간 지대를 찾았다. 보수적 이데올로그들은 정통 소비에트 모델을 복원하고 마르크스주의 이데올로기에 근거하여 정책을 수립하려고 했다. 특히 그들은 비참했던 대약진 이전인 1950년대 중반의 중앙 계획 체제를 이상향으로 생각했다. 반면 급진적 개혁가들은 계획경제를 완전히 포기하고 시장 지향 정책으로 나아가려고 했다. 하지만 당의 지도자들은 계획경제를 즉각 해체하는 대신(소비에트 이후 러시아의 "충격 요법" 정책처럼), 고립된 몇몇 "경제특구"에서 시장과 사적 소유를 실험하고 나머지 경제는 중앙의 계획에 따라 운영하기로 합의했다. 시간이 흐르며 민간 기업이 새로운 일자리, 외국인 직접 투자, 세수 증가, 그리고—무엇보다—새로운 경제 성장을 견인하자 국가는 점차 시장경제가 계획경제를 능가할 수 있도록 허용했다.[6]

덩샤오핑은 중국 공산당의 경제 통제권은 축소하는 대신 정치 조직에 대한 독점권은 훼손하지 않는, 다시 말해 정치적 자유화 없는 경제적 자유화 모델을 제시했다. 경제적 현대화로의 중심 이동은 당의 통제를 지탱하고 있던 세 기둥을 약화시켰다. 가족농과 개인 소유의 공장, 상점, 그리고 음식점이 다시 문을 열어 새로운 일자리를 제공했고 사람들은 당에 덜 의존하면서 생계를 영위할 수 있게 되었다. 농촌의 젊은이들은 더 나은 일자리를 찾아 도시로 떠났다. 호구 제도가 유지되는 상황에서, 이주민은 국가가 제공하는 의료 혜택을 받을 수 없고 자녀를 지역 학교에 보낼 수도 없었지만 민간 시장에서 주택과 식량을 구할 수 있었다. 급작

당은 어떻게 권력을 유지할까?

스러운 대규모 인구 이동으로 당은 사람들의 행방이나 활동을 감시하기 어려워졌고, 생각과 태도 역시 감시망에서 벗어났다. 민간 부문이 일자리, 주택, 식량, 그리고 의복을 제공하면서 당은 더 이상 재화와 서비스를 매개로 사회 구성원들을 보상 또는 처벌할 수 없게 되었다.

마오쩌둥 이후의 개혁은 전통적인 공산주의 체제의 기둥을 약화시키고, 대중의 일상에서 당과의 관련성을 축소시키는 방식으로 당의 권력을 제한했다. 일부 변화는 의도된 측면도 있다. 덩샤오핑과 기타 개혁가들은 마오주의 시기의 실수는 당, 특히 마오쩌둥에게 너무 많은 권력이 집중되었기 때문이라고 믿었다. 하지만 개혁이 극단적으로 진행될 경우 권력이 당에서 사회와 민간 부문으로 경도되고 중국 공산당의 권위가 위협받을 수 있었다.

1989년 톈안먼광장을 중심으로 중국 전역에서 일어난 시위는 당의 권력 장악력을 시험대에 올려놓았다. 개혁개방 정책의 부작용—부패, 통화 팽창, 일자리 감소—에 대한 항의는 곧 정치 개혁과 민주주의를 요구하는 시위로 변모했다. 당 지도부는 대응 방법을 놓고 의견이 갈렸는데, 일부는 대화와 타협을 장려했고, 다른 일부—덩샤오핑을 비롯하여—는 자신의 경력을 망치고 당을 거의 파괴할 뻔했던 문화대혁명 같은 또 다른 정치적 격변을 피하기 위해 탄압을 선호했다.

결국 강경파가 승리하고 당이 다시 통제권을 장악했다. 6월 4일 계엄령이 선포되었고 수백 명—혹은 수천 명—이 사망했다.

평화 시위가 진압되자 중국 안팎의 많은 사람이 공산당은 "천명"을 다했다고 말하면서 당의 멸망이 임박했다고 예측했다. 무력 사용은 권력의 정당성을 훼손했지만 그렇다고 경제 개혁에 대한 덩샤오핑의 약속을 훼손한 것은 아니었다. 동시에 1989-91년 사이 소련과 동유럽의 공산주의가 붕괴하면서 중국 공산당도 경제를 현대화하지 못하고 권위를 회복하지 못하면 무너질지도 모른다는 새로운 경고가 등장했다. 당의 관점에서 볼 때 다른 나라의 공산당은 오랜 경제 침체와 관료주의적 경직화로 인해 전복되었던 것이다.[7] 이제 중국 공산당은 살아남기 위해 독자적인 길을 개척해야 했다.

장쩌민(1992-2002): "小康社会"

소강사회: 부족함 없이 먹고살 수 있는 사회를 건설하자

6월 4일의 진압 직후, 덩샤오핑과 당 지도부는 장쩌민을 상하이시 서기에서 중국 공산당 총서기로 승격시켰다. 덩샤오핑의 보수적인 동료들은 1989년 시위의 원인으로 지목된 1980년대의 개혁개방 정책을 뒤집기를 원했다. 그러나 덩샤오핑은 경제 개혁이 당의 정당성을 회복하는 데 필수라고 생각했다. 중국의 본격적인 경제 성장은 1992년 덩샤오핑이 중국 남부의 경제특구들을 방문해 그곳의 성공을 대대적으로 홍보하면서 시작되었다. 한동안 미적지근했던 장쩌민은 덩샤오핑이 일으킨 시류에 편승하여 자본주의와 비슷하지만 일당 독재를 특징으로 하는 "중국 특색 사회주의" 모델을 추진했다. 이 무렵은 덩샤오핑의 개혁에 반대했던 보수적인 지도자들이 세상을 떠났거나 은퇴를 강요당한 뒤였다. 장쩌민의 임기에 중국의 경제 발전이 절정에 달했는데, 실상은 주룽지 총리가 경제 정책의 주요 설계자였다.[8]

장쩌민은 중국 지도자의 변화를 대표했다. 그는 마오쩌둥이나 덩샤오핑처럼 혁명 세대의 일원이 아니었다. 그는 덩샤오핑과 그의 동료들에 이어 권력을 잡은 "3세대" 지도자로서, 이 3세대는 주로 과학, 기술, 그리고 공학 분야의 기술관료로 구성되었다. 기술관료들은 정통적인 소련식 중앙 계획경제를 고수했던 보수적인 지도자들과 달랐다. 정책 제정 과정에 보다 실용적인 접근 방식을 취했고 마르크스, 레닌, 마오쩌둥의 저술에 신세 지려고 하지 않았다. 또한 급진적 개혁가들처럼 제도를 재창조하는 것이 아니라 방해가 되는 부분은 무엇이든 기꺼이 폐기하려고 했다. 이들은 문제 해결자로서 정치 및 경제 제도를 개선하기 위해 기꺼이 손을 댔지만 제도를 재창조하려고 하지는 않았다. 당의 전통에서 벗어나는 일을 할 때는 이념적 근거를 제시했지만, 장쩌민과 다른 지도자들은 마르크스주의 비전이 아니라 중국 전통에서 이념적 정당성을 찾기 시작했다. 그들은 이 시대의 핵심 목표는 "비교적 샤오캉(샤오캉小康은 부족함 없이 먹고사는 수준의 삶 또는 삶의 질을 말한다_옮긴이)한 사회를 건설하는 것"(유교 경전에서 따왔다)이라고 했다.

민간 부문이 확장하면서 당은 곤경에 처했다. 독자적인 부의 원천은 권위주의 체제[9]를 위협하는데, 특히 자본가를 계급의 적으로 간주하는 공산주의 체제에서는 더욱 그렇다. 1989년 시위 이후 중국 공산당은 새로운 정치적 도전을 미연에 방지하기 위해 민영 기업가의 입당을 공식적으로 금지했다. 이는 전통과 일치하는 방향이지만 경제적 현대화라는 약속과는 일치하지 않았다. 자본가는 마오쩌둥 이후 중국 공산당의 핵심 과제가 된 경제 성장의 주요 자원이기에 중국 공산당에게는 필수적인 존재였다. 수출의 대부분도 민간 부문에서 이루어졌다.

또한 당은 전통적인 레닌주의 기법에 의존하여 민간 부문을 더욱 면밀히 감시하는 조치를 취했다.[10] 첫째, 민영 기업이 소속되어야만 하는 공식적인 기업가협회를 만들었다. 기업가협회는 비공산주의 그룹과 연결된 통일전선부(중국 공산당의 기관_옮긴이)의 감독을 받았다. 둘째, 민영 기업에 당 지부를 만들어 마케팅, 재무, 그리고 인사를 지원한다는 명목으로 감독했다. 셋째, 기업가들을 당, 지방인민대표대회, 그리고 기타 명예 정치직에 임명하여 사업적 이점을 얻을 수 있는 기회를 제공했다. 이는 당의 공식적인 금지 사항을 위반한 조치이지만 지방의 지도자들은 민영 기업가들이 경제 성장을 촉진하는 데 필수적이라고 생각했고 민간 부문과의 관계를 정당화하기 위해 심혈—어떤 경우에는 기업이 개인 소유라는 사실을 부인하기도 했다—을 기울였다. 당은 기업들에 집체기업 또는 주식회사라는 정치적으로 올바른 이름을 부여

당은 어떻게 권력을 유지할까?

했다.[11] 많은 대기업을 중국 공산당원이자 전직 당과 정부의 관리였던 민영 기업가("홍색 자본가")가 소유하고 운영했다.

중국 공산당은 자신의 이념을 지배적인 관행에 맞추기 위해 당이 ① 선진 생산력(민영 기업가를 완곡하게 표현한 용어), ② 선진 문화, ③ 중국 인민의 근본 이익을 대표한다는 "3개 대표론"을 채택했다. 전통적으로 중국 공산당은 노동자, 농민, 군인 등 "3대 혁명 계급"을 대표했다. 하지만 개혁 시대에는 이를 조정할 필요가 있었다. 2002년 장쩌민이 은퇴할 때 "3개 대표론"이 당장(당의 헌장을 말함_옮긴이)에 추가되었다.

이데올로기가 정책의 원천이 아님에도 당은 여전히 정책에 대한 이데올로기적 근거를 제공해야 한다고 생각했다. 이러한 방식으로 중국 공산당은 경제와 사회의 급속한 다변화에도 불구하고 자신이 중국 정치 체제의 확실한 리더임을 계속 주장했다. 무엇보다도 레닌주의 정권의 본질, 즉 당이 정치 조직을 독점하는 제도를 계속 유지했다.

후진타오(2002-12): "建设和谐社会"
건설화해사회: 조화로운 사회를 건설하자

장쩌민 시대의 경제 모델은 민간 부문 확대, 대외 무역 촉진, 인프라 및 부동산 투자 등에 기반을 두고 있었다. 이 모델은 두 자릿수 경제 성장률을 달성했지만 동시에 소득 격차를 확대했다. 불평등이 놀라운 속도로 확대되자 후진타오―장쩌민과 같은 기술 관료 출신이다―는 성장과 평등의 균형을 맞추려고 노력했다. 그는 이 생각을 "과학적 발전관"이라고 설명했다. 빈부 격차를 해소하기 위한 노력은 제한적인 성공을 거두었다. 2000년대 후반에 불평등의 확대 추세는 멈추었으나 이후에 크게 줄어들지는 않았다.[12]

후진타오 체제의 중국은 평등성 증진 외에도 정치적 안정 유지라는 두 번째 목표를 가지고 있었다. 대중 시위는 1999년 3만 2000건에서 2005년 8만 7000건으로 급증했다. 중국 공산당은 공안 및 기타 안정 유지 비용 증가에 대한 완곡한 표현으로 "조화로운 사회"라는 또 다른 유교적 문구를 고안했다. 2011년에는 공안 관련 지출이 국방 예산을 넘어섰는데, 이는 질서 유지와 반대 세력 억압에 대한 당의 관심을 잘 보여준다.

2007년에 발발한 세계 금융 위기는 서방의 규제 없는 시장 모델, 특히 금융시장의 한계를 드러냈다. 동시에 중국 지도자들에게 발전에 대한 국가주의적 접근의 이점을 확인시켜주었다. 많은 서방 국가들에서 중국산 소비재 수요가 급감하며 중국 경제도 둔화되었지만, 중국은 다른 국가들 같은 경기 침체에 빠지지 않았다. 중국 공산당은 대규모 경기 부양책을 내놓았지만, 부양책의 대부분이 국유 기업SOE에 집중되면서 많은 민간 기업이 문을 닫아야 했다. 이로 인해 "국진민퇴國進民退"(국가 부분의 약진, 민간 부분의 후퇴라는 뜻_옮긴이)라는 말이 등장했다.

경제가 둔화되었을 뿐만 아니라 경제 개혁을 위한 동력도 약화되었다. 중국 지도자들은 경제 성장을 더욱 자극하려는 집단과 구조조정을 원하는 집단 사이에서 교착 상태에 빠졌다.[13] 경기 부양을 주장하는 이유는 매우 간단했다. 만약 경제 성장이 중국 공산당의 정당성에 필수적이라면, 저리 대출과 인프라 지출이 부채 부담을 가중시키더라도 경제 성장을 유지하는 것이 가장 중요하고 시급한 목표였기 때문이다.

반면 구조조정을 지지하는 사람들은 과거의 폭발적인 성장을 견인한 경제 모델은 이미 효용을 다했다고 반박했다. 그들은 부채 부담을 영원히 무시할 수는 없다고 주장했다. 중국에는 도로, 철도, 공항, 항만 시설, 전력망 및 기타 인프라가 충분하기 때문에 이런 분야에 계속 투자하는 것은 낭비이자 중복 투자라고 보

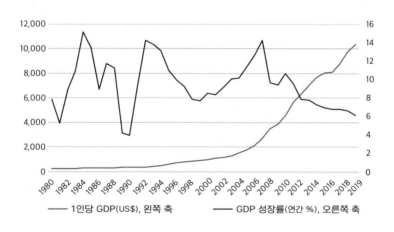

그림 1.2 중국의 경제 성장, 1980-2019(출처: 세계은행, '세계발전지수')

았다. 금융 위기를 겪으면서 수출에 의존하는 구조의 한계가 드러났고, 일부 지도자와 경제학자는 내수 소비를 늘리는 방향으로 경제 구조조정을 시작해야 한다고 주장했다. 이것이 단기적으로는 성장을 둔화시킬 수 있지만 장기적으로 필요한 조치라고 보았다.

경기 부양과 구조조정 사이의 논쟁은 10년 동안—거의 모두 비공개로—진행되었지만 해결책을 찾지 못했다. 그사이 경제 성장률은 꾸준히 하락하여 2007년에 14퍼센트에 달했던 숫자가 2019년에는 1990년 이후 가장 낮은 6.1퍼센트에 머물렀다 (그림 1.2 참조).

후진타오 시대는 중국인들조차 "잃어버린 10년"이라고 부를 정도로 정치 개혁이 거의 이루어지지 않았다. 하지만 이 시기에 지방에서 당과 정부 관리 간의 비공식적인 협력이 강화되었고, 다른 한편으로는 사회복지 서비스 및 종교와 관련된 다양한 시민 사회 단체가 형성됐다. 중국 공산당은 대중 시위에 더 적극적으로 호응하기 시작했고, 시위대를 진압하는 대신 그들과 협상하는 경우가 많았다. 이러한 비공식적 유형의 호응에도 불구하고, 중국 공산당은 여전히 자신이 통치하는 인민에 대한 공식적인 책임을 거부했다.

당은 어떻게 권력을 유지할까?

시진핑(2012-현재): "中国梦"

중국몽: 위대한 중화민족의 부흥

시진핑은 중국 공산당 5세대 지도자의 핵심이다. 그의 대표 슬로건인 "중국몽"은 유교적 기원은 없지만 19세기 중반부터 중국의 지도자들에게 동기를 부여했던 부강한 나라 건설이라는 목표를 반영하고 있다.[14]

시진핑이 중국 공산당 총서기로 재임하면서 엘리트 정치의 양상, 즉 최고 지도자의 권력이 꾸준히 약화되던 흐름이 바뀌었다. 마오쩌둥은 주석 재임 기간 동안 의심의 여지 없는 확실한 권력을 누렸고, 많은 참혹한 결과를 초래했음에도 불구하고 연이은 정치운동을 펼칠 수 있었다. 덩샤오핑은 그런 종류의 영향력을 갖지 못했다. 비록 그의 정책적 선호가 가장 중요했지만 그럼에도 그는 개혁에 대한 동료 지도자들의 지지를 얻기 위해 열심히 노력했다. 장쩌민은 덩샤오핑보다도 영향력이 약했다. 그가 중요한 순간에 총서기로 임명된 것은—1989년 톈안먼광장과 전국에서 일어난 시위 직후—파벌 경쟁에서 벗어나 있었기 때문이다. 후진타오는 일련의 지도자들 중 가장 약한 사람이었다. 그는 정치국 상무위원회에서 장쩌민 계열에 비해 수적으로 열세했고, 집단 지도 체제에서 동등한 자격을 가진 사람들 중 1등으로만 여겨졌다.

시진핑은 이러한 추세를 뒤바꿨다. 그는 당에 대한 대중의 지지를 약화시킬 수 있는 관리들의 부패를 근절하는 동시에 자신의 정치적 경쟁자를 제거하기 위한 광범위한 반부패운동을 시작하고 이를 널리 홍보했다. 2017년까지 35만 명 이상의 지방 당 및 정부 관리들이 부패 혐의로 조사를 받았다.[15] 또한 전직 정치국 및 정치국 상무위원, 장쩌민과 후진타오 계열, 은퇴한 군 지도자 등 자신의 진영에 속하지 않은 고위 공직자도 표적으로 삼았다.[16] 이는 정치국에 속한 사람(및 그 가족)은 부패 척결의 성역이라는 불문율을 깬 것이다. 이로써 당, 정부, 군부를 막론하고 누구도 시진핑에 반기를 들 수 없게 되었다.

시진핑의 지배력은 당장과 헌법 개정에서도 확인할 수 있다. 앞선 개정들은 최고 지도자가 은퇴한 후 그의 중요성과 영도 이념을 인정하기 위해 추진되었다. 덩샤오핑이 사망하고 7개월 뒤에 열린 제15차 당대회에서 마르크스주의, 레닌주의, 마오쩌둥 사상 다음으로 "덩샤오핑 이론"을 추가했다. 2002년 장쩌민이 당 총서기 임기를 마쳤을 때는 당장에 "3개 대표론"을 포함시켰다. 마찬가지로 2012년 후진타오가 두 번째 총서기 임기를 마치고 사임하면서 그의 대표 슬로건—과학적 발전관—을 영도 이념에 포함하도록 당장이 개정되었으며, 이조차도 후진타오 개인의 지혜가 아니라 중국 공산당 "집단 지혜의 결정체"라고 했다.[17]

시진핑은 이들 모두를 단숨에 뛰어넘었다. 첫번째 당 지도자 임기가 끝나자마자 "시진핑 신시대 중국 특색 사회주의 사상"이 당장에 삽입되었다. 시진핑의 이름이—마오쩌둥과 덩샤오핑처럼—명시되었을 뿐만 아니라 두 전임자와 달리 그의 기여는 "이론"보다 더 중요한 "사상"으로 적시되었다. 시진핑 사상은 그를

47

당은 어떻게 권력을 유지할까?

이데올로기 측면에서 마오쩌둥 주석 수준으로 격상시켰다. 시진핑은 덩샤오핑과 관련된 문구("중국 특색 사회주의")에 자신의 단어를 추가하기 위해 임기가 끝날 때까지 기다리지 않았다. 이러한 뉘앙스에 주목하는 사람들에게 2017년 제19차 당대회에서의 당장 개정은 불과 5년 만에 시진핑이 권력을 공고히 했다는 것을 의미했다.

2018년 개정된 중국 헌법은 주석과 부주석의 임기 제한을 삭제했다. 덩샤오핑이 시작하고 후임 지도자들이 유지해온 5년 중임 제한은 마오쩌둥의 예와 같은 지도자의 무기한 재임을 방지하고 지도자를 정기 교체하기 위해 고안되었다(자세한 내용은 2장에서 다룬다). 그러나 시진핑은 헌법에서 임기 제한을 삭제함으로써 중국의 지도자 자리를 무기한 유지하겠다는 의사를 표명했다.

시진핑은 자신의 권력을 더욱 공고히 하기 위해 국내외 정책에 대한 광범위한 권한을 가진 점점 더 많은 위원회와 영도 소조(소조는 특정 의제를 다루는 소규모 그룹의 중국식 표현_옮긴이)의 조장이 되었다. 장쩌민과 후진타오 시기에는 총리가 경제 정책을 담당했지만 시진핑은 관례를 깨고 리커창에게서 경제에 대한 권한을 빼앗았다. 그는 군에 대한 통제력을 강화하기 위해 군대도 개편했다. 2012년 총서기에 취임했을 때만 해도 모두가 불가능하다고 생각했던 권력의 집중화를 이룬 것이다.[18]

시진핑은 권력과 정치 제도 및 공식 뉴스 미디어에 대한 지배력 때문에 종종 마오쩌둥과 비교된다.[19] 당원들은 시진핑의 모든 연설을 공부해야 한다(전임자 때는 주요 연설문과 새로운 정책 문서만 공부했다). 시진핑 사상에 대한 지식을 시험하는 "쉐시창궈"(쉐시창궈学习强国는 한국어로 학습강국이다. 중국어로 쉐시는 '공부하다'라는 뜻이지만 쉐시의 '시'와 시진핑의 '시'가 같은 글자이기 때문에 "시진핑을 배우다"라는 뜻도 된다. 당원들은 이 애플리케이션에 접속한 후 시진핑의 사상을 공부하고 시험을 봐야 한다_옮긴이)라는 앱도 있다. 정부 및 민간 부문에 고용된 사람들은 부서나 회사에서 경력에 필요한 점수를 얻기 위해 매일 접속하도록 권장받았다(일부에서는 압력을 받았다고 한다).[20]

하지만 시진핑 개인의 권력에만 집중하면 그가 개혁 시대에 위축되었던 중국 공산당의 레닌주의적 성격을 되살리고 강화한 것만큼이나 중요한 발전을 간과하게 된다. 마오쩌둥 이후 당의 인기는 꾸준히 하락했고, 많은 중국인에게 당은 점점 더 삶과 관련 없는 것으로 멀어졌다. 그러다 시진핑 체제에서 중국 공산당이 다시 전면에 등장했다. 지방 언론이 관리들의 부패, 불법 행위, 정책 실패를 폭로함으로써 대중적인 인기—더욱 담대해지고—를 얻자,[21] 시진핑은 당의 단점에는 눈을 감고 장점을 칭송하는 내용만 보도하라고 지시했다. 그는 시민사회 단체, 민영 기업, 심지어 외국계 투자 기업에도 당 지부를 확대하여 이들의 활동을 더욱 면밀히 감시했다. 그는 교수들에게 역사와 국제 문제에 대한 당의 가이드를 따르고 공개 토론이나 이른바 서구 사상 논의를 장려하지 말라고 명령했다.

당의 역할을 강화 및 확대하는 것 외에도 그는 모든 유형의 활동을 공식 경로에 강제로 편입시켰고, 후진타오 체제에서 성장한 비공식적인 관계들은 무력화했다. 뒤에서 자세히 설명하겠지만, 이제 NGO는 정부에 등록해야 하고 과거처럼 지방 관리의 암묵적 허용하에서 활동할 수 없게 되었다(4장). 정치, 경제, 사회 문제에 대한 불만은 법체계 속으로 강제되고 대중 시위에 대한 관용이 줄어들었다(5장). 종교 단체는 당의 승인을 받은 조직에 가입해야 하고 비공식적 종교 활동을 주최할 수 없게 되었다(6장). 중국 공산당이 이토록 야심 찬 목표를 실제로 달성할 수 있을지 미지수지만, 시진핑은 시도하기로 결심한 것이 틀림없다.

당의 주도적 지위

모든 레닌주의 정치 제도와 마찬가지로 중국의 정치 제도에서도 당은 지배적인 행위자다. 중국 공산당은 정부와 입법부 모두를 감독하고 통합한다. 여기에 견제와 균형은 존재하지 않는다. 정부와 입법부는 당의 영도를 반대하지 않고 또한 당의 정책이나 인사를 저지하지도 않는다. 대신 이들 사이에는 분업이 있다. 이 구조를 단순화하면, 중국 공산당이 인사 및 정책에 대한 주요 결정을 내리면 입법부는 이를 비준하고 성문화하며 정부는 이를 실행한다고 말할 수 있다. 이때 사법부는 별도의 기관이 아니라 정

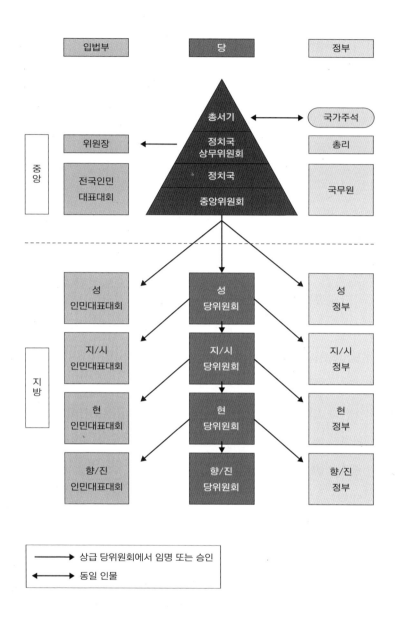

입법부 | 당 | 정부

총서기 ← → 국가주석
정치국 상무위원회 ← 위원장
정치국 | 총리
중앙위원회 | 국무원

중앙
전국인민대표대회

성 인민대표대회 | 성 당위원회 | 성 정부
지/시 인민대표대회 | 지/시 당위원회 | 지/시 정부
현 인민대표대회 | 현 당위원회 | 현 정부
향/진 인민대표대회 | 향/진 당위원회 | 향/진 정부

지방

→ 상급 당위원회에서 임명 또는 승인
← → 동일 인물

그림 1.3 중국의 정치 제도(출처: 지은이)

당은 어떻게 권력을 유지할까?

부의 일부이며 당의 감독을 받는다.

그림 1.3은 중국 공산당의 주요 기관과 국가 기관의 관계를 설명한다.[22] 당의 중앙위원회는 5년마다 전국에서 2000명 이상의 당 지도자가 모이는 공산당전국대표대회(이하 당대회)에서 선출된다. 지방, 주요 도시, 직업(군대, 은행, 국유 기업 등)별로 의석이 할당되고, 해당 지역과 직업의 당원들이 당대회에 참석할 대표를 투표로 선출한다. 이때의 선거는 대중에게 개방되지 않는다. 오직 당원만 투표할 수 있고, 모든 후보자는 상급 당 조직 지도자의 승인을 받아야 한다.

당대회는 실제 개별 사안을 심의하거나 결정하기에는 너무 방대한 규모다. 당대회의 목표는 1년에 한두 번 모이는 200여 명의 당 지도자로 구성된 중앙위원회를 선출하는 것이다. 중앙위원회 후보는 현직 및 은퇴한 지도자를 포함한 당의 최고 지도자들이 결정한다. 민주적 협의라는 점을 드러내기 위해 후보자 명단은 중앙위원회 정수를 초과하지만 초과 규모는 10퍼센트 미만이다. 예를 들어 2017년의 제19차 당대회에서는 222명의 후보자 중에서 205명의 중앙위원을 선출했다. 그리고 이 8퍼센트의 차이가 "민주집중제의 모델"이라는 찬사를 받았다. 민주주의 국가의 입장에서 보면 꽤나 당황스러운 수치이지만, 중국 공산당은 이를 진지하게 받아들이고 있다.[23] 중앙위원 선출을 끝으로 당대회는 막을 내리고, 중앙위원의 임기는 5년 뒤 다음 당대회까지다.

중앙위원회는 정해진 의제에 따라 운영된다. 당대회 폐막 직후 열리는 첫 번째 회의에서 향후 5년간 당을 이끌 정치국, 상무위원회, 총서기 등의 지도부를 선출한다. 두 번째 회의는 이듬해 봄에 열리며, 이 회의에서 전국인민대표대회를 최종 준비한다. 이후 중앙위원회는 경제 개혁, 법률 개혁, 이데올로기와 선전 등 특정 정책 문제를 다룬다.

중앙위원회에 소속되었다고 해서 개인에게 권위가 부여되지는 않는다. 하지만 여기에 소속되었다는 것은 그들이 이미 영향력 있는 위치에 있는 사람이라는 뜻이다. 중앙위원회의 많은 자리는 당 중앙 및 중앙 정부의 지도자, 성급 단위의 당서기와 성장,[24] 주요 국유 기업 및 은행의 수장, 군 지도자 등 특정 직책에 있는 사람들에게 배정된다. 위원 중 일부는 베이징에 거주하며 활동하지만 다수는 다른 지역에서 지도자 직책을 맡고 있다. 200명이 넘는 위원으로 구성된 중앙위원회는 토론의 장이 아니며, 대개 최고 지도부의 결정을 비준하는 역할을 한다.

중국 공산당의 정치적 위계의 차상층은 정치국이다. 약 20명의 당 지도자로 구성된 정치국은 보통 한 달에 한 번 모임을 갖는다. 대부분의 정치국 위원은 베이징에 기반을 두고 있지만 특정 성이나 시의 전략적 중요성을 보여주기 위해 소수의 지방 지도자가 포함된다. 2017년에 선출된 정치국 위원에는 상하이, 베이징, 광둥, 톈진, 충칭, 그리고 신장의 당서기가 포함되었다. 중국 공산당의 많은 부분이 그렇듯이 정치국에서 하는 심의도 노골적인 로비를 방지하고 당 지도자들의 만장일치 결정이라는 외관

당은 어떻게 권력을 유지할까?

을 유지하기 위해 비밀에 싸여 있다. 과거에는 회의 사실조차 국가 기밀로 취급했다. 그러나 후진타오 시대부터 언론은 정치국 회의에 누가 참석했는지, 어떤 내용이 논의되었는지, 총서기가 무슨 말을 했는지 등을 짧게 보도하기 시작했다. 비록 회의록을 그대로 옮긴 것은 아니지만 당의 심의 과정을 일부 개방한 것이다.

정치국 내부에는 중국 권력의 진정한 핵심부라 할 수 있는 상무위원회가 있다. 정치국 상무위원회의 규모는 다섯 명에서 아홉 명 사이로 때마다 다르지만 보통 일곱 명이다. 항상 홀수로 구성되기에 표결이 동수로 끝나는 일은 없으며, 표결 절차도 거의 없는 것으로 알려져 있다.[25] 만약 상무위원들이 합의를 이루지 못하면 추가 정보(또는 추가 설득)를 찾아서 만장일치 결론을 낼 수 있을 때까지 결정을 연기한다.

정치국 상무위원회 위원은 공개적인 서열이 매겨져 있기에 최고 엘리트들의 위계 질서를 명확히 알 수 있다. 이 피라미드의 맨 꼭대기에는 당의 최고 지도자이자 중국에서 가장 강력한 개인인 총서기가 있다(마오쩌둥 사망 후 '당주석' 직책이 폐지되었고 1982년부터 총서기가 최고 직책이 되었다). 총서기는 중앙군사위원회 주석도 겸하는 군의 총사령관이며, 1993년부터는 국가주석도 겸하는 국가 원수다. 국가주석은 상징적인 의미일 뿐 직책 자체에는 큰 권한이 없다. 소련과 동유럽의 공산주의 국가들이 붕괴된 이후 중국에서는 한 사람이 중국 집권당의 수장뿐 아니라 국가 원수까지 겸하면서 국제사회에서 다른 나라의 지도자들과 동등한

지위에 설 수 있었다.[26]

이상의 직책들은 서로 중첩된다. 총서기는 정치국 상무위원회 위원이고, 정치국 상무위원회 위원은 모두 정치국 위원이며, 정치국 위원은 반드시 중앙위원회 위원 중에서 선출된다. 지금 설명한 중국의 공식 정치 구조는 아래의 구성원들이 상위 직급을 선출하는 상향식 절차처럼 보이지만, 실제로는 당의 최고 지도자가 인사 결정을 내리면 당대회와 중앙위원회에서 이를 비준하는 하향식 절차다.

중앙위원회에서 당 지도자들을 선출한 다음에는 입법부와 정부 구성원을 선출할 차례다. 중국의 공식 입법부는 전국인민대표대회(당대회와 혼동하지 말길 바란다), 즉 '전인대'다. 전인대는 지방인민대표대회의 최정점에 있다. 풀뿌리 수준(향진, 현, 소도시, 그리고 대도시의 구)에서는 유권자가 직접 지방인민대표대회 대표를 선출한다. 그런 다음 각급 인민대표대회는 상급 인민대표대회의 대표를 임명한다. 즉 현급 인민대표대회가 지/시급 인민대표대회 대표를 임명하고, 지/시급 인민대표대회가 성급 인민대표대회 대표를 임명하며, 성급 인민대표대회에서 전인대 대표를 임명한다. 전인대 대표의 임기는 5년이다.

전인대는 매년 봄에 전체 회의를 개최한다. 이때 다양한 정부 부처의 보고를 청취하고, 법률을 통과시키고, 헌법을 개정하는 것 외에도 중국 공산당의 정부 지도자 후보를 비준한다.[27] 이는 대부분 형식적인 절차로, 전인대에서 중국 공산당이 지명한 후보를 거

당은 어떻게 권력을 유지할까?

부한 예가 없다.[28]

전인대는 문서상으로는 전형적인 의회 제도처럼 보인다. 대부분의 전인대 대표는 중국 공산당 소속이고, 이들이 투표로 결정하는 정부 관리도 마찬가지다. 당의 부서와 정부 부처가 작성한 법률 초안은 최종 승인 전에 수정을 위해 전인대 위원회와 정부 부처로 반송되기도 하지만 결국에는 전인대에서 승인된다. 그러나 이는 의회 민주주의가 아니다. 전인대 대표는 유권자의 투표에 의해서가 아니라 하급 인민대표대회에서 임명하며, 야당도 존재하지 않는다.[29]

총리, 부총리, 국무위원, 주요 부처의 장이 내각이라고 부를 수 있는 국무원을 구성한다. 여기에는 중국 공산당원이 아닌 국무위원 한 명 이상이 포함되어 있는데, 이는 중국의 정치 제도가 일당 독재가 아님을 외부에 보여주기 위해서다. 그런데 시진핑이 당의 중심 역할을 다시 강조하면서 이러한 허상조차 사라졌다. 2018년에 임명된 국무위원은 모두 당원이었으며, 이는 정부 업무에 대한 당의 지도력을 상징한다.

중국 공산당이 정부와 입법부를 지배하는 방식은 여러 가지가 있다. 첫째, 정부와 입법부의 수장—총리와 전인대 위원장 각각—은 정치국 상무위원회에 소속되어 있다.[30] 이는 그들이 당에 반대하는 세력이 되는 것을 막기 위해서다. 그들은 언제나 당의 명령을 따른다. 성급 이하에서는 당서기가 지방인민대표대회 위원장을 맡는 경우가 많아서 당의 영도 역할이 더욱 크다.

둘째, 모든 주요 직책은 당원의 몫이다. 국가, 국유 기업, 대학 및 병원과 같은 국유 부문의 중요한 직책을 모두 당원이 맡고 있다. 주요 지도자의 임명을 통제하는 것이 정치 권력의 핵심 원천이다. 이는 중앙 지도자가 성급 지도자를 임명하고, 성급 지도자가 지/시급 지도자를 임명하는 소비에트 노멘클라투라 제도를 기반으로 한다.[31] 이 방식은 당에 충성하는 사람들이 모든 직급의 지도자 직책을 맡도록 하기 위해 고안되었다. 그 결과 많은 관리가 당원이기 때문에 어디까지가 당이고 어디서부터 정부인지 판단하기 어렵다. 당과 정부는 별개의 기관이라고 하지만 대다수의 관리가 당원이고, 관리들은 당과 정부의 직책을 자주 옮겨 다니며 경력을 쌓는다.

셋째, 당은 레닌주의 정당의 특징인 당 지부 연결망을 통해 국가 전역—그리고 점점 더 사회 전체—에 눈과 귀를 확대한다. 서로 다른 기관과 조직에 소속된 당 지도자들로 구성된 소규모 그룹은 다소 비밀스러운 조직으로, 소속 기관의 주요 결정에 영향을 미치고 이 기관이 당의 지시를 준수하는지 감시한다. 또한 당은 이러한 기관 및 조직에서 근무하는 일반 당원을 대상으로 정기적인 회의를 개최하여 최근의 정책 결정과 당 지도자의 주요 연설 내용을 제공한다.

마지막으로, 당은 최고의 정치 권력이다. 정치 제도의 모든 수준과 직책에서 당이 가장 우월하다. 총서기는 총리보다, 성 당서기는 성장보다, 시 당서기는 시장보다 높다. 이는 은행, 국유 기

당은 어떻게 권력을 유지할까?

업, 대학 및 기타 단위에서도 마찬가지다. 당서기는 은행, 기업, 또는 학교의 공개적인 얼굴이 아닐지라도 그 기관의 최고 지도자다.

당과 정부의 통합이 매우 광범위한 수준에서 이루어지기에 종종 중국을 일당제 국가(당치 국가)라고 부른다. 당과 정부는 공식적으로 분리된 기관이지만 실제로는 앞에서 설명한 다양한 방식으로 혼합되어 있다. 이 책에서 나는 필요한 경우에는 당과 정부라는 표현을 명확하게 사용하고, 당과 정부의 보다 집단적인 정체성을 드러낼 필요가 있는 경우에는 국가라는 표현을 사용할 것이다.

오늘날 중국 공산당은 9000만 명 이상의 당원으로 구성된 정당으로, 독일을 비롯하여 유럽의 그 어느 국가의 인구보다 수가 많다. 하지만 중국 인구 대비 당원 비율은 6.5퍼센트에 불과한 '소규모 정당'이다. 중국 공산당은 입당 신청자 10명 중 1명 미만이 입당할 정도로 당원을 까다롭게 선별한다. 이 과정이 시진핑 체제에서 더욱 철저해졌다. 후진타오 시절에는 당원 수가 매년 3퍼센트씩 증가했지만, 시진핑 체제에서는 1퍼센트 증가에 그치고 있다. 중국 공산당은 하나의 전위당으로서, 전체 인구를 대표하지 않는 엘리트 정당이다. 대학 캠퍼스가 신입 당원의 주요 공급원이고, 반대로 농촌에서는 입당이 거의 이루어지지 않는다. 당원 자격은 정부, 교육, 의료, 경영 등 다양한 분야의 직업을 갖기 위한 필수 조건이다.

중국 공산당은 또한 정부, 국유 기업, 민간 기업, 대학교, 병원, 그리고 사회 곳곳에 460만 개 이상의 지부를 구축하고 있다. 당원들은 자신이 생활하고 일하는 곳 어디에서든 당 조직에 참여해야 한다. 정치, 경제, 사회 전반에 걸친 당 조직이 중국 공산당의 눈과 귀가 된다.

중국이 레닌주의 정당에 의해 통치된다는 이해에서 출발하면 정책 결정 과정, 국가와 사회의 상호작용, 심지어 그것의 정치와 경제―점점 더 시장화되는 경제와 일당 권위주의 정치 제도 사이의 불일치처럼 보이는―가 그럴듯하게 느껴질 것이다. 이어지는 장들에서 정책의 결정 및 시행, 종교 생활, 기타 유형의 정치 참여에서 당이 인민과 어떻게 상호작용하는지 자세히 설명할 것이다. 당은 자신이 원치 않는 언행을 강력하게 억압한다고 알려져 있지만 이는 통치 공구함 속 도구 중 하나일 뿐이다. 당은 일부 유형의 대중적 참여는 장려하고 또 일부는 용인한다. 21세기 중국을 이해하려면 중국 공산당이 권력을 유지하기 위해 사용하는 모든 도구를 알아야 한다.

• • •

중국 공산당은 1949년 중화인민공화국 수립 이후 중국의 지배적인 정치 행위자가 되었지만, 시간이 지남에 따라 지배력도 변화를 거듭했다. 마오쩌둥 시대에 존재가 두드러졌던 중국 공산당은 이후 급진 좌파주의를 버리고 경제 개혁이라는 보다 실용주의

당은 어떻게 권력을 유지할까?

적인 목표를 추구하면서 개인 및 직업 생활에서 덜 두드러진 역할
을 수행했다. 시장경제와 민간 부문이 중요해지자 사람들은 직업
을 선택하고 온전한 삶을 영위하기 위해 당과 지도자의 충성스러
운 지지자가 될 필요가 없어졌다. 또한 당은 자신을 위협하는 사
안에 여전히 정치적 탄압으로 대응할 의지와 능력이 있지만 (톈안
먼광장에서 그랬듯이) 마오쩌둥 시대의 광범위한 정치운동과 비교
할 때 이러한 탄압은 특정 대상에만 표적화되었다. 지방의 관리들
은 과거처럼 "계급의 적"을 찾아내 처벌해야 하는 할당량을 전달
받지 않았고, 대신 시위, 항의, 그리고 반대의 목소리가 출현하거
나 확산되는 것을 막으라는 지시를 받았다. 이어질 장들에서 자세
히 설명할 내용인데, 당은 대중 여론에 더욱 민감하게 호응하기
시작했지만 당의 권위를 희생하지 않는 것을 전제로 했다.

　　당의 통치 스타일은 최근 몇 년 사이에 더욱 억압적으로 변
했다. 세계 금융 위기가 발발하고 베이징 하계 올림픽을 개최한
2008년 이후, 특히 시진핑이 중국의 지도자가 된 2012년 이후 중
국에서는 더 광범위한 집단과 개인에 대한 정치적 압력이 증가
하고 있다. 정치적 통제가 더욱 노골화되었고, 정치 제도는 자유
를 구속하고 레닌주의적으로 변했다. 시진핑의 중국 공산당은 변
화하는 중국의 경제 및 사회적 상황에 적응하기보다는 경제와 사
회를 당의 우선순위와 전통적인 레닌주의적 관행에 다시 끼워 맞
추고 있다. 중국 공산당은 정부 감독과 언론 통제를 강화하고, 시
민사회 단체에 대한 감시를 늘리며, 사회적 다양성에 대한 관용

을 줄이고 있다. 이 새로운 시대가 반드시 정치 및 경제 개혁의 종말을 의미하는 것은 아니지만, 그동안 중국인 스스로는 물론 우리 외부의 관찰자들에게도 익숙해진 개혁개방 및 일상에서 당의 역할이 감소했던 시대는 종료될 것으로 보인다.[32]

중국의 정치 제도와 당의 영도 역할에 대한 이러한 개괄적 이해를 염두에 두고, 다음 장에서는 여러 정치 제도를 구분하는 핵심 요소인 지도자 선출 방식을 살펴볼 것이다. 지도자의 임명, 승진, 그리고 해임의 기준은 당과 정부의 지도자들이 정책을 추진하거나 사회와의 관계를 처리할 때 보상 또는 제약을 가한다. 이러한 문제를 이해하려면 우선 당이 다양한 직급의 지도자를 어떻게 선출하고 감독하는지 이해할 필요가 있다.

당은 어떻게 권력을 유지할까?

지도자를
어떻게
선발할까?

시진핑은 현급 관리에서 지방 지도자로, 그리고 2007년 중국 공산당 최고 의사 결정 기구인 정치국 상무위원회 위원으로 합류하고 후계자로 인정받은 긴 상승 과정 끝에 2012년에 중국의 최고 지도자가 되었다. 지도자가 임기 중에 사망하거나 쿠데타로 교체되거나 혁명으로 전복될 수 있는 권위주의 체제에서 시진핑처럼 순조롭게 상승한 예는 극히 드물다. 마오쩌둥 시대에는 지도자가 사망하거나 마오쩌둥의 비위를 거스르다가 교체된 일은 있어도, 관례에 따라 은퇴한 예가 거의 없다.

하지만 마오쩌둥 이후 중국은 10년마다 정기적으로 지도자를 교체했다(5년마다는 부분적으로 교체). 중국 공산당은 예측 불가능하고 종종 폭력적인 정권 교체 대신 연령 제한과 임기 제한을 포함하는 보다 일상적인 지도자 선출, 승진 및 교체 과정을 정착시켰다. 지도자들은 베이징뿐 아니라 지방의 당과 정부 고위 공직에서 귀중한 업무 경험을 쌓고, 자신의 능력을 발휘하며, 정치적 인맥을 발전시킬 수 있는 기회를 얻는다. 이로써 모든 직급의 지도자가 정기적으로 평화롭게 교체되는 것이 중국식 권위주의 정치 제도의 특징으로 자리 잡았다.

중국의 정치 제도를 이해하려면 당의 지도자 선발 과정을 알아야 한다. 집권 공산당은 국가의 모든 영역에서 유일한 게임의 규칙이다. 정치적 영향력을 가진 모든 지도자—당내 위계 서열, 정부, 군부, 국유 기업, 심지어 대학과 은행, 병원에 이르기까지—는 당원이다. 야당은 없고 고위 공직을 놓고 벌이는 공개 경쟁도 없다.

이 장에서는 중국 정치 제도를 하층에서 상층으로 올라가면서 설명한다. 촌장 선거부터 시작하여 지방 지도자의 임명, 평가, 승진을 살펴보고(특히 당서기, 시장, 그리고 성장), 나아가 중앙 수준의 당과 정부 지도자 선출을 알아본다. 마지막으로 장쩌민, 후진타오, 시진핑의 경력 경로를 통해 중국 공산당이 지도자를 선발하고 관리하는 방법의 두 가지 특징, 즉 최고위직에 임명되기 전에 지방 및 중앙을 순환하며 경력을 쌓는 방식과 지도자의 재임 기간을 규제하기 위해 고안된 연령 및 임기 제한 규범을 살펴볼 것이다.

중국 공산당이 지도자를 임명하고 승진시키는 평화롭고 일상적이며 심지어 제도화된 방식은 마오쩌둥 이후의 매우 중요한

지도자를 어떻게 선발할까?

정치 개혁이자 체제 안정의 핵심 원천이었다. 하지만 시진핑에 의해 제도의 장점이 훼손되었다. 시진핑은 후계자를 지명하지 않았고, 주요 직책 중 하나인 국가주석의 임기 제한을 없애기 위해 헌법을 개정하는 등 전임자들이 정한 규범을 따르지 않았다. 그는 종신 집권을 의도하고 있다. 만약 목표를 달성한다면 그는 지도자의 정기 교체라는 중국 정치 제도의 특징을 파괴하게 된다.

농촌 선거

1980년대부터 일부 농촌에서는 인민공사가 해체되면서 생긴 행정적 공백을 메우기 위해 자발적으로 촌장과 촌민위원회를 선출하기 시작했다. 이 풀뿌리적 시도는 나중에 국가 정책으로 발전했다. 다음 장에서 더 자세히 설명하겠지만, 중국은 개혁을 전국적으로 시행하기 전에 지역 단위의 실험을 허용하고 심지어 장려하기도 한다.

농촌 선거는 처음부터 큰 관심을 끌었다. 중국 지도자들은 이를 주목할 만한 정치 개혁으로 보았고, 학자들은 연구 주제로 간주했으며, 농촌 주민들도 큰 열의를 보였다.[1] 이들은 농촌 선거를 풀뿌리 민주화의 실험으로 보고 궁극적으로 더 높은 수준의 정치 제도로 발전할 것이라는 희망을 가졌다.[2] 그러나 중국 공산당 지도자들은 이를 민주주의가 아닌 농촌 자치라고 설명했고, 농촌 주민과 지도자 간의 관계를 개선하고 정치적 안정을 유지하기 위해 고안된 제도로 간주했다. 이 제도의 주요 지지자로 개혁가라기보다는 강경파에 가깝고 대중 여론에 대한 호응보다는 법과 질서에 더 관심이 많았다고 알려진 당의 고위 지도자 펑전이 있었다.

농촌 선거는 지방 관리보다 중앙 지도자들 사이에서 더 인기가 많았다. 지방 관리들은 농촌 선거가 인기투표로 선출된 농촌 지도자들과 상급 기관에 의해 임명된 촌 당서기 및 촌 간부 사이의 갈등을 유발할 것이라고 우려했다. 또한 인기투표로 인해 세금 징수나 한 자녀 정책 같은 인기 없는 정책의 시행이 어려워질 것이라고 걱정했다. 역설적으로, 선거는 이런 사업들의 추진을 더욱

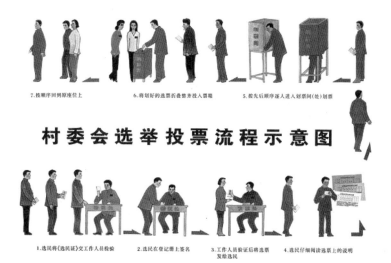

그림 2.1 1995년 촌민위원회 선거 투표 과정 개략도
(출처: BG F13364, Chineseposters.net, Landsberger collection)

지도자를 어떻게 선발할까?

쉽게 만들었다. 후보자는 이러한 정책을 바꾸겠다는 공약을 들고 출마하는 대신 보다 투명한 방식으로 정책을 시행하겠다고 약속할 수 있었기 때문이다.[3] 따라서 향진의 관리들은 어떤 후보의 출마를 허락할지 결정했고, 선거 결과에 불만이 생기면 결과를 무효화하는 방식으로 자주 간섭했다.

이러한 우려를 해소하기 위해 일부 농촌에서는 촌장으로 선출된 사람이 그 촌의 당서기에 임명되기도 했다. 일부 농촌 주민은 이런 상황을 더 선호했는데, 그 이유는 그들이 선출한 촌장이 상급 지도자에게 더 큰 영향력을 행사할 수 있기 때문이었다. 또 다른 지역에서는 농촌 관리들의 충성심이 분열될 가능성을 없애기 위해 겸직을 강요하기도 했다.

후보자 지명 및 선거 절차는 1987년의 법 초안을 시작으로 1998년의 최종 버전에 이르기까지 수년에 걸쳐 더욱 명문화되었다. 이 법에는 3년마다 선거 실시, 비밀 투표, 공직당 한 명 이상 입후보, 농촌 주민의 추천, 대리투표 조항이 규정되어 있다. 그러나 절차가 실제로 항상 준수되는 것은 아니고 선거의 질도 때마다 달랐다. 결과적으로 농촌 주민과 지도자 간의 관계 개선이라는 목표는 선거법을 준수했을 때 비로소 실현될 수 있었다. 선거 절차가 제대로 이행된 농촌에서는 선출된 농촌 지도자와 촌민의 견해가 매우 일치했다. 후보자들은 대중의 지지를 호소했고 3년 후에 있을 재선은 그들로 하여금 유권자에게 책임을 다하게 했다. 그러나 선거의 질이 낮은 농촌—예를 들어 후보자 수가 적어 경선이 덜 치열한 농촌—에서는 지도자가 대중 여론에 호응할 필요가 거의 없었기에 선출된 지도자와 촌민의 견해가 일치하지 않았다.[4]

결국 농촌 선거는 개혁의 추동력과 학술 연구 주제라는 측면 모두에서 활력을 잃게 되었다. 중국 공산당이 더 높은 수준의 선거를 허용할 의사가 없었기 때문에 농촌 선거는 더 큰 민주화의 전조가 되지 못했다. 일부 지역에서 당 간부들이 향진 단위의 선거를 실험했지만 즉시 위헌으로 선언되며 중단되었다.[5] 향진 선거에 대한 상부의 우려는 농촌 선거에 대한 시각과 유사했다. 상급 당위원회가 대중에게 선출된 지도자를 통제할 수 없는 것이 문제의 핵심이었다. 당과 정부 지도자를 임명하는 것은 당의 조직 담당 부서의 책임이었고 그들은 이 중요한 권력을 포기하려고 하지 않았다.

농촌 선거가 동력을 잃은 이유는 농촌이 다양한 방식으로 공동화되었기 때문이기도 하다. 우선 농촌 주민들이 일자리를 찾아 도시로 이주하면서 농촌에는 너무 어리거나 너무 나이 든 사람만 남게 되었다. 영도력을 발휘하고 싶은 야망과 그런 재능을 가진 사람은 마을에 남아 있지 않았다.[6] 농촌 공동화의 또 다른 원인은 촌의 상급 행정 단위인 향진과 현이 촌의 재정을 직접 통제하는 구조다. 촌 재정에 대한 접근성이 떨어지고 새로운 발전 정책을 추진할 여지가 줄어들면서 촌장이 될 유인이 줄어들었다.[7] 향진과 현의 지도자들이 후보의 지명 및 결과에 개입하자 유권자도 자신의 표가 거의 중요하지 않다는 것을 금방 알게 되었다.

지도자를 어떻게 선발할까?

농촌 선거에 대한 관심은 주로 선거 자체의 질, 즉 선거법이 정한 절차적 요건을 얼마나 잘 준수했는지에 집중되어 있다.[8] 평가하기 더 어려운 것은 선거가 촌의 통치에 미치는 영향이다. 실제로 촌 선거는 특히 이 책의 서두에서 언급한 우칸의 사례에서 보았듯이 토지 매매로 인한 촌 지도자들의 부패 문제를 악화시켰다. 촌의 지도자들은 개발업자가 토지에 대한 권리를 구매하기 위해 지불하는 가격과 농민이 받는 보상금의 차이에 근거하여 막대한 부를 챙길 수 있었다. 개인적 이득의 취득 가능성 때문에 많은 촌에서 투표 매수 행위가 발생했다.[9] 1980년대의 초기 지지자들이 희망했던 것처럼 선거가 촌민과 지도자의 관계를 개선하기는 커녕 매표와 토지 매매로 인해 새로운 긴장이 발생했다.

농촌 선거는 지금도 3년마다 실시되지만 과거에 비해 관심을 받지 못하고 있다.

지방 지도자의 임명과 승진

마오쩌둥 이후 중국 공산당은 지방 지도자를 임명하고 승진시키기 위한 양질의 제도화된 절차를 고안했다. 이는 특히 정치제도의 하위 수준에서는 능력주의의 측면도 있다. 중앙 지도자가 성급 지도자를 임명하고, 성급 지도자가 지/시급 지도자를 임명하는 등 한 등급 위에서 인사를 결정하면, 각 층위는 부하 직원을 선발하고 승진시킬 때 상당한 자율성을 갖는다.

중국 공산당 조직부는 관리를 임명하고 그들의 성과를 확인하는 일을 담당한다. 조직부장은 매우 강력한 권력을 가지며, 이 직책을 맡은 사람은 대개 당 지도자의 측근이다. 당 지도자는 자신의 사람들이 가장 영향력 있는 직책에 배치되기를 원하기에, 이를 위해서는 조직부에 대한 통제가 필수적이다. 이러한 유형의 비호 관계가 권력의 핵심 요소다.

임명권자는 두 가지 주요 기준으로 인사를 결정한다. 그들은 정권의 정책 우선순위를 수행할 수 있는 유능한 사람을 찾고, 또한 상급 지도자에게 충성하는 사람을 배치하여 정권의 안정을 도모한다. 유능하고 충성스러운 인재를 임명하는 것이 이상적이고 좋지만, 가장 유능한 사람이 가장 충성스러운 사람은 아니며 충성스러운 사람이 유능하지 않을 수도 있다는 점에서 두 목표 사이에는 긴장이 존재한다. 이 모순은 1949년 중화인민공화국 건국 이래 중국 공산당이 계속 직면한 문제다. 마오쩌둥 시대 대부분 동안 이 모순은 '홍색 인사 대 전문가' 논쟁으로 묘사되었다. 홍색 인사는 마오쩌둥의 충성스러운 지지자이지만 정책 실행 능력보다는 이념으로 무장한 열성분자였다. 반대로 전문가들은 정책 실행에 필요한 과학 기술 또는 관리 능력을 가지고 있지만 당의 목표와 주석에 대한 충성심이 의심스러웠다. 둘 사이의 긴장—그리고 둘 사이에서 마오쩌둥의 우유부단함—은 1950년대와 1960년대 중국 공산당 정책의 좌파적 목표와 발전적 목표 사이의 긴장으로

71

이어졌고, 나아가 홍색 인사와 전문가 진영의 일부 인사를 타도하는 정치운동을 반복하게 만들었다.

마오쩌둥 이후 중국 공산당은 경제적 현대화를 핵심 과제로 삼았고, 따라서 전문성을 관리의 선발 및 승진의 핵심 기준으로 제시했다. 문화대혁명 말기의 관리들과 달리,[10] 덩샤오핑은 중국 관리들에게 "네 가지 변화"(중국어로 四个转变_옮긴이)를 요구했다. 즉 젊고, 교육 수준이 높고, 더욱 전문적이고, 더욱 혁명적이어야 한다고 했다. 이 변화의 처음 세 개가 중국 공산당 인사 정책의 기초를 형성했으며 네 번째도 무시할 수 없었다. 관리에 임명되려면 적절한 자격과 업적이 있어야 하지만, 상급 관리와 중국 공산당 전체에 대한 충성심을 증명해줄 정치적 인맥이 없다면 높이 올라가지 못한다. 최소한 중국 공산당에 가입하는 것이 정치적 상승의 필수 전제였다.

마오쩌둥 시대의 관행과 달리 관리들은 더 이상 종신 임기를 누릴 수 없다. 1980년대 초부터 지도자의 임기는 5년으로 정해졌다. 하지만 많은 지도자들이 임기가 끝나기 전에 전보되거나 승진한다. 임기 내에 승진하기 위해서는 상급자가 설정한 정책 성과를 충족시켜야 하며, 관리들은 달성 목표가 명시된 계약서에 서명한다. 여기에는 세 가지 유형의 목표가 포함되어 있다. 사회 안정 유지나 가족 계획 정책 시행 같은 필수적 목표(달성하지 못하면 승진에 실패하거나 좌천 또는 해고될 수 있으므로 "거부권veto" 목표라고도 함), 경제 성장 촉진, 세수 창출, 외국인 투자 유치 같은 고정적 목표, 농민 부담 경감, 교육 수준 향상, 의료 및 기타 유형의 공공재 개선과 같은 유연한 목표다. 셋 모두 달성하기 어려운 목표는 아니지만 측정하기 어렵고 단기간에 완수하기도 어렵다. 더 중요한 것은 필수적 목표와 고정적 목표에 미달하고 유연한 목표만 완수해서는 승진 확률이 낮다는 점이다. 따라서 지방의 관리들은 필수적이고 고정적인 목표를 달성하는 데 집중하고 유연한 목표의 중요성은 부차적으로 생각하는 경향이 있다.[11]

지방 관리들은 자신을 임명하고 평가하는 상급자에게 책임을 지지만 자신이 관리하는 지역의 시민들에게는 책임을 지지 않는다. 그들은 성과 목표치를 달성하지 못하면 전보, 강등 또는 아예 해임될 수 있다. 특히 지역 관리의 최저 기준—부패, 오염, 실업 등—을 달성하지 못하면 상급 기관의 개입을 촉구하는 시위와 청원을 유발할 수 있다. 이런 의미에서 고위직 관리는 지방 시민의 대리인으로서 시민이 직접 할 수 없는 일, 즉 부패하고 부도덕하고 무능한 지방 관리를 제거하는 일을 대신한다. 그리고 상급 관리는 새로운 지방 지도자를 임명하는 방식을 통해 인민에게 호응을 한다. 이렇게 함으로써 국가가 미온적인 반응을 보일 때 발생하는 대중 시위를 미연에 방지할 수 있다.[12]

승진에 있어서 능력, 충성심, 인맥 중 무엇이 가장 중요할까? 학자들은 수년간 이 질문에 다양한 대답을 하며 토론했다. 어떤 학자는 정책 성과의 중요성에 대한 증거를 찾았고, 다른 학자는 정치적 인맥만 중요하다고 주장했다.[13] 이러한 차이는 사람들

73

이 어떤 수준의 정치 제도에 초점을 맞추고 있는지, 그리고 능력과 충성을 어떻게 측정하려고 하는지에서 생긴다. 매우 기술적이고 정량적이기 때문에 다른 사람이 읽고 판단하기는 어렵다. 그러나 이러한 차이에도 불구하고—사실 이러한 차이 때문에—수많은 연구는 중국 공산당의 간부 선발 및 승진 정책에 두 가지 전략이 있음을 짚어준다.

이 전략은 수준에 따라 서로 다른 기술을 요구하는 선수권대회에 비유할 수 있다. 초급 수준에서 간부에 대한 평가는 대부분 능력주의에 입각하여, 처음에 임용되고 승진 자격을 얻기 위해서는 자신의 역량을 입증해야 한다. 지방 지도자들은 지도 역량을 입증하는 경쟁에 놓이는데, 경제 성장(더 구체적으로는 상급자를 위한 세수 창출)을 달성하면 승진할 가능성이 커진다. 경제 및 사회 발전과 같은 정책 목표를 달성하는 것은 중국 공산당이 가진 정당성의 핵심이다. 기존 연구에 따르면 경제 성장은 당 및 정부 지도자의 승진과 상관관계가 크고, 경제가 빠르게 성장할수록 더 많은 세수가 창출되며, 외국인 투자가 늘면 지도자가 승진할 가능성이 커진다고 한다.[14]

필수적 목표(가족 계획 및 정치적 안정 유지)는 체계적인 방법으로 측정하기가 더 어렵다. 대규모 시위 이후 해고된 몇몇 지방 관리의 사례를 제외하고는 필수적 목표가 성과 평가에 어떻게 반영되는지, 따라서 승진 전망에 어떤 영향을 미치는지 알 수 없다.[15] 이 선수권대회는 주로 인근 지역 간 경쟁이며 전국 규모의 대회가 아니기 때문에 간부들은 지역 대회에서 좋은 성적을 거두기만 하면 된다.[16] 내륙 도시의 관리들은 상하이와 같은 경제 및 금융 중심지의 관리를 능가할 필요가 없다.

중국에는 약 3000개의 현, 약 300개의 지구급 시, 베이징과 상하이 같은 도시와 티베트, 신장 같은 자치구 등을 포함한 약 30개의 성급 단위 사이의 정치적 위계가 가파르기 때문에 상위 직급을 놓고 경쟁이 치열하다.[17] 일찍 또는 자주 승진하지 못하면 사다리에서 높이 올라가지 못한다.

지방 관리들은 대략 3년마다 보직을 옮기기 때문에 자신의 능력을 보여줄 시간이 많지 않다. 따라서 승진하려면 빠르게 성과를 증명해야 한다. 많은 사람이 경제 성장 통계를 부풀리기 위해 도로, 공업 단지, 상업 개발 및 부동산 같은 지역 경제에 자금을 투입하는 방식을 택한다. 이로 인해 부채가 증가하지만 그 문제는 후임 지도자에게 넘어간다. 놀랍게도 이러한 단기적인 결정의 장기적인 결과는 관리들의 경력 전망에 영향을 미치지 않는 것으로 보인다. 사업이 실패하면 그 책임을 사업을 시작한 전임자가 아니라 물려받은 현직자가 진다. 이것이 중국 지방 정부의 부채가 폭발적으로 증가한 이유 중 하나다.

연령 제한은 지방 관리들에게 조기에 능력을 발휘하고 인맥을 쌓을 수 있는 이점을 제공한다. 지방 관리들은 임기를 다 채우기 전에 승진하려고 하는데, 이를 "작은 발걸음으로 전력 질주한다"(중국어로 小步冲刺_옮긴이)라고 표현한다.[18] 한 직급에 오래 머

75   지도자를 어떻게 선발할까?

물수록 다음 직급으로 승진할 가능성이 줄어든다. 만약 현급 관리가 50세까지 승진하지 못하면 그는 기존 자리에 머물거나 은퇴를 강요받게 된다.[19] 이렇게 승진 기회를 상실한 지방 관리는 남은 임기 동안 연고주의, 개발업자 및 민간 기업가로부터 뇌물 수수, 매관매직(직위의 가격이 현직자가 받을 수 있는 뇌물 금액과 동일한 경우), 은퇴 후의 일자리 확보 등 부정부패로 눈을 돌린다.[20]

경제적 성과가 능력의 유일한 지표는 아니다. 관리들에게는 점점 더 많은 대학 및 대학원 학위가 요구되지만, 많은 경우 비전일제 교과 과정(재직 상태에서 학위 과정을 마치는 제도로서, 시험을 봐서 입학한 후 학교를 다니면서 수업을 듣고 수학 능력을 평가받아 졸업하는 전일제 과정과는 다르다_옮긴이), 당교, 함수반(대학교에서 운영하는 비전일제 과정, 학기당 1회 10-15일, 3회 정도의 집중 수업을 실시하여 시험에 통과하면 해당 함수반을 개설한 대학교의 졸업증을 발급한다. 중국의 교육 격차를 줄이기 위한 제도 중 하나다. 중국어로 函授班_옮긴이) 및 기타 유형의 학위 남발 기관에서 나온 것이기 때문에 신뢰성이 의심스럽다. 이전 업무 경험이 능력을 대신하기도 한다. 예를 들어 중국의 대학에서 근무한 관리는 경제적 성과를 내지 못하더라도 승진하는 경우가 많다.[21] 상급자들이 그에게 연구 및 행정 기술 같은 다른 능력이 있다고 가정하기 때문이다. 그러나 이전에 국유 기업에서 일한 관리는 똑같은 통행증을 받지 못한다. 오히려 국유 기업에서 일한 경험을 바탕으로 경제적 목표를 달성하여 자신의 능력을 반드시 입증하라고 강요받는다.

여러 라운드의 경기를 펼치고 나면 생존자들은 자신의 능력을 증명한 것으로 간주된다. 상급자가 설정한 목표를 달성해야 승진과 경력을 위한 초기 경쟁에서 살아남을 수 있으며, 정상에 도달하려면 그것만으로는 충분하지 않다. 우선 성급 관리는 지방 관리보다 경제 영역에서 개인적인 족적을 남기기가 더 어렵다. 다른 하나는 모든 간부들이 이미 하위 직급에서 능력을 입증했기 때문에 상급 간부로 가면 능력의 편차가 적다는 점이다. 경기의 후반 라운드에서 성급 및 중앙의 직책으로 승진하려면 정치적 인맥과 파벌 동맹이 중요해진다.

어떻게 정치적 인맥을 쌓을 수 있을까? 우선 중국 공산당에 가입해야 한다. 당원이 아닌 사람에게는 분명 유리 천장이 존재하며 게다가 그 천장은 매우 낮다. 중국의 거의 모든 영향력 있는 직책을 당원이 맡고 있다. 일부 민간 기업과 비정부기구의 지도자도 거의 당원이고, 이들은 당에 대한 충성심을 표시하기 위해 지방 관리들과 관계를 맺고자 한다(당과 NGO의 관계는 4장에서 살펴볼 것이다).

고위직에 오르는 데 필요한 인맥을 쌓는 또 다른 방법은 당교에 다니는 것이다. 베이징의 중앙당교 외에도 성급, 지/시급 및 하위급 당위원회에서 운영하는 수많은 당교가 있다.[22] 교과목에는 정치와 이데올로기가 포함되지만 행정 관리의 기술, 공공 관계, 국제 협상도 가르친다. 당교에 다니면서 다른 지역의 관리들과 만날 수 있다. 수평적 유대감의 형성을 상층에 대한 하층의 협력을 유도하는 수단으로 여기는 수직적 정치 제도에서 이것은 매우 중요한 기회다. 또한 나중에 관료 사다리를 오르는 데에도 필수적이다.

무엇보다도 인맥을 발전시키는 가장 중요한 방법은 고위급 지도자와 개인적인 관계를 맺는 것이다. 이러한 후견주의 관계 patron-client ties가 어떻게 형성되고 발전하며 행동으로 옮겨지는지 이해하기는 어렵다. 바로 이 지점에서 중국 엘리트 정치에 대해 우리가 알고 있는 지식의 한계가 드러난다. 중국 공산당 지도자들은 자신이 어느 파벌에 속해 있는지, 자신의 후원자가 누구인지 밝히지 않는다. 파벌 동맹을 파악하려는 노력은 매우 어려운 작업이다. 같은 지역 출신, 같은 대학 출신, 같은 부서에서 근무하는 사람들이 반드시 같은 파벌에 속할 것이라고 가정하는 경우가 많다. 이로 인해 실제로 존재하지도 않는 파벌 관계를 예측하는 "가긍정적 판단false positives"(실패를 성공으로 뒤집어 해석하는 경우를 말한다_옮긴이)이 많이 발생한다. 그러나 공식적인 파벌(중국 공산당에서는 공식적으로 금지되어 있지만 비공식적으로 운영되고 있음[23])이 없는 상황에서 개인적인 배경과 경력 경험을 바탕으로 예측하는 것이 우리가 할 수 있는 최선의 방법일 때가 많다.[24] 요컨대 중국 정치의 블랙박스를 열고 정치적 인맥이 승진에 어떻게 영향을 미치는지 정확히 파악하기는 어렵지만, 영향을 미친다는 점은 분명하다.

중앙 지도자의 선발

중앙 지도자를 선발하는 공식 과정은 민주적 절차를 모방하지만 진정한 대표성을 보장하지는 못한다. 한 층위가 다음의 층위를 공식적으로 선출하는 상향식 절차처럼 보이지만, 실제로는 현직 및 은퇴한 지도자(기본적으로는 현직 및 전직 정치국 위원)가 핵심 지도층과 그 파벌 간의 권력 균형을 유지하기 위해 누가 어떤 직책에 임명되는 것이 좋을지 협상하는 하향식 절차다. 이러한 협상은 지도층이 교체되기 1년 이상 전에 시작되며 그 과정은 비밀에 싸여 있다. 중국 공산당은 정책과 인사 문제에 대한 단결된 모습을 대중에게 보여주기를 원한다. 미국에서 4년마다 열리는 당

그림 2.2 제18차 당대회, 2012년(출처: 퍼블릭 도메인)

지도자를 어떻게 선발할까?

대회와 마찬가지로 중국의 지도자를 공식적으로 선출하는 회의에서도 놀랄 만한 일은 거의 일어나지 않는다. 이러한 안배는 모두 사전에 확정되고 공식 투표가 진행될 때까지 비밀로 유지된다. 인사 변동에 대한 실질적인 의사 결정은 모두 비공개로 이루어지기에, 우리는 결과는 알지만 그 과정의 정치는 알 수 없다.

1992년부터 중국 공산당은 당 최고 지도자를 선출하고 교체하는 관례화된 절차를 따랐다. 5년마다 당대회가 소집되어 중앙위원회를 선출하고, 중앙위원회는 다시 정치국을 선출한 후, 이어 상무위원회와 총서기를 정한다. 이렇게 관례화된 최고 지도자 선출은 나이와 임기라는 두 가지 제약을 받았다. 이것은 인사 임명을 제도화하고 당 지도부의 경직을 방지하기 위해 고안되었다. 또한 최고 지도자의 정기적인 교체는 야심 찬 젊은 관리들이 보다 예측 가능한 상향 이동을 할 수 있도록 한다. 정부 지도자들에게는 이러한 제한이 공식적이고 구속력이 있지만, 당 최고 지도자들에게는 1990년대 초부터 비공식적인 규범으로만 자리 잡았다. 그리고 지도층의 전면 교체는 10년에 한 번씩만 일어나기 때문에 규범이 얼마나 강력한지에 대한 시험은 거의 없었다. 그러나 이제 우리는 지도층 교체의 규범들은 지도자가 약할 때만 강력했음을 알게 되었다.

첫째 규범은 "68세 규칙"이다. 즉 정치국 위원은 68세가 되면 현직에 재임명되거나 새로운 직책으로 전임될 수 없다. 따라서 이 규칙은 "7상8하"(당대회가 열리는 해에 67세는 직위를 유지 또는 승진할 수 있고 68세는 은퇴해야 한다는 의미_옮긴이)라고 불리기도 한다. 중앙위원회 위원은 63세가 되면 재임명될 수 없다. 국무원의 부장, 성 당서기와 성장도 중앙위원이기 때문에 이는 사실상 이들도 63세가 되면 다른 직책에 임명될 수 없다는 것을 의미한다.[25] 또한 지도자는 5년 임기를 두 번 수행할 수 있지만 그 후에는 자리를 옮기거나 은퇴해야 한다.

68세 규칙은 당 지도자에게는 규범에 지나지 않지만 정부 지도자들은 헌법 조항에 의해 구속받는다. 1982년에 채택된 헌법은 주석, 부주석, 총리, 부총리, 전인대 위원장 및 부위원장의 임기를 5년으로 정하고 해당 직책의 연임을 두 번으로 제한했다. 당장에는 연임 제한이 명시되어 있지 않지만 모든 직급의 당 지도자는 "종신 재임 자격이 없다"라고 했고 헌법을 준수해야 한다고 명시되어 있다. 마찬가지로 68세 규칙은 공식적인 규칙은 아니지만 최고 지도자 선출에 영향을 미치는 것으로 알려졌다. 그 결과 당 지도자는 일반적으로 정부 지도자에게 강요되는 연령 및 임기 제한이라는 동일한 제약에 직면하게 되었다.

미국 및 다른 국가의 임기 제한은 관리의 권력 제한이라는 목적을 가지고 있다. 여기에 더해서 민주주의 국가에서 임기 제한은 선출직 관리가 대중 여론을 더 잘 대표하고 이에 호응하게끔 만든다. 그러나 중국에서는 지도부 승진 과정에서 대표성을 높이는 것이 당의 우선순위가 아니고, 뒤의 장에서 설명하겠지만 당은 대중 여론에 기꺼이 호응하지만 선거나 기타 제도를 통해 대중에게 책

지도자를 어떻게 선발할까?

임을 지는 것은 거부하는 경우가 많다.

　연령 제한 및 임기 제한의 확립과 함께 권력 이양 이전에 후계자를 선정하는 것도 규범화되었다. 이는 권력 승계를 보다 철저하게 하고 정치적 위기를 유발할 수 있는 라이벌 경쟁을 최소화하기 위해 고안되었다. 후진타오는 덩샤오핑에 의해 장쩌민의 후계자로 1992년에 공개 지목되었다. 2007년 제17기 중앙위원회는 시진핑과 리커창을 정치국 상무위원으로 승격시켜 5년 후 이들이 차기 총서기와 총리가 될 것임을 시사했다. 후계자 지명은 제도화된 후계자 승계 과정과 차기 지도자에 대한 조기 합의에 도달할 수 있는 통합된 당 지도부라는 인식을 더욱 공고히 하는 데 일조했다.

　제도가 실제로 권위주의적 지도자를 제약할까? 중국의 사례는 지도자가 자신이 선호하는 정책을 수행하는 데 필요한 제도를 만들 때 그것이 자신의 손을 묶지 않도록 주의해야 한다는 사실을 시사한다.[26] 중국의 지도자들은 정기적인 교체를 촉진하기 위해 (또한 파벌 싸움과 승자 독식을 줄이기 위해) 모든 수준의 정치 제도에서 당과 정부 관리의 임기 제한 및 의무 퇴직 연령 규정을 만들었다. 그러나 최고위층인 정치국 위원, 정치국 상무위원과 총서기에게는 비공식적인 규범일 뿐이었으며, 따라서 종종 위반되었다.

　1997년 장쩌민이 총서기로 재임명되면서 원래 70세로 정했다가 68세로 하향 조정된 연령 제한을 위반했다. 이 변경된 새로운 연령 제한으로 인해 정치국 상무위원회에서 장쩌민의 라이벌이었던 차오스는 은퇴했지만, 당시 이미 71세였던 장쩌민은 정치적 영도의 연속성을 위해 총서기를 한 번 더 수행했다. 연령 제한은 외부 관찰자에게는 보이지 않는 중국 지도자들의 정치적 책략을 확인할 수 있는 좋은 예시다.

장쩌민은 2002년과 2003년에 각각 총서기와 주석의 임기가 끝났을 때 중앙군사위원회 주석직도 사임했어야 했다. 하지만 그는 사임하지 않았다. 대신 자신이 중앙군사위원회 주석직을 맡기 전까지 몇 달 동안 주석직을 유지했던 전임자 덩샤오핑의 예를 반복했다.[27] 장쩌민은 결국 최고사령관이 국가주석과 당 총서기를 겸직하는 것을 선호하는 인민해방군 지도자들의 요청에 따라 2004년에 중앙군사위원회 주석을 사임했다. 은퇴 후 중국의 비공식적인 지도자였던 덩샤오핑을 스스로 재현하고 싶었는지도 모르지만, 장쩌민은 덩샤오핑이 아니었다. 그는 모든 직책에서 물러난 후 막후의 실력자로 남기는 했지만 덩샤오핑만큼은 아니었다.

그러나 장쩌민을 제외한 다른 모든 당과 정부의 지도자들은 연령과 임기 제한을 준수하여 10년마다 대대적인 정치 지도자 교체가 이루어졌다. 규범이 완전히 제도화되지는 않았지만 교체에 대한 언론 보도로 인해 사람들에게 지도자를 임명하는 절차가 제도화되었다는 인식을 심어주었다. 후진타오에서 시진핑으로 넘어가는 과정은 더욱 명확했다. 후진타오는 당 총서기, 중앙군사위원회 주석, 국가주석 등 각 직책의 두 번째 임기가 만료되자 바로 사임했다. 중국은 지도부의 연령 및 임기 제한 덕분에 마오쩌둥

지도자를 어떻게 선발할까?

시대와 마오쩌둥 이후 시대 초기의 갈등을, 그리고 다른 대부분의 권위주의 정권이 겪었던 격렬한 정치적 경쟁을 피할 수 있었다.

그러나 시진핑은 자신의 권력에 대한 공식적 제약을 약화시켰다. 그는 첫 번째 총서기 임기를 마친 후 권력을 공고히 하기 위해 지도부 교체 규범을 뒤집기 시작했다. 전임 총서기인 장쩌민과 후진타오는 모두 재임 중에 후계자를 지명했다. 이러한 선례에 따라 시진핑은 두 번째 총서기 임기를 시작하는 2017년 제19차 당대회에서 후계자를 발표했어야 한다. 그러나 그런 일은 일어나지 않았고, 이는 시진핑이 앞으로 사임할 의사가 없음을 시사했다. 임기 제한은 정부의 직책에는 구속력이 있지만 당 최고 지도자에게는 적용되지 않는다는 당장의 내용이 그의 근거였다. 그럼에도 불구하고 당의 선전물들은 1990년대부터의 임기 및 연령 제한 규범을 홍보해왔다. 시진핑 집권 이후 당의 언론은 68세 규칙의 존재 자체를 부정하기 시작했다. 그러나 제19차 당대회에서는 68세 이상의 정치국 상무위원은 모두 재선되지 못했고, 2012년에 선출된 상무위원 중 시진핑과 리커창만 남았다. 새로 선출된 다섯 명의 상무위원은 모두 68세 미만이었다. 이는 후계자는 없지만 여전히 연령 제한이 임명을 제약한다는 혼합된 메시지를 표출했다.

이러한 모호성은 2018년 봄에 열린 전인대가 헌법을 개정하여 국가주석의 2회 연임 제한을 없애면서 명확해졌다. 이렇게 하면 서로 다른 사람이 당과 국가의 지도자가 되는 어색한 상황을 피할 수 있다. 이제 시진핑은 과거의 규범을 위반했음에도 불구하고 무기한으로 두 가지 역할을 모두 수행할 수 있게 되었다. 시진핑의 첫 번째 임기 동안 야심 찬 반부패운동을 수행한 측근 왕치산도 당시 69세인 데다가 불과 몇 달 전에 정치국 상무위원회에서 은퇴했음에도 불구하고 부주석에 임명되었다. 정쩌민 이후 68세 규칙이 깨진 것은 이때가 처음이다. 이제 시진핑은 국가주석과 당 총서기직을 무기한 유지할 수 있다. 이 행위의 완전한 효과는 앞으로 몇 년이 지나야 알 수 있겠지만, 지난 몇 세대에 걸쳐 중국의 엘리트 정치를 이끌어온 규칙을 누군가가 뒤집을 수 있다는 점은 분명해졌다. 헌법의 임기 제한 삭제는 오직 국가주석에게만 적용되고, 총리, 부총리, 전인대 위원장 및 부위원장의 임기 제한은 그대로 유지되었다.

시진핑이 승계 규범을 공격한 상황은 이 규범이 얼마나 취약한지를 잘 보여준다. 시진핑의 권력 장악 시도 자체는 당연한 일로, 그의 전임자들도 종종 이렇게 했다. 관찰자들은 임기 제한 폐지를 중국 정치 발전의 심각한 퇴보로 간주했다. 이에 맞서서 제도화된 승계 규범과 정기적인 지도자 교체를 지키려는 내부의 저항은 없었던 것 같다.

사실 연령 및 임기 제한에 따른 지도부 교체는 2007년(시진핑이 후계자로 확정된 시기)과 2012년(시진핑이 총서기에 취임한 시기)에만 지켜졌다. 후진타오는 규칙을 완전히 준수한 유일한 지도자였다. 후진타오 주석이 중국 최고 지도자 중 가장 약한 인물로

지도자를 어떻게 선발할까?

평가받는 것도 우연이 아니다. 그는 규칙을 변형하거나 어길 만큼 강하지 않았기 때문에 규칙을 따랐다. 장쩌민은 후진타오를 지지하면서 자신에게 사퇴를 강요하는 이들을 굴복시킬 수 있었다. 시진핑은 그 규칙을 아예 바꿔서 임기 제한을 무너뜨렸다.

정상에 오르다

중국 권력의 정점에 오른 공산당 총서기들의 경력 경로를 보면 능력과 인맥이 어떻게 상호작용하는지 알 수 있다. 이들의 경력 경로는 중국 공산당 지도자 선출 과정의 또 다른 특징을 잘 보여준다. 이들은 중앙과 지방에서 다양한 당과 정부 직책을 거치면서 폭넓은 경험을 쌓고 영도 능력 시험을 통과한 후 권력의 고삐를 넘겨받았다.

덩샤오핑은 1997년 사망할 때까지 중국의 최고 지도자였지만, 당이나 정부에서 최고 직책을 맡은 적은 없다. 마오쩌둥 이후의 시대가 시작될 때 덩샤오핑은 정치적 유배 상태에 있었다. 마오쩌둥은 사망하기 몇 달 전, 자신이 죽은 후에 덩샤오핑이 자신의 정책을 계승하지 않을 것이라고 단정 짓고 덩샤오핑을 숙청했다. 그의 판단은 틀리지 않았다. 1977년 덩샤오핑이 평반(문화대혁명 시기의 정치적 누명, 실추된 명예, 취소된 권리 등을 모두 회복한다는 뜻. 중국어로 平反_옮긴이)된 직후 그는 경쟁자들을 몰아내고 자신의 사람들을 고위직에 임명하고 중국의 경제적 현대화를 촉발한 야심 찬 개혁개방 정책을 시행했다. 덩샤오핑은 자신이 임기 중에 사망할 경우 발생할 수 있는 후계자 승계 위기를 피하고 싶었다. 후배들을 고위직에 앉힘으로써 그의 후계자들은 안정적으로 자리를 잡을 수 있었다.

마오쩌둥이 선택한 후계자인 화궈펑을 당, 정부, 군의 수장 자리에서 끌어내린 후 덩샤오핑은 후임자를 직접 발탁했다. 그는 오랜 측근이었던 후야오방을 당 총서기로 임명했지만 1986년 말 학생 시위 이후 그에 대한 신뢰를 거두었다. 그래서 후야오방을 자오쯔양으로 대체했지만 그 역시 곧 신뢰를 잃게 된다. 1989년 봄의 대규모 학생 시위가 6월 4일 유혈 진압으로 절정에 달한 가운데, 덩샤오핑은 최종적으로 장쩌민을 총서기로 임명했다. 그리고 후진타오를 장쩌민의 후계자로 정했다. 시진핑만이 덩샤오핑의 축복 없이 총서기가 된 사례다.

장쩌민

장쩌민은 총서기가 될 것이라고 예상하지 못했다. 그의 경력 궤도를 보면 그는 승진을 위해 자신을 증명하고 고위층 후원자와의 관계를 발전시켜야 하는 전형적인 지방 관리였다.[28] 다른 많은 3세대 지도자들과 마찬가지로 그는 전문 기술적 배경을 가진 관료(마오주의적 용어로 '전문가')인 테크노크라트였다. 그는 1947년 상하이교통대학에서 전기공학 학위를 받았다. 1946년에는 학생 신분으로 중국 공산당에 가입했다.

1950년대 초부터 장쩌민은 자동차, 전기 장비, 화력 기계 등 산업 발전을 담당하는 다양한 정부 기관에서 여러 행정 직책을 맡았다. 마오쩌둥 시대 이후에는 주로 상하이와 베이징에서 대외 무역과 전자 산업을 주관하는 정부 및 당의 직책을 두루 거쳤고, 한 직책에서 한두 해 근무한 후 승진한 경우가 많았다. 1980년대에는 당의 통제를 유지하면서 경제 개혁을 추진하는 덩샤오핑의 정책 우선순위를 지지했다. 후야오방이 1986년 12월에 발발한 학생 시위를 용인했다는 비판을 받아 총서기에서 축출된 반면 장쩌민은 협상을 통해 상하이의 학생 시위를 평화적으로 종식시키며 주목을 받았다.

1989년 봄 베이징과 전국 각지에서 일어난 대중 시위가 아니었다면 장쩌민은 1991년에 65세의 나이로 상하이 당서기에서 은퇴했을 것이다. 장쩌민은 계엄령 결정에 직접 관여하지 않았고, 시위를 종식시킨 유혈 진압에 연루되지도 않았으며, 베이징의 여러 파벌이 그를 받아들일 수 있었기에 총서기가 되었다. 상하이의 지도자로서 그는 (1986년과 마찬가지로) 시위자들과 화해의 기조를 유지했고, 그 결과 상하이의 시위는 군의 개입 없이 끝났다. 그는 누구도 선호하지 않는 중국 최고 지도자 후보였지만 모두에게 지도자 역량을 증명했다.

장쩌민은 총서기가 되기 전에 다양한 국제 경험을 쌓았다.

1954년 소련에 가서 에너지 자원, 절전, 발전소 및 배전망 관리 등을 배웠다. 1974년에는 대표단을 이끌고 루마니아를 방문했다. 1980년에는 유엔이 후원하는 40일간의 12개국 수출입센터 및 자유무역 지역 월드 투어를 이끌었다. 영어와 러시아어를 비롯한 여러 외국어에 능통한 그는 상하이 시장 겸 당서기로서 많은 외국 지도자들을 접대했다. 1997년 하버드대학에서 한 영어 연설은 세계의 주목을 받기도 했다. 그는 또한 다소 익살스러운 면이 있다. 외국 지도자들과 만날 때 이탈리아 오페라를 부르거나 링컨의 게티즈버그 연설을 인용하는 것을 좋아했다.

상하이에서는 "화분"이라고 조롱을 받기도 했다. 힘든 공무보다 리본 커팅식이나 외부 손님 맞이에 더 열중했기 때문이다. 또한 상하이를 방문한 베이징의 지도자들을 안내하고 여행 가방을 직접 옮기는 등 허드렛일도 마다하지 않는 다소 아첨꾼 같은 면모를 보이기도 했다. 이 모든 것은 다른 강력한 지도자들과 관계를 구축하기 위한 전략이었고 결국—그리고 누구도 예상치 못했던—그가 당 서열의 정점에 올랐다.

후진타오

후진타오도 덩샤오핑이 직접 발탁하여 최종적으로 당 총서기에 임명되었지만, 최고의 자리에 오르기까지의 과정은 장쩌민과 크게 달랐다.[29] 그는 1992년에 장쩌민의 후계자로 지명된 후

지도자를 어떻게 선발할까?

10년 동안 장기적인 실습을 통해 다양한 행정 및 외교 임무를 수행했다. 가장 중요한 것은 덩샤오핑이나 다른 지도자들이 후계자로서의 그의 지위를 재고할 만한 큰 실수를 저지르지 않았다는 점이다.

장쩌민과 마찬가지로 후진타오도 공학을 전공했다. 그는 중국 공산당에 입당한 1965년에 칭화대학에서 수력 발전 공학 학위를 받았다. 칭화대학에서 연구원과 정치 강사로 일한 후 중국 서부의 빈곤하고 외진 곳인 간쑤성의 한 발전소로 파견되었다. 간쑤성에서 일하는 동안 덩샤오핑과 긴밀한 관계를 맺고 있던 당시 간쑤성 당서기 쑹핑의 눈에 들었다. 쑹핑은 1980년에 후진타오를 베이징중앙당교에 추천했고, 그곳에서 후진타오는 자신의 경력에 중요한 후원자가 된 후야오방의 아들과 동급생이 되었다. 1981년에는 간쑤성에 돌아가 성 공산주의청년단(공청단) 서기를 역임했다. 이 조직은 35세 미만으로 구성된 중국 공산당 조직으로서, 구성원들 중 공산당에 가입하는 사람이 많고, 이 조직의 지도자들은 당의 관료 기구의 요직을 맡는 경우가 많다.[30] 공청단에서 경력을 시작한 고위 관리들은 흔히 공청단파(또는 퇀파이團派)로 알려져 있다. 후진타오는 이 파벌의 리더이자 공청단의 수장으로서 쌓은 관계의 가장 큰 수혜자였다.

후진타오의 급부상은 중국 공산당이 젊고 전문성을 갖춘 지도자를 찾고 있던 시기에 이루어졌다. 칭화대학에서 학위를 받고 일찍부터 엔지니어로서 경력을 쌓은 그는 맡은 직책에서 뛰어난

성과를 거두며 승진을 거듭했다. 그런 다음 정치적 후원자들에게 자신을 고위직에 임명해달라고 부탁했다. 1982년 후야오방이 중앙위원으로 승진할 젊은 관료들을 찾고 있을 때 후진타오도 그중 한 명으로 선발되었다. 그는 39세에 중앙위원회의 최연소 위원이 되었다.[31]

간쑤성 공청단 서기(1982)와 중국 공청단 서기(1982-85)를 역임한 후에는 구이저우성 당서기(1985-88)로 임명되었다. 후진타오는 성의 모든 현, 시, 구를 방문하여 지역 문제를 파악했다. 그러나 그는 대대적인 개혁을 추진하지 않고 베이징의 노선을 충실히 따랐다. 1985년 후진타오가 도착했을 때 구이저우성은 매우 가난했고, 1988년 그가 떠날 때에도 구이저우성은 여전히 가난했다.[32] 후진타오는 빈곤 퇴치와 불평등 완화에 중점을 두었는데 이는 훗날 그의 총서기 시절을 특징짓는 정책 우선순위였다. 상하이에서 태어났거나 상하이에서 경력을 쌓은, 그래서 상하이방으로 알려진 장쩌민을 비롯한 사람들은 연해 지역과 내륙 지역, 도시와 농촌 간의 불평등을 심화시키면서까지 연해 지역의 급속한 발전에 주력한 반면, 후진타오는 구이저우 시절과 나중에 총서기가 된 이후에도 성장과 평등의 균형을 맞추는 데 앞장섰다.

1988년 12월, 후진타오는 티베트의 당서기로 임명되었다. 그의 주요 업적은 1989년 3월의 시위를 진압하기 위해 계엄령을 선포한 것이다. 이 시위는 4월 중순부터 베이징과 중국 전역을 휩쓴 시위와는 무관하다. 계엄령을 선포한 결과 다른 지역에서 시

지도자를 어떻게 선발할까?

위가 일어났을 때 티베트는 이미 봉쇄된 상태였다. 후진타오는 베이징에 계엄령을 선포한 덩샤오핑의 결정에 대해 지지를 선언한 최초의 성급 지도자 중 한 명이었다. 정치적 안정과 당의 통제력 유지를 강조했던 후진타오는 이러한 조치 덕분에 덩샤오핑의 큰 신뢰를 살 수 있었다.

후진타오는 1992년까지 공식적으로는 티베트의 당서기였지만 고지대(티베트의 라싸는 해발 3700미터)에서 겪는 신체적 불편을 피하기 위해 대부분의 시간을 베이징에서 보냈다. 베이징에 있는 동안 오랜 후원자인 쑹핑이 공식적으로 직접 지휘하는 당 조직부를 맡았다. 덩샤오핑도 후진타오에게 1992년의 제14차 당대회 기획을 맡겼고, 그 당대회에서 후진타오는 중앙위원에서 정치국 상무위원으로 승진해 장쩌민 총서기의 후계자로 지명되었다. 그의 정치국 상무위원 승진은 나이(49세)도 그렇지만, 무엇보다도 중앙위원에서 정치국 위원으로 활동하지 않고 바로 상무위원으로 승진했다는 점에서 이례적이었다. 이 승진은 쑹핑의 격려와 덩샤오핑의 지지 덕분에 가능했는데, 이는 강력한 후원자의 지지가 있어야만 정상에 오를 수 있다는 것을 잘 보여준다.[33]

1992년부터 2002년까지 후진타오는 장쩌민의 도제로 일하면서 장쩌민의 우선순위에 대한 충성심은 물론 업무 전반에서 능력을 보여주었다. 이 기간 동안 중앙당교 총장(1992), 국가 부주석(1998), 중앙군사위원회 부주석(1999) 등 다른 직책도 맡았다. 그는 1997년 제15차 당대회(당시 그는 당 서열 7위에서 4위로 상승) 기획을 맡았고, 장쩌민 문집을 편집하는 그룹을 이끌었으며, 장쩌민의 라이벌인 천시퉁이 베이징시 당서기에서 축출된 사건의 후유증을 처리했다. 장쩌민은 1999년 베오그라드 주재 중국 대사관에 대한 북대서양조약기구NATO의 폭격으로 촉발된 중국 내의 대중 항의와 2002년 미 해군 EP-3 정찰기 사건으로 인한 미중 관계 위기 같은 어려운 외교 과제를 후진타오에게 부과했다(이 에피소드는 7장에서 자세히 설명한다).

　동시에 장쩌민은 자신의 측근들을 위해 후진타오를 정치적 영향력이 있는 역할에서 배제했다. 예를 들어 장쩌민은 자신의 오른팔인 쩡칭훙에게 중앙위원회 일상 업무를 맡겼고, 총서기가 된 후에는 그를 당 조직부장으로 임명하여 중앙 및 지방의 주요 직책에 자신의 지지자를 임명하게 했으며, 1997년에는 제15차 당대회에서 채택된 당 개혁안의 초안 작성도 쩡칭훙에게 맡겼다. 반면 후진타오는 물류 관련 세부 사항 같은 덜 중요한 정책을 준비했다.[34]

　후진타오는 좌파와 우파 양쪽 모두와 관계를 유지했다. 그는 후야오방, 후치리와 함께 자유화를 지지하는 것으로 알려진 "3후" 중 한 명이었다. 반면 그의 후원자였던 쑹핑은 개혁 문제에 있어서 보수적인 접근 방식을 선호했다. 그 사이에는 중국 공산당의 통제 아래 경제적 자유화와 정치적 안정을 모두 원했던 덩샤오핑이 있었다. 후진타오가 정상에 오를 수 있었던 것은 정치 게임을 매우 효과적으로 수행하며 우파와 좌파 지도자들의 지지를 모두 얻었기 때문이다. 2002년 총서기에 취임할 당시만 해도 많은 사람들은 그의 정치적 연줄과 중앙당교 총장 시절에 후원했던 개혁을 지지하는 연구들을 보고는 그가 헌신적인 개혁가가 될 것이라고 기대했다. 그러나 정치 개혁을 민주화라는 시각에서 해석한다면, 그는 총서기 재임 기간 동안 특별히 중요하다고 볼만한 정치 개혁을 시작도 하지 않았다. 임기가 끝날 무렵, 그의 총서기 재임 10년은 종종 "잃어버린 10년"으로 묘사되었다. 그러나 시진핑 시대의 억압적 전환에 비추어 볼 때, 이 잃어버린 10년은 이제 "황금기"라고 불리고 있다.

2002년 제16차 당대회에서 총서기가 된 후진타오는 자신의 지지자들과 함께 정치국 및 중앙위원회를 장악했다. 장쩌민의 상하이방과 후진타오의 공청단파 사이의 긴장은 10년 임기 내내 주요 문제가 되었고, 그가 당 지도자로서 자신의 의제를 주도하려는 노력을 방해했다. 그는 정책의 우선순위를 놓고 싸우는 대신 (상하이방이 선호하는) 성장과 (공청단파가 우선시하는) 평등의 균형을 맞추려고 노력했다. 2012년 총서기 겸 중앙군사위원회 주석 임기가 만료되고 2013년에 국가주석 임기가 만료되자 그는 명예롭게 사임했다. 전임자 장쩌민과 달리 그는 자신의 지지자들로 차기 지도부를 꾸릴 수 없었다.

시진핑

시진핑이 정상에 오른 것은 여러 가지 측면에서 특징적이다.[35] 전임자 장쩌민, 후진타오와 달리 시진핑은 덩샤오핑이 직접 지명하지 않았다. 1997년 덩샤오핑이 사망한 후 차세대 지도자를 선출하는 새로운 방법, 즉 고위급 지도자를 대상으로 한 비공개 투표가 도입되었다. 또한 시진핑은 전임자인 장쩌민, 후진타오와 달리 기술관료가 아니다. 경력 내내 철저하게 행정적 및 정치적 직책에 종사했으며 군 관료 조직에서 일한 경험도 있다. 그는 군인이나 장교가 아닌, 군에 정치적 목적으로 배치된 사람이었다. 그럼에도 불구하고 인민해방군과 개인적, 직업적 관계를 맺으며 총서기 직책을 맡을 수 있었다. 이로 인해 집권 후 시진핑은 군부와 새로 관계를 구축할 필요가 없었는데, 그렇다고 해서 인민해방군이 시진핑 행정부에서 막강한 영향력을 행사한 것은 아니다. 그는 총서기 첫 임기 동안 인민해방군에 대한 대대적인 개혁을 단행하여 군에 대한 통제력을 더욱 강화했다.[36]

마지막으로 시진핑은 전임 총서기들과 달리 승진 경로에서 주목할 만한 업적을 쌓지 못했다. 시진핑은 25년 동안 지방의 당과 정부 직책을 두루 거쳤고, 상하이 당서기를 잠시 역임한 후 2007년에 정치국 상무위원회 위원 직책을 맡게 되면서 베이징으로 자리를 옮겼다. 중심에 가까이 다가가는 동안 중앙 지도부가 승인한 개혁 정책을 충실히 따랐을 뿐, 그 자신은 혁신가나 유행의 선도자는 아니었다. 그러나 그의 경력을 보면 다양한 성공 요인을 발견할 수 있다. "태자당"[37] 일원이며 부친인 시중쉰이 중국 공산혁명의 원로이자 덩샤오핑의 핵심 동맹자였다는 점, 비록 여러 지도자들과 친분이 있지만 그의 후원자가 된 사람은 없었다는 점, 주요 파벌과 좋은 관계를 맺었지만 어느 쪽에도 속하지 않았다는 점, 부패 척결로 명성을 얻었다는 점, 무엇보다도 정적이 없었다는 점 등이다.

시진핑은 1953년에 태어나 21세(1974)에 공산당에 가입했다. 이 시기는 문화대혁명 기간이었고, 시진핑은 시골에서 생활하고 일하도록 파견된 도시 청년인 "지식청년"(중국어로 知识青年. 중학교나 고등학교 학력의 도시 청년들이 농촌이나 국경 지역에 파견되어 인민들로부터 생활의 지혜와 노동의 지식을 배우도록 한 일종의 국가 차원의 사회운동_옮긴이)에 속했다. 시진핑은 중국 서부 산시성에 파견되었다.[38] 1975년에 베이징으로 돌아가 칭화대학에 입학했다. 하지만 당시는 문화대혁명의 혼란 이후 대학이 정상으로 돌아오고 교수들이 정규 수업을 재개하기 전이었다. 1979년에 화학공학 학위를 받았지만 그가 받은 교육의 질은 항상 의심을 샀고, 이 학위에 기초하여 경력을 쌓지도 않았다. 마찬가지로 1982년 칭화대학에서 받은 법학 박사학위(더 정확하게는 마르크스주의)도 비전일제 학생으로 취득했고, 그의 논문은 대필 작성된 것으로 알려졌다.[39] 기술관료였던 장쩌민이나 후진타오와 달리 학위나 기술력을 바탕으로 경력을 쌓지 않았다.

시진핑은 마오쩌둥을 반대했다는 혐의로 기소되어 문화대

혁명 기간의 대부분을 감옥에서 보낸 혁명 원로인 부친 시중쉰을 비롯한 덩샤오핑 주변 인물들과의 인맥을 통해 혜택을 받았다. 1978년 덩샤오핑에 의해 평반된 후 정치국에서 자리를 되찾은 시중쉰은 광둥성 당서기 겸 성장, 광둥군구 정치위원으로 임명되었다. 시중쉰은 광둥성의 지도자로서 덩샤오핑의 개혁개방 정책을 추진하고 실행했다. 특히 최초의 경제특구인 선전을 건설하고 운영했다. 부친의 정치적 평반 이후 시진핑은 부친의 인맥을 활용하여 국방부 부장 겅뱌오의 비서가 되었다. 이를 통해 인민해방군과 일찍부터 관계를 형성할 수 있었다.

시진핑은 야망이 컸다. 그러나 군부에서 승진한다고 해서 정치적 고위직에 오를 자격이 주어지는 것은 아니다. 오히려 그는 성급 지방에서 일하는 것이 가장 높은 자리로 올라가는 최적의 경로라는 사실을 깨달았다. 1982년 허베이성 정딩현으로 자리를 옮겨 처음에는 현 당위원회 부서기, 그다음에는 현 당서기와 무장부(지방 차원의 군사 조직으로서, 동급 지방 당위원회의 군사 관련 부처, 정부의 병역 관련 부처, 상급 군사, 당, 정부 기관 등의 영도를 동시에 받음. 중국어로 武裝部_옮긴이) 정치위원을 역임했다. 1985년에는 다시 연해 지역에 위치한 푸젠성의 도시 샤먼의 부시장으로 자리를 옮겼다. 푸젠성 당서기가 부친의 친구이자 공청단파의 지도자였기 때문에 시진핑은 또 다른 핵심 그룹과 좋은 관계를 맺을 수 있었다. 이후 17년 동안 푸젠성에서 당, 정부, 군의 요직을 두루 거치며 푸젠성 당위원회 부서기 겸 푸젠성 성장으로 정점을 찍었다.

지도자를 어떻게 선발할까?

푸젠성에서 꾸준히 승진했지만 경제 성과나 개혁의 추진에서는 두각을 나타내지 못했다. 다만 부정부패와 싸우고 다른 관리 및 서민들과 좋은 관계를 발전시킨 공을 인정받았다.

시진핑은 초라한 업적에도 불구하고 2002년에 저장성 성장이 되었고, 이듬해에는 성 당서기가 되었다. 마침내 번영하는 연해 지역에서 성을 운영할 능력을 증명할 수 있었다. 시진핑은 수백 개의 낙후된 기업의 기술 향상을 주도했고 동시에 많은 기업을 폐쇄하기도 했다. 환경주의를 장려하고 풀뿌리 민주주의를 실험했지만 두 분야 모두 뚜렷한 성과를 거두지는 못했다. 민간 부문의 확대를 지지했지만 이 정책은 그가 저장성으로 오기 전부터 시행되고 있었다. 저장성은 시진핑 재임 기간 동안 강력한 경제 성장을 경험했지만, 이러한 성장이 시진핑의 영도력의 결과인지 아니면 전임자들에게 물려받은 강력한 기반 덕분인지는 판단하기 어렵다.

2007년, 시진핑은 상하이 당서기로 임명되었다. 연금 스캔들에 연루된(더 일반적으로는 성장과 평등의 균형을 맞추려는 후진타오의 노력에 반대했다는 이유로 해임된) 천량위의 후임이 되었다. 정치국 상무위원으로 승진하기 전까지 상하이 당서기 직책을 맡은 기간은 7개월에 불과했지만, 그럼에도 불구하고 이 직책은 시진핑에게 매우 중요한 자리였다. 여기에서 상하이방과 관계를 맺었고, 이것이 장쩌민 파벌과 시진핑의 태자당 사이의 중요한 연결 고리를 만들어주었다. 중국인민해방군 및 공청단파와의 관계에 더해 시진핑은 이제 당의 모든 주요 그룹과 연결되었다. 또한 상하이에서 당과 정부 고위 관료들의 단결을 도모하고 도시의 금융 및 경제적 명성을 회복하는 능력을 보여주었다. 저장성과 상하이에 재직하는 동안 종종 장쩌민의 상하이방 일원으로 묘사되기도 했지만 그가 이 그룹에 완전히 속한 것은 아니었다. 그는 상하이방이나 장쩌민과 개인적인 친분이 없었으며 총서기가 된 후에도 장쩌민이나 그의 측근들을 편애하지 않았다.

상하이방과 공청단파는 정책 우선순위가 달랐다. 상하이방은 연해 지역의 비교 우위를 바탕으로 빠른 경제 성장을 선호한 반면 공청단파는 빈곤 퇴치와 경제 발전의 혜택을 농촌과 내륙 도시로 확산하는 것을 중요하게 생각했다. 반면 시진핑과 태자당은 정책적 목표보다 그들의 배경 덕분에 유명해졌다. 시진핑 집권 이후에도 상하이방과 공청단파의 잔재는 남아 있었지만 장쩌민과 후진타오 시기에 비하면 영향력이 훨씬 감소했다. 이는 어쩌면 시진핑이 명확한 정책 의제를 수립하는 데 더딘 이유일 수 있다. 즉 특정 정책 목표를 추진하기 위해 정상에 오른 것이 아니라 그의 야망과 혈통, 그리고 처신 덕분에 정상을 차지했다. 따라서 시진핑 체제에서 파벌·구도는 과거보다 훨씬 불투명해졌다.

경력 초기에 그는 최고 지도자들과 인맥을 쌓는 일을 주변의 여성들에게 의존했다. 특히 1987년 부친이 후야오방의 축출에 반대하다가 배척당한 후 누나 치차오차오(시차오차오였다가 후에 모친의 성을 사용함_옮긴이)가 연락책 역할을 했다. 시진핑은 지방에

지도자를 어떻게 선발할까?

서 근무하느라 베이징의 다른 태자당과 어울릴 기회가 거의 없었기 때문에 누나를 통해 그들과 관계를 지속했다. 두 번째 부인 펑리위안(1980-90년대 인기 가수였다_옮긴이)은 여러모로 시진핑보다 더 유명한 인물이었다.[40] 펑리위안은 인민해방군 예술단원이며 소장 계급을 가지고 있어서 인민해방군과의 연결 고리가 되었으며 장쩌민의 오른팔인 쩡칭훙과의 인맥을 통해 시진핑을 상하이방에 소개하는 데 중요한 역할을 했다.[41]

시진핑이 후진타오의 후계자로 지명되어 중국 공산당 총서기로 선출된 것은 중국 역사상 이례적인 일이었다. 그는 후진타오나 장쩌민은 물론 심지어 덩샤오핑이 직접 뽑은 사람이 아니다. 후진타오의 후계자에 대한 합의가 이루어지지 않았기 때문에 2007년에 현직 및 은퇴한 전직 당 지도자 400여 명을 대상으로 비공식 여론조사가 실시되었다. 후진타오는 자신이 속한 공청단의 지도자 리커창을 선호한 것으로 알려졌지만, 리커창은 폭넓은 지지를 얻지 못했다. 시진핑이 가장 많은 표를 얻었고 리커창은 2위를 차지했다.[42] 2007년 제17차 당대회에서 시진핑과 리커창은 정치국 위원이 아니었음에도 불구하고 정치국 상무위원으로 바로 승진했다. 이는 상무위원회 서열이 높은 시진핑이 2012년 제18차 당대회에서 차기 총서기가 될 것이고, 리커창은 2013년 새 정부 지도자가 발표될 때 총리가 될 것임을 의미했다.

장쩌민과 후진타오의 사례에서 알 수 있듯이 중국 공산당 간부가 당내에서 승승장구하려면 능력과 인맥이 모두 필요하다. 시진핑은 당과 정부의 여러 직책에서 눈에 띄는 성공을 거두지 못했지만 그렇다고 큰 실수를 저지른 적도 없는, 매우 이례적인 인물이다. 가장 큰 장점은 인맥, 특히 가족 관계에서 비롯된 인간관계가 풍부하다는 점이며, 따라서 그의 경력은 중국에서 정상에 오르는 데 가장 중요한 요소는 인맥이라는 점을 알려준다.

...

중국 공산당의 정기적인 지도자 교체 절차는 중국 정치 제도의 독특한 측면을 보여준다. 이는 마오쩌둥 시대나 다른 대부분의 권위주의 정권들이 일반적으로 지도자의 사망이나 쿠데타를 통해서만 교체되는 것과 극명히 다르다. 중국에서 하급 지도자는 일반적으로 객관적으로 측정 가능한 성과를 기준으로 평가된다. 잠재력을 가진 지도자는 최고위직에 오르기 전에 지방과 베이징에서 당과 정부의 다양한 직책을 맡아 경험을 쌓고 능력을 시험받는다. 이러한 과정은 관리를 선발하고 승진시키는 기준에 능력주의 요소를 더하는 한편, 후보자가 정치 제도의 고위층과 정치적 인맥을 만들고 그들의 후원을 받을 여지를 남겨둔다. 이 장에서 설명한 제도적 장치에도 불구하고 중국 정치 제도의 상층부는 여전히 개인적 관계에 의해 결정된다.

당 중앙 및 중앙 정부 지도자의 임기는 공식 규정과 비공식 규범의 제약을 받는다. 연령 제한과 임기 제한에 관한 공식 규정은 주로 정부 지도자에게 적용되고 일반적으로 지도부가 교체될 때 작동한다. 당 차원에서는 이 제약이 비공식적이고 또한 일부 지도자에게만 적용된다. 장쩌민이 몇 년 더 중앙군사위원회 주석을 맡기는 했지만, 3세대 지도부에서 4세대로 교체되는 과정에서는 이러한 비공식 규범이 대부분 준수되었다. 4세대에서 5세대로의 전환 과정에는 연령 제한과 임기 제한 규범이 전적으로 준수됨으로써 이 규범이 완전히 제도화되었음을 보여주었다.

그러나 규범은 시진핑의 총서기 재임과 함께 파괴되었다. 시진핑은 후계자를 지명하지 않았을 뿐만 아니라 헌법을 개정하여 당 총서기직과 겸직하는 국가주석직에 대한 임기 제한을 철폐했다. 이로써 중국의 지도자 자리를 무기한 유지할 수 있는 가능성을 열었다. 덩샤오핑이 처음 시행한 지도자 승계 규범이 무너진 것이다. 시진핑이 68세가 된 이후, 그리고 2022년에 총서기 임기가 끝난 후에도 권력을 유지한다면 고위층의 이직과 상향 이동 기회가 줄어들 것이다(실제로 시진핑은 10년 임기가 끝난 2022년에 세 번째 연임을 하면서 마오쩌둥 이후 시기에 형성된 권력 승계 관행을 결국 무너뜨렸다_옮긴이). 이는 곧 새로운 아이디어를 가진 인물이 지도부의 상층으로 진입할 가능성이 감소한다는 뜻이다. 덩샤오핑의 개혁이 극복하고자 했던 바로 그 문제가 다시 돌아왔다. 이번 결과는 시진핑 자신에게는 긍정적일지 모르지만 중국 공산당에게는 부정적일 수 있다.

3장

정책은
어떻게
만들어질까?

2003년 중국은 중증급성호흡기증후군SARS의 유행으로 큰 타격을 입었다. 중국 정치 제도의 비밀주의가 신속한 대응을 방해했다. 전염성에 대한 정보가 병원, 의사, 기타 의료 종사자는 물론 일반 대중에게도 공유되지 않았기 때문에 SARS는 중국 남부에서 다른 지역으로, 그리고 해외까지 확산되었다. 결국 8000명 이상의 확진자와 774명의 사망자가 발생했다. 중국 정부와 세계보건기구가 공동 작성한 한 보고서는 중국의 의료 체계가 "기본적으로 실패했다"고 평가했는데, 이는 실패를 거의 인정하지 않는 정권으로서는 놀랄 만한 일이다.[1]

그 후 몇 년 동안 중국 정부는 의료 체계를 개편했다. 의료와 관련된 14개 정부 기관을 조율하는 임시 그룹도 설립했다.

2007년 이 그룹은 중국의 주요 대학, 정부의 국가발전개혁위원회, 세계은행, 세계보건기구, 유명 국제 컨설팅 회사인 맥킨지앤드컴퍼니에 제안서를 요청했다. 중국의 대학, 정부 기관, 싱크탱크는 공식 행사를 개최하고, 논문을 출판하고, 언론 인터뷰를 하며 자신들의 의료 프로그램을 홍보했다. 2008년 10월, 중국 정부는 새로운 의료보건 제도의 계획 초안을 발표하고 대중의 의견을 수렴했다. 이후 몇 달 동안 이해 당사자, 의료 전문가, 일반 시민이 3만 건이 넘는 의견을 제출했다. 2009년 4월, 중국의 새로운 의료보건 제도가 시행되었다. 이 제도는 대부분의 도시와 농촌 주민에게 기본적인 의료보험을 제공하고, 질병 예방과 통제에 더욱 중점을 두었으며, 1차 진료와 병원 체계를 개혁하여 비용을 절감하고 의료의 질을 향상시켰다.

만약 미국에서 이런 일이 일어났다면 평범해 보였을 것이다. 정책 전문가와의 협의, 이해 당사자들의 로비, 공개 토론, 제안서 초안 수정 등은 정책 수립 과정에서 흔히 일어나는 일이다. 하지 중국에서 이러한 과정이 어느 정도 진척되는지는 알려져 있지 않다. 중국 정치 제도가 다양한 방식으로 여론에 더욱 민감하게 호응하고는 있지만 중국 공산당은 여전히 자신이 통치하는 인민에 대한 책임을 거부하고 있다. 중국 공산당은 경쟁적 선거와 법치주의가 부재한 상태에서—교육, 의료 및 환경 등 공공재에 대한 투명성 향상과 지출 확대를 포함하는—통치(영어 governance는 한국어로 협치協治, 중국어로 치리治理로 번역한다. 중국적 맥락에서 협치는 적절하지 않은 번역어이고, 치리는 통치와 관리의 의미가 모두 포함된 합성어다. 따라서 이 책에서는 '통치'로 번역했다_옮긴이)의 개선을 정당성의 원천으로 보고 있다. 이 장에서는 정책 결정이 여러 정부 부처와 지방 지도자가 참여하는 장기 협상의 대상이 되는 분야, 지방의 실험이 국가 정책의 기초가 되는 분야, 당이 정책 실행에 대한 사회의 의견을 환영하는 분야에 초점을 맞출 것이다. 다음 장에서는 당이 사회로부터 오는 위협에 어떻게 대응하는지를 자세히 설명한다.

중국의 정책 결정에 대한 기존 연구들은 의사 결정과 정책 실행이 가시적인 분야, 정책 제정 과정의 참여자들에게 연구자가 쉽게 접근할 수 있는 분야, 그리고 지역적 차이를 통한 이론화가 쉬운 지방 수준에만 주목한 경향이 있다. 그러나 많은 의사 결정이 중앙에서 이루어지고, 특히 당의 정당성과 권력 장악 문제가 걸려 있는 중앙 차원의 정책 결정은 대부분 블랙박스 안에 남아 있다. 1989년 이후 중앙 지도자들은 논쟁의 여지가 거의 없는 통일 전선을 유지해왔다. 중국이 대체로 하향식 정치 제도라는 것은 알고 있지만, 중앙은 여전히 학술 연구 금지 구역이기 때문에 우리는 부득이 지방의 패턴에 주목할 수밖에 없었다.

이 장의 내용은 정치적 상층에서 하층으로 내려오는 순서로 구성되었다. 정치적으로 매우 민감하고 당의 권력 장악을 위협하는 주제는 외부의 의견을 거의 반영하지 않고 당 지도부의 최고 위층에서 결정한다. 덜 민감하고 덜 위협적인 주제에는 다른 주체들이 참여할 기회가 제공된다. 정책 목표에 대한 광범위한 합의가 있지만 이를 달성하는 최선의 방법에 대해 이견이 있을 때는 중앙 부처, 지방 정부 및 기타 관료주의적 행위자들이 흥정과 협상을 통해 합의점을 찾는다.

2000년대의 처음 10년 동안 다양한 주체들이 정책 결정에 영향을 미치려고 노력했다. 과학자, 언론인, 국제 비정부기구는 자신이 선호하는, 하지만 당과 정부 지도자들의 결정에 반하는 정책을 주장하곤 했다. 결과적으로 일반 대중도 계류 중인 법률과 규정에 의견을 제시할 수 있게 되었다. 그러나 일부 문제에 대해서만 그랬을 뿐 당이 인민에게 직접 책임을 지는 방식을 채택한 것은 아니다. 풀뿌리 수준에서만 지방 관리들이 자신이 통치하는 인민들에게 책임을 지고 있는데, 그마저도 다음에 살펴볼 내용처럼 제한적인 방식이다.

요컨대 중국의 정책 결정은 사안과 전반적인 정치적 맥락에 따라 매우 폐쇄적인 과정부터 상당히 개방적인 과정까지 다양한 단계로 이루어진다. 그 추세는 시간이 지남에 따라 개방성이 높아지는 쪽으로 흐르다가, 2012년 시진핑이 중국 공산당 총서기에 취임한 후 정반대가 되었다. 시진핑이 정치 제도의 레닌주의적 성격을 복원하면서 의사 결정은 당에 더욱 집중되었고, 또한 시진핑 자신이 권력을 공고히 하면서 그에게 더욱 집중되었다. 이렇게 당이 주도권을 쥐면 인민의 목소리가 반영될 기회가 줄어든다.

정책은 어떻게 만들어질까?

이론과 실천 속의 대중노선

정책 결정 과정에서 당과 인민의 관계를 설명할 때 가장 좋은 방법은 마오쩌둥 주석의 "대중노선"(중국어로 群中路线_옮긴이) 개념에서 시작하는 것이다. 1949년 건국 전 내전 시기에 중국 공산당은 대중 여론을 반영한 정책을 채택하여 지지를 얻어야 할 필요성을 인식했다. 이 과정에 중국 공산당의 가장 중요한 전통 중 하나인 대중노선 개념이 탄생했다. 이것은 당 지도자들이 대중의 의견을 구하고 대중의 조언을 반영하여 정책을 조정하도록 했다. 마오쩌둥 주석은 다음과 같이 설명했다.

대중의 (체계 없이 흩어져 있는) 생각을 가져와서 취합하고 (연구를 통해 집중적이고 체계적인 생각으로 전환하며) 그런 다음 대중에게 가서 그들이 받아들일 때까지 이러한 생각을 선전하고 설명하고, 굳건하게 행동으로 옮기게 하라. 그리고 그러한 행동을 통해 이 생각들의 정확성을 시험해야 한다. 그런 다음 다시 한번 대중의 생각을 취합하고 대중에게 가서 그들이 이 생각들을 견지하고 관철하도록 해야 한다. 이 과정을 끝없이 반복하면 생각들은 매번 더 정확하고, 더 활기차고, 더 풍부해질 수 있다.[2]

대중노선은 마오쩌둥 이후 시기의 중국 지도자들이 폐기하거나 불신하지 않는 몇 안 되는 마오주의 전통 중 하나다. 이론적으로 대중노선은 당 지도자들이 대중의 목소리에 귀를 기울이고 대중의 우려에 호응하는 정책을 수립하도록 강요한다. 하지만 실제로 대중노선은 대중의 의견을 수렴하기보다는 지도자가 결정한 정책을 대중에게 적용하기 위해 그들을 찾아가는 것에 더 가깝다. 대중은 의견을 제시할 기회가 거의 없고, 지도자의 결정에 직접 이의를 제기할 유인도 거의 없다.

하지만 대중노선을 단순한 립서비스로 치부하는 것은 지나친 처사다. 중국 공산당은 실제로 여론에 호응하고 조언에 따라 관료를 교체하고 정책을 조정한다. 대중노선과 조언의 관계에 대한 기존의 해석이 암시하는 것처럼 단지 기계적인 방식으로만 호응하지 않는다. 다시 말하면, 정권의 생존이 걸려 있는 제로섬의 정치 이슈에는 호응하지 않지만 경제 및 사회적 이슈에 대해서는 호응할 가능성이 높다. 그리고 바로 이때 사회의 피드백을 확인하기 위해 대중노선 개념을 근거로 사용한다.

위기 상황에서의 정책 결정

민주주의에 대한 토론 제약이나 체제 안정 유지 같은 중요한 문제에 대한 결정은 중국 공산당 내부, 특히 정치국 및 상무위원회에서 이루어지고 외부의 의견은 거의 또는 전혀 반영되지 않는다. 우리는 그 안에서 일어난 논쟁에 대해 거의 알지 못하지만, 그

정책은 어떻게 만들어질까?

곳에서 가장 권위 있는 정책을 결정한다는 점은 분명하다.

2020년의 코로나19 감염병은 중국 정치 제도의 가장 잘 알려진 몇 가지 측면, 즉 다른 모든 목표보다 안정 유지에 집중하고, 투명성이 부족하며, 정책 목표를 달성하기 위해서는 필요한 모든 수단을 기꺼이 사용하려는 태도를 잘 보여줬다. 이런 종류의 위기에 직면했을 때 중국 공산당은 일반적이지 않은 방식으로 위험을 회피한다. 위험으로 인한 불안정성을 감수하기보다는 오히려 과잉 대응을 선호하는 것이다.

2019년 1월, 시진핑은 고위 관료들에게 중국 공산당에 갑자기 예기치 못한 위협이 닥칠 수 있다면서 "블랙스완Black Swan"을 경고했다. 코로나19 감염병은 중국 공산당이 새로운 상황에 대처하는 능력이 부족하다는 것을 여실히 보여주었다. 중국 공산당 지도자들은 다가올 위기에 사전 조치를 취하기보다는 위기가 닥친 후에 대응하는 경향이 있다. 2003년 SARS에서 얻은 교훈이 무엇이든 2020년 코로나19가 닥쳤을 때는 이미 잊은 상태였다.

전 세계 대부분의 국가와 마찬가지로 중국 정부도 신종 바이러스에 느리게 대응했다. 시진핑은 2020년 1월 초 정치국 연설에서 바이러스에 대한 소식을 보고했지만 2주 동안 아무런 조치를 취하지 않았다.[3] 이후 시진핑은 새로운 전담 팀을 발표했지만, 그 팀을 리커창 총리에게 맡겼다. 트럼프와 푸틴처럼 시진핑도 가장 많은 것을 잃었지만 대응 실패의 책임을 직접 지지 않고 다른 사람에게 전가했다. 질병이 확산되는데도 중국 정부는 외국 정부 및 세계보건기구와 정보를 공유하는 데 소극적이었고, 의료 전문가들에게 필요한 세부 정보 대신 보도자료만 발표하는 경우가 많았다. 시진핑은 또한 거의 2주 동안 아무런 설명 없이 대중의 시야에서 사라졌다. 중국 내 뉴스를 독차지하고 있던 사람의 잠적은 매우 이례적인 일이었는데, 그래서 그가 병에 걸렸거나 정치적 곤경에 처했다는 추측을 낳기도 했다.[4]

감염병이 시작된 우한의 지방 지도자들은 신종 바이러스에 대한 정보를 감추려고 했다. 그들은 2019년 12월에 상황을 인지했지만 중앙 정부에 보고하지 않았다. 지방 지도자들은 문책이 두려워서 상부에 문제를 보고하길 꺼리는 경우가 많고, 실제로 2020년 2월에 우한과 후베이의 당서기가 교체되기도 했다. 우한의 의사 여덟 명이 다른 의사들에게 신종 바이러스에 대한 정보를 보냈을 때, 현지 공안은 이들을 며칠 동안 구금하고 허위 정보를 퍼뜨린 것에 대해 공개 사과하라고 강요했다.

그러나 허위 정보가 아니었다. 의사 리원량은 병원으로 돌아가 일하다가 바이러스에 감염되어 사망했고, 이후 소셜미디어에서 인민을 도우려다 국가 탄압에 희생된 영웅으로 칭송되었다. 우한의 관리들은 바이러스 확산을 늦추거나 막을 조치를 취하는 대신 인민을 공포에 방치하고 자신들의 지위를 위태롭게 만들 정보는 억누르는 쪽을 선택했다. 그들의 궁극적인 관심사는 안정 유지였고, 이러한 결정이 훨씬 더 심각한 문제를 초래했음에도 불구하고 계속 그렇게 했다.

정책은 어떻게 만들어질까?

중국의 소셜미디어는 방역의 실패와 정보 은폐에 대한 대중의 분노를 드러냈지만 대부분의 분노는 당 중앙과 중앙 정부가 아닌 지방 지도자를 겨냥했다. 이는 지방 관리보다 중앙 지도자를 훨씬 더 신뢰하고 지지하는, 중국 정치에서 흔히 볼 수 있는 현상의 한 예다. 마침 이 현상이 2020년 내내 두드러졌다.

중국 공산당은 행동을 취하기로 결정하면 신속하고 효과적으로 대응하는 역량을 지속적으로 보여주었다. 하지만 그 수위가 매우 강경하다. 이들은 인구가 1100만 명이 넘는 도시 우한과 주변 후베이성 지역을 완전히 봉쇄했다. 다른 도시에서는 새로 입국한 사람, 심지어 집으로 돌아가는 사람들을 2주간 격리하는 조치를 취했다. 공장, 사무실, 식당, 상점이 문을 닫으면서 경제는 거의 멈췄다. 당은 주민의 감시와 통제에 구식 방법과 첨단 기술을 혼합했다. 경찰은 도시 입구와 교차로에 검문소를 설치했다. 주요 도시에서는 수십만 명의 자원봉사자가 동원되어 신분증을 확인하고 주거 지역과 주거용 건물에 들어가려는 사람들을 조사했다. 이 조치는 단기 목표를 달성하기 위해 대규모 인원을 동원했던 마오쩌둥 시대를 연상시킨다. 사람들은 휴대폰 애플리케이션을 사용하여 정부가 자신의 위치를 추적할 수 있게 했고 체온과 전반적인 건강 상태를 매일 지방 정부에 보고했다. 또한 정부는 사람들의 위치를 더 정확히 파악하기 위해 버스, 사무실 건물 및 기타 공공장소에 들어갈 때마다 QR코드(고유 디지털 "신속 응답" 코드)를 사용하도록 했다.

시진핑은 2020년 3월 10일에 처음으로 우한을 방문하여 코로나19 종식을 선언했고, 3월 중순에 중국은 신규 확진자가 없는 첫날을 맞이했다. 우한의 엄격한 봉쇄 조치는 3월 25일 마침내 해제되었고 다른 도시들도 서서히 개방되기 시작했다. 그 후 사람들은 해외에서 귀국한 중국인들을 중심으로 2차 확산이 발생할 가능성을 우려했다. 5월 우한에서 여섯 건의 신규 확진 사례가 보고되자 정부는 10일 만에 1100만 명의 주민을 모두 재검사할 계획이라고 발표했다.[5] 이후 베이징, 칭다오 및 기타 도시에서 확진자가 발생했을 때에도 불과 며칠 만에 즉각적인 봉쇄와 광범위한 검사로 대응했다. 이 계획의 엄청난 규모와 짧은 기간은 마오쩌둥 시대의 운동을 연상시키는 한편, 작은 위협에도 과잉 대응하는 당의 경향을 보여주었다.

중국 지도자들은 코로나19와의 싸움에 '바이러스와의 전면전'이라는 군사 용어를 사용했다. 시진핑이 우한에서 승리를 선언하자 당의 선전 기관들은 이를 위대한 승리로 묘사하며 당의 영도력을 과시하기 시작했다. 특히 미국과 유럽을 비롯한 다른 국가들의 미진한 방역과 자국의 강력한 대응을 비교했다. 역설적으로 중국은 코로나19를 인간적 비극이 아닌 민족주의적 자부심의 원천으로 삼으려 했다.

2020년 3월 팬데믹 종식을 선언할 때까지 중국은 공식적으로 8만 명 이상의 확진자와 4000명 이상의 사망자가 발생했다고 보고했다. 대부분의 외부 관찰자들은 다음과 같은 몇 가지 이유로

정책은 어떻게 만들어질까?

실제 수치가 훨씬 더 클 것이라고 믿었다. 우선 중국 공산당은 감염병의 실제 규모가 드러날 경우 대중이 어떻게 반응할지 걱정하고 있음이 분명하다. 지방 정부는 장례식을 제한하여 추모객들이 사망자의 가족과 이야기를 나누거나 사망자 수를 확인할 수 없게 했다.[6] 언제나 그렇듯이 안정에 대한 위협은 당의 가장 큰 관심사다. 이와 관련하여 당의 선전 기계들은 시진핑의 우한 방문을 지원해야 했다. 우한에서 보고되지 않은 신규 확진자가 추가로 발생했다는 보고가 있었지만 시진핑이 감염병의 종식을 발표한 이후에는 그의 승리 선언을 훼손하지 않기 위해 검사를 중단했다.[7] 기술적인 문제도 있었다. 예를 들어, 중국은 처음에 무증상 확진자가 양성 판정을 받더라도 이를 집계하지 않았다. 홍콩 언론은 4만 3000건 이상의 무증상 사례를 보도했는데, 이는 전체 사례의 3분의 1이 보고되지 않았음을 시사한다.[8] 중국 정부는 나중에 무증상 확진자를 포함하도록 집계 방식을 변경했지만 이전 수치는 수정하지 않았다. 마지막으로 검사 자체가 정확하지 않을 수 있다. 스페인 정부는 중국산 코로나19 진단 기기의 신뢰도가 30퍼센트에 불과하다는 이유로 사용을 중단했다.

신종 코로나바이러스는 모든 사람에게 놀라운 일이었지만, 그동안 중국 정치를 지켜봤던 사람들에게 중국 공산당의 대응은 너무도 뻔했다. 그러나 앞서 있었던 다른 정책 이슈는 당에 이번과 같은 수준의 위협을 가하지 않았고, 또한 이러한 유형의 호응을 만들어내지도 않았다. 정부, 기업, 대학 등 복잡한 조직의 모든 의사 결정이 최고위층에서 이루어지는 것은 아니다. 최고 지도부는 모든 문제를 결정할 여유가 없다. 중국 공산당 최고 지도부가 정책 우선순위를 정한 후에는 더 많은 주체들이 참여하기 때문에 정책 결정 과정은 더욱 복잡해진다. 당은 넓은 수준의 정책 우선순위(마오쩌둥 이후 시대에는 경제적 현대화와 정치적 안정을 말함)를 설정하고, 이러한 정책적 목표를 달성하는 과정에 관료주의적 협상과 대중의 참여 여지를 더 많이 열어두었다.

분절된 권위주의

중국 국가는 통합된 행위자가 아니며, 정치 권력이 분절되어 있다.[9] 상급에서 내린 결정이 하급에서 항상 충실히 이행되는 것은 아니라는 의미에서 수직적으로 분절되어 있다. 정치 제도 각 층위의 관심사는 지역 상황과 지방 관리의 이해관계에 따라 우선순위가 달라진다. 예를 들어, 중앙 지도부가 환경 개선을 핵심 우선순위로 설정했다고 치자. 이는 전국적인 문제지만 일부 지역에서 다른 지역보다 더 중요하다. 이 문제를 해결하기 위해서는 지방의 지도자들이 베이징이 설정한 목표치를 확실하게 달성해야 한다. 그러나 아래에 자세히 설명하겠지만, 지방 지도자들은 환경 보호보다는 경제 성장에 더 큰 관심을 가지고 있다. 그 결과 베이징에서 정한 대기 및 수질 오염 기준을 적용하는 속도가 더딘 지

정책은 어떻게 만들어질까?

역이 많다. 다른 나라와 마찬가지로 중국에서도 환경 보호는 장기적인 목표이고, 경제 발전이라는 당면 과제와 상충한다고 여기는 경우가 많다.

또한 정치 권력은 수평적으로 분절되어 있다. 정치 제도의 모든 층위에서 부처와 기관마다 선호하는 정책이 다르기에, 각각의 관료 조직은 이익 집단처럼 행동하면서 의사 결정권자에게 로비를 벌여 자신들이 선호하는 정책을 채택하고 자신들의 이익에 해가 되는 정책은 철회하도록 요구한다. 위에서 언급했듯이 환경 보호는 종종 경제 발전의 이익과 대립한다. 경제 발전과 석유 및 천연가스 탐사를 담당하는 부처는 일반적으로 환경을 담당하는 부처와 선호도가 다르다. 마찬가지로 공업화는 농지를 잠식하기 때문에 농업은 공업과 양립하기 어렵다. 농사를 짓기 위한 새로운 경작지 개발은 삼림 채벌로 이어지고 이는 나아가 토양 침식, 사막화, 동물 서식지 파괴를 초래하는데, 이 모든 것이 환경 부처의 관심사와 겹친다. 대부분의 정책은 다양한 이해관계가 얽혀 있기 때문에 정책 변경을 위해서는 결정을 하기 전에 광범위한 협상이 필요하다.

정책 갈등의 해결 과정은 중국의 관료주의적 직급 체제로 인해 더욱 복잡해진다. 예를 들어, 중앙 부처의 수장은 성급 지도자와 동일한 직급이지만 그 누구도 다른 관료에게 결정을 강요할 권한이 없다. 그 결과 같은 직급의 지도자들 사이에서 결론을 도출하지 못하고 관료주의적 협상을 지속하는 경우가 많다. 더욱이 대부분의 복잡한 조직과 마찬가지로 중국 국가는 스토브파이프 stovepipe(일직선의 폭이 좁은 원통_옮긴이) 구조여서 특정 부처나 정부 층위 내부에서는 정보가 흐르지만 다른 부처 혹은 다른 층위와는 그 내용을 공유하지 않는다. 그 결과 정보가 불완전하고 구획화되어 있는 경우가 많다.

이러한 일반적인 관료주의적 병리 현상—경쟁적인 이해관계, 불완전한 정보, 불명확한 권한—이 정책 결정 과정을 복잡하게 만들어 의사 결정이 지연되고 실행은 더욱 늦어진다.

중국 공산당은 두 가지 핵심적인 방식으로 분절된 부분을 통합하고 조정함으로써 필수적인 역할을 수행한다. 첫째, 동일한 이슈에 공동의 이해관계가 있는 당과 정부 관료 조직의 지도자를 한데 모아 중앙 차원의 "영도 소조"를 운영하여 정책 결정 과정을 통합한다. 경제 및 금융, 환경, 국가 안보, 외교 정책 분야에 20개 이상의 영도 소조가 조직되어 있다.[10] 공개된 것은 아니고 또한 그 구성원도 항상 비밀이지만 이들은 여러 관료 조직 사이에서 정책을 조정하는 데 중요한 역할을 한다.

중국 공산당은 또한 당, 정부, 국유 기업, 대학, 은행 및 기타 중요한 기관의 고위직 임명을 당이 담당하는, 즉 노멘클라투라 제도를 기반으로 하는 인사 제도를 통해 정책 결정을 통합한다. 지도자는 자신이 근무하는 부서의 이익을 대변해야 하지만 최고 지도자의 정책 우선순위에 지나치게 반항하거나 공개적으로 반대하면 해임될 수 있다. 중국 공산당은 영도 소조와 노멘클라투라

정책은 어떻게 만들어질까?

제도를 통해 중국의 분절된 권위주의를 통합하고 이해관계의 충돌을 방지한다.

분절된 권위주의의 좋은 예가 바로 양쯔강의 산샤댐 건설 사업에서 드러났다.[11] 중국의 급속한 경제 발전은 에너지 수요를 증가시켰다. 중국의 국내 석유 및 천연가스 공급원은 제한되어 있었고 지도자들은 수입 에너지원에 지나치게 의존하는 상황을 꺼렸다. 한 가지 해결책은 중국의 주요 강에 광범위한 댐 연결망을 구축하여 수력 발전으로 에너지 수요의 긴장을 완화하는 것이다. 댐은 중국 내륙의 고질적인 문제인 홍수 관리에도 도움이 된다. 하지만 댐은 논란의 대상이기도 하다. 수몰지 주민을 집에서 쫓아내고, 선박 이동을 방해하며, 야생 동물을 위협하고, 문화유적지를 훼손하기 때문이다. 산샤댐 건설 과정에서도 이상의 이해관계가 충돌했다.

산샤댐과 관련된 협상은 1980년대 초에 시작되었고, 수년간 여러 이익 집단이 로비, 협상, 그리고 경쟁을 벌였다. 주요 논쟁 사항은 댐의 높이였다. 수리부(수자원부)는 홍수를 통제할 수 있는 높은 댐을 선호했다. 충칭시 당국 등 댐의 후방에 위치한 지방 정부도 저수지를 더 멀리까지 확장하면 상류 도시들의 선박 접근성을 높일 수 있다는 이유로 수리부를 지지했다. 댐의 하류에 위치한 성들도 홍수를 줄이고 양쯔강을 따라 선박 운송 환경을 개선할 수 있다는 이유로 댐 건설에 찬성했다. 반면 쓰촨성 정부는 이주민의 재정착 비용을 부담해야 했기 때문에 낮은 댐을 선호했다.

능원부(에너지자원부. 능원부는 1988년에 설립되었다가 1993년에 폐지되었다. 현재 에너지 관련 전담 부서는 국가발전개혁위원회 산하의 국가능원국이다_옮긴이)는 산샤댐보다 더 나은 대안이 있다고 생각했기에 이를 근본적으로 반대했다.[12] 일부 부처와 지방 정부는 혜택만 가져가는 반면, 다른 부처와 지방 정부는 비용만 부담해야 했기에 협상은 수년 동안 지지부진했다. 이 사업에 관여한 부처와 지방 정부는 모두 동일한 위계에 있었기에 누구도 최종 결정을 내릴 권한이 없었다. 중국 공산당 중앙과 정부의 고위 지도자들은 관련 주체들의 복잡한 이해관계를 걱정하며, 그들이 합의에 도달할 때까지 내버려두었다.

그림 3.1 산샤댐(출처: Le Grand Portage, 위키미디어, CC BY 2.0)

정책은 어떻게 만들어질까?

결국 타협안이 도출되었다. 핵심은 충칭을 쓰촨성에서 분리하여 중앙에서 관리하는 직할시로 전환하는 것이었다(베이징, 상하이, 톈진처럼). 충칭이 댐 저수지 부근 지역에서 이주한 120만 명 이상의 농민들의 재정착을 책임지게 되면서 쓰촨성의 반대를 상당 부분 해소할 수 있었다. 그러나 산샤댐의 막대한 건설 비용, 건설 계약 체결 과정의 부패, 이주민 문제, 유적지 훼손 등은 여전히 논란이 되고 있다. 이 계획의 승인이 전인대에 안건으로 상정되었을 때 전인대 대표의 3분의 1이 반대표를 던지거나 기권했다. 이 정도의 반대는 중국 입법부에서 전례 없는 일이었다.[13] 산샤댐은 2006년에 완공되었지만 환경에 미치는 영향, 150만 명의 이주민 발생, 댐 뒤쪽 저수지에서 발생하는 산사태와 과도한 토사 퇴적 문제, 그 외의 다양한 기술적 문제로 인해 여전히 논란이 되고 있다.

21세기로 접어들면서 중국의 정책 결정 과정과 대중 여론에 영향을 미치려는 비국가적 개인 및 단체인 "정책 기업가"라는 새로운 집단이 등장했다. 국유 언론이 상업화되고 다소 자유화되면서 언론과 출판이 대중의 관심을 좇을 여지가 생겼다.[14] 학계 전문가들이 공개 포럼과 언론을 통해 의견을 제시하기 시작했다. 비정부기구가 늘어났고, 이들 중 다수는 사회복지 서비스에 관여했지만 노동자의 권리나 환경 보호를 추구하는 단체도 있었다. 그린피스Greenpeace나 국제자연보호협회The Nature Conservancy 같은 외국 NGO도 중국에서 활동하기 시작했고, 종종 국내 NGO와 협력하기도 했다. 신생 정책 기업가들은 정책 결정 과정을 수정했다.

기존의 분절된 권위주의 모델이 관료주의적 행위자에 초점을 맞춰 결론을 도출했다면, "분절된 권위주의 2.0"은 비국가적 행위자—경우에 따라 외국의 활동가들까지—도 현재 중국의 국내 정책에 영향을 미친다는 점을 인정했다.[15]

2000년대의 첫 10년간 있었던 윈난성 남서부의 누강을 따라 건설될 일련의 댐 계획에 대한 반대는 분절된 권위주의 2.0의 새로운 역동성을 보여준다.[16] 유네스코UNESCO 세계문화유산으로 지정된 이 지역은 매우 아름답지만 빈곤과 부채가 심각하다. 댐 건설을 추진한 지방 관리들은 댐이 현지에서 사용할 에너지를 생산할 뿐만 아니라 그것을 중국의 다른 지역에 판매함으로써 경제 발전을 촉진할 수 있다고 주장했다. 또한 지방 관리들은 지역 발전 사업에 필요한 재정적 지원을 받을 수 있고 나아가 자신의 경력 전망을 밝힐 수 있기에 이 사업을 찬성했다.

반대 쪽에서는 다양한—과학자, 환경운동가, 언론인, 풀뿌리 및 국제 NGO를 포함한—정책 기업가들이 이 프로젝트로 인해 막대한 재정착 비용이 발생하고, 더 중요하게는 중국에서 가장 소중한 문화유산 중 하나가 훼손될 수 있다는 점을 강조했다. 이들은 윈난, 베이징, 태국에서 회의를 개최하여 우려를 표명했다. 지역 및 국제 NGO는 댐 건설로 인해 돌이킬 수 없을 정도로 훼손될 자연 경관을 보여주기 위해 지방 및 국가 지도자들을 대상으로 지역 투어를 조직했다.[17] 이들은 일반 대중과 고위 지도자들의 관심을 끌기 위해 언론과 협력하여 자신들이 우려하는 바를 더욱 널리

정책은 어떻게 만들어질까?

알렸다. 2004년, 원자바오 총리는 "신중한 연구와 과학적 조사"가 이루어질 때까지 댐 건설 사업 중단을 명령하여 사실상 이 사업을 종료시켰다.[18] 중국 정책 기업가들의 공동 노력으로 문화유산과 환경 보호가 경제적 현대화에 보기 드문 승리를 거둘 수 있었다.

하지만 이 초기의 승리도 댐 건설 혹은 이 지역의 경제 발전을 촉진할 다른 방법을 찾으려는 지방 관리들의 결심을 막지 못했다. 일각에서는 심지어 베이징이 반대하고 또한 부득이 다른 자금줄을 찾는 한이 있더라도 댐 건설을 계속 추진할 것이라고 했다.[19] 아직 댐 건설이 시작되지는 않았지만 개발에 대한 열망은 여전히 강하다.[20]

2012년 시진핑이 중국 공산당의 지도자가 되면서 중국의 정책 결정 과정은 다시 덜 분절되고 더 권위주의적인 형태로 바뀌었다. 통합자이자 조정자로서 중국 공산당의 역할이 다시 강조되었다. 시진핑은 여덟 개의 영도 소조 조장을 맡고 있고, 그중 다섯은 그가 총서기가 된 후에 설립된 조직이다.[21] 국내 문제와 외교 정책 전반을 다루는 이 소조들은 정책 과정에 대한 시진핑의 통제력을 반영하고 있다. 중국 공산당은 언론과 인터넷에 대한 통제를 다시 강화하여 이용 가능한 정보와 들을 수 있는 목소리를 제한했다. NGO, 특히 국제 연결망을 보유하고 있는 NGO는 새로운 제약에 직면했다. 시진핑은 "호랑이와 파리", 즉 당 중앙, 정부, 군 지도자뿐만 아니라 지방의 관리들까지 겨냥한 반부패운동을 시작했다. 시진핑에게 줄을 서지 않으면 해임되거나 투옥될 것이라는 메시지가 분명했다. 반부패운동은 부패 척결 외에도 시진핑의 잠재적 라이벌을 제거했다(이에 대한 자세한 내용은 2장을 참조하라). 분절된 권위주의 2.0의 역동성은 쇠퇴했고, 정치 권력은 중국 공산당의 통제하에 재중심화되었으며, 시진핑이 명확한 책임자로 부상했다.

하지만 시진핑 체제에서의 변화도 중국 정치의 권위주의적 분절을 종식시키지 못했다. 중국 공산당은 2013년 가을에 시장 의존도 확대, 국유 기업 및 세제 개편, 환율 자유화 같은 야심 찬 경제 개혁안을 제시했지만, 대부분을 이행하지 못했다. 그 까닭은 인프라 투자와 대외 무역에 기반한 경제 모델을 혁신과 국내 소비에 기반한 경제 모델로 전환하는 것을 거부하는 관료주의적 행위자와 지방 지도자들의 기득권 때문인 것으로 추정된다.[22] 정책 결정 과정은 과거보다 덜 분절되었을지 모르지만 여러 층위의 관료들과 지도자들 사이의 상충되는 이해관계는 여전히 존재한다.

지방 차원의 정책 실험

분절된 권위주의 모델의 대안으로, 중국은 정책을 전국에 도입하기 전에 지방 차원에서 먼저 실험한다.[23] 이는 중국 공산당이 집권하기 전에 사용하던 절차의 연장선으로, 지역에 따른 여러 조건하에서 정책 목표를 달성할 수 있는 최선의 방법을 찾기 위한

정책은 어떻게 만들어질까?

실험이다. 지방에서의 실험은 중국 공산당이 정책 우선순위를 결정한 후에 이루어진다. 이는 정책 목표를 달성하는 가장 좋은 방법을 찾기 위한 것이지, 목표를 결정하는 작업이 아니다. 중앙 지도부는 정책을 결정한 뒤 여러 지방을 선정하여 정책 시행의 기술을 실험한다. 그리고 지방 차원의 실험에서 얻은 교훈이 국가 정책에 영향을 미친다.

지방 차원의 실험이 국가 차원의 정책으로 이어진 대표적인 사례로 경제특구를 꼽을 수 있다. 1979년에 처음 만들어진 경제특구는 중국 경제가 여전히 중앙의 계획에 의해 관리되고 세계 경제로부터 고립되어 있던 시기에 중국 공산당이 시장 지향적 개혁, 민간 소유, 외국인 투자 및 대외 무역을 실험했다. 중국 공산당 지도부는 1978년 경제적 현대화를 핵심 과제로 정했지만 이를 달성할 최선의 방법에 대해서는 합의하지 못했다. 보수적인 지도자들은 공산주의 체제의 특징인 전통적인 중앙 계획적 제도를 유지하고자 했고, 덩샤오핑의 개혁개방은 자본주의와 너무 비슷하여 공산주의와 양립할 수 없다고 생각했다. 개혁가들은 계획과 시장 중 어느 것이 경제적 현대화를 달성하는 최선의 방법인지 논쟁하는 대신 경제특구를 실험했다. 경제특구는 원래 그 수가 적고 규모가 작았으며 대부분 당시로서는 주변부였던 연해 지역에 위치해 있었기 때문에 보수적인 지도자들도 이 실험을 반대하지 않았다.

경제특구에 말 그대로 중국의 다른 지역과 격리된 것처럼 울타리를 쳐서 그 영향력이 외부로 확산되지 못하게 했다. 만약 실험이 실패하면 특구를 폐쇄하여 국가의 나머지 부분을 "감염"시키지 않을 계획이었다. 하지만 현실의 경제특구는 새로운 투자를 유치하고, 새로운 일자리를 창출하고, 빠른 성장을 촉진하는 데 성공하여 다른 지방 지도자들이 유사한 개혁을 요구하기에 이른다. 점차 14개 해안 도시로 개혁을 실험할 권한이 확대되었다. 개혁개방 정책은 점차 더 많은 도시로 확대되었고, 결국에는 전국으로 확장되었다. 지방 차원의 실험이 개혁개방의 효용성을 입증했을 뿐만 아니라 중국 전역으로 확산해야 한다는 요구를 불러온 것이다.

중국 공산당은 NGO 등록 절차도 실험했다. 개혁 초기에 중국 공산당은 특정 NGO가 반대파의 원천이 될 가능성을 경계하여 합법적인 등록과 활동을 어렵게 만들었다. 시간이 지남에 따라 당과 정부의 관리들은 사회복지 서비스에서 NGO의 유용성을 인식했고, 이에 따라 당은 NGO 부문을 장려하기로 결정했다. 2000년대 후반, 베이징, 청두, 광둥, 상하이, 선전이 NGO의 등록 절차를 간소화하는 실험 지역으로 선정되었다. 그들의 경험은 이후 전국 정책으로 채택되어 시행되었다.[24]

정책은 어떻게 만들어질까?

대중에 대한 호응

마오쩌둥 이후 시기, 중국 공산당은 대중 여론을 정책 결정에 반영하기 위한 다양한 방법을 도입했다.[25] 이때의 개혁을 민주주의와 혼동해서는 안 되겠지만, 이는 다양한 방식으로 여론에 대한 투명성과 호응력을 높여 통치의 질을 향상시켰다. 따라서 이러한 방식은 전통적인 대중노선의 논리와 그 내재적 한계를 모두 반영한다.

환경 오염과의 전쟁

중국의 급속한 경제 발전은 소득을 높이고 생활 수준을 향상시킨 반면 환경에는 막대한 타격을 입혔다. 2006년부터 중국은 세계에서 온실가스를 가장 많이 배출하는 나라가 되었다. 또한 중국의 거의 3억 명에 달하는 사람이 깨끗한 식수를 구할 수 없게 되었다. 중국 하천의 약 40퍼센트가 심각하게 오염되었고, 심지어 일부 하천은 몸에 닿기만 해도 위험한 수준이다. 농업 및 공업 개발을 위한 상업적 농업 관행과 삼림 벌채로 인해 중국 국토의 약 4분의 1이 사막화되었고, 국토의 15퍼센트 이상이 화력 발전소와 공장에서 배출한 중금속에 오염되었다.[26]

중국의 대기 오염은 인민의 건강과 국가 경제에 막대한 비용을 쓰게 했다. 북부 지역에 대한 한 연구에 따르면 대기 오염으로 인해 연간 550만 명이 기대 수명보다 일찍 사망하는 것으로 나타났다.[27] 2008년 베이징 올림픽은 베이징의 대기 오염에 대한 원치 않는 국제적 관심을 불러일으켰다. 많은 선수들이 마스크를 쓰고 도착했고, 일부는 중국산 식재료에 대한 두려움 때문에 직접 음식을 준비하기도 했다. 2013년에는 베이징 및 기타 도시에서 "대기 재앙"이 발생하여 비행기가 며칠 동안 이륙하지 못하는 사태가 발생했다(그림 3.2 참조). 베이징, 상하이 및 기타 주요 도시는 대기 오염으로 인해 해외 관광객도 감소했다.

성장 위주의 정책만 탓할 수 없다. 경제 성장과 함께 생활 수

그림 3.2 베이징의 대기 오염. 미세먼지가 심한 날 정오 무렵에 찍은 사진
(출처: 셔터스톡)

정책은 어떻게 만들어질까?

준이 높아진 것도 한몫을 했다. 소득의 증가는 자가용 구매의 증가로 이어졌고, 중국은 이제 세계 최대의 자동차 시장이 되었다. 도시화로 인해 가정과 직장에서의 에너지 수요도 늘어났다. 지금은 신선한 식품 대신 포장 식품 소비가 증가하면서 더 많은 쓰레기가 발생하고 있다. 이러한 모든 변화는 현대 도시 생활의 전형적인 모습이지만 환경에는 악영향을 미친다.

비록 중국의 정치 제도는 투명하지 않은 것으로 정평이 났지만, 환경 오염만큼은 투명하게 평가할 수 있다. 사람들은 하늘을 가리고 목과 폐를 따갑게 만드는 스모그, 혼탁하고 악취가 나는 물, 확대되는 삼림 채벌과 사막화, 그리고 쓰레기로 된 산을 자기 눈으로 직접 보았다. 쉽게 발견되지 않는 오염—온실가스나 식수에 섞인 납 같은 중금속—이 정부 과학자들의 실험과 NGO 활동 및 탐사 보도를 통해 밝혀진 경우도 있다.

중국 정부가 환경 상태에 대한 정보를 투명하게 공개하지 않자 사람들이 직접 정보를 수집하기 시작했다. 베이징 주재 미국 대사관은 트위터를 통해 베이징 지역의 대기질을 보고했다. "대기 재앙" 기간 동안 대기질 지수가 700이 넘는다고 보고했는데, 여기서 100이 "적색 경보" 기준이다. 이들은 중국 정부가 사용하는 대기질 기준 PM10 대신 국제 표준인 PM2.5(지름이 2.5마이크론인 입자상 물질)를 사용했다. 이는 중국 정부가 대기 오염 문제를 인정하고 이에 대한 조치를 취하도록, 조용하지만 효과적으로 압력을 가했다. 2012년, 중국은 마침내 미국 대사관과 대부분의 다른 국가들이 사용하는 PM2.5 기준을 채택했다. 중국의 시민들은 휴대용 대기질 센서나 스마트폰 애플리케이션을 사용하여 시시각각 정확한 대기 오염 정보를 얻었고, 당의 선전은 사람들이 직접 보고 느끼는 오염에 대응할 수 없었다.

환경 문제는 중국 공산당이 가장 두려워하는 정치적 불안정의 원인이 되었다. 새로운 발전소, 화학 공장, 그리고 이와 유사한 시설을 지으려는 계획은 종종 지역 주민들의 님비NIMBY("내 뒷마당에는 안 된다") 시위를 유발했다(자세한 내용은 5장에서 설명한다). 환경 오염은 당에 대한 대중의 지지를 약화시킬 잠재력이 있다. 한 혁신적인 연구는 베이징의 여러 지역에서 매일 변화하는 대기질이 중국 공산당 정권에 대한 지지도와 관계가 있고, 대기 오염이 증가하면 지지도가 낮아진다는 사실을 밝혔다.[28] 여기서 주목할 부분은 중국의 의사 결정권자들에게 환경 문제가 대중 여론에서 파악해야 하는 가장 중요한 이슈 중 하나가 되었고, 대중적 항의의 주요 원인이 되었다는 점이다.

이러한 추세에 호응하여 중국 공산당은 환경 개선 조치를 시작했다. 자동차와 트럭의 유연휘발유(유기 납화합물이 첨가된 휘발유) 사용을 금지했고, 베이징, 상하이 및 기타 대도시는 자동차 이부제 운행을 실시했다. 중국 정부는 공장을 폐쇄하거나 인구 밀집 지역에서 멀리 이전시켰지만, 그렇게 한다고 오염이 줄어들지는 않았다. 석탄에 대한 의존도를 줄이기 위해 석탄 사용량과 석탄 화력 발전소 운영 및 건설을 줄이도록 의무화했다. 2008년 국가

정책은 어떻게 만들어질까?

환경보호총국을 국무원급의 환경보호부로 승격하여 더 많은 지위와 자원을 제공했다. 환경보호부는 2018년에 생태환경부로 재편되어 더욱 광범위한 권한을 받았다. 2014년 리커창 총리는 중국 공산당의 개발 방식이 환경에 끼친 피해를 되돌리기 위해 "오염과의 전쟁"을 선포했다. 환경 보호의 필요성은 2017년 시진핑의 제19차 당대회 연설에서도 두드러지게 나타났다. 2015년에 새로운 환경보호법이 발표되었는데, 이 법은 무엇보다도 건설 사업이 승인되기 전에 이루어지는 환경 영향 평가를 방해하는 사람에게 막대한 벌금을 부과하는 내용을 담고 있다. 중국 정부는 재생에너지 분야에 대규모 투자를 단행했고, 현재 이 분야의 글로벌 리더가 되었다. 이러한 다양한 방식으로 중국 정부는 환경에 대한 대중 여론에 호응하고 있다는 신호를 보냈다.

이러한 조치가 환경에 주목할 만한 영향을 미쳤다. 특히 중국의 대기질이 눈에 띄게 개선되었다. 세계은행에 따르면 2006년 기준 세계에서 가장 오염이 심한 20개 도시 중 16개가 중국에 있었다. 그런데 2019년에는 상위 20개 도시 중 단 둘만 중국 도시였고, 국가별 순위에서도 중국은 11위에 있었다.[29] 이는 부분적으로 중국의 대기질이 개선된 이유도 있지만 동시에 다른 국가의 대기질 악화 때문이기도 하다.

오늘날 중국은 환경 보호의 측면에서 대체로 훌륭한 정책을 수립했다. 문제는 이러한 정책이 지방 수준에서 제대로 실행되지 않고 있다는 점이다.[30] 다른 나라와 마찬가지로 중국에서도 경제 성장과 환경 보호가 대치한다. 지방 관리들은 경제 성장이 둔화되면 승진이 누락될 수 있기 때문에 환경 개선 조치를 꺼렸다. 환경보호부는 다른 국무원 부처와 비교했을 때 직원, 예산, 영향력의 규모가 작다. 따라서 중앙 정책을 지방에서 어느 정도 준수하는지 감독하기가 쉽지 않다. 지방 정부 차원의 환경 보호 부처는 지방 정부 관할하에 있기에 지방의 환경을 감시할 자율성을 갖지 못한다. 일부 지역에서는 오염을 줄이는 정책보다 세수를 늘리기 위해 오염에 세금을 부과하는 데 더 관심이 많다.

정부 정보 공개

중앙 정부가 지방 정부의 정책 이행을 감독하는 과정에서 겪은 어려움이 정부 정보 공개(중국 정부는 2007년에 정부신식공개조례政府信息公开条例를 제정함_옮긴이)를 추진하는 계기가 되었다. 2007년 중국의 중앙 정부는 시민들에게 지방 정부의 업무 수행 정보를 제공하는 정보 공개를 실시했다. 이 정책은 두 가지 이유로 채택되었다. 첫째, 중국은 세계무역기구 가입 조건으로 정부 예산 지출 및 세금 규정 같은 특정 유형의 정보에 대한 접근성을 확대하고 투명성을 높이는 데 동의했다. 이는 중국과의 사업에 관심이 있는 외국인 투자자와 기업에게 중요한 사항이다. 둘째, 더 중요한 것은 중앙 정부가 지방 관리들에 대한 감독 권한을 강화하기 위해 정보 공개를 고안했다는 점이다.[31] 중국의 분절된 권위주

정책은 어떻게 만들어질까?

의로 인해 중앙의 관리들은 지방 관리들이 정책을 완전하고 충실하게 이행하는지 여부를 확인한 후 정책을 펼치는 것이 불가능했고 또한 그들의 부패를 효과적으로 감독할 수 없었다. 지방의 시민들이 지방 정부의 지출, 환경 기준, 세금 유형 및 기타 기본 정보를 요청할 수 있도록 허용함으로써 중앙 정부는 지방 관리들에게 투명성을 강요했다. 이를 통해 중앙의 정책을 제대로 이행하고 있는지, 정부 예산을 오용하고 있는 것은 아닌지 쉽게 파악하게 되었다. 다시 말하면, 중앙 정부와 지방 시민이 지방 관리를 감시하는 암묵적인 동맹을 형성했고 정보 공개는 감시의 도구가 되었다. 대중에 대한 직접적인 책임이 없는 정치 제도에서는 이러한 유형의 대리 책임이 때때로 유용한 전략이 될 수 있다.[32]

하지만 지방 관리들이 정보 공개를 거부하는 경우가 많았다. 대부분의 정책과 관련해서 공개의 준수 여부는 지역별로 차이가 있었다. 예를 들어 대표적인 정보 공개 대상이 바로 오염 수준이다. 지방 정부는 관할 지역의 공기와 물이 얼마나 깨끗한지 공개해야 했지만, 모든 지방 정부가 이를 공개한 것은 아니다. 어떤 도시는 준수하고 다른 도시는 준수하지 않은 이유는 경제적 맥락에서 비롯된다. 단일 산업이 지배하는 도시, 특히 대기업이 지역 경제의 주류를 차지하는 도시에서는 지방 관리들이 지역 산업을 보호하기 위해 환경 오염 정보를 감춘다.[33] 예를 들어 오염 수준이 비슷한 두 도시 가운데 여러 개의 소규모 기업이 있는 도시가 하나의 대기업이 지배하는 도시보다 환경 질에 대한 정보를 공개할 가능성이 더 크다. 국가의 환경 기준을 준수하지 않으면 무거운 벌금과 기타 제재를 받게 되지만, 지역 경제가 오염이 심한 공업이나 기업에 의존할 때 지역의 관리들은 이를 외면하는 경우가 많다. 중국—미국 및 다른 국가와 마찬가지로—에서는 환경 기준을 적용하면 적어도 단기적으로는 경제 발전에 악영향을 미친다는 우려가 있고, 지방 관리들은 승진을 위해 경제 성장을 달성해야 하기 때문에 환경 기준 충족과 정부 정보 공개의 준수를 부차적인 문제로 간주하곤 한다. 정부 정보 공개를 적극적으로 준수한다고 해서 승진이 되지는 않지만, 경제 성장 목표에 미달하면 거의 확실하게 승진에 실패한다. 따라서 대부분의 지방 관리는 자신의 이익에 더 유리한 방식을 선택한다.

정부 정보 공개를 준수하지 않는 것은 정책의 실패로 간주될 수 있지만, 반대로 긍정적인 측면도 있다. 정보 공개는 두 가지 방식으로 정치 참여를 장려한다. 첫째, 정부가 정보를 공개하지 않으려는 경우에도 정보를 요청할 수 있는 합법적인 틀을 제공한다. 둘째, 지방 관리들이 정보 요청에 응하지 않을 경우 정치 활동가들이 법원을 통해 지방 관리들에게 이의를 제기할 수 있는 합법적인 경로를 제공한다.[34] 이 두 가지 방법 모두에서, 활동가들은 기존의 공식 제도와 수사rhetoric를 활용하여 정책 목표를 달성하는 방법으로 정보 공개 제도를 사용할 수 있다. 제도 안에서 움직이고 법과 규정에 따라 요구 사항을 구성함으로써 활동가들은 자신을 정치적으로 위협적이지 않은 사람으로 포장할 수 있다. 새로운

정책은 어떻게 만들어질까?

권리나 개혁을 요구하는 것이 아니라 중국 공산당이 부여한 권리를 이용하는 것이기 때문이다.[35] 활동가들은 종종 자신의 요청이 거부될 것이라고 예상하고 정보를 요청하기 때문에 정부가 만약 정보 공개 조항을 준수하지 않는다면 이를 바로 공론화할 준비가 되어 있다.[36]

연구에 따르면 지방 정부가 정보 공개에 응답하는 비율은 50-60퍼센트로, 미국 및 기타 개발도상국과 비슷한 수준이다.[37] 정보 요청 과정에 집단 행동과 같은 암묵적인 위협과 정치적 불안으로 이어질 수 있는 시위 가능성이 포함된 경우에는 응답률이 상승한다. 또한 시민들이 지역 문제에 대한 정부의 개방성을 볼 수 있도록 온라인에 그 내용을 게시할 가능성이 높다. 최근에 시위가 발생한 도시의 관리들이 호응할 가능성이 더 높다. 지방 관리들에게 안정 유지는 필수적인 목표이고, 시위가 발생하면 승진 기회가 날아가기 때문이다. 정보 제공을 거부하는 관리를 상급자에게 신고하겠다는 협박도 호응을 이끌어낼 가능성이 높다. 하향식 감독과 상향식 압력 모두 지방 관리의 응답을 이끌어내는 중요한 원천이다.

정보 요청은 그 지역에 대한 정보를 지방 관리들에게 제공하는 경로이기도 하다. 많은 지방 정부가 시민들이 불만을 제기하고, 도움을 요청하고, 문제에 대한 정보를 요청할 수 있는 "시장 우편함市長信箱" 또는 그와 유사한 제도를 운영한다. 시민의 목소리를 수집하기 위해서는 관리들이 여기에 기꺼이 호응할 의향이 있는 것처럼 보여야 한다.[38] 시민들의 요청을 통해 특정 정책이나 지도 자에 대한 불만, 공공 서비스의 필요성 또는 사회적 갈등 증가에 대한 정보도 확인할 수 있다. 이런 정보를 모으는 이유는 단순히 시위에 대한 두려움 때문만이 아니라 새로운 문제가 발생하여 통제 불능의 상태가 되기 전에 미리 상황을 파악하기 위해서다.

이 모든 것은 정부 정보 공개와 같은 새로운 정치 참여의 기회가 반드시 정권 약화로 이어지지는 않는다는 것을 보여준다. 만약 정보 공개가 공식적인 정책, 특히 지방에서 시행하는 정책을 대중의 선호에 더 가깝게 만들면 역설적으로 정권을 강화할 수 있다.[39] 지방 관리들은 정부 정보 공개가 자신들의 자율성을 훼손한다고 생각할 수 있지만, 이것이 이 정책의 목표였다. 중앙의 정책을 지방에서 실행하고 지방의 관행이 중앙의 약속과 공공의 이익에 더 부합하도록 관리하는 것이 그 목적이었다는 뜻이다.

요컨대 정부 정보 공개는 투명성에 대한 약속이 아니라 주로 지방 관리들에 대한 감독을 강화하기 위한 노력이었다. 그래서 공개 범위가 지방 정부에만 적용된다는 한계도 있다. 적어도 일부 지방 정부에서는 공개에 적극적으로 호응했지만 중앙 정부는 이러한 제한적인 방식에도 불구하고 여전히 국가의 책임을 거부하고 있다.

정책은 어떻게 만들어질까?

대중 의견

2001년 전인대는 일부 법률 초안을 온라인에 게시하여 대중 의견을 수렴하기 시작했고, 2008년에는 공개 범위를 모든 초안으로 확대하겠다고 발표했다.[40] 대부분의 지방인민대표대회도 이를 따랐다. 국무원도 제기된 규정을 웹사이트에 게시하여 대중 의견을 수렴했다. 2014년 중국 공산당은 대중과의 협의를 "통치의 주요 기둥" 중 하나라고 발표했다.[41] 이는 대중노선 개념을 업데이트한 것으로, 수용 가능한 정책을 고안하기 위해 인민에게 정보를 요청하는 것이었다. 시진핑은 인민대표대회 같이 당이 통제하는 기관을 통해 이러한 유형의 협의를 지지했다.

공개적인 의견 수렴에 대한 대중의 반응은 다양했다. 2006년에 통과된 노동계약법에는 19만 건 이상의 온라인 댓글이 달렸고, 노동자들과 함께한 포커스그룹 회의에도 15만 건의 댓글이 달렸다.[42] 2009년에 채택된 의료법에는 3만 건의 의견이 제기되었다.[43] 반면 저작권법이나 농업 혁신같이 덜 뜨거운 이슈에는 수천 건의 의견만 접수되었다.[44] 더 중요한 것은 법률 초안에 의견을 제출한 사람들은 자신의 의견이 변화로 이어질 것이라고 기대하지 않았다는 점이다. 대중노선이 하향식인 상황에서 시민들은 자신의 영향력에 대한 기대치가 낮았지만, 그럼에도 자신의 의견을 알릴 수 있는 새로운 기회를 활용했다.[45]

중국의 대중 의견 수렴을 연구한 자료에 따르면, 대중과의 협의 비율이 높을수록 법과 규정의 최종 버전이 발표될 때 항의가 줄어든다.[46] 초안을 공개함으로써 대중과 주요 이해 당사자는 법 및 규정이 채택되기 전에 의견을 표명할 기회를 갖는다. 의견 수렴이 반드시 채택된 내용에 대한 지지를 이끌어내는 것은 아니지만, 협의 과정 자체는 투명성을 제고해 대중의 반발을 줄일 수 있다.

대중 의견은 무엇을 바꾸었을까? 개인과 이익 집단은 계류 중인 법과 규정에 의견을 제시할 기회를 제공받지만 입법자와 정책 입안자들이 대중의 의견을 고려하는지 여부는 명확하지 않다. 중국 공산당의 투명성에는 한계가 있다. 미국과 달리 대중 의견 수렴 기간에 제출된 의견이 항상 대중에 공개되는 것은 아니기 때문에 외부 관찰자는 의견 수렴 정도를 평가하기 어렵다. 대부분 일부만 공개되고, 그마저도 중국 공산당의 선호에 가장 부합하는 내용일 가능성이 높다. 그러나 법 및 규정의 초안과 최종 버전을 비교하여 어떤 수정이 이루어졌는지 확인할 수는 있다. 예를 들어 전인대는 대중의 의견에 따라 노동계약법 초안을 수정하여 노동 친화적인 법으로 바꾸었다.[47] 그러나 민간 기업으로 구성된 조직들의 지속적인 로비 끝에 노동자의 희생을 감수하는 등 기업에 더 유리한 방향으로 법 개정이 완료되었다.[48] 마찬가지로 중앙 정부는 2012년에 형사소송법에서 범죄 용의자를 기소하지 않은 상태에서 가족이나 변호사와 연락할 수 없는 비밀 시설인 "검은 감옥"에 구금할 수 있게 했던 기존의 내용을 수정했다.[49] 이때는 어떤 종류의 행동과 발언이 불법인지를 결정하는 당의 특권에 대한 것이 아니라 오직 법의 집행 과정에 대한 의견만을 수렴했다.

따라서 대중 의견 수렴이 정책 결정 과정의 진화는 맞지만 변화는 아니다.[50] 중국 공산당은 자신의 권위가 위태롭지 않은 사안에 대해서만 의견을 구한다. 중국 정치 제도는 분절된 권위주의에서 비롯된 정책 교착 상태를 타개하기 위해 외부의 의견을 기꺼이 수용하지만 제도 자체에 대한 도전은 용납하지 않는다. 의견 수렴은 정책 결정 과정을 더욱 협의적으로 만들지만 더욱 민주적으로 만들지는 못하며 또한 그것을 의도하지도 않는다. 대중 의견 수렴은 중국 공산당의 권력 장악을 위협하지 않는 의료와 보건 같은 문제에 대해 더 많은 참여자의 의견을 구하기 위해 고안되었다. 정치적 이해관계는 낮지만 대중의 관심이 높은 문제를 협의하여 정권에 대한 지지를 높이는 효과를 기대하는 것이다.

인민대표대회의 대표성

중국의 인민대표대회는 종종 당과 정부 지도자의 제안을 승인만 하는 "고무도장 기구"라는 조롱을 받는다. 입법부의 정점에 있는 전국인민대표대회는 약 3000명의 대표로 구성되어 있어서 법안을 심의하거나 토론하기에는 규모가 너무 크다. 1년에 한 번, 3월 중에 10-14일간 열리는 회의는 승인을 위해 제출된 수많은 법안을 다 읽기에도 부족한 시간이다. 일단 법안이 표결에 부쳐지면 항상 압도적인 지지로 통과된다. 전국인민대표대회 대표는 대중에게 책임지지 않는다. 그들이 어떻게 투표하는가는 공개되지 않고, 더 중요한 것은 그들이 대중에 의해 직접 선출되지 않았다는 점이다.

풀뿌리 수준에서는 향진, 현, 그리고 도시의 각 구역에서 인민대표대회 선출을 위한 인기투표가 실시된다. 시민은 물론 당과 정부의 관리도 후보를 추천할 수 있다. 시민들은 자신을 대표할 수 있다고 생각하는 사람, 특히 그들이 거주하는 곳에 오랫동안 살아서 지역의 현안과 민심을 잘 알고 있는 지역사회 지도자를 후보로 지명하는 경향이 있다. 이와 반대로, 당과 정부의 관리들은 당의 우선순위에 충성하고 또한 반대하지 않을 것이라고 확신하는 사람을 후보로 추천하는 경향이 있다.[51] 인민대표대회는 풀뿌리 수준에서 시작하며 각 단계에서 한 단계 높은 수준의 인민대표대회를 간접적으로 선출한다. 예를 들어 가장 기층의 인민대표대회가 지/시급 인민대표대회를 선출하고, 지/시급 인민대표대회가 성급 인민대표대회를 선출하고, 성급 인민대표대회가 전국인민대표대회를 선출한다.

모든 수준에서 중국 공산당 지도자에 의해 지배되는 선거위원회가 최종 후보자 명단을 결정한다. 이를 통해 중국 공산당은 당의 정당성에 도전하거나 민주적 개혁을 지지하는 등 그 어떤 이유로든 부적합한 후보자를 걸러낼 수 있다. 선거위원회는 모든 수준의 인민대표대회에서 중국 공산당원이 우세하도록 보장한다. 인민대표대회 대표의 약 70-75퍼센트가 중국 공산당원이다. 개혁을 지향하는 활동가들과 외부 관찰자들은 인민대표대회 대표

들이 대중을 대표하지 않고 오히려 중국 공산당에 예속되어 있다고 비난한다.[52]

이러한 모든 이유—추천된 후보와 선출된 대표에 대한 중국 공산당의 통제, 풀뿌리 수준보다 높은 수준에서의 공적 책임 부재, 드물게 열리는 데다 알맹이는 없는 회의—로 인해 인민대표대회는 더 강력한 정당과 정부 관료 조직에 맞설 수 없다. 다른 의회 및 준의회 제도를 운영하는 국가와 마찬가지로 정책 결정 권한은 행정부에 집중되어 있다. 중국의 행정부는 곧 당과 정부를 말한다.

하지만 새로운 연구들은 이러한 통념에 질문을 던진다. 인민대표대회는 중국 대중에게 가장 중요한 사안을 당과 정부 관리들에게 제공함으로써 중국 정치 제도에서 중요한 역할을 수행한다. 대중노선 개념이라는 이론이 있음에도 불구하고 실제로는 정치 엘리트들이 대중의 진정한 정서를 알 방법이 거의 없다. 당과 정부는 여론조사를 실시한다고 알려졌지만 결과는 공개되지 않고 그 질도 확인할 수 없다. 국가가 통제하는 언론은 기사 외에도 당과 정부 지도자를 위해 내부 보고서를 작성하지만 이 내부 보고서가 얼마나 널리 확산되고 어떻게 활용되는지는 알려져 있지 않다. 대중 의견 수렴 제도는 개인과 집단이 계류 중인 법과 규정에 대해 의견을 제시하고 개정을 제안할 수 있도록 허용하지만, 중국 공산당의 사전 허가 없이 법과 규정을 제안하는 기회는 제공되지 않는다. 따라서 정치 지도자들은 어떤 정책이 인기가 있는지, 시민들이 가장 우려하는 문제가 무엇인지 파악하는 데 한계가 있다. 이러한 공백을 메우기 위해 인민대표대회 대표들은 대중 여론을 상급 관리들에게 제공한다.

이와 동시에 중국의 인민대표대회 대표의 대표성에도 한계가 있다. 첫째, 대중 이익의 대변은 대표를 직접 선출하는 풀뿌리 수준에서나 가능하다.[53] 상급 단계의 인민대표대회로 가면 대중과의 연결이 끊어진다. 상급 인민대표는 자신을 선출한 하급 대표대회에 소속될 필요가 없고, 명목상 자신이 대표하는 지역구, 도시 또는 성에 거주할 필요도 없다. 둘째, 동료 시민의 추천을 받은 인민대표는 대중 여론을 대표할 가능성이 높지만 당과 정부에 의해 지명된 인민대표는 대중의 지지에 의존하지 않기 때문에 여론을 대변할 유인도 적다. 셋째, 연례 회의 기간이 짧기 때문에 대중 여론에 대한 정보는 공식 회의가 아닌 당과 정부 관계자와의 비공식 회의를 통해 연중 내내 제공된다. 실제로 인민대표대회 대표가 된 민간 기업가들은 1년에 한 번 열리는 회의에서 법안, 예산, 후보자 지명 등에 투표할 수 있는 기회보다는 연중 내내 정책 입안자들과 접촉할 수 있다는 점에서 인민대표로서의 가치를 찾는다. 이들은 사업상 이득을 얻을 수 있고, 또한 뇌물을 요구하거나 임의로 세금과 수수료를 부과할 수 있는 지방 관리들로부터 보호받을 수 있다.[54] 연례적으로 개최되는 공식적인 인민대표대회 회의들 사이에 일어나는 일이야말로 가장 중요하다.

마지막으로 인민대표대회 대표가 반드시 자신을 선출한 인

정책은 어떻게 만들어질까?

민을 대표하지는 않는다. 인민대표대회 대표 선거에 출마한 후보자는 자신의 정책 선호도를 내세워 선거운동을 하지 않고, 혹여 중국 공산당에 반하는 정책적 견해를 가진 후보자는 대부분 당이 주도하는 선거관리위원회에서 걸러진다. 대신 후보자들은 학력, 직업, 무엇보다도 지역사회와의 유대 관계 등 자신의 개인 경력을 강조한다. 대부분의 중국인은 이러한 인민대표대회 선거에 투표하지 않으며, 또한 대부분 자신을 대표하는 사람이 누구인지 알지도 못한다. 그럼에도 불구하고 인민대표는 도로 공사가 필요한 곳, 쓰레기가 쌓이는 곳, 범죄가 증가하는 곳, 관리들의 관심을 끌지 못하는 기타 지역 문제 같은 당과 정부의 관리들에게 유용한 정보를 제공할 수 있다.

비공식적인 정보 공유의 결과는 특정 공공재—도로 건설 및 수리, 교육, 보건, 환경 보호—에 대한 지출을 증가시킴으로써 정책 운영에 영향을 미치지만 정책 자체에는 영향을 미치는 못한다. 다시 말하면, 여론은 정책의 실행에만 영향을 미칠 뿐 정책의 채택에는 영향을 미치지 못한다. 시민들이 추천하고 대중적으로 선출된 대표들은 지역사회에 "돼지고기"를 제공하지만 중국 공산당의 정책 우선순위에는 도전하지 않는다.[55]

대중에 대해 책임을 지지 않는 지방 관리들이 왜 이런 종류의 정보에는 호응할까? 중국의 간부 평가 제도가 한 가지 유인을 제공한다. 관리들은 경제를 성장시키고 더 많은 세수를 창출하는 것 외에도 정치적 안정을 유지해야 한다. 시위가 발발하면 그때까지 이룬 모든 성과가 사라지고 심지어 해임당할 수 있기에 정치적 안정은 반드시 달성해야 하는 목표다. 따라서 대중의 불만에 대한 정보를 확보하면 대중 시위로 번지기 전에 문제를 미리 해결할 수 있다. 또한 지역의 공공재 지출 확대는 지방 관리들에 대한 지원을 강화한다.[56] 이때 인민대표대회 대표들이 제공한 정보가 지방 관리들에게 추가 지출이 필요한 곳을 알려준다.

정치 제도의 더 높은 단위에서는 대표성의 논리도 달라진다. 당과 정부 지도자들은 대중과 더욱 분리되어 있으며 다양한 문제에 대한 신뢰할 수 있는 정보가 부족하다. 그들은 민감한 사안에 대한 여론을 꺼리지만 대신 인민대표대회 대표들이 비정치적인 사안에 발의안과 의견을 제시하는 것은 허용하고 심지어 장려한다. 전국인민대표대회 대표는 여론을 상급 기관의 정책에 반영하기 위한 대중노선을 가장 잘 활용하는 방법을 포함하여 자신의 역할을 수행하는 방법을 배운다.

전국인민대표대회 대표는 "유권자"를 대표하는 것이 아니라 광범위하게 정의된 공공의 이익에 부합하는 발의안과 제안을 제시한다. 대중에 의해 선출되지 않았고 자신이 대표하는 지역구나 지방에 반드시 거주하는 것도 아니기 때문에 대중도 그들을 대표로 여기지 않는다. 매년 수천 건의 발의안과 제안서가 제출되지만 법제화되거나 정책으로 채택되는 경우는 거의 없다. 모든 발의안과 제안이 공개적으로 발표되는 것은 아니고, 심지어 자세히 보고되는 수는 더욱 적다. 투명성이 부족하기 때문에 자세한 분석

정책은 어떻게 만들어질까?

은 불가능하지만 공개된 내용을 바탕으로 수행한 연구에 의하면 전국인민대표대회 대표들이 강조하는 문제는 일반적으로 그들이 "대표"하는 지역의 여론과 일치한다.[57]

　중국의 정치 제도는 위기를 예방하기보다는 위기에 대응하는 경우가 더 많다. 그 결과 전국인민대표대회 대표들은 주요 사건이 뉴스—2013년의 "대기 재앙", 2008년과 2013년의 쓰촨 대지진, 식품 안전에 대한 공포, 대형 교통사고—에 등장할 때 중국 공산당의 정통성에 도전하지 않는다는 전제로 더 많은 의견과 발의안을 제안한다. 정치적으로 민감한 사안—관리들의 부패 및 부정행위, 관리 및 그 가족의 직권 남용, 티베트와 신장의 불안한 정세—일 때는 전국인민대표대회 대표의 발의안과 제안이 줄어든다. 놀라울 것도 없이, 당연히 개혁 성향이 강한 인민 대표들의 제안은 기각되거나 무시되는 경우가 많다.[58]

　유권자에게 책임지지 않는 전국인민대표대회 대표들은 왜 여론을 전달할까? 한편으로는 그들의 공공 정신이 동기가 될 수 있다. 그러나 물질적 이해관계와도 관련이 있다. 제안을 많이 할수록 재임명될 가능성이 높아지기 때문이다. 이는 2장에서 설명한 임명 및 승진에 대한 능력주의적 접근 방식과 일치한다. 즉 인민대표들은 바람직한 행동에 대한 보상을 받는다. 전국인민대표대회 상무위원회(2개월마다 소집)와 연중 상시로 회의가 열리는 특별위원회로 승진한 사람들은 평균보다 많은 수의 안건을 제출했다.[59]

요컨대 풀뿌리 수준부터 국가 층위까지 인민대표대회 대표는 의사 결정에 직접 참여하지 않더라도 정책 실행에 영향을 미칠 수 있다. 공식 회의에서의 발의안과 제안, 비공식 회의에서의 정보 공유는 민주적 개혁을 요구하지는 않지만 도로와 학교, 환경 보호, 규제 변경 등을 위한 예산 증액으로 이어질 수 있다. 이러한 변화는 국가를 더 민주적으로 만들지는 않지만 일상적인 문제를 해결하여 정권에 대한 대중 지지를 강화한다.

협상민주

선거가 없는 상황에서 중앙 및 지방 정부의 관리들은 대중이 정부의 업무에 만족하고 있는지 알 방법이 없다. 또한 정책적 우선순위가 대중의 선호도와 일치하는지 확신할 수도 없다. 바로 이 지점에서 대중노선이 등장한다. 이 문제에 대한 한 가지 해결책이 지도자가 공동체 구성원들과 정책 우선순위와 예산 우선순위를 논의하는 "협상민주協商民主"(숙의 민주주의의 중국식 표현이다_옮긴이)다. 이는 대중의 정책 선호도를 파악하기 위한 경쟁 선거의 대안으로 각광받고 있다.[60]

2000년대의 첫 10년간 협상민주를 실험한 일부 지역 중에서 가장 대표적인 곳이 저장성의 연해 도시 원링(원링에서는 이 시도를 민주간담民主懇談이라고 부른다_옮긴이)이다. 실험은 지역 당 지도자들의 후원을 받았고, 종종 대중의 정치 참여 확대를 홍보하는 학자들과 협력하여 진행되었다. 원링의 한 농촌에서 당과 정부 지도자들이 무작위로 선정된 지역 주민들과 회의를 열었다. 며칠에 걸쳐 농촌의 녹지 공간을 늘려야 하는지, 하수도를 보수해야 하는지, 도로와 학교 모두 수리가 필요한데 어디를 먼저 할지 등 다양한 사업을 논의했다. 결국 이들은 30개의 초기 목록에서 12개의 우선 사업을 선정했다. 이 12개 사업은 지역의 인민대표대회에 전달되었고, 인민대표대회는 이를 승인했다. 인근 농촌에서는 한 단계 더 나아가 각각의 우선순위 사업의 예산을 논의하는 심의가 진행되었다. 그런 다음 정부는 협상 당사자 그룹과 인민대표대회 대표들의 의견을 바탕으로 수정된 예산안을 제출했다.

이처럼 분명한 성공에도 불구하고 원링의 협상민주 실험은 다른 지역으로 확산되지 못했다. 중국 전역의 지방 관리들이 원했던 경제특구 사례와 달리 정치 개혁 실험은 다른 지역으로 확산된 경우가 거의 없다.[61] 지방 관리들은 일반적으로 경제 성장과 안정 유지에 너무 몰두한 나머지 정치 개혁에 신경 쓸 겨를이 없다. 협상민주가 도입된 곳에서도 지방 관리들이 과정을 통제하려고 노력했다. 원링에서는 주민들이 무작위로 선정되어 참여했지만, 다른 지역의 관리들은 무작위로 선정된 사람들이 대표성을 가질 수 있을지에 대해 회의적이었다. 그래서 절반은 무작위로 선정하고 나머지 절반은 기존의 지방 관리와 이미 선출된 인민대표대회 대표 중에서 선정하는 혼합 방식을 채택했다.[62] 많은 지역사회에서는 아예 무작위 선발을 배제하고 지역 엘리트를 회의에 초대했다.

지역 엘리트들은 지역 당 및 정부 관리와 밀접하게 연결되어 있고 다수가 중국 공산당원이라 사회 전반을 대표하기 어려웠다. 많은 시민들은 지역 엘리트와 당과 정부 관리들만 참여하는 협상민주라는 것이 있다는 사실조차 모르고 있었다.[63]

지방 관리들의 입장에서 볼 때 협상민주는 몇 가지 이점을 제공한다. 첫째, 민심에 대한 '진짜' 정보를 얻을 수 있다. 원링에서 열린 회의에서 지방 관리들은 자신들이 대중의 의사를 오해하고 있었다는 사실을 깨달았다. 예를 들어, 관리들은 나무와 꽃으로 공공장소를 아름답게 꾸미자고 했지만 지역 주민들은 하수 처리에 우선순위를 부여했다. 둘째, 의제를 통제할 수 있다. 대부분의 경우 그들은 회의에 참석할 사람을 결정하고 논의할 문제도 미리 정했다. 정치적 권리, 재산권, 재정 정책, 공업 오염, 공직자 부패 등 정권의 정통성을 위태롭게 하는 문제가 아닌 개발과 지출에 관한 상대적으로 덜 민감한 문제에 초점을 맞췄다. 셋째, 협상민주가 제대로 시행되면 지방 관리들이 시행한 정책이 대중의 선호에 부합할 경우 정권의 정당성이 강화되고 사회적 불만이 감소했다. 요컨대 협상민주를 통해 지방 관리들은 책임을 지지 않고도 호응하는 것처럼 보일 수 있다.

그러나 협상민주는 비용 문제로 인해 확산되지 못했다. 참여자들에게 선택에 필요한 정보를 제공하려면 방대한 설명 자료가 필요했다. 또한 회의에 참여하려면 며칠 동안 직장을 결근해야 했다. 지방 관리 입장에서는 자신의 대표적 사업이 지역사회에서 거

147

부당하면 곤란에 처한다. 나아가 정책 실행에 대한 일부 통제권을 사회에 양도해야 하는데, 대부분의 중국 관리는 자신의 결정에 대한 공개적인 문제 제기에 익숙하지 않다.

시진핑 시대에는 다양한 정치 개혁이 후퇴했다. 중국 공산당원들이 당 관료 조직의 주요 직책을 맡을 후보를 두고 토론하는 (경우에 따라 투표하는) "당내민주"가 후진타오 시대에 추진되었지만 시진핑 체제에서는 당의 사전에서 완전히 삭제되었다. 후진타오 시절에 실험한 향진급 관리의 선거도 시진핑이 총서기에 취임한 2012년에 폐기되었다. 그러나 중국 공산당은 협의의 외피를 제공하되 이를 당의 통제하에 두는 협상민주, 또는 그들이 즐겨 부르는 "사회주의 협상민주"에 대한 지원은 오히려 확대했다. 당 중앙위원회는 2013년에 이 관행을 공식적으로 승인하고, 중국 공산당은 2015년에 "사회주의 협상민주 건설에 관한 의견关于加强社会主义协商民主建设的意见"이라는 문건을 발표했다. 당 차원의 지지에도 불구하고 지방 관리들은 시류에 편승하지 않았다.[64] 협상민주를 시행하는 지역은 2005년부터 2010년까지 증가했지만, 그 이후 정체되어 지금은 보합세를 유지하고 있다.[65] 중국 공산당의 지도도 지방 관리들이 협상민주를 채택하도록 설득하지 못했다. 따라서 협상민주는 몇 가지 장점에도 불구하고 중국 전역에 보급되기는 어려워 보인다.

기층의 책임

지방 관리가 자신이 관할하는 주민들에게 직접 책임을 지는 한 가지 주목할 만한 방법이 있다. 중국 농촌에 대한 연구에 의하면 단일 씨족으로 구성된 농촌이나 모든 주민이 소속된 사원(종교 사원을 말함_옮긴이) 협회가 있는 곳은 다른 농촌에 비해 더 잘 통치되는 경향이 있다. 이러한 농촌은 포장된 도로와 잘 수리된 학교, 수돗물이 나오는 집, 기타 유형의 공공재를 보유할 가능성이 더 높은데, 그 이유는 두 가지다.[66] 첫째, 씨족과 사원 협회는 동료 농촌 주민들을 동원하여 지역에 도움이 되는 사업에 돈과 노동력을 투입할 수 있다. 이러한 단체가 없는 농촌은 집단 행동이 필요한 공동의 재화를 생산하지 못한다. 둘째, 이러한 집단은 농촌 관리들의 책임감을 불러일으킬 수 있다. 그들도 이 집단에 소속되어 있기 때문에 공무 수행을 회피하거나 부정부패에 연루되면 자신과 가족의 체면이 손상될 수 있다. 따라서 그들은 더 나은 서비스를 제공해야 한다. 이러한 집단이 없는 농촌에서는 주민들이 관리들에게 책임을 물을 만큼 결속력이 강하지 않기에 관리들도 책임을 질 가능성이 적다.

그러나 이러한 유형의 책임은 일부 지역에서만 나타날 뿐 향/진이나 도시로 확장되어 중국 정치 제도 전체를 더욱 책임감 있게 만들지는 못했다. 2장에서 언급했듯이 수억 명의 인구가 농촌에서 도시로 이주하면서 농촌에는 극소수의 젊은이와 노인들

정책은 어떻게 만들어질까?

만 남고, 향과 진 정부가 촌으로부터 재정적 책임을 빼앗아서 공공 예산 사용에 대한 촌 지도자들의 재량권이 감소했다. 따라서 20세기까지만 해도 이러한 유형의 책임이 효과적으로 작동하던 촌에서조차 21세기에는 그 효과가 사라졌다.[67] 대부분이 당원인 지방 관리들이 자신의 사회적 연결망에 책임을 진다는 것이 당 전체가 사회에 대해 책임을 진다는 의미는 결코 아니다. 실제로 중국 공산당은 지방의 지도자들이 자신의 상급 관리와 중국 공산당에 책임을 다하는 것보다 자신의 지역 주민에 책임을 지는 것을 더욱 경계하고 있다.

...

정책 결정이 중국 공산당의 통제하에 있다는 것은 의심의 여지가 없지만, 중국 공산당은 하나의 통일된 조직이 아니다. 중국의 정책 결정 과정에는 엄청난 규모의 협상, 정치, 로비가 존재한다. 분절된 정치적 권위주의는 수많은 이해관계와 정책 선호도가 하향식 의사 결정 모델에 관여하고 있음을 보여준다. 중국 공산당의 정당성과 생존을 위협하지 않는 한 당은 정책 우선순위의 큰 틀을 설정한 후 법, 규정 및 시행의 구체적인 사항은 중앙 정부 부처, 지방 정부, 지방 및 중앙 차원의 인민대표대회 등 다른 국가 행위자에게 맡긴다.

중국의 분절된 권위주의의 또 다른 결과는 정책 입안자와 관리들이 이용할 수 있는 정보가 불완전하다는 것이다. 대중노선 개념은 당과 대중 사이에 꾸준한 정보 흐름을 만들어 당이 대중의 선호도를 받아들이고 현지의 상황에 맞춰 정책을 조정할 수 있게 설계되었다. 그러나 대중노선은 아래로부터의 반응을 확인할 기회 없이—당에서 대중으로—한 방향으로만 작동한다. 또한 대중노선은 정부 정보 공개에 관해 법 및 규정 초안 의견 수렴, 대중의 이익을 대신하여 발의안을 제안하는 인민대표대회 대표, 협상 민주 같은 방식으로 당이 대중과 협의하려는 노력의 근거가 된다. 이러한 정치 개혁은 정치 체제를 민주주의로 대체하기 위한 것이 아니며 그렇게 하려는 의도도 없다. 개혁은 통치의 질을 개선하고 이를 통해 중국 공산당에 대한 대중의 지지를 높이는 도구다.

시진핑 체제에서 중국 공산당은 분절된 중국 정치 제도의 특성을 통합하려고 시도하고 있다. 더 많은 권력이 중국 공산당 최고위층에 집중되고 있고, 가장 중요한 권력은 시진핑의 수중에 있다. 국가와 사회 전반에서 당의 중심적 역할이 극적이고 또한 미묘한 방식으로 재확인되고 있다. 이는 중국 공산당과 시진핑 개인의 영도력에 대한 잠재적 위협을 미연에 방지할 수 있게 해주지만, 마오쩌둥 이후의 개혁 시대를 특징지어온 정책 혁신에 지방 관리들이 참여하기를 꺼리게 만든다. 혁신에 대한 강력한 유인책이 없다면 정치적 안정과 충성심에 대한 단기적 보상이 중앙집권적 권력이 초래하는 장기적 침체보다 더 중요해진다.

21세기 중국의 정책 결정 과정은 중국 공산당이 지배하지만 독점하지는 않는다. 사회적 행위자들—활동가, 전문가, 그리고 NGO—도 정책 결정과 실행에 영향을 미친다. 이들의 역할과 중국 공산당이 이들에게 가하는 제약에 대해서는 다음 장에서 더 자세히 살펴볼 것이다.

4장

중국에도
시민사회가
있을까?

중국 공산당은 시민사회에 대해 부정적인 시각을 가지고 있다. 시민사회 단체가 권위주의 정부를 무너뜨리는 데 어떻게 기여했는지—특히 폴란드의 자유노조Solidarity와 체코슬로바키아의 77헌장이 동유럽 공산주의 정권에 어떻게 도전했는지—를 잘 알기에 시민사회의 잠재적 위협을 억제하거나 미연에 방지하기로 결심했다. 예를 들어 저명한 사회운동가와 권리수호維權 변호사(인권, 노동권 등을 변호하는 중국의 변호사들을 말함_옮긴이)가 모여 만든 신공민운동이라는 단체의 운명을 생각해보자. 이 단체의 목표는 정치 제도의 투명성을 높이고 궁극적으로 중국을 입헌 정부로 전환하는 일에 대중의 지지를 이끌어내는 것이었다. 2013년 관리들의 월급 공개를 요구한 직후 중국 공산당은 이 단체의 회원들을 체포하기 시작했다. 창립자 중 한 명인 쉬즈융은 2013년 7월 가택 연금을 당한 뒤 정식으로 체포되어 "군중을 모아 공공 질서를 어지럽힌 혐의聚众扰乱公共场所秩序"(정치 활동가에게 흔히 적용되는 혐의)로 징역 4년형을 받았다.[1] 이 단체의 다른 회원들도 비슷한 시기에 투옥되었다.[2] 신공민운동은 평화적인 방법을 추구했지만 중국 공산당은 이를 당 정권 전복 시도로 보았다.

이를 고립된 개별 사례로만 볼 수 없다. 시진핑이 당 지도자가 된 이후 중국 공산당은 시민사회를 억압하지는 않더라도 더 통제하기 위한 다양한 조치들을 취했다. 2013년에는 입헌 민주주의와 시민사회를 포함하여 학교에서 가르치거나 언론에서 논의해서는 안 되는 "적대적인" 서구 가치 일곱 개를 선정한 비밀 내부 문건(이후 '9호 문건'으로 알려짐)을 배포했다.[3] 2015년에는 중국에서 활동하는 외국 NGO가 중국 내 후원 기관을 찾고 공안국에 등록하는 법을 통과시켰다. 이는 중국 공산당이 이들을 복지, 환경, 자선의 옹호자가 아니라 안보에 위협이 되는 존재로 간주하고 있다는 것을 의미한다. 중국 공산당은 중국 내 NGO가 외국의 지원을 받는 것을 단념시키기 위해 자금 출처를 정부에 연례 보고하라고 요구했다. 또한 모든 NGO에 당 지부를 만들어 중국 시민사회 전반에 걸쳐 당의 눈과 귀 역할을 하도록 명령했다. 그해 말에는 노동자의 권리와 종교의 자유를 포함한 인권 문제에 관여한 300여 명의 변호사와 관련 종사자를 체포했다. 이러한 모든 조치는 불확실성을 야기했다. 이상의 조치는 시민사회에 대한 전면적인 공격의 시작일까, 아니면 단지 급격히 증가하는 국내외 NGO에 대한 통제력을 확보하려는 시도일까?

이 질문에 답하려면 중국 공산당이 시민사회를 일률적으로 억압하지는 않는다는 점을 먼저 알아야 한다. 공식 제도와 비공식 관행 모두에서 시민사회에 대한 호응은 관련 단체의 유형, 국내의 지역, 정치 환경이 상대적으로 개방적인지(장쩌민 체제에서는 어느 정도 개방적이었고 후진타오 체제에서는 더 개방적이었음) 아니면 폐쇄적인지(시진핑 체제에서 더욱 폐쇄적임)에 따라 달라진다. 시민사회에 대한 당의 개입 방식은 지역과 주제에 따라 엄청난 차이가 있다. 중국 시민사회의 진화는 중국 공산당이 책임을 지지 않고 어떻게 호응하는지를 보여주는 좋은 예다. 개인과 조직이 (오염, 불평등, 의료 비용과 공정성, 교육, 그리고 기타 사회복지 문제) 여러 가지 문제에 대한 주의를 환기시키고 개인이 이러한 문제를 개선하기 위해 조직을 결성하면 중국 공산당은 종종 이들과 협력할 의향을 내비친다. 그러나 매우 선별적으로 협력하는데, 일부 의제에 대해서는 그렇지만 다른 의제에 대해서는 그렇지 않고, 일부 조직에 대해서는 그렇지만 다른 조직에 대해서는 그렇지 않다. 또한 여론에는 기꺼이 호응하려고 하지만 대중에게 공식적으로 책임을 지는 것은 거부한다.

지금부터 중국 내 시민사회 단체의 변화와 시민사회에 대한 중국 공산당의 호응이 시간이 지남에 따라 중국 내의 여러 지역에서 어떻게 달라졌는지 살펴보자.

중국에도 시민사회가 있을까?

이 질문에 답하기 위해서는 먼저 시민사회가 무엇인지 정의할 필요가 있다. 정의는 다양하지만, 대부분의 경우 시민사회는 국가가 아닌 사회의 개인과 집단에 의해 구성되고, 국가로부터 대체로 자율적이며(종종 국가와 광범위하게 상호작용하지만), 가입이 자발적인(태생적으로 가입된 것이 아니며 또한 정부나 기타 감독 기관의 지시에 따라 가입할 필요가 없는) 조직으로 구성된다는 점을 강조한다.[4] 다른 말로 하면, 시민사회는 국가로부터 독립된 자발적이고 자치적인 단체들의 연결망이다. 정의 자체만으로는 조직이 무엇을 하는지, 사회에 어떤 영향을 미치는지 설명하지 못한다. 정의는 이러한 조직이 어떻게 설립되고 운영되는지에만 초점을 맞추고 있다. 시민사회의 조직들은 정치적으로 활발할 뿐 아니라 전문직 종사자 단체, 자선 단체, 교육, 의료 및 다양한 사회 서비스를 전담하는 단체, 심지어 스포츠 리그 및 기타 형태의 취미 단체도 포함한다. "NGO"라는 간결한 표현이 모든 시민사회 단체를 부를 때 사용된다.

우리는 왜 중국에 시민사회가 존재하는지 여부에 관심을 가져야 할까? 왜냐하면 이는 단순한 정의에 대한 학문적 논쟁이 아니라 정치적 변화의 가능성과 연결되기 때문이다. 권위주의 정권은 시민사회를 민주화의 주요 동인으로 여긴다. 시민사회는 국가에 도전하고 민주화를 촉진한다. 예를 들어, 동유럽에서는 시민사회 단체가 공산주의 정부를 무너뜨리는 데 도움을 주었다. 동유럽과 구소련 지역의 탈공산주의 국가들에서는 시민사회 단체가 대중을 동원하여 권위주의 통치에 반대하는 시위에 지속적으로 참여했다. 이러한 시위를 조지아의 장미혁명, 우크라이나의 오렌지혁명처럼 시위를 상징하는 색을 따서 "색깔혁명"이라고 불렀다. 2011년 아랍의 봄을 촉발한 튀니지의 재스민혁명과 이집트의 연꽃혁명도 색깔혁명에 포함된다.[5] 이러한 시위는 일반적으로 무장 단체 간의 내전으로 인한 정권 교체에서 발생하는 혼란과 폭력을 피한 평화적인 방식이었다. 따라서 시민사회를 옹호하는 사람들에게 강력한 시민사회의 존재는 민주주의로의 평화로운 이행을 약속한다.

동시에 시민사회가 더 나은 협치, 정치적 신뢰, 궁극적으로는 정치적 안정을 촉진함으로써 민주주의를 안정시킨다고 여겨지기도 한다. 그렇다면 동일한 요소―시민사회의 존재―가 어떻게 한 유형의 정권은 약화시키고 다른 유형의 정권은 강화시킬 수 있을까? 이를 알기 위해서는 시민사회의 다양한 차원을 구분하여 관찰해야 한다. 국가가 통일된 단일 행위자가 아닌 것처럼 시민사회도 다양한 유형의 조직으로 구성될 수 있다. 그 안에 국가에 도전하고 정치적 변화를 옹호하는 조직, 국가와 협력하려는 조직, 조용히 있기를 원하는 조직이 다양하게 분포한다.

시민사회의 영역을 구분하는 문제가 새롭게 제기된 것은 아니다. 중국 학술 연구의 장에서 연구자들은 시민사회를 정권에 비판적이고 정치적 의제를 추구하는 그룹과 경제, 사회, 문화적 이슈와 관련된 활동을 선호하면서 현 정권에 비판적이지 않은 그룹으로 구분했다.[6] 더 일반적인 정치학 연구에서는 통치의 질을 개선하고 정치적 안정을 도모하는 비정치적 NGO로 구성된 시민사회 I(또는 CS I)과 정권에 반대하고 민주주의를 지향하며 정치적 변화를 추구하는 정치 조직으로 구성된 시민사회 II(또는 CS II)로 구분한다.[7] 이 밖에도 다양한 명칭—예를 들어 경제사회적 시민사회와 정치적 시민사회 등—으로 구분하지만 본질적으로 동일한 기준에 근거한다. 중국에 시민사회가 있는지 여부가 논쟁적인 이유는 주로 한 가지 유형에만 초점을 맞추고 다른 유형은 배제했기 때문이다.

현재 중국의 시민사회 I—경제, 사회, 문화 분야의 비판적이지 않은 개인과 단체로 구성된 조직—은 규모가 크고 계속 성장 중이다. 중국에는 약 80만 개의 NGO가 등록되어 있고, 등록되지 않았지만 활동 중인 단체는 150만 개 이상으로 추정된다.[8] 이 숫자는 중국에 강력한 시민사회가 있는 것처럼 보이게 한다. 그러나 많은 관찰자들은 이러한 조직이 국가로부터 완전히 자율적이지 않고 정치적 반대와 항의에 참여하지 않기 때문에 중국에는 시민사회가 존재하지 않는다고 말한다. 중국 내 NGO의 대부분은 민주화나 정권 교체를 위해 설립된 단체가 아니다. 이들은 빈곤 퇴치와 직업 훈련, 주택 소유자의 권리나 공동의 이익 보호, 스포츠 및 취미 활동과 같은 실질적인 사회적 수요를 충족시키는 활

중국에도 시민사회가 있을까?

동을 하고 있다. 이들은 국가에 도전하거나 반대하기보다는 운영에 필요한 정치적, 물질적 지원을 받기 위해 국가와 협력하려고 노력한다.

시민사회와 국가의 협력이 중국 시민사회만의 특징은 아니다. 미국 NGO도 연방, 주, 지방 정부에 보조금과 계약을 신청한다. 유럽과 북미 및 남미의 민주주의 국가에서는 정부가 시민사회 재정의 약 40퍼센트를 지원한다.[9]

시민사회 II는 정권에 비판적인 정치 활동가 및 단체로 구성된다. 이러한 활동가들은 위에서 언급한 시민운동과 마찬가지로 국가의 탄압을 받는다. 중국에서는 이들의 영역이 너무 작아서 거

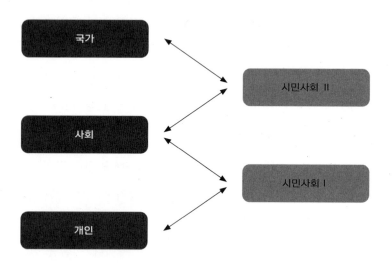

그림 4.1 시민사회 I과 II의 활동 범위

의 보이지 않는다. 중국 공산당은 이들이 "색깔혁명"을 일으켜 권력을 위협할 가능성을 항상 경계한다. 과거에 러시아 대통령 블라디미르 푸틴은 자신 못지않은 권위자가 된 중국 국가주석 후진타오에게 NGO를 통제하지 않으면 중국 공산당이 색깔혁명의 희생양이 될 수 있다고 경고한 것으로 알려졌다.[10] 중국 공산당 지도자들에게 이 메시지는 낯설지 않았고, 그들은 색깔혁명과 그로 인해 유입될 외국의 지원을 차단하기로 결심했다. 하지만 그 방식은 시기와 지역에 따라 달랐다.

중국의 시민사회를 하나의 전체로 분류하기보다는 중국 공산당과 다양한 관계를 맺고 있는 여러 가지 시민사회가 있다고 보아야 한다. 중국 공산당이 실제로 그렇게 하기 때문이다. 중국 공산당이 그들을 유익한 단체로 보느냐 위협적인 단체로 보느냐에 따라 협력할지 탄압할지가 정해진다. 동시에 CS I과 CS II는 이념형적 구분이지 경직된 분류가 아니라는 점도 명심해야 한다. CS I과 CS II의 경계선은 시간이 지난다고 해서 명확하게 정의되지도 않고 안정되지도 않는다. 과거에 운영이 허용되었던 CS I은 시진핑 체제에서 폐쇄되었다. 그러나 CS I과 CS II를 구분하는 것은 중국 시민사회에 대한 중국 공산당의 전략과 그 전략의 변천을 밝히는 데 도움이 된다.

중국에도 시민사회가 있을까?

시민사회에 대한 중국 공산당의 접근 방식 변화

당의 시민사회 정책은 1990년대의 장쩌민 시기에 이들을 제한하려고 했던 시도, 2000년대 후진타오의 장려, 그리고 현재 시진핑의 통제로 계속 변화했다.

중국 공산당은 정치 조직에 대한 독점적 지위와 상충하는 자율성을 추구하는 모든 단체를 경계한다. 1989년 톈안먼광장에서 시위대의 주요 목표 중 하나는 자율적인 학생 및 노동자 조직을 인정받는 것이었다. 중국 공산당의 강경파들은 이를 권력에 대한 위협으로 간주하고 타협을 거부했으며 결국 계엄령을 선포하고 평화 시위를 폭력적으로 종식시켰다. 1989년부터 시작된 동유럽 공산주의 정부의 붕괴는 중국 공산당에게 시민사회가 공산주의 통치에 얼마나 위험한지 보여주는 또 다른 증거를 제공했다. 중국 공산당은 그들과 같은 운명을 피하기로 결심했다.

시민사회를 제한하려는 중국 공산당의 시도는 CS I과 CS II를 구분하지 않은 NGO 등록 요건에서 찾아볼 수 있다. 1989년 톈안먼 시위 이후 민정부(국무원에 속한 사회·행정 담당 부서_옮긴이)는 1989년 10월에 "사회 단체 등록 및 관리 조례社会团体登记管理条例"를 발표했다. 이 규정은 톈안먼 시위에 참여했던 자치 단체들의 공식 등록을 막기 위해 제정되었으며, 당이 감독할 수 있는 단체를 매우 제한적으로만 승인하는 코포라티즘corporatism(또는 조합주의적_옮긴이) 논리를 따랐다.[11] 유사한 단체 간의 경쟁을 제한하기 위해 각 분야에 하나의 단체만 존재할 수 있게 했다. 예를 들어,

지역 축구팀에 두 개의 팬클럽이 있다면 하나를 강제 해산하거나 둘을 강제 합병했다. NGO는 지역 지부를 만들거나, 다른 지역의 유사한 단체와 수평적으로 제휴하거나, 전국적인 수직적 조직을 형성할 수 없었다. 이러한 조치로 인해 NGO는 사업을 확장할 수 없고 다른 단체와 협력하여 효율성을 도모할 수도 없었다.

또한 NGO는 후원자 역할을 할 공공 기관을 찾아야 했다. 대학, 대중 조직 또는 정부 기관 등이 후원자 역할을 맡았다. 후원자를 찾지 못하면—더 구체적으로 말해서, 중국 공산당에 위협이 되지 않고 후원자에게 정치적 문제를 일으키지 않을 것이라는 확신을 주지 못하면—등록할 수 없었다. 마지막으로, NGO는 민정부 또는 산하 지방 정부의 민정 당국에 등록하고 연례 보고서를 제출해야 했다. 이렇게 하는 이유는 NGO의 수를 소규모로 유지하고, 정책 변화를 옹호하는 집단의 역량과 당과 정부 관리들에 대한 도전을 약화시키기 위해서였다.

중국 공산당의 코포라티즘적 전략은 효과가 없음이 이내 드러났다. 한 도시에 동일한 문제를 다루는 기업가 협회, 환경 단체, 이주 노동자 지원 단체들이 너무 많아졌고(대부분이 미등록 단체), 민정부와 산하의 지방 민정 당국은 늘어나는 NGO를 감독할 인력을 갖추지 못했다. 지방 수준에서 관리들은 NGO가 정책 문제 해결의 유용한 협력자가 될 수 있다는 사실을 알게 되었다. 1990년대부터 중국 공산당은 고등 교육, 의료, 빈곤 퇴치 및 기타 공공재에 더 많은 노력을 기울이는 야심 찬 사회 정책 의제를 채택하기

중국에도 시민사회가 있을까?

시작했다. 그러나 이러한 것들은 예산이 지원되지 않는 의무 사항이었다. 베이징은 공약을 발표했을 뿐, 이를 이행하는 것은 지방 정부의 몫이었다. 인력과 예산이 부족한 지방에서 지도자들은 풀뿌리 NGO에 의존하게 되었다. 이들 단체의 설립자는 학자, 과학자, 전직 관리 등 해당 분야의 전문가인 경우가 많았다. 그들의 지식, 정치적 경험, 개인적 인맥은 NGO를 효과적으로 운영하는 귀중한 자원이었다. NGO 직원들은 지방 관리의 제한된 능력을 보완했다. 예를 들어 훈련과 자원이 부족한 지방 관리들과 비교할 때, 사회 사업 경험이 있는 NGO 직원들은 추진 중인 사업을 감독 및 평가하고, 수요를 파악하고 결과를 측정하는 데 더 능숙했다.[12] 시간이 지남에 따라 지방 지도자들은 CS I의 NGO가 오히려 통치 자산이 될 수 있음을 알게 되었다.[13]

이러한 변화의 결과로 중국 공산당은 후진타오가 중국 공산당 총서기였던 2000년대부터 시민사회 단체를 선별하여 그들과 협력하기 시작했다.[14] 또한 NGO 등록 규정을 간소화했다. 가장 중요하게는 후원 기관을 찾아야 한다는 요구 사항을 없앴다. 새로운 규정은 지역 민정 당국의 절차를 간소화했다.[15] 그 결과 후진타오의 임기 말에는 공식적으로 등록된 NGO의 수가 50만 개를 넘어섰고, 등록되지 않았지만 활동 중인 NGO는 약 100만-150만 개로 추산될 정도로 폭발적으로 증가했다.

이 기간 동안 중국 공산당은 시민사회에 대해 새로운 접근 방식을 채택했다. 즉 NGO에 정부의 업무를 보완하는 역할을 맡

겼다. 지방 정부는 공공재와 사회 서비스를 제공하기 위해 NGO
와 계약을 체결하고 이를 통해 자신의 부담을 줄이고자 했다. 중
국 공산당은 서비스 제공에 관여하는 NGO는 장려했지만, 정책 변
화를 주장하거나 사회권 및 기타 민감한 문제에 관여하는 NGO는
계속 탄압했다.

   새로운 접근법은 광둥성에서 매우 두드러졌다. 광둥은 홍콩
과 인접한 중국 동남부 연해 지역으로, 마오쩌둥 이후의 경제 개
혁을 처음으로 실험한 선전과 기타 경제특구가 여기에 있다. 수출
경제에서 중요한 제조업 중심지로서, 일자리를 찾기 위해 농촌을
떠난 많은 이주 노동자들이 광둥으로 왔다. 그러면서 자연스럽게
노동자의 권리를 보호하기 위한 NGO가 등장했다. 2012년 광둥성
정부와 성 공회工会(정부 주도의 노동조합_옮긴이)는 노동자와 그 가
족에게 직업 및 생활 기술 교육, 건강 검진, 문화 활동, 법률 교육
등의 서비스를 제공하기 위해 등록되지 않은 다수의 노동자 NGO
에 손을 내밀었다. 하지만 동시에 권리 수호와 노동자 투쟁에 더
많이 관여하는 다른 NGO에 대한 단속을 시작하여 CS I과 CS II
그룹을 명확하게 구분했다. 새로운 접근은 분명한 이점을 가져다
주었다. NGO에게 필요한 자금을 제공하고, 이주 노동자에게 필요
한 서비스를 제공하며, 국가와 노동자 NGO의 관계를 더욱 조화롭
게 만들었다. 동시에 이러한 정책은 NGO의 활동을 제한하기 위
해 시작되었을 수도 있다. 얼마 지나지 않아 노동권과 단체 교섭
문제에서 체불 임금 및 업무상 상해 보상과 같은 실질적인 문제로

중국에도 시민사회가 있을까?

초점이 옮겨졌다.[16] 정부의 재정 지원은 단기 계약을 통해 이루어졌으며, NGO는 민감한 문제에 관여하거나 혹은 계약이 갱신되지 않을 위험을 감수할 여력이 없었다. 일부는 겉으로는 온건해 보이는 정책 변화가 실제로는 자신들의 영향력을 무력화하기 위해 고안된 것이 아닌지 의심했다.[17]

2012년 시진핑 시대 이후 시민사회에 대한 당의 접근 방식은 크게 달라졌다. 장쩌민 시대의 코포라티즘 전략으로 돌아간 것도 아니고 후진타오 시절과도 다른 더욱 심한 억압을 채택했다. NGO와 협력하는 대신 단체의 등록과 모금을 세세하게 제한하고 직접 통제하는 조치를 취했다. 특히 국제 비정부기구INGO에 (국내 NGO에게는 더 이상 요구하지 않는) 중국 내 후원 기관을 찾고 공안국에 등록(국내 NGO는 민정부에 등록)하라고 요구하고 있다. 이는 중요한 변화다. 특히 공안국의 임무는 정치적 위협 방지이기 때문에, 새로 제정된 법은 INGO를 중국 공산당의 최우선 과제인 법과 질서 및 정치적 안정 유지 문제로 간주할 것임을 시사한다. 2013년의 9호 문건에 반영된, 중국에 미치는 외국의 영향을 중국적 가치와 양립할 수 없고 중국 공산당에 적대적인 것으로 간주하는 인식틀과 일치한다. 또한 등록된 INGO도 사업을 진행할 때마다 허가를 받아야 했다. 해외 자금의 지원을 받는 국내 NGO도 해당 정보를 정부에 공식적으로 제출해야 하며, 그러지 않을 경우 당국이 국내외 NGO 간의 협력 활동에 거부권을 행사할 수 있게 되었다.[18]

새로운 규정으로 인해 INGO가 중국에서 지속적으로 활동할 수 있을지에 대한 불확실성이 커졌다. 그러나 많은 사람들이 우려했던 것처럼 심각한 결과로 이어지지는 않았다. 규정이 시행된 지 2년이 지난 2019년 말까지 400개 이상의 INGO가 성공적으로 등록했다. 이는 중국 NGO 수에 비해 훨씬 적지만, INGO는 자원과 전문성이 훨씬 강력하기 때문에 숫자만으로 측정할 수 없는 막강한 영향력을 행사할 수 있다. 미등록 INGO가 임시 활동을 수행하기 위해 제출한 약 2400건의 신청서도 승인되었다.[19] 임시 활동 허가는 NGO 등록보다 절차가 간단하고 승인에 필요한 시간도 짧다. 예를 들어 그린피스는 NGO가 아닌 기업으로 등록했다. 사업을 진행하려면 국내 NGO와 협력 관계를 맺은 후 임시 활동 허가를 신청하면 된다. 이러한 추세가 지속된다면, 임시 활동 허가 신청이 번거로운 등록 절차의 대안이 될 수 있다. 이처럼 INGO는 새로운 규정에 적응하는 방법을 배우고 있다.[20]

그러나 이 수치를 자세히 살펴보면 공안국이 승인할 가능성이 INGO에 따라 다르다는 것을 알 수 있다. 농촌 학교를 개보수하거나 대학생에게 장학금을 제공하는 단체는 승인될 가능성이 높다. 반대로 노동권, 티베트, 성소수자 문제 등 정치적으로 민감한 활동을 하는 단체는 그 가능성이 훨씬 낮다.[21] INGO 법에 따라 공안국은 중국에서 활동할 단체와 그들이 다룰―즉 당의 우선순위에 부합하는―이슈를 결정할 수 있다.

중국 공산당은 CS II에 속한 NGO에 대한 새로운 단속을 시

중국에도 시민사회가 있을까?

작했다. 미등록 단체, 지하 노동자 단체에 압력을 가하여 기존의 조직적인 시위와 집단 행동에서 소규모의 개별 행동으로 활동을 전환하도록 강요했다.[22] 예를 들어 미등록 노동자 단체인 "솔리대러티인액션Solidarity in Action"은 시위대가 법원 밖에서 "기습 시위"를 조직하는 데 도움을 주었는데, 시위 시간은 단지 시위자가 팻말을 들고 사진 찍을 수 있는 정도였다. 또 다른 단체인 "페이잇포워드Pay It Forward"는 개별 노동자에게 문자와 전화로 체불 임금과 산재 보상을 받을 수 있는 방법을 안내했는데, 얼마 후 모두 단속되었다.[23] 중국 공산당은 불이익과 차별을 받는 노동자, 교회, 소수민족 등의 개인과 집단을 돕던 변호사들을 표적으로 삼았다. 이 장의 도입부에서 언급했듯이 2015년 7월 9일에는 300여 명의 변호사와 관련 인사를 구금했다. 대부분은 정식 기소되지 않고 석방되었지만 일부는 국가 정권 전복(국가 또는 정권 안정과 관련된 중범죄에 해당_옮긴이), 사단 도발(보통 정치적 목적에서 사회질서를 어지럽히는 것으로 간주되는 행위_옮긴이) 및 기타 유사 혐의로 유죄를 받고 투옥되었다.

시민사회를 통제하려는 중국 공산당은 새로운 시도의 일환으로 레닌주의적 감시 기법을 부활시켰다. 모든 NGO에 당 지부를 두어 그곳에서 일하는 당원들을 관리하고 NGO의 활동을 감시하도록 명령했다. 시진핑이 중국 공산당 총서기에 취임한 2012년 당시 NGO의 35.2퍼센트에만 당 지부가 뻗어 있었지만, 2017년에는 58.9퍼센트로[24] 5년 만에 60퍼센트 이상 증가했다.[25] 중국 공산당은 NGO 지도자의 당 영입을 강조하지는 않았다.[26] 반면 성장하는 민간 경제 부문에 대한 접근 방식은 매우 달랐다. 중국 공산당은 민간 기업(2017년 기준 68퍼센트)에 당 지부를 설립하고 민간 기업가들을 당원으로 영입했다.[27] NGO에 대해서는 통제하는 한편 협력하기를 원하지만, 민간 기업가들을 대하는 것과 달리 NGO 지도자들을 잠재적 동맹으로 여기지는 않고 있다.

모든 변화가 그렇듯이 중국 공산당의 시민사회에 대한 새로운 접근 방식은 패자와 승자를 동시에 출현시켰다. 가장 큰 패자는 외국의 지원에 의존하고 지방 지도자들과는 개인적인 인맥을 맺지 않은, 등록되지 않은 소규모 풀뿌리 NGO가 될 것이다. 이들이 지원하던 개인과 단체—빈곤층, 자연재해 피해자, 도시의 농촌 출신 이주 노동자 등—는 손해를 보게 되고, 나아가 이들은 결국 자신을 돕지 않는 중국 공산당을 원망하게 될 수도 있다. 시민사회를 통제하려는 노력은 단기적으로는 중국 공산당에 대한 CS II의 위협 가능성을 줄이지만, 동시에 당을 위협하지 않고 사회에 공공재를 제공해온 CS I까지 제거함으로써 중국 공산당의 장기적인 이익을 해칠 수 있다.

중국 공산당의 새로운 접근 방식의 수혜자도 있다. 더 크고, 더 유명하며, 공식적으로 등록된 NGO는 중국 정부 기관과 국내 재단은 물론 외국으로부터도 재정 지원을 받기 쉬워졌다. 등록에 성공한 INGO도 이전의 모호한 회색 지대에서 벗어나며 혜택이

중국에도 시민사회가 있을까?

증가했다. 새로운 법에 따라 INGO는 등록된 NGO나 비영리단체에만 자금을 지원할 수 있고, 이는 결국 중국 NGO의 등록을 더욱 장려할 것이다.

전문성으로 명성을 쌓은 NGO는 지방 정부의 자문회의에 초대될 가능성이 높다. 자문회의는 보통 지방 관리들의 초청에 의해 개최된다. 최근 정부 정보 공개와 계류 중인 법에 대한 온라인 공개 의견 수렴(3장에서 설명한 내용)에 대한 실험에도 불구하고, 여전히 중국에서 진짜 중요한 절차는 대면 회의다. 인맥은 정책 결정과 실행 과정에 접근할 수 있는 한 가지 방법이지만, 정책 관련 지식을 갖춘 전문가로 인정받는 것도 당 및 정부 관리들과 교류하는 데 점점 더 중요한 수단이 되고 있다. 정책 자문회의에는 공식 등록된 NGO만 초대되는데 이는 시민사회의 접근성, 정책 변화에 대한 옹호 및 영향력을 제한하는 또 다른 방법이다.

보다 일반적인 의미에서 시민사회에 대한 당의 새로운 접근 방식은 국가와 사회 간의 모든 상호작용을 공식 경로로 유도하려는 그들의 의도에 부합한다. 이로 인해 많은 미등록 NGO가 피해를 입겠지만, 다른 단체들은 부득이 제도화를 이루고 지도자와의 인맥에 덜 의존하게 될 수도 있다.[28] 그러면서 정책 관련 지식과 전문성을 개발할 수 있고, 또한 정책 결정 과정에 초대받을 가능성도 증가할 것이다. 이는 NGO의 활동과 당의 인기 모두에 도움이 될 수 있다. 그러나 광둥성의 사례에서 알 수 있듯이 정부와 협력하려면 NGO의 의제를 당의 우선순위에 부합하는 분야로 전환

해야 할 수도 있다.

시민사회에 대한 중국 공산당의 접근 방식이 수년에 걸쳐 변화하는 가운데 이를 극복한 CS I 유형의 한 예로 환경 NGO를 들 수 있다. 중국의 급속한 경제 발전, 산업화, 도시화로 인한 광범위한 환경 파괴는 방대한 규모의 환경 NGO 연결망을 탄생시켰다. 이들 중 다수는 정부의 지원을 받아 대중을 상대로 생태 인식 교육을 하고 각 지방의 환경 규정 준수 여부를 감독한다. 1994년 "자연의 친구自然之友"는 중국 최초의 전국적인 환경 단체가 되었고, 현재 전국에 3만 명 이상의 회원을 보유하고 있다. 이들은 "환경 교육, 저탄소 배출 가정, 생태 공동체, 소송, 정책 옹호 등"에 관한 프로그램을 제공한다.[29] 시위에 참여하기보다는 기존의 기관을 통해 기본적인 법령을 적용하기 위해 노력했다. 1990년대에는 원시림을 벌목하는 지방 관리들을 촬영했다. 이 영상은 국영방송 CCTV를 통해 방영되었고, 1999년 중앙 정부가 모든 원시림에 벌목 금지 명령을 내리는 계기가 되었다.[30] 최근에는 2017년 7월 멸종 위기에 처한 녹색 공작새의 마지막 서식지를 보호하기 위해 윈난성 훙허에 예정된 수력 발전소 건설 중단 소송을 제기하기도 했다. 이 사업은 환경 영향 평가를 다시 실시하기 위해 한 달 뒤에 중단되었다.[31] 베이징과 상하이의 재활용 분리 수거 및 "제로 웨이스트零浪費"(대도시를 중심으로 시작된 폐기물을 발행시키지 않는 생활 방식_옮긴이) 캠페인은 신화통신과 환구시보를 비롯한 중국의 공식 언론에서 긍정적으로 다루었다. 이러한 노력은 시진핑이 강

171

조하는 강력한 환경 보호 의지에 부합할 뿐만 아니라 기존 제도의 틀 속에서 이루어지며 정치적 안정을 위협하지도 않는다. 이를 통해 자연의 친구는 국내외에서 인정을 받을 수 있었다.

시민사회 관리의 지역적 패턴

지역 차원에서도 NGO 활동에 대한 개방 수준이 다양하다. 베이징, 광둥성, 윈난성 등 일부 지역에서는 NGO를 더 지지하는 것으로 알려져 있다.[32] 수도인 베이징은 중국의 발전에 투자하는 많은 INGO를 유치하여 당의 의제를 뒷받침하고 있다. 또한 베이징에는 중국 최고의 대학과 연구 기관이 많이 있으며, 많은 NGO의 설립자가 이곳 출신의 학자다. 광둥성은 경제 및 사회 개혁의 선구자다. 중국 내 다른 지역에서는 등록조차 할 수 없는 NGO가 광둥성에서는 환영받았다. 하지만 시진핑 체제에서 광둥성은 그동안의 명성과는 다르게 시민사회에 대한 접근 방식이 가장 보수적인 지역으로 전락했다. 윈난성이 시민사회에 개방적인 이유는 이지역에는 교육, 의료 및 기타 사회복지 정책에 대한 재정 지원이 거의 없기 때문이다. 풀뿌리 NGO와 INGO가 윈난성 정부의 업무를 보완하기 위해 이들 분야에 진출했다.

반면 상하이는 경제와 시민사회에 대한 접근 방식이 매우 보수적이다. 상하이는 광둥처럼 민간 부문에 의존해 성장하기보다는 국유 기업과 국가 주도 개발에 더 의존한다. 또한 지역의 복지 서비스를 NGO와 협력하는 데에도 소극적이다. 대신 상하이의 중국 공산당은 자선 및 사회복지 활동과 당의 취지를 홍보하고 애국주의 교육을 실시하여 당에 대한 대중의 지지를 동원하기 위해—당이 조직한 비정부기구(party-organized nongovernmental organizations, 굳이 약칭을 만들면 PONGO)—자체 조직을 만들었다.[33]

원난성은 시민사회 발전의 측면에서 볼 때 매우 흥미로운 곳이다. 이곳은 중국에서 가장 가난한 지역 중 하나로, 소수민족인 태족이 거주하고 있으며, 농업이나 공업 대신 관광업에 의존한다. 원난성 정부는 연해 지역에 비해 활용 가능한 자원이 많지 않았다. 동남아시아의 "황금 삼각주"(중국어로 金三角, 미얀마, 태국, 라오스 접경 지역_옮긴이) 지역과 가깝기 때문에 불법 마약 운반로가 되고, 관광업에 의존하기 때문에 성 산업이 성행했다.[34] 이 두 가지 요인이 결합하여 HIV/AIDS 문제를 악화시켰다. 성 정부는 문제에 대처할 준비가 되어 있지 않았고, 이로 인해 마약 중독, 매춘, HIV/AIDS 및 기타 사회 및 의료 문제를 다룰 NGO가 등장했다. 게이츠재단Gates Foundation과 영국의 글로벌펀드Global Fund 같은 INGO도 같은 이유로 원난성에 진출했다. 그 결과 2009년까지 원난성에는 140개의 INGO가 활동했다.[35]

그렇다고 원난성이 항상 시민사회와 협력을 유지한 것은 아니다. 지방 지도자들이 지역 경제의 중요한 부분이자 정부 수입의 주요 원천인 누강을 따라 13개의 댐을 건설할 계획을 세우자 여

173

러 국내외 환경 NGO가 반발했다(3장에서 언급한 "분절된 권위주의 2.0"의 사례 중 하나). 그들은 댐이 환경을 훼손할 뿐만 아니라 강변에 살던 소수민족의 터전을 망가뜨릴 것이라고 주장했다. 결국 중앙 정부는 NGO의 편을 들었고 사업은 취소되었다.[36] 이 사건에서 활약한 단체들은 CS I 유형으로, 당의 통치에 도전하지 않으면서 지방 지도자들을 압박했다.[37]

이 경험이 윈난성의 시민사회 관리 방식에 변화를 불러왔다. 정부 관리들은 종종 논쟁을 유발하는 NGO와의 관계에 대해, 그리고 성에서 활동하는 많은 단체에 대한 정보 부족으로 인해 불만이 커졌다. 2010년, 윈난성은 INGO의 정부 등록 및 공식 후원 기관을 의무화하는 규정을 시행했고, 개별 사업도 민정국과 외사판공실에 모두 등록하도록 했다. 이는 INGO의 추가적인 진입을 막는 목적이 아니라 그들의 활동을 감독하고 관리하기 위한 것이었다. 대부분의 국내외 NGO는 정부에 등록하고 계속 활동할 수 있었다. 소수자 인권, 마약 중독, 매춘 같은 민감한 문제를 다루는 단체를 비롯한 일부 소규모 NGO만 등록이 제한되었다.[38]

NGO의 스펙트럼

중국 공산당이 시민사회를 CS I과 CS II 그룹으로 구분하는 것처럼, 그들이 시민사회 단체와 맺은 관계도 다양하다. 일부는 공식적으로 인정을 받고, 일부는 비공식적으로 활동할 수 있으며, 일부는 완전히 탄압받는다. 다시 말하면, 정식으로 등록된 "홍색" NGO(중국과 같은 공산주의 체제에서 빨간색은 당의 색깔이다), 신공민운동처럼 활동할 수 없거나 "솔리대러티인액션"이나 "페이잇포워드"처럼 은밀하게 활동하는 "흑색" NGO, 그리고 정식으로 등록하지는 않았지만 지역 문제에 있어 지방 관리들과 협력할 수 있는 "회색" NGO 단체가 있다.[39] 홍색 및 회색 단체가 CS I 그룹을 형성했고, 흑색 NGO는 CS II 그룹을 형성했다.

대중 조직과 기타 정부가 조직한 비정부기구

1949년 집권 이후 중국 공산당은 중요한 사회 집단과 소통하는 통로 조직을 만들었다. 이러한 "대중 조직"에는 중화전국총공회ACFTU, 中华全国总工会, 중화전국부녀연합회中华全国妇女联合会, 중화전국공상업연합회中华全国工商业联合会 등이 있다. 대중 조직은 소속원의 이익을 대표하기보다는 당의 입장을 회원들에게 전달하는 단순한 "전송 벨트"로 묘사된다. 이들은 문화대혁명 때 해체되었지만 마오쩌둥 이후 당과 사회의 관계 회복 노력의 일환으로 부활했

175

다. 오늘날 이 단체가 눈에 띄는 이유는 단순히 공적 지위와 중국 공산당이 제공하는 자원 때문이 아니라, 시민사회 단체가 차지할 공간을 선점한 채로 다른 단체의 결성을 허용하지 않는 명분을 제공한다는 점이다. 특히 중국 공산당은 독립 노동조합의 결성을 단호하게 반대하며, 그런 단체들은 전부 중화전국총공회에 속하라고 요구하고 있다. 당은 정치적 안정뿐만 아니라 중국 내 기업 환경을 보다 안정적으로 유지하기 위해 노동자 NGO를 엄격하게 통제한다. 1990년대와 2000년대 초, 중화전국총공회는 노동자의 진정한 이익을 위한 개혁을 실험했지만 중국 공산당의 지지를 얻지 못하고 결국 포기했다.[40] 당의 메시지는 분명했다. 대중 조직은 명목상 대표 단체의 이익이 아니라 당의 이익에 봉사해야 한다는 것이다.

　대중 조직은 시민사회의 일부가 아니다. 지도자를 중국 공산당이 선출하고, 당의 예산을 받으며, 당이 활동의 범위를 제한한다. 이러한 모든 제약이 자율성을 구속한다. 이들은 '정부가 조직한 비정부기구GONGO'라고 불린다.[41] 중국에는 대중 조직 외에도 다른 GONGO가 있다. 예를 들어 적십자회(중국에서는 홍십자회红十字会라고 부른다_옮긴이)는 국가의 공식 자선 단체로, 여러 추문으로 인해 명성에 타격을 입었지만 지금도 기부의 통로로서 특권적인 지위를 누리고 있다.[42] 최근에 설립된 GONGO는 중국이 추진하는 방대한 일대일로 사업의 일부로서 중국과 아시아, 아프리카, 중동 및 유럽 국가를 연결하고 있다.[43] 이 단체들이 중국 정부를 대신하여 외국에서 중국의 영향력에 대한 대중의 저항을 완충하는 역할을 한다.

대중 조직과 GONGO는 그 자체로 시민사회를 구성하지 않는다. 그러나 이들은 중국에서 시민사회가 활동하는 환경의 일부다.[44] 다른 NGO가 이들과 상호작용을 한다. 예를 들어 중화전국부녀연합회는 여성 문제, 특히 중국 도시의 여성 이주 노동자를 돕는 일부 NGO를 공식 후원한다. 중화전국공상업연합회도 비슷한 방식으로 기업가 단체를 후원한다.

등록된 홍색 NGO

시민사회의 핵심 특징은 사회 구성원들에 의해 조직되고 운영된다는 것이다. 중국의 대다수의 사회 조직이 이렇게 운영되고 있으며, 동시에 그들 중 일부는 앞에서 본 자연의 친구처럼 국가로부터 공식적인 인정을 받기를 원한다. 이러한 예를 "홍색" NGO(대중 조직이나 GONGO처럼 정치적으로 홍색은 아니지만)로 생각할 수 있다. 등록된 NGO로서, 그들은 공개적으로, 그리고 특히 경제적이고 사회적인 문제들과 관련된 광범위한 사업에서 정부와 협력한다. 그러나 등록은 그들의 자율성을 제한한다. 어떤 단체를 승인하고 어떤 일을 할지를 정부가 결정하기 때문이다. 자율성은 시민사회 단체의 필수 요소로 여겨지지만, 중국에서 그것은 축복이자 저주일 수 있다. 국가와 긴밀한 관계가 없다면 많은

중국에도 시민사회가 있을까?

NGO는 운영은 고사하고 생존에 필요한 정치적이고 물질적인 지원이 부족해진다. 반면에 그들이 국가와 밀접하게 연결되면 사명감을 잃고 국가의 우선순위에 따라 움직이게 된다.

농가녀백사통农家女百事通은 등록된 NGO의 또 다른 예다. 이 단체는 도시 이주 노동자에게 생활 지원과 법률적 도움을 제공하기 위해 설립된 최초의 NGO다. 이 단체는 지도자의 배경 덕분에 이득을 볼 수 있었다. 설립자인 시에리화는 중화전국부녀연합회 출신으로,[45] 풍부한 정치적 인맥에도 불구하고 베이징에서 단체를 공식 등록하는 데 어려움을 겪은 뒤 2013년에 NGO를 더 환영하는 것으로 알려진 광둥성으로 본부를 옮겼다. 이후 농가녀백사통은 이주 노동자의 이익을 대변하는 가장 영향력 있는 단체로 성장했다.

미등록 회색 NGO

중국에는 80만 개에 달하는 공식 NGO보다 훨씬 더 많은 미등록 NGO가 있다. 확실한 규모는 알 수 없지만 약 100만 개에서 150만 개 사이로 추정된다. 미등록 상태라고 해서 반드시 불법은 아니다. 미등록 NGO는 회색과 흑색으로 나눌 수 있다.[46] 회색 단체들은 지역 공동체에서 활동하며 공공재와 서비스를 제공하기 위해 지방 정부와 협력한다. 그러나 그들의 상황은 불안정하다. 지역 후원자가 직업을 바꾸거나 정치적으로 민감한 도전을 하면

하루아침에 생존과 운영이 위태로워질 수 있다.

지방 관리들이 NGO 등록을 막은 사례도 있다. 중앙 지도자들이 시민사회에 의해 야기되는 위협을 걱정하고 등록제를 통제 방법으로 동원했다면, 지방 지도자들의 유인은 더욱 복잡하다. 만일 지방 지도자들이 서비스 분야에서 지방 NGO와 협력 관계를 맺을 경우, 그들이 얼마나 많은 NGO와 협력하고 있는지 상급 지도자가 모르기를 원할 것이다. 지방 지도자들은 지방 NGO에 대한 외국의 지원을 끌어들이고 싶어할지도 모른다. 등록된 NGO에 대한 외국의 자금 지원은 중앙 정부를 거치기 때문에 지방 관리 수준에서는 관여하기 어렵다. 하지만 미등록 NGO에 대한 지원은 지방 정부로 직접 오기에 일부는 지방 정부가 보관할 수 있고, 남은 자금을 어떤 단체에 제공할지도 결정할 수 있다.[47]

NGO 지도자들은 등록 절차는 복잡한데 혜택은 너무 적다고 생각한다. 따라서 그들은 미등록 상태로 운영하거나, 개인 기업이나 사회적 기업 유형의 단체로 등록한다.[48] 기업 등록이 NGO 등록보다 훨씬 쉽고, 기업으로 등록한 단체는 은행 계좌 및 법인 지위를 받는다. 그러나 변칙 등록에는 단점도 있다. 우선 기부를 받을 수 없고 세금도 내야 한다. 기업으로 등록한 이후 등록 유형에 허용되지 않는 활동에 참여하면 당국이 해당 단체를 폐쇄할 수 있다.

유니룰Unirule(중국어로 톈저天則_옮긴이) 싱크탱크는 중국 시민사회의 회색 지대에서 운영되는 단체의 위험성을 보여준다. 1993년 마오위스와 성훙 등 저명한 자유주의 경제학자들이 유니

중국에도 시민사회가 있을까?

룰을 설립하고 공상국 베이징 분국에 민간 기업으로 등록했다. 단체의 웹사이트에 따르면 유니룰은 정부의 지원을 일절 받지 않으며 국내외 재단의 기부와 보조금에 의존하고 있다.[49] 유니룰의 시장 지향성은 중국 공산당의 우선순위와 맞지 않았다. 처음에는 빈부 격차를 줄이기 위해 평등한 개발을 선호했던 후진타오 정권에서 고전했고, 나중에는 시진핑 정권의 보수적이고 국가 주도적인 경제 프로그램과 충돌했다. 예를 들어 2011년에 정부가 제공한 보조금 대출과 저가의 토지가 없다면 모든 국유 기업은 수익이 없을 것이라는 연구 결과를 발표했다.[50] 이 단체는 시진핑도 비판했다. 2018년 7월 시진핑이 헌법의 주석 임기 제한을 삭제하자 웹사이트에 이를 비판하는 글을 올렸다. 이 보고서를 유니룰의 이사 중 한 명인 칭화대학 법학 교수 쉬장룬이 작성했다.[51] 그는 시진핑을 공개 비판한 이유로 교단에서 내려오고 조사까지 받았다.[52] 2020년 7월, 그는 경찰에 며칠 구금되었다가 풀려났지만 바로 대학에서 해임되었다. 유니룰은 당연히 폐쇄되었다. 당국이 이렇게 대응할 수 있었던 까닭은 유니룰이 '민간 기업'으로 등록되었기 때문이다. 이 사례는 중국 공산당이 정치적 행동을 처벌하기 위해 법률적 장치를 사용한다는 것과, 민간 기업이 정치에 개입했을 때의 결과를 동시에 보여주었다.

마지막으로 중국 공산당에 도전하는, 그래서 억압받는 "흑색" NGO가 있다. 미등록 NGO가 합법적인 회색 지대에 모호하게 존재한다면, 흑색 NGO의 존재는 선명하다. 중국 공산당은 이들을 빠르게 단속한다. 신공민운동 같은 단체는 탄압과 체포의 위험을 감수하고 공개적으로 활동한다. 하지만 대부분은 비밀리에 활동한다. 그들은 당의 감시를 피해 노동, 종교, 소수민족 보호와 민주주의 증진을 요구한다. 관찰자들이 중국에는 시민사회가 없다고 말할 때, 그들이 찾는 대상이 바로 지하 CS II 단체들이다. 만약 시민사회를 좁게 정의한다면, 중국에는 시민사회가 거의 없는 게 맞다. 하지만 이는 중국이든 다른 나라든 시민사회의 한 측면일 뿐이다. 만약 우리가 NGO의 모든 범위—예 CS I과 CS II, 홍색, 회색, 그리고 흑색—를 고려한다면 다양한 시민사회가 광범위하게 퍼져 있으며, 동시에 이들이 중국 공산당에 의해 제약을 받고 있음을 알 수 있다.

시민사회에 대한 추가 제약

중국의 시민사회는 중국 공산당의 관리와 제약 외에도 발전과 활력의 측면에서 사회적, 국제적, 그리고 내부적 제약에 직면해 있다.

사회적 제약

중국의 NGO는 동료 시민을 도우려 노력하고 있지만, 사회는 그들을 동료로 여기지 않는다. 많은 중국인이 NGO에 대해 회의적이고 그들의 진짜 동기를 의심한다. 조사에 따르면 NGO에 대한 신뢰도는 지방 관리와 정부 직원들의 아래, 그리고 완전히 낯선 사람들의 바로 위, 즉 꼴찌에서 두 번째였다.[53] 게다가 대부분의 중국인은 사회복지는 정부의 책임이라고 생각하며 NGO는 적절한 대체자가 아니라고 생각한다.[54] '비정부'라는 표현이 '반정부성'을 내포하고 있다는 의심을 불러일으키기도 한다. 정치와 관련된 모든 것에 민감한 중국에서 NGO라는 용어를 사용하는 것 자체가 의심의 대상이 될 수 있다.

국제적 제약

많은 NGO가 외국의 자금 지원에 절대적으로 의존한다. 동시에 일부 NGO 단체는 INGO의 성과 중심주의가 자신들의 사업을 저해하고 나아가 자신들의 사업적 동기도 방해한다고 불평했다.[55] INGO는 "최적의 실천 방법"을 워크숍과 기타 교육 활동을 통해 중국의 동료들에게 전수한다. 그러나 그들은 중국의 상황을 제대로 이해하지 못한다. 중국 NGO의 목표는 종종 INGO의 조언과 외국 기부자들의 기대, 특히 상황 보고라는 견고한 조직 문화의 압력 때문에 왜곡될 수 있다. 예를 들어 INGO는 종종 중국

NGO에 이사회를 구성하라고 권장한다. 이는 일반적으로 좋은 아이디어일 수 있지만, 중국의 맥락에서는 NGO와 지방 관리들이 서로의 행동으로 인해 곤경에 빠지는 경우가 많다. 유명 인사들을 설득하여 NGO에 이사로 참여시키는 것은 큰 도전이다. 이러한 요구에 부응하기 위해 중국의 NGO들은 종종 실제 기능을 하지 않는 형식적인 이사회를 구성한다. 또한 NGO와 INGO는 책임성, 참여, 그리고 좋은 협치 등의 목표에 동의할지라도, 활동 방식을 정확히 설명하는 중국어 용어를 찾아내는 데 어려움을 겪는 경우가 많다.[56]

INGO는 다른 이유로 중국에서 NGO 발전을 제약할 수 있다. 그들의 오랜 경험, 전문 지식, 막강한 역량은 상대적으로 미성숙한 중국의 NGO를 활동에서 배제시킨다. 지방 정부들은 종종 INGO와 협력하길 원한다. 왜냐하면 지방 지도자들이 필사적으로 원하는 전문성과 자금을 제공하기 때문이다. 예를 들어 윈난의 관리들은 HIV/AIDS 확산에 대응하기 위해 글로벌펀드나 게이츠재단과 일하기를 열망했다. 반면 이 분야의 국내 NGO들은 국가나 지방 정부로부터 적은 지원만 받고 있었다.[57] 이런 측면에서 새로운 INGO 법이 중국의 NGO를 외국 단체와의 경쟁에서 보호하기도 하지만, 법 제정의 주요 목표는 잠재적인 정치적 영향력을 제한하는 데 있었다.

중국에도 시민사회가 있을까?

국내적 제약

대부분의 국가와 마찬가지로 중국에서도 운영 재원 문제가 NGO를 계속 괴롭히고 있다. 적절한 자금이 없으면 아무리 누군가가 이 단체의 도움을 간절하게 바라고, 또한 회원들이 헌신적으로 노력해도 운영을 지속할 수 없다. 중국은 자선 기부 관행이 발달하지 않았기 때문에 재정 지원이 특히 더 중요하다. 개인과 기업은 NGO에 기부하는 데 익숙하지 않으며, 기부해도 다른 국가와 같은 세법상의 이점이 없다. 게다가 많은 중국 시민은 NGO를 불신하며, 신뢰하지 않는 단체나 개인을 도우려 하지 않는다. 특히 미등록 NGO의 경우 외국 정부, 재단, INGO로부터 자금을 받는 행위 자체로 문제가 될 수 있다. 정부 자금에 의존하는 단체는 정부의 우선순위에 맞게 프로그램을 바꿔야 한다. 그 결과 많은 NGO가 예산 제약 속에서 원하는 만큼의 효과를 거두지 못하고 있다. 그러나 한 가지 희망적인 변화도 있다. 2016년 자선법(중국어로 慈善法_옮긴이)이 통과되어 비영리 단체, 특히 환경 보호 및 빈곤 퇴치 같은 당의 우선 과제를 지원하는 단체에 자금을 지원하는 재단을 설립할 수 있게 되었다. 덕분에 적어도 일부 NGO는 막대한 신규 자금을 받게 되었다.[58]

중국 시민사회의 발전을 가로막는 또 다른 제약은 일반적으로 연혁이 짧고, 규모가 작으며, 제도화가 제대로 이루어지지 않은 NGO의 특성에서 비롯된다.[59] NGO를 설립할 수 있는 기회가 생긴 게 불과 수십 년 전이라 아직 대부분이 10년 미만의 신생 단체들이다. 또한 이들은 20-30대의 경험이 부족한 비정규직 직원과 자원봉사자에 크게 의존하고 있다. 많은 NGO 직원과 자원봉사자는 이상주의를 꿈꾸는 젊은이들이다. 대학 교육이 보편화되면서 점점 더 많은 젊은이가 중국의 문제를 인식하고 NGO에 합류하고 있다. 중국 공산당도 쓰레기 재활용 같은 정책에 사람들이 자발적으로 참여하는 것을 장려한다. 특히 젊은 층을 중심으로 자원봉사에 대한 새로운 규범이 형성되면서 이들이 NGO로 꾸준히 공급되고 있다.

자연재해는 단체가 결성되고, 기부가 이루어지고, 자원봉사자들이 도움의 손길을 내미는 가장 흔한 계기다. 2008년 쓰촨성에서 발생한 대지진 이후, 구호 및 재건 활동을 돕기 위해 자선 단체에 기부금이 쏟아지고 자원봉사자들이 몰려들었다.[60] 그러나 자발적 조직의 상당수는 비상사태가 지나가면 해산된다.

여러 가지 이유로 중국 NGO는 사회 서비스를 확장하거나 직원을 교육할 수 있는 능력이 제한되고, 중국 공산당은 NGO끼리 협력하는 것을 제한한다. 낮은 급여로 인해 NGO 직원들의 이직률이 높아 해당 기관에 지식이 축적되기도 어렵다. 그 결과 NGO의 성공은 자체의 조직력이 아니라 설립자 개인의 역량에 의존할 때가 많다.

대부분의 NGO는 정책 지식, 전문성, 그리고 역량에 대한 평판을 쌓기 힘들고, 지방 관리는 이들을 정책 제정에 참여시키기를 망설인다(환경 분야 NGO는 예외).[61] 대부분의 NGO는 규모가 작고 경험이 부족하기 때문에 정책을 지지하기보다는 사회적 병증을 치료하는 데 집중하고 있다. 그 결과 정책 결정에 참여할 수 있는 전문성도 제자리를 맴돈다.[62] 교육, 노인 돌봄, 아동 복지 같은 사회 서비스를 지방 정부와 계약하는 것은 여러모로 행운이다. NGO가 자금과 인정을 받을 수 있고, 다른 한편으로 정책 옹호 활동에서 벗어나 사회 서비스에 집중할 수 있다는 점에서 말이다.

중국의 시민사회는 통합 단계에 접어든 것으로 보인다. 종종 새로운 시장이 등장하면 자신의 역량보다 더 많은 기업을 끌어들였다가 곧 사라지는 것과 마찬가지로, 중국의 수많은 풀뿌리 NGO도 전문성, 신뢰할 수 있는 자금원, 당 및 정부와의 개인적인 관계뿐 아니라 제도적 유대를 통해 역량을 강화하지 않으면 생존하기 어려울 수 있다. 1세대 NGO에는 헌신적인 직원과 자원봉사자를 보유한 소규모 풀뿌리 조직이 압도적으로 많았지만, 그조차도 활동에 한계가 있었다. 생존과 운영을 현지 관리들과의 인맥에 의존하는 것으로는 충분하지 않다. 그가 전보되거나 승진하면 NGO는 지방 정부와의 연결 고리를 잃게 된다. 시진핑의 반부패운동이 많은 지방 관리를 공무에서 해임하자 그 여파가 NGO에도 미쳤다. 게다가 시진핑 체제에서 정치 권력이 중앙으로 재중심화되면서 지방 관리들이 정책을 시행할 수 있는 여지가 줄어들고 있다. 시민사회를 통제하려는 시진핑의 노력이 초래한 역설 중 하나는 NGO가 설립자의 능력이나 지방 관리와의 인맥을 넘어 제도화되고 전문화되도록 강제했다는 점이다. 이러한 결과는 의심할 여지

없이 중국 공산당에게 유익할 것이다.

• • •

시민사회에 대한 중국 공산당의 접근 방식은 NGO의 유형을 구분하지 않으면—시민사회를 억압하면서 지원하는—모순으로 보일 수 있다. 중국 공산당은 자신의 사회복지 의제를 지원하는 자원과 전문성을 갖춘 등록 및 미등록 NGO(홍색 및 회색)와 협력할 의향이 있지만, 동시에 노동권, 인권, 종교의 자유를 옹호하고 당의 통치를 비판하는 단체를 포함하여 정권의 정당성을 위협하는 미등록(흑색) 단체는 제거하려고 한다. 즉 CS I 단체는 수용하고 심지어 장려하지만, 모든 유형의 CS II 단체는 억압하겠다는 의지가 확고하다.

중국 공산당은 권력에 대한 임박하거나 잠재한 위협에 경계를 늦추지 않고 있다. 특히 시민사회를 가장 우려하고 있다. 중국 공산당 지도자들은 정권을 흔들 수 있는 색깔혁명을 경계한다. 또한 시민사회 단체가 중국의 경제 발전을 방해하는 외국 세력과 손을 잡을 것이라고 경고한다. 두 가지 두려움—즉 정치적 불안정과 내정 간섭—은 당의 선전에 끊임없이 등장하는 주제다. 혼란을 두려워하고 민족주의 성향이 강한 중국인 대다수는 당이 조성한 공포에 감염된다. 다양한 관점을 가진 다양한 집단이—이것이 활기찬 시민사회의 특징이다—정치적 안정을 위협한다는 당의 주장

중국에도 시민사회가 있을까?

에 많은 사람이 동의한다.[63]

중국 공산당은 시민사회의 정치적 영역, 즉 CS II 영역을 강력하게 탄압했다. 당의 노선과 지도자를 비판하는 단체를 적극적으로 감시하고 그들을 괴롭히며, 종종 투옥시키고 그 단체를 파괴했다. 이러한 탄압의 결과로 중국에는 진정한 정치적 반대파가 남지 않게 되었고, 활동적인 반체제 인사도 거의 없으며, 대중의 지지를 받는 사람은 더더욱 적다.

하지만 정치 영역은 시민사회의 한 측면일 뿐이다. 시민사회의 또 다른 차원—CS I—은 정치 활동에 참여하지 않고 대신 경제, 사회, 문화 활동을 지향한다. 이들은 빈곤과 경제적 불평등 같은 사회 문제에 대한 인식을 제고하고, 직업 훈련과 법률 지원 서비스를 제공하며, 축구나 태극권과 같은 공통의 관심사와 여가 활동을 통해 사람들을 하나로 모은다. 이들은 오염의 위험성을 강조하고, 정부가 대기 및 수질 오염에 관한 법률을 시행하도록 장려하며, 사람들에게 재활용의 이점을 가르친다. 요컨대 이들은 미국을 비롯한 여러 나라에서 많은 시민사회 단체가 하는 일을 한다. 회원과 사회 전체의 이익을 위해 정부의 역할을 보완하는 일 말이다. 이 역시 시민사회이며, 이와 같은 단체는 중국 공산당에게도 위협적이지 않다.

홍색과 회색으로 구분한 CS I 유형은 민주주의 정권과 권위주의 정권 모두에서 통치를 개선하는 데 도움을 줄 수 있고, 이를 통해 정권과 인민 모두에게 혜택을 제공할 수 있다. 이들은 적재적소에 재화와 서비스를 공급한다. 이들은 훈련된 전문 지식, 헌신적인 직원과 자원봉사자, 물질적 자원을 동원하여 현지 관리들을 지원하고, 현지 관리들은 이 과정에서 지역을 보다 효과적으로 통치할 수 있는 능력을 향상시킨다. CS I이 잘 작동하면 정부는 부담을 완화하고, 수요를 해결하고, 재화와 서비스를 사회에 제공함으로써 정권의 안정성을 높일 수 있다. 시민사회 단체의 혜택을 받는 사람들은 누가 이 혜택을 제공하는지 궁금해하지 않는다. 단지 자신의 삶이 개선되었음을 인식할 뿐이다.[64] 전반적인 삶의 만족도는 정권 안정성과 직결되며, 정권에 대한 지지를 알 수 있는 지표가 된다.[65]

시민사회 개념을 정치적 변화의 원천으로만 지나치게 단순화해서는 안 되고, 중국의 CS I에 포함된 경제 및 사회적 NGO가 정권에 이익만 제공한다고 가정해서도 안 된다. 지방 관리들은 NGO에 대한 신뢰가 어느 정도 쌓이면 더 많이 협력할 의향이 있지만, 적절하게 감독하지 않으면 이런 단체도 정치적 성향을 가질 수 있다. 미국 남부의 아프리카계 미국인 교회가 1960년대 시민권운동의 중심이 되었던 것처럼, 한 가지 목적을 위해 결성된 단체가 다른 목적으로 전용될지도 모른다. 중국에서 이주 노동자를 위해 봉사하는 단체는 이들을 더 잘 대변하고자 노력한다. 환경 단체들은 중국 공산당이 환경을 파괴하는 경제 모델을 추구한다고 비판한다. 또한 관리들은 잘 아는 NGO는 신뢰하지만, 잘 모르는 NGO에 대해서는 여전히 의심을 품고 있다. 요컨대 시민사회에

중국에도 시민사회가 있을까?

대한 중국 공산당의 전략을 이해하는 데는 CS I과 CS II의 구분이 도움되지만, 그 경계는 고정되어 있지 않다.

시진핑 체제가 시민사회에 대한 당의 접근 방식을 재정비하면서 2세대 NGO가 등장할 가능성이 열렸다. 소규모 풀뿌리 및 미등록 NGO는 살아남지 못하고 다소 규모가 크고 제도화된 단체로 대체될 것이다. 이는 공식적인 제도를 강조하고 비공식적인 절차와 관계를 배제하는 주된 정치 변화 흐름과 일치한다. 등록한 NGO는 정부, 재단, 개인 등 국내외로부터 보조금을 받고 계약을 통해 공개적으로 정부의 사회 서비스를 담당할 것이다. 그러면서 정치적 풍파에 취약했던 회색 지대에서 벗어나게 된다. 국내외 NGO들의 교류가 일상화되고 그들에 대한 경계심이 감소하면 중국 공산당이 우려할 만한 일도 줄어들 것이다. 그러나 당은 여전히 이들을 면밀히 주시하고 있다.

시위가
정치적 안정을
위협할까?

1989년 봄, 베이징은 중국 역사상 유례없는 광경을 목격했다. 평화적인 시위대—최대 100만 명으로 추산—가 정치 개혁을 요구하며 거리로 나왔다. 대부분 학생들로 구성된 대규모 시위대는 중국의 상징적 중심인 톈안먼광장을 점거했다. 이후 시위는 수십 개 도시로 확산되었다. 그러자 당과 정부의 일부 지도자들이 시위대에 공개적으로 동조하면서, 마치 정치적 변화가 임박한 것처럼 보였다.

시위대는 자신들의 요구는 애국적인 것이며 중국 공산당에 위협이 되지 않는다는 프레임을 만들기 위해 신중을 기했다. 이러한 요구에는 교육에 대한 지원 확대, 반부패 노력 강화, 언론의 자유, 그리고 해임된 중국 공산당 지도자이자 1989년 4월 15일에 사망한 후야오방에 대한 재평가 등이 포함되었다. 후야오방은 중국 공산당 총서기였으나 1986년 말 민주화 시위에 강경한 입장을 취하지 않았다는 이유로 해임되었다.

당 지도부의 강경파는 시위대의 견해를 받아들이지 않았다. 그들은 중국 공산당 기관지 『인민일보』에 사설을 게재하여 시위가 "계획된 음모이자 동란"(중국어로 这是一场有计划的阴谋, 是一次动乱_옮긴이)이며 반드시 끝내야 한다고 선언했다. 이에 분노한 학생들은 사설을 철회하고 시위를 합법적인 애국운동으로 선언하라는 요구를 추가했다. 중국 공산당 강경파는 타협 거부는 물론 톈안먼광장 점거와 거리 행진 중단을 촉구하는 등 비타협적인 태도를 유지했다. 갈등이 이어지자 시위대는 중국 최고 지도자인 덩샤오핑과 리펑 총리의 퇴진을 요구하기에 이르렀다.

당연히 당은 시위대의 요구들을 받아들이지 않았다. 대신 (선포 즉시 실행되지는 않았지만) 5월 19일 리펑 총리가 베이징에 계엄령을 내렸다. 같은 날 밤 덩샤오핑과 다른 지도자들에게 협상을 제안했다가 거부당한 자오쯔양 중국 공산당 총서기가 직접 광장으로 나갔다. 그는 시위대를 향해 "내가 너무 늦게 왔어요"(중국어로는 我们来得太晚了이다. 이 책의 원서에는 "I", 즉 "내가"로 되어 있지만 실제로는 "우리가"이다_옮긴이)라고 말했다. 평화적이고 애국적인 운동으로 시작한 시위가 팽팽한 교착 상태에 빠졌다. 당의 강경파가 지휘권을 장악했고, 시위대에 동조했던 자오쯔양 같은 개혁파는 축출될 위기에 처했다. 직후 자오쯔양은 가택연금에 들어갔고,

시위가 정치적 안정을 위협할까?

15년이 지나 2005년 1월 사망할 때까지 그곳에 머물러야 했다.

평화적 시위가 발발하고 7주가 지난 1989년 6월 4일, 중국 공산당은 계엄령 집행을 명령했다. 탱크와 장갑차가 톈안먼광장과 주변 거리로 밀고 들어왔다. 군대는 대중을 향해 발포했고, 병원은 사망자와 부상자로 가득 찼다. 시위대는 화염병과 곤봉, 쇠막대기로 맞섰지만 인민해방군의 무기와 비교가 되지 않았다. 그날 밤의 사망자는 수백에서 1000명 이상으로 추산된다. 많은 것을 약속할 것 같았던 시위는 갑작스러운 유혈 사태로 끝났다.

1989년의 시위는 앞으로 일어날 대규모 시위의 전조가 아니었다. 이후 30년이 넘도록 정치적 변화를 요구하는 전국적인 대중운동은 발생하지 않았다. 1990년대 초 경제가 급성장하기 시작하면서 시위에 참여했던 사람들조차도 대부분 경제적 기회로 눈을 돌렸다. 이후 몇 년간 1989년 봄을 말하는 사람은 없었다. 부모와 교사는 입을 다물었고, 중국 공산당은 더욱 그러했다. 당은 평화 시위와 폭력 진압에 대한 공개 토론을 일체 억압하고, 온라인 정보를 검열하고, 심지어 구글이나 줌 같은 외국 기업에도 사건의 이미지나 논평을 중국 사용자에게 제공하지 말라고 압력을 가했다.

이들은 1989년의 시위에서 몇 가지 교훈을 얻은 것 같다. 중국 공산당은 인민해방군에만 의존하면 안 되며, 시위와 사회 불안정에 신속하게 대응할 수 있는 국내 보안 장치가 필요하다는 사실을 깨달았다. 이러한 인식은 1989년 가을부터 동유럽 전역의 공산주의 정권을 무너뜨린 "벨벳혁명"을 목격한 뒤 더욱 강화되었다. 1990년대부터 중국 공산당은 시위에 대처하는 정책과 관행을 개발했다. 공안 당국의 예산, 관료주의의 체계와 영향력을 확대하고 지방 지도자들에게 평가와 승진의 조건으로 반드시 안정을 유지하라고 요구했다.[1]

반면에 인민은 당이 정치 권력의 독점적 지위를 지키기 위해 치명적인 무력도 꺼리지 않는다는 사실을 알게 되었다. 시위가 완전히 자취를 감춘 것은 아니지만 규모와 목적이 달라졌다. 시위 활동이 변화함에 따라 당도 타협 의지와 안정 유지의 결의를 적절히 섞는 방향으로 대응했다.

1989년 톈안먼광장과 전국 각지에서 일어난 시위는 학생을 중심으로 모든 연령과 계층의 대중이 참여하고 광범위한 사회, 정치, 경제 문제의 해결을 요구한, 당 중앙과 정부 지도자를 겨냥한 대규모 대중운동이었다. 하지만 이후의 시위는 규모가 훨씬 작고 지역 문제와 지방 지도자를 겨냥했다. 이 책의 서두를 장식한 우칸 시위에서 보았듯이, 시위대는 완전한 정권 교체를 요구하지 않고 새로운 권리나 정치 개혁을 요구하는 경우도 드물다. 대신 그들은 국가의 법, 규정, 정책이 현지에서 제대로 시행되기를 원한다. 대부분은 민주주의를 해결 방안으로 보지 않았다(홍콩의 민주화 시위는 7장에서 다룰 예정이다). 시위대는 종종 지방 관리들의 행동을 비판하면서도 중앙 지도자의 자비와 지혜를 칭찬했다. 이렇게 하여 시위대와 중앙 지도자는 시위대의 분노와 상급 지도자

195

의 질책을 감수해야 하는 지방 지도자를 상대로 암묵적인 동맹을 형성했다.[2]

1989년 이후 시위는 중국 공산당에 실존적 위협이 되지 않았으며, 오히려 당은 시위대의 물질적 요구에 양보하거나 최소한의 타협을 제시하며 호응했다. 한 지역의 공장이 다른 지역으로 이주하면 토지 수용 피해자들에게 더 많은 보상을 제공했고, 노동자에게는 미지급 임금과 연금을 부분적으로나마 지급했다. 그러나 당은 지역 인민의 요구에 항상 응하지는 않으며, 또한 인민들에게 책임을 지는 방식으로 호응하지도 않는다. 지방 관리들은 관할 지역에서 시위가 발생하면 경력이 위협받기 때문에 정치적 안정을 유지하기 위해 시위를 진압할 가능성이 크다. 양보와 타협안을 제안하는 동시에 다른 곳에서 비슷한 시위가 일어나지 못하도록 시위 지도자를 체포하고 장기 징역형을 선고하는 경우가 많다. 이처럼 시위는 특정 목표를 달성할 수 있지만 대가가 너무 큰 저항 방식이다. 그리고 2012년 시진핑 집권 이후에는 탄압과 호응 사이의 균형이 확실히 전자 쪽으로 기울었다. 이제 중국 공산당은 대중 여론에 민감하게 호응하지 않고, 여론에 대한 책임으로부터도 더욱 멀어졌다.

이 장에서는 시위의 전략, 시위를 촉발하는 요인, 정당의 호응 방식을 살펴보면서 주제를 구체화할 것이다.[3] 그 과정에서 권력을 위협하는 시위와 그렇지 않은 시위를 구별하고, 그에 따라 시위대의 전략과 당의 호응이 어떻게 달라지는지 살펴볼 것이다.

톈안먼 이후 중국의 대중 시위

최근 중국에서 시위 발생이 급증했다. 1993년 중앙 정부는 8700건의 시위를 보고했지만 2005년에는 8만 7000건으로 10배나 증가했다. 이에 놀란 정부는 그 뒤로 시위 집계를 공개하지 않았다. 베이징 칭화대학의 사회학자 쑨리핑은 2010년에 18만 건의 시위가 발생했다고 추정했다. 정확한 시위 횟수를 알 수 없고 또한 1989년의 규모에는 미치지 못하지만, 연구자들은 시간이 지남에 따라 시위 빈도와 규모가 커지고 있다는 데는 대체로 동의한다. 더 중요한 것은 인민이 시위에 참여하는 방식과 당이 거기에 호응하는 방식이 모두 진화했다는 것이다.

시위의 구성

시위대의 요구는 시간이 지남에 따라 정의와 공정성에 대한 도덕적 주장, 약속했지만 이행되지 않은 권리에 대한 주장, 그리고 결국에는 이익에 초점을 맞춘 주장으로 진화했다.[4] 마오쩌둥 이후 시기의 초반에는 시위가 사회주의 이념과 마오주의의 언어로 포장되었다. 노동자들은 약속받은 존엄성을 찾고자 했고 농민은 생존을 위한 충분한 곡물을 원했다. 연금 수급자와 제대 군인들은 자신들이 받아야 할 생계비 수준의 급여를 지급하라고 요구했다. "우리가 원하는 건 생선이나 고기가 아니라 죽 한 그릇

시위가 정치적 안정을 위협할까?

이다!"(중국어로 我们不要鱼和肉, 我们只要一碗粥!_옮긴이), "반년 동안 1위안도 없이 살았다. 우리는 쌀밥을 먹고 싶다" 같은 구호가 이때의 상황을 보여준다.[5] 시위대의 요구는 도덕 경제적 관점을 반영하고 있었다. 즉 이들은 이기심에서 행동한 것이 아닐뿐더러 새로운 권리와 자유를 요구하는 것도 아니었다. 단지 옳고 합당한 것, 더 중요하게는 중국 공산당의 약속에 근거한 공평하고 공정한 대우를 원했다.[6]

이후 시위대는 중국 공산당으로부터 약속받은 권리를 수호하는 것을 시위의 목적으로 삼았다. 중국의 정치 시위에 대한 연구에서 가장 중요한 개념은 아마도 "합법적 저항rightful resistance"일 것이다.[7] 이 개념은 많은 시위가 새로운 권리, 자유 또는 해방이 아니라 국가가 한 약속을 지방에서 이행하라고 요구하고 있다는 것을 보여준다. 시위대는 기존의 법률, 규정, 지도자의 연설, 공식 언론의 기사 등을 인용하여 약속한 내용과 실제 이행되는 내용 사이의 불일치를 지적했다. 많은 경우 중앙 또는 성급 지도자가 한 약속을 지방 관리들이 이행하지 않고 있었다. 따라서 시위대는 이미 존재하는 법률과 규정의 이행을 거부하는 지방 관리들에게 합법적으로 저항했다. 합법적 저항은 일반적으로 더 많은 지지를 얻고, 관리들에게 탄압의 빌미를 제공하지 않기 위해 비폭력적인 방식으로 이루어졌다.

합법적 저항자들의 주요 표적 중 하나가 바로 농촌 선거였다. 2장에서 본 것처럼 중국 공산당은 1980년대 초에 농촌 선거를 실험적으로 허용한 후 1987년에 이를 의무화했다. 농촌의 인민공사가 해체되고 가족농으로 대체되는 과정에서 지방의 영도력 공백 문제를 해결하기 위한 조치였다. 농촌 주민들은 지역 문제를 관리하기 위해 촌장과 촌민위원회를 직접 선출하기 시작했다.

그러나 향이나 진의 지도자들은 종종 선거에 개입하여 마음에 들지 않는 후보를 거부하거나 당선 결과를 무효화했다. 그러자 촌민들은 농촌 선거법을 근거로 관리들의 간섭에 이의를 제기했다. 촌민들은 중국 공산당에 대항하는 새로운 정당의 결성이나 선거법 개정은 요구하지 않았다. 대신 상급 관리들이 향진 관리에게 전국인민대표대회에서 결정한 선거법을 준수하도록 명령하라고 요구했다.

이것이 현대 중국에 등장한 새로운 현상은 아니다. 중국 역사 전반에 걸쳐 농민들은 공식적인 수사를 사용하여 국가의 사무에 항의했다.[8] 그들은 황제를 끌어내리는 대신 인민을 통치해야 할 책임이 제대로 지켜지지 않고 있다고 지적했다. 역사적 관점에서 볼 때, 당대 중국의 합법적 저항자들은 생존과 성공 가능성을 높이기 위해 게임의 규칙을 이해하고 그 규칙에 따라 행동을 전개한다. 이들은 정권의 수사를 자신에게 유리하게 사용하는 방법을 알고 지역사회 수준에서 정권이 이행하지 않은 약속과 공약을 지적하는 법도 알지만, 권리 의식이나 정권에 대한 도전 의사는 없다. 합법적 저항이 새로운 전술인지 여부와 관계 없이 이는 시위대가 대의를 추구하는 방식을 이해하는 데 중요한 개념이다.

시위가 정치적 안정을 위협할까?

권리와 규칙 사이의 논쟁은 단순히 그 의미를 정의하는 것을 넘어서 합법적 저항이 체제의 안정을 위협하는지까지 설명한다. 시위대가 정권이 정한 게임의 규칙을 따르는 것일 뿐이라면 그들의 주장은 정권에 큰 위협이 되지 않는다. 하지만 만약 개인에게 내재된 양도할 수 없는 권리 개념을 발전시킨다면, 이들은 멀지 않은 미래에 중국 공산당에 더 큰 위협이 되는 새로운 권리와 자유를 요구할 수 있다. 학자들은 시위대가 자신들의 요구를 정당화하기 위해 기존의 법률과 규정을 일상적으로 인용한다는 해석에는 동의하지만, 관행의 궁극적인 의미는 여전히 논쟁적이다.

세 번째이자 최근 시위의 목적은 시위대와 사회 전반의 이익과 삶의 질에 관한 것이다. 이 주제는 환경 관련 시위에서 흔히 볼 수 있다. 화학 공장, 소각장, 주거지 주변에 건설되는 고속철도 등이 시위의 계기가 되는데, 시위대는 건강, 삶의 질, 재산 가치에 대한 위협을 문제 제기한다. 중국의 급속한 경제 성장과 도시화로 인한 악명 높은 환경 오염은 대중 시위와 온라인상에서의 비판을 불러왔다. 이로 인해 정부는 유연휘발유를 금지하고, 도시 교통량을 통제하며, 공장 및 화력 발전소를 인구 밀집 지역 바깥으로 이전하는 등 대기질 개선 조치를 취했다. 수력 발전 댐을 건설하려는 계획은 멸종 위기에 처한 생물과 문화유산에 대한 위협을 지적하는 과학자, 언론인, 지역 활동가들의 방해를 받기도 했다(4장에서 설명한 누강댐의 사례에서 볼 수 있다). 이러한 시위에서 반대자들은 과거처럼 정권의 수사나 정권이 시민들에게 약속한 권리를 근거로 들지 않고, 개인적, 사회적, 심지어 국가적 이익을 주장했다. 이러한 유형의 시위는 단순히 국가가 주는 선물로서의 권리가 아니라 국가의 행동으로부터 보호받아야 하는 개인의 고유한 권리에 대한 인식이 출현했음을 의미하기도 한다.

다양한 시위 방식들은 상호 배타적이지 않다. 합법적 저항자들은 자신들이 현 상태에 위협이 되지 않으며, 그저 생존에 필요한 만큼만 요구한다고 주장할 수 있다. 환경 시위는 지방 관리들이 환경 영향 평가를 수행하는 과정에서 법과 규정을 따르지 않았다는 점을 강조할 수 있다. 시위 내용의 진화—도덕성에서 시작하여 물질적 이익을 추구하는 합법적 저항에 이르기까지—는 지속적인 사회 변화를 반영하며 "기대 상승의 혁명revolution of rising expectations"을 암시하기도 한다. 왜냐하면 저항의 양태가 정권이 한 약속에 기반한 시위에서 개인과 사회 전반의 이익을 목적으로 한 시위로 이동했기 때문이다.[9] 그러나 현재로서는 사람들의 기대와 현실 사이의 격차가 당을 위협할 만큼 충분히 벌어졌다는 증거가 거의 없다.

시위의 형태

중국에서 항의는 다양한 방식으로 제기된다. 낮은 수준부터 높은 수준까지의 대립, 청원서 작성 및 서명, 소송, 파업 및 농성, 거리 시위 등이 포함된다. 이 가운데 시위는 종종 덜 대립적인 방식으로 시작하지만 정부의 호응이 없으면 점점 확대된다.

중국은 시민들이 불만을 제기할 수 있는 몇 가지 공식 채널을 만들었다. 그중 하나가 청원 제도다. 당, 정부, 입법부, 사법부, 언론, 그리고 기타 모든 수준의 정치 제도의 공식 단위가 시민들이 개별적으로 또는 집단적으로 지방 관리의 부정 또는 부패에 대해 청원서를 제출할 수 있는 "신방판공실"(편지나 방문을 통해 문제를 제기할 수 있는 전담 기구. 중국어로 信访办公室_옮긴이)을 운영하고 있다. 청원이 문제 해결로 이어지는 경우는 드물지만 이를 위한 긴 과정의 첫 단계로 볼 수 있다.[10] 한 층위의 기관에서 청원이 거부되면 청원인은 더 높은 층위의 기관을 찾아갈 수 있다. 어떤 사람은 "직업 청원인"이 되어 수년 동안 청원 절차에 매달리고, 때로는 경험이 부족한 청원인에게 조언을 하기도 했다. 이런 사례가 늘자 중앙 정부는 지방 관리들에게 청원인이 성 소재지나 베이징으로 올라와서 청원하는 것을 금지하라고 지시했다. 일부 지방 정부는 공안이나 용역을 파견하여 청원인을 강제로 돌려보내기도 했다. 승인받지 못한 청원서 제출 행위는 "노동 개조"(본질적으로 투옥)가 폐지된 2013년까지 계속 이 제도의 교화 대상이었다.[11] 이는 중국 정치에서 자주 보이는 모순이다. 공식적으로 청원권을 장려하지만 실제로는 안정을 유지하기 위해 이를 막는다.

비록 개별 청원이 실패하더라도 특정 지역에서 특정 이슈로 청원이 급증하면 상급 기관이 그 문제에 주목할 수 있다. 예를 들어 2000년대 초반에는 농촌 토지 압류와 도시 주택 철거에 관한 청원이 갑자기 폭발했다. 이런 문제들에 대해 중앙 및 지방 정부는 청원 내용에 대한 통계 연구를 실시하고, 정책 시행이나 결정의 책임 여부를 논의했다. 그 결과 정책에 문제가 있다고 결론을 내리고 개혁을 추진했다.[12] 이러한 개혁이 재개발을 위한 토지 양도 관행이나 이에 반대하는 시위를 종식시키지는 못했지만, 그럼에도 지방 관리들의 강압적인 관행과 그로 인해 발생한 인민의 분노를 완화하는 효과는 있었다. 요컨대 국가는 개별 청원인에게 일일이 호응하지는 않지만 갑자기 청원이 급증한 문제—불법 토지 수탈—에 대해서는 호응했다.

　중국 국가는 법원 제도 안에서 문제를 해결하도록 권장했다. 1989년에는 시민들이 정부를 상대로 소송을 제기할 수 있는 행정 소송법을 통과시켰다. 1995년에는 임금 체불, 산재 보상 거부, 부당 해고 등을 당한 노동자가 고용주를 고소할 수 있는 노동법을 통과시켰다. 대부분의 사례에서 노동자가 패소했지만 국가는 이러한 법률과 "법을 무기로 사용하는" 방법을 대대적으로 홍보했다. 그 결과 불만을 품은 시민들이 자신의 법적 권리와 선택권에 대해 더 잘 알게 되었고, 자신의 노력이 무의미해졌을 때에는 "법치에 대한 환멸informed disenchantment"(중국어로 知情祛魅로 번역하는 경우도 있다. 법률을 활용하고자 하는 사람들이 법률 지식을 얻고, 법원이나 변호사 선임 등의 방식을 이해한 후 자신의 법률 활용 능력을 제고함으로써 법률 전반에 대한 이해도를 제고 즉 지정했지만, 법률 자체의 불공정성과 법 제도의 문제점을 알아가면서 점점 더 법 체계에 실망과

무력감, 즉 환멸을 느끼는 현상을 말함_옮긴이)이 발생했다.[13]

법을 사용하는 방법이 성공한 사례는 왜 거의 없을까? 노동법은 1990년대부터 시작된 국유 기업 개혁 전략의 일환이었다. 중국 정부는 노동자들이 "철밥통", 즉 고임금 일자리와 넉넉한 복지 혜택, 그리고 평생 고용 안정이라는 약속에서 벗어나기를 원했다. 그러면서 노동 문제를 더 광범위한 사회 계약의 일부나 중국의 진정한 노동운동의 기반과는 관련 없는 개인의 불만으로 바꾸려 했다.[14] 이 과정에서 국유 기업 노동자는 귀족 노동자에서 개혁 시대의 가장 큰 패배자 중 하나로 빠르게 전락했다.

공식 채널 사용이 성공적이지 않을 경우 중국 시민들은 보다 강경한 전술을 선택할 수 있다. 파업, 농성, 거리 시위는 당 지도자, 정부 관리, 기업 소유주 및 관리자에게 압력을 가하는 공개적인 행사다. 1989년 시위에는 미치지 못하지만 수천 명이 참여하는 상당히 큰 규모로 발전할 수도 있다. 소요의 규모는 시위대뿐만 아니라 이를 지켜보는 청중의 수까지 포함한다. 예를 들어, 연해 지역에 위치한 저장성에서 공해와 그것의 악영향에 반대하는 시위가 벌어졌을 때, 피해 농촌 중 한 곳의 시위대가 공업 단지를 막는 천막을 세웠다. 다른 농촌에서도 시위에 동참하여 자체 천막을 세웠다. 주변 지역 주민들도 이 광경을 보러 왔다. 시위대와 관중들에게 음식과 기념품을 팔 상인까지 도착하면서 축제 같은 분위기가 조성되었다. 지방 관리들이 여러 차례 천막을 철거했지만 시위대는 다시 설치했다. 어느 늦은 밤, 1000여 명의 간부와 보안 요원이 도시에 진입하여 천막을 철거하고 시위대를 강제로 내쫓으려고 했지만, 시위대의 반격으로 수백 명의 부상자가 발생하고 정부 차량 여러 대가 불 타는 사고가 났다. 지방 정부의 과도한 무력 사용은 시위대에 대한 대중의 동정심을 불러일으켰고, 여론은 타협을 하라고 관리들에게 압력을 가했다. 언론 보도로 사건을 접한 고위 관리들이 관심을 보이자 지방 관리들은 시위대에 대한 무력 사용을 금지하기로 결정했다. 또한 그들은 오염을 일으킨 공업 단지의 모든 공장을 폐쇄하기로 합의했다.[15]

이 에피소드는 중국의 시위에서 흔히 볼 수 있는 몇 가지 주제를 보여준다. 시위대는 인근 공업 단지의 공해로 인해 건강과 생계가 위협받고 있다는 매우 구체적이고 지역적인 문제를 제기했다. 이들은 베이징까지 가서 청원서를 제출했지만 아무 소용이 없자 공개 시위를 시작했다. 지방 관리들은 처음에는 시위대를 협박하여 시위를 중단하려고 했지만, 언론이 이 사실을 보도하고 상급 관리들이 경각심을 갖게 되자 시위대의 요구를 수용했다.

많은 시위가 노동 문제, 특히 제조업과 건설업에 종사하는 농촌 출신 이주 노동자와 관련 있다. 명목상 공식적인 노동조합인 중화전국총공회는 노동자를 대표한다기보다는 중국 공산당의 이익을 지키는 데 집중했다. 그러자 노동자, 특히 이주 노동자의 요구를 충족시키기 위한 다양한 NGO가 결성되었다. 중국 공산당이 자율적인 조직을 실존적인 위협으로 간주하고 조직 결성의 노력을 강력하게 탄압했기 때문에 노동조합을 결성하려는 초기 노력

시위가 정치적 안정을 위협할까?

은 모두 실패했다. 대규모 파업도 어려운 상황에서 노동자 NGO 들은 소규모, 심지어 개별적인 행동에 집중하기 시작했다.[16] NGO 활동가들은 정치적으로 민감한 문제는 회피하는 한편 즉각적인 성과를 달성할 수 있도록 비밀리에 노동자들을 훈련시켰다. 법원 앞에서의 플래시몹 시위 같은 소규모 집단 행동은 실제 목표 달성 보다는 고통스러운 권리 박탈 경험을 공유하여 공동체 의식을 형성하는 데 성공했다. NGO는 장기적이고 진정한 노동운동이 등장하기를 바랐다. 일부는 휴대폰 통화나 문자 메시지를 통해 누구와 대화해야 하고 무엇을 말해야 하는지 등의 구체적인 내용까지 지도했다. 이는 단순한 개인 행동이 아니라 조직적이고 조율된 개인 행동을 목표로 삼았다.

소규모 개별 행동의 핵심 목표는—공개 자살을 포함한—사회 안정을 위협하는 것이다. 자살은 특히 시위의 대상에게 수치심을 주기 위해 매우 공개적으로 행하는 자극적이고 강력한 항의다.[17] 2010년에 애플 및 다른 전자 회사의 제품을 생산하는 폭스콘에서 최소 14명의 노동자가 자살했는데, 대부분이 기숙사 옥상에서 뛰어내렸다. 자살이 잇따르자 중앙 지도자들은 폭스콘과 애플 경영진의 관행을 비판하는 데 그치지 않고 자체 조사를 시작했다. 폭스콘은 고층 건물에 그물망을 설치하여 투신자가 죽지 않도록 조치했다. 이후 폭스콘 공장의 상황은 다소 개선되었지만, 중국의 민간 기업에서는 여전히 노동 착취가 빈번하다. 많은 공장에서 개별 노동자는 옥상에 올라가는 방식으로만 고용주의 관심을

5장

끌고 양보를 얻을 수 있다.[18]

다른 형태의 개인 항의에는 주변에서 일어나는 변화에 대한 사람들의 저항이 포함된다. 이른바 딩즈후(중국어로 釘子户. 이웃이 모두 철거했지만 혼자 박힌 못처럼 굳건하게 자리를 지키는 사람을 말함_옮긴이)처럼 개발업자들의 매매 제안을 거절한 충칭의 부부 에피소드를 예로 들 수 있다. 이웃들은 모두 집을 팔고 떠난 동네에 유일하게 남은 이 부부는 2년 이상 지속된 대치 끝에 마침내 이주에 동의했다.

후진타오 시대에 널리 알려진 "큰 소요는 큰 결과를 가져오고, 작은 소요는 작은 결과를 가져오고, 소요가 없으면 아무런 결

그림 5.1 상하이 훙커우의 재개발 지역에 남은 "딩즈후"
(출처: Drew Bates, 플리커, CC BY 2.0)

시위가 정치적 안정을 위협할까?

과도 얻지 못한다"(중국어로 小闹小解决, 大闹大解决, 不闹不解决_옮긴이)라는 속담이 있다. 지금부터는 대규모 시위가 정권의 정당성이나 사회 안정을 위협하지 않으면 항상 어느 정도의 타협에 성공한다는 것을 보여줄 것이다. 사상자가 발생하거나 언론의 관심을 끌지 않는 한 중앙 관리들은 지방 관리에게 시위 처리를 위임한다. 이를 통해 중앙 지도부는 지방 관리의 실수로 인한 비난이 자신에게 향하는 일을 피할 수 있다. 반면 과도한 탄압은 반발을 불러일으키고, 결국에는 더 큰 항의를 조장할 수 있다.[19]

중국 공산당의 시위 관리 전략

1989년을 기점으로 중국은 안정을 최우선 과제로 삼았다. 톈안먼광장을 비롯한 중국 전역에서 발생한 시위는 중국 공산당에게 인민해방군에만 의존하지 않고 대규모 시위를 처리할 수 있는 더 나은 방법이 필요하다는 것을 알려주었다. 인민해방군은 국가 방위를 위해 설계되었으며 치명적이지 않은 형태의 소란을 통제하는 훈련이 부족했다. 게다가 비무장 시위대에 대한 폭력 행위는 군의 평판을 훼손했다. 이러한 이유로 많은 군 지도자들이 1989년 시위에 군대를 투입하는 것을 반대했다고 알려졌지만 이들의 반대는 결국 묵살되었다. 사건 이후 중국 공산당은 관료 제도 안에서 국내 안전을 담당하는 공안 기관의 위상을 높이고 이 기관의 최고 관리층을 중앙 및 지방의 당 지도부에 통합시켰다.[20] 대규모 시위와 소요 사태를 처리하기 위해 준군사 조직인 인민무장경찰부대를 확충했다. 그리고 "안정 유지" 기금을 조성하여 치안 기구 확대에 필요한 비용을 충당하고, 시위 종식에 필요한 협상 제도도 만들었다.

공안 예산은 1990년대 내내 크게 증가하다 2011년 처음으로 국방 예산을 추월했다. 이는 중국 공산당에게 국내 안전이 더 중요하다는 사실을 보여준다. 하지만 공안 예산과 국방 예산을 단순 비교하는 것은 다소 오해의 소지가 있다. 공안 예산에는 직접적인 탄압의 일환으로 볼 수 없는, 법 집행과 형사 사법 비용까지 포함되어 있기 때문이다.[21] 실제로 중국 정부의 지출은 1990년대 초반부터 꾸준히 증가했다. 특히 의료 및 교육에 대한 정부 지출이 공안 지출과 함께 가파르게 증가했다. 각기 방식은 다르지만, 모두 정치적 및 사회적 안정을 유지하는 비용이다.[22] 국내 안전 비용의 증가는 당이 여기에 우선순위를 두기 시작했다는 사실뿐만 아니라 전반적인 정부 지출 증가를 반영한다.[23]

중국 공산당은 시위 관리에 탄압과 호응을 포함한 다양한 전술을 사용한다. 두 가지 방법을 동시에 사용할 수도 있다. 지방 관리들은 종종 타협을 통해 시위를 해결하고 향후 발생할 시위에 대한 경고로 시위자 몇 명을 체포한다. 탄압과 호응의 상호 보완성은 다양한 장면에서 분명하게 드러난다. 후진타오가 중국 공산당 총서기였던 시절에 노동 불안이 증가한 성에서는 공안 비용이 증

시위가 정치적 안정을 위협할까?

가한 동시에 조정, 중재 및 법정 소송에서 친노동적인 판결을 내리는 경우도 늘어났다.[24] 그러나 2012년 시진핑이 중국 지도자가 된 이후 당은 시위를 탄압하는 쪽으로 방향을 전환했다. 지금부터 다양한 전술의 실제 사례를 살펴볼 텐데, 이러한 전술이 종종 중첩 사용된다는 점을 명심하라.

강경 진압

강경 진압은 시위 관리에서 가장 눈에 띄는 전술이다. 여기에는 무력 사용, 고문 혐의가 있는 빈번한 투옥, 출소자—때로는 아직 수감 중인 사람들의 친척—에 대한 가택연금, 때로는 시위대와 반체제 인사의 장기 실종 등이 포함된다. 강경 진압은 시위대를 처벌하고 다른 시위를 억제한다. 중국은 전 세계에서 가장 많은 정치범을 수감하고 있고, 수감 중인 언론인 수는 튀르키예에 이어 두 번째로 많다.[25]

지방 관리는 보안대 및 경찰을 동원하여 시위대와 비판자들을 탄압할 뿐만 아니라 종종 지역 범죄 조직의 일원인 "깡패"를 고용하여 지저분한 일을 시키기도 한다.[26] 고용된 깡패는 시위를 해산하고, 시위자의 집에 침입하여 기물을 파손하고, NGO 사무실로 가서 활동가를 협박한다. 1900년대 초 미국 기업들이 노조를 와해시키기 위해 외부 용역을 고용했던 것과 유사하게, 용역은 관리들이 억압적인 행위에서 한 발짝 물러난 것처럼 보이게 한다.

또한 깡패를 고용하면 보안대 및 경찰을 영구적으로 고용할 필요가 없어서 예산 절감 효과도 볼 수 있다.

연성 진압

가장 잘 알려진 연성 진압의 형태는 활동가(때로는 학자)를 초대하여 그들의 활동과 조직에 대해 인터뷰하는 방식이다. 이를 "차 모임에 초대하다"(중국어로 被请喝茶 또는 被约喝茶라고 한다. 본인의 의지와 전혀 상관없이 차 모임에 초대받거나 날짜를 강요당한다는 뜻_옮긴이)라고 한다. 이는 본격적인 구금이나 심문이 아니라 관공서나 공공장소에서 비공식적으로 이루어지는 대화이지만, 그럼에도 상대방에게 불안감을 줄 수 있다. 그 목적은 잠재적인 시위 및 기타 활동, 개인이 속한 조직, 심지어 유사 조직에 대한 정보 수집이다. 이러한 만남을 통해 활동가들은 자신이 공안의 레이더망에 포착되었다는 사실을 확인하고, 일부 계획이 저지될 수 있다는 것도 알게 된다. 활동가들은 정기적으로 차 모임에 초대받기도 한다. 국가는 상대를 억압하기 위해 이러한 만남을 활용하지만 활동가들은 만남을 통해 정부 관리들에게 자신은 정치적 의도가 없고, 정치적 안정에 위협이 되지 않는 것은 물론 중국 공산당에도 적대감이 없다는 점을 증명하여 관리들과 어느 정도의 신뢰를 쌓을 수 있다. 그러나 국가가 활동가들을 차 모임에 초대하고, 모임의 빈도를 정하고, 모임의 의제를 정하는 이 관계는 전적으로 국가 쪽

시위가 정치적 안정을 위협할까?

으로 기울어 있다. 활동가들에게는 거절이라는 선택지가 없다.

당과 정부 관리들은 분열을 조장하여 시위를 선점하는 방법을 활용하기도 한다. 예를 들어 숙련공과 비숙련공, 농촌 출신 이주민과 선주민, 서로 다른 방언을 사용하는 노동자들 사이의 자연스러운 분열을 이용한다.[27] 이러한 차이로 인해 집단 행동에 필요한 상호 신뢰를 구축하기가 더욱 어려워진다. 이와 비슷하게 지방 관리들은 한쪽에서 다른 쪽의 정보를 얻음으로써 NGO와 활동가들을 서로 대립시킬 수 있다. NGO와 활동가들은 종종 자신의 생존을 위해 기꺼이 협력하지만 결과적으로는 상호 의심과 불신이 커지면서 협력할 수 없게 된다.[28]

점점 더 일반화되는 연성 진압 방식에는 지방 관리들이 시위대의 가족과 친구를 파악하여 시위 중단을 설득하는 "관계를 이용한 진압"도 있다.[29] 지방의 관리들은 먼저 시위자가 누구인지 파악하고 그들의 관계망을 조사한 후 그에게 영향력을 행사할 가능성이 큰 사람들을 골라낸다. 그런 다음 그들에게 시위를 멈추게 하는 임무를 맡긴다. 실패하면 직장에서 해고되거나 전보될 수 있다. 예를 들어 한 청년이 연로한 조부모에게 집 철거에 대한 항의를 중단해달라고 간청했는데, 조부모가 집을 비우지 않으면 손자는 직장을 잃게 된다. 가족 간의 유대가 중요한 문화권에서는 이런 방법이 종종 통한다. 지방의 저명한 민간 기업가들이 동원되는 경우도 있다. 만약 이들이 정부의 요구를 거절하면 대출이 막히고 회사가 흔들린다. 즉 시위자만 처벌받는 것이 아니라 그의 친구,

친척, 지방 엘리트들도 비용을 부담하게 된다. 관계를 이용한 진압은 시위의 즉각적인 해결에는 효과적일 수 있지만, 장기적으로는 엄청난 대가를 치를 수 있다. 즉 중국 공산당에 의존하는 사람들을 위협하고 처벌함으로써 당의 핵심 지지층인 인민을 배제하는 위험이 있다.[30] 관계를 이용한 진압이 항상 효과적인 것도 아니다. 시위자의 성품이 굳세거나 그들을 설득하기 위해 파견된 사람들과의 개인적 또는 직업적 유대가 약하면 이 전술은 실패할 확률이 높다.[31]

관계를 이용한 진압은 안정 유지로 승진을 평가받는 지방 관리들이 주로 사용하는 방식이다. 이는 더 큰 규모의 연성 진압의 한 부분으로서, 현재 중국 외부에 거주하는 사람들을 포함하여 당의 신장 정책에 대한 비판 여론을 침묵시키는 데 사용되고 있다. 아직 신장에 남아 있는 사람들은 중국 공산당이 위구르족의 민족적 단결을 방해하기 위해 신장에 건설한 구금 시설에 강제 수용될까 봐 밖에 있는 친척들에게 전화를 걸어 비판과 시위를 중단해달라고 설득한다.[32]

중국 공산당의 진압 공구함에서 가장 중요한 도구는 기술이다. 마오쩌둥 이후의 개혁으로 한동안은 인민에 대한 감시 능력이 약화되었지만, 이제는 새로운 기술을 통해 이전에는 상상할 수 없던 수준의 감시가 가능해졌다. 중국 공산당은 안면 인식과 휴대폰 추적 기술을 활용하여 중국 전역의 출입 상황을 알 수 있게 되었다. 개인의 얼굴을 구분하는 차원을 넘어서 대중들 속에서 특정

시위가 정치적 안정을 위협할까?

민족을 골라내는 시도도 진행 중이다. 중국의 과학자들은 유전자 샘플을 사용하여 사람의 얼굴을 재구성하는 기술도 개발하고 있다.[33] 2020년 코로나19가 유행하던 시기에 출시된 애플리케이션을 통해 중국 정부는 격리 중인 사람들과 바이러스에 노출된 사람들의 소재를 추적할 수 있었다. 질병 확산을 막는 데 사용한 이 기술을 반체제 인사 및 당국이 "위험 인물"로 규정한 사람들을 감시하는 도구로 전환할 수 있다.

　또한 "빅데이터"의 수집과 분석을 통해 당은 사람들 사이의 상호작용도 파악할 수 있다. 당은 소셜미디어를 감시하여 불쾌한 콘텐츠를 차단하는 데 그치지 않고 누가 누구와 소통하고 있는지 파악한다. 또한 새로운 기술을 이용하여 미시적 수준에서 정보를 수집하고 집계할 수 있다. 신장의 공안 당국은 일체화연합작전프로그램IJOP(원서에는 Integrated Joint Operations Program이라고 했는데 신장에서 사용되는 이 기술은 Integrated Joint Operations Platform이다. 원서의 표기가 잘못되었는지, 아니면 다른 특정 프로그램을 지칭하는지는 분명하지 않지만 옮긴이가 보기에는 표기가 잘못된 듯하다. 중국어로 一体化联合作战平台_옮긴이)으로 사실상 전체 인구를 대상으로 첨단 통합 감시를 실시하고 있다. 공안은 IJOP 앱으로 사람의 키, 차량 색상, 최근 구매 내역 같은 개인 정보를 수집하고, VPN(가상 사설망) 사용, 전화번호 변경, 현관문 미사용 같은 의심스러운 활동을 감독하며, 애플리케이션이 지목한 사람을 조사한 후 신장의 강제 수용소나 교도소로 보낸다.[34] 이 모든 정보는 개인의 신분증 번호와 연결되며, 이로써 중국 전역을 철저한 감시 체계로 묶을 가능성이 커졌다.

새로 개발한 사회 신용 제도(중국어로 社会信用体系_옮긴이)는 연성 진압에 빅데이터를 접목한 대표적인 예가 될 수 있다. 이는 미국인들이 대출금과 신용카드 사용액을 갚은 기록에 따라 받는 금융 신용 점수와 유사하다. 그러나 중국의 사회 신용 제도에는 기업의 규제 위반 사실과 법원 판결을 포함하여 훨씬 더 광범위한 정보와 행위가 포함된다. 사회 신용 제도에 대한 초기 보도는 직장 이력, 이웃과의 관계, 온라인 활동도 포함될 것이라고 했지만 아직은 현실화되지 않았다. 게다가 이 제도는 단순한 점수가 아니라 보고서 형태다. 예를 들어 소비자는 기업에 발급된 신용 코드를 열람하여 식당이 위생법 위반으로 적발된 적이 있는지 또는 기업이 벌금과 과태료를 납부하지 않은 이력은 없는지 등을 확인할 수 있다. 사회 신용이 좋지 않은 사람은 신용 대출, 새로운 일자리와 승진, 국내외 여행이 거부될 수 있고, 심지어 자녀의 대학 진학도 영향을 받을 수 있다. 이 제도는 주로 규제 및 법적 문제에 적용되어왔고, 더 넓은 유형의 사회적 행동에는 적용되지 않았다. 사회 신용 제도가 완성되면 다른 유형의 데이터도 쉽게 통합할 수 있지만 아직은 거기까지 가지 않았다.[35] 진짜 놀라운 점은 많은 중국인이 사회 신용 제도를 수용하는 태도를 보인다는 것이다. 아마도 사람들은 상습적인 범법자들만 사회 신용 제도의 타깃이 될 것이라는 희망을 가지고 있는 듯하다.[36] 내가 중국인 학생들과 이

시위가 정치적 안정을 위협할까?

제도에 대해 이야기했을 때, 그들은 이 제도의 잠재적인 위험을 인식하지 못한 상태였다.

결과를 위한 협상

중국이 모든 유형의 시위에 탄압 일변도인 것은 아니며, 종종 시위 종결을 위해 양보할 때도 있다. 특히 임금 체불 및 연금 미지급, 부상이나 임신, 감원 등으로 인한 부당 해고, 토지 취득에 대한 보상, 재정착 비용 등의 경제적인 문제로 발생한 시위에 자주 양보한다. 지방 관리들은 경제 문제를 협상할 때 상당한 재량권을 가지며, 심지어 "안정 유지 기금"을 사용하여 "안정 구매"라고 부르는 보상을 지불하기도 한다. 이때의 금전적 요구는 일종의 합법적 저항으로서 시위자는 새로운 권리와 자유가 아니라 기존의 권리 이행을 요청한다. 그러나 이러한 협상의 결과는 권리를 협상 가능한 상품으로 만드는 경향이 있다.[37] 일부 관리는 권리를 국가가 서로 다른 인민에게 서로 다른 양과 질로 제공할 수 있는 협상의 대상으로 취급했다. 그러나 시진핑 체제에서는 더 억압적인 전술을 선호함에 따라 안정 유지 기금을 사용하는 빈도가 감소했다.[38]

분쟁이 정권의 정당성에 도전하지 않고 물질적 이해관계에 그친다면 국가는 기꺼이 양보하거나 타협할 의향이 있다. 예를 들어 상하이와 그곳에서 약 50킬로미터 떨어진 푸둥국제공항을 연

216

결하는 고속철(자기부상열차) 건설 같은 새로운 프로젝트에 대한 넘비 시위가 여기에 포함된다. 지방 관리들이 주거 지역을 통과하는 노선 연장 계획을 세우자 주민들은 공사로 인한 지역사회의 혼란과 열차 운행으로 인한 전자파 문제를 항의했다. 결국 격렬한 반대에 부딪혀 노선 연장 계획은 보류되었다.

환경 파괴를 반대하는 시위도 점점 빈발하고 있다. 시위자들은 2007년 샤먼, 2011년 다롄, 2015년 상하이 등 여러 도시에서 파라자일렌 공장 건설을 저지하는 데 성공했다. 파라자일렌은 플라스틱 용기와 폴리에스테르 직물을 만드는 데 사용되는 인화성 화학 물질이다. 피부에 닿거나 코와 입으로 흡입하면 신경이 마비될 수 있다. 지역 주민들은 공장 건설 계획이 공개되자 신속하게 항의했고 지방 관리는 계획을 취소하거나 공장 부지를 이전하는 데 동의했다.

2014년 마오밍에서 성공적으로 진행된 시위가 이러한 추세를 잘 보여준다.[39] 마오밍은 광둥성 남부 연해 지역에 위치한 도시로, 정유소와 석유화학 산업이 발달하여 "남부 석유 도시"(중국어로 南方油城_옮긴이)라고 불린다. 마오밍시 관리들은 파라자일렌 공장 건설 계획을 세우기 시작할 때부터 다양한 방법으로 시위를 막으려 했지만 모든 노력이 실패한 것은 물론 역효과까지 낳았다. 우선 그들은 공장의 장점을 찬양하는 선전전을 벌였다. 전단지를 배포했고, 지역 언론에는 안전성과 경제적 이점을 강조하는 기사를 실었다. 지역 시민들은 이미 다른 도시에서 발생한 시위들이

시위가 정치적 안정을 위협할까?

건강과 환경 문제를 제기한 것을 알고 있었다. 따라서 정부의 갑작스럽고 강도 높은 선전에 의심을 가졌다. 둘째, 지방 관리들은 학생과 석유화학 산업 종사자들에게 지지 서한 서명을 강요했다. 심지어 서명에 참여하지 않으면 대학 입학이나 향후 승진을 보류하겠다고 협박했다. 이는 투옥이나 혜택 제한으로 위협하는 연성 진압의 다른 형태다. 그러나 사람들이 온라인에서 이 일을 논의하고, 관련 위험성을 경고하는 목소리가 확산되면서 이 방법은 역효과를 내기 시작했다. 셋째, 관리들은 파라자일렌을 홍보하는 회의를 주최하고 활동가와 오피니언 리더를 초청했다. 그러나 이 회의는 불만을 잠재우기보다는 반대 활동가들이 서로를 인지하는 기회가 되었다.

　　다른 도시의 선례를 통해 마오밍 시위자들은 효과적인 시위 방법을 학습했고, 그것을 자신의 도시에 적용할 수 있었다. 이전의 반대 시위가 국내 언론에 대대적으로 보도되면서 지방 정부가 공장 건설을 취소하거나 중단하는 데 일조했다. 또한 시위자들은 시위를 평화롭게 유지하는 것이 무엇보다 중요하다는 사실을 배웠다. 첫날 시위가 경찰이 시위자를 구타하고 시위대가 경찰차와 정부 건물에 불을 지르는 사태로 끝난 후, 파라자일렌 반대 활동가들은 소셜미디어에 다른 도시의 평화 시위 사례를 공유했다. 핵심은 시위는 지속하되 폭력을 피하는 것이었다. 시위 일주일 후, 부시장은 기자회견을 열어 폭력을 규탄하고 경찰의 무력 사용을 옹호했다. 동시에 그는 파라자일렌 공장 건설에 정해놓은 시간표는 없으며 대중의 지지가 없는 한 건설하지 않을 것이라고 발표했다. 이로써 공장 건설 계획과 반대 시위가 모두 종료되었다.

현지의 관리들이 타협을 선택할지 단속을 선택할지는 부분적으로 지방 정부의 역량에 달려 있다. 1인당 GDP, 세수, 인구 대비 공안 비율이 높을수록 당국은 시위대와 협상을 모색할 가능성이 높다. 강력한 역량을 갖춘 지방의 관리들은 시위가 발생하기 전에 지역 상황을 감독하고, 시위자에 대한 정보를 수집하고, 시위 확대를 방지하기 위해 경찰을 배치하고, 시위대를 상방上访(중국식 청원 제도_옮긴이) 제도와 법원 같은 공식 채널로 안내하고, 궁극적으로 대규모 진압에 의존하지 않고 해결책을 마련할 수 있다. 반면 정부의 역량이 부족한 지방에서는 진압에 의존할 수밖에 없다.[40]

지방 관리들에게 양보하거나 타협할 의향이 있는 경우에도 향후 유사한 시위를 미연에 방지하기 위해 징벌 조치를 취하기도 한다. 그들은 시위 주동자 몇 명을 지목하여 체포하고 장기 징역형을 선고한다. 2002년 중국 동북부 러스트벨트 도시 랴오양에서 국유 기업 노동자들이 공장 폐쇄에 항의하며 시위를 시작했다. 노동자들은 지방인민대표대회 주임이 전국에 송출된 인터뷰에서 랴오양에는 (수천 명의 노동자가 해고되었음에도 불구하고) 실업자가 없다고 발언한 것을 보고 더욱 분노했다. 수만 명의 해고 노동자들은 밀린 임금 지급과 파산 선고 후 공장을 청산한 방법에 대한 진상 조사를 요구하며 행진했다. 결국 지방 관리들은 노동자에게

시위가 정치적 안정을 위협할까?

밀린 임금을 지급하기로 합의했다. 파산한 공장의 관리자는 부패 혐의로 수감되었다. 파산을 승인한 성장도 별도의 뇌물 수수 혐의로 기소되어 감옥에 갔다.[41] 성 정부는 노동자들이 퇴직금을 받을 수 있도록 하는 등 파산 절차를 개정하여 시위에 호응했다.[42] 동시에 시위 지도자 몇 명이 체포되었고, 그중 두 명은 4-7년 징역형을 선고받았다. 나중에 체포된 지도자 중 한 명이 감형을 받기 위해 시위 지도부에 대한 정보를 정부에 제공한 사실이 알려지면서 운동이 분열되었다.

시위대는 지도자의 체포를 피하기 위해 그의 신분을 숨기거나 자신들이 자발적으로, 또한 조직적이지 않게 행동에 참여했다고 주장하는 방법을 배웠다. 그러나 지방 관리들은 타협점을 찾기 위해, 더욱이 시위가 폭력적인 충돌로 확대되지 않도록 관리하기 위해 몇 명을 대표로 선정하라고 권유한다. 이렇게 선정된 지도자는 일반적으로 협상 이후 체포되지 않는다. 체포는 타협안을 훼손하고 시위를 재개할 가능성을 높이기 때문이다.

모든 시위 지도자가 불안을 조장한 죄로 체포되는 것은 아니며, 우칸의 시위에서처럼 어떤 경우에는 향후 시위 재발을 막기 위해 이들을 지도자 자리에 앉히기도 한다. 노동자 시위의 경우, 민간 기업 소유주와 국유 기업 관리자들은 조직과 동원을 방해할 목적으로 일부 노동자를 기업의 경영진에 포섭하려 한다.[43]

선제적 진압

중국 공산당은 중요한 기념일, 고위급 정치 회의, 중국 내 국제 행사 개최 같은 중요한 일을 앞두고 시위를 선점한다.[44] 이러한 시기를 전후하여 반체제 인사나 NGO 활동가 등 "유력 용의자"를 검거하여 가택연금, 구금, 또는 일시적으로 다른 도시로 추방한다. 지하 교회와 노동 NGO의 지도자들은 언론과의 접촉을 피하고 눈에 띄지 말라는 경고를 받는다. 베이징 안팎의 교통이 통제되고 주요 공공장소에는 공안과 무장경찰이 눈에 띄게 많아진다. 이렇게 해서 당은 정치적 안정에 대한 어떠한 위협도 용납하지 않겠다는 의지를 표출한다.

매년 6월 4일 톈안먼 시위 기념일이 다가오면 대학 캠퍼스와 공공장소는 공안의 감시가 강화되고, 인터넷 트래픽이 느려지며, 사회 단체들은 더욱 면밀한 감시를 받고, 식당들은 모임을 열지 말라는 경고를 받는다. 국제 노동절(5월 1일)과 중화인민공화국 건국 기념일(10월 1일)도 보안이 강화되는 시기다. 2019년은 민족주의 시위가 반정부 시위로 변질된 5·4운동 100주년, 1949년 중화인민공화국 건국 70주년, 6월 4일 30주년 등 여러 기념일이 있는 해였다. 기념일이 겹치면서 중국 공산당은 불안감이 특히 고조되어 기업과 호텔에 50명 이상의 모임을 열지 말라고 경고하는 등 다소 과격한 조치를 취하기도 했다.

5년마다 열리는 당대회나 1년에 한두 번 열리는 중앙위원회, 그리고 전국인민대표대회 연례 회의도 외국 지도자의 베이징 방

시위가 정치적 안정을 위협할까?

문이나 올림픽, 엑스포 같은 행사처럼 보안을 강화하는 시기다. 동시에 시위자에게도 중요한 날이다. 일부 단체와 활동가들은 정권의 탄압을 유발하지 않기 위해 이런 날을 피하지만, 다른 단체와 활동가들은 이 날을 국제사회에 자신들의 목소리를 알리는 기회로 활용한다.[45]

시위의 피드백 기능

중국 공산당은 왜 안정 유지에 집착하면서도 어떤 시위는 허용할까? 한 가지 이유는 자원과 관련이 있다. 중국 공산당은 모든 시위를 선점하거나 탄압할 능력이 부족하다. 모든 시위를 저지할 수 있는 충분한 인력과 장비가 있다고 해도 그렇게 하려면 엄청난 비용이 든다. 시위대가 합법적인 근거를 가지고 있을 때 당이 그들의 요구를 거부하면 분노를 자아낼 위험이 있고, 이는 결국 막대한 경제적, 정치적 비용을 유발할 것이다. 또한 지방 차원의 시위는 긴장이 곪아 터져 대중 시위로 폭발하기 전에 시민들이 불만을 표출하는 압력 방출 밸브 역할을 한다.

더 중요한 것은 시위가 당 및 정부의 고위 지도자들에게 민심에 대한 정보를 제공한다는 점이다.[46] 앞서 농촌 토지 강탈과 도시 주택 철거의 예에서 보았듯이 시위는 사회의 하부에서 어떤 문제가 발생하고 있는지, 그것이 고립된 사건인지 아니면 주의가 필요한 광범위한 문제인지 알려준다. 또한 무능하고 부도덕하거나 부패한 지도자에 대한 정보도 제공한다. 중국 공산당은 비용이 많이 들고 큰 혼란을 야기했던 일시적인 반부패운동을 제외하면 역사적으로 지방 관리를 감시할 수 있는 기관이 부족했다. 지방 관리들은 민심의 안정을 유지하고 부정적인 뉴스가 상부로 전달되는 것을 막기 위해 시위 진압에 최선을 다하지만, 역설적이게도 시위는 지방 차원의 대중 여론에 대한 피드백을 중앙에 제공했다.

시위를 일부 허용하는 것은 미래의 잠재적 시위대에게 국가가 허용하는 요구와 수사의 가이드라인을 제공하여 시위의 범위를 제한하는 효과도 있다. 그러나 정보 수집을 위해 허용하는 시위에는 항상 조건이 달린다. 일단은 불만이 진지해야 하고, 정치적 문제를 제기해서는 안 되며, 다른 단체를 부추기는 선례를 남기지 않아야 한다. 시위는 고비용의 의견 수렴법이지만, 중국 공산당에게는 '자유롭고 공정한 선거' 같은 대안보다 훨씬 안전한 방식이다.

시진핑 체제에서의 변화

시진핑 체제에서 중국 공산당의 시위 관리 방식에는 세 가지 중요한 변화가 보였고, 세 변화 모두 진압이 강화되고 호응은 약해졌다는 공통점이 있다.[47] 첫째, 중국 공산당은 국가가 승인한 공식 기관 밖에서 벌어지는 시위와 의견 주장을 범죄로 규정했다. NGO와 활동가들을 향한 위협은 이제 단순히 차 한잔 마시는

시위가 정치적 안정을 위협할까?

모임에 초대되거나 깡패와 대치하는 상황에 그치지 않는다. 과거에 NGO와 활동가들은 위협을 받으면 몸을 숨기거나 사무실을 다른 곳으로 옮기면 되었다. 그러나 시진핑 체제에서는 경찰과 공안 요원에게 체포되어 치안 유지 방해 또는 소란 유발 같은 범죄 혐의로 기소될 가능성이 커졌다. 그러면 이들의 사무실은 영구적으로 강제 폐쇄된다. 체포된 후에는 그들에게 수치심을 안기고 다른 사람들에게 경각심을 주기 위해 자백 방송을 강요당하는 경우도 많다.

두 번째 주요 변화는 단순히 사건이 발생한 후에 대응하는 것이 아니라 선제 진압에 더 많이 의존한다는 점이다. 예를 들어 중국에서 '#미투운동'은 시작도 하기 전에 탄압을 받았다. 저명한 방송인들과 학자들에 대한 몇 건의 고발은 물론, 국가는 온라인 토론을 검열하는 방식으로 운동이 활기를 띠기 전에 개입했다.[48] 성희롱을 공론화하고자 했던 "페미니스트 5자매"(중국어로 女权五姐妹_옮긴이)는 2018년에 시위를 열기도 전에 "불법 집회" 혐의로 체포되어 기소되었다. 비록 그들의 목적—성희롱 반대와 여성 평등—은 중국 공산당의 이념과 일치했지만, 이들은 상향식 운동을 표방했고 여러 대도시에서 조직적인 참여 양상을 보이면서 시진핑 체제가 설정한 적색 경계선(중국어로 红线, 처벌이 내려질 수 있는 한계선을 말함_옮긴이)을 침범했다.[49] 국가는 기존 단체들이 새로운 주장을 펼치지 못하게 하기 위해 움직였다. 대학이나 다른 단체의 후원을 받던 페미니스트 단체들은 후원이 끊기고 새로운 사무실을 구하지 못해 문을 닫아야 했다.[50] 저명한 여성 단체인 '여성의 목소리Feminine Voices'는 '세계 여성의 날' 다음 날인 2018년 3월 9일에 웨이보(중국어로 微博. 중국 최대의 포털 사이트인 시나닷컴新浪网에서 운영하는 소셜 네트워크 서비스_옮긴이) 계정이 삭제되었다. 이 단체의 설립자는 #미투 주장을 공론화했다는 이유로 내려진 처벌이라고 추정했다.[51]

세 번째 주요 변화로 시위와 운동에 대한 중국 정부의 정의가 달라졌다. 과거에는 시위를 '안정'에 대한 위협으로 규정했지만, 시진핑 체제에서는 '국가 안보'에 대한 위협으로 규정하고 있다. 시진핑이 중국 공산당 총서기에 취임한 직후인 2013년 4월, 중국 공산당은 9호 문건을 통해 다양한 정치 및 사회 주제를 중국 공산당뿐 아니라 국가까지 위협하는 서구의 영향력이라고 설명했다. 이렇게 볼 때 시민사회 단체는 일상적인 골칫거리이자 사회 안전을 저해할 뿐만 아니라 외국의 영향을 받은 이념적, 실존적 적이다. 이는 중국 NGO에 외국의 재정 및 물류 지원이 차단되는 효과를 가져왔다. 여러모로 이런 방식이 억압 전술보다 지속적인 운영에 더 큰 위협이 된다. 자금 지원이 없으면 생존할 수 없기 때문이다.[52] 과거 활동가들은 중국의 분절된 당과 정부의 관료 조직 안에서 동조자를 찾을 수 있었지만, 이제 중국 공산당이 활동가들을 안보상의 적으로 규정하면 관리들과의 관계가 끊어진다.

세 가지 방식은 중국 공산당이 상향식 사회운동을 관용하지 않는다는 점을 분명히 보여준다. 당은 전통적인 이념을 지지하는

225

단체조차 용납하지 않는다. 베이징, 광저우, 난징의 대학생들은 노동자의 이익을 증진하기 위해 마르크스주의 단체를 결성했다. 일부는 공장에서 일하기 위해 학교를 휴학했다. 또 다른 학생들은 기업 밖에서 더 나은 노동 조건과 노조 활동을 할 권리를 요구하는 집회를 열었다. 이들의 활동은 중국 공산당의 노선과 일치하는 것으로 보였고, 실제로 1949년 이전 중국 공산당의 행동과도 유사했다. 그러나 이들의 활동은 중국 공산당의 영도를 받지 않았고 성장 촉진과 안정 유지라는 당의 우선순위를 지지하지 않았다. 후진타오 체제에서는 성장과 평등의 균형을 맞추고 빈곤층과 약자를 보호하려고 노력했기 때문에 이러한 단체가 용인되고 심지어 장려되기도 했다. 하지만 시진핑 체제에서는 탄압 대상이다. 지도자들은 체포되거나 실종되었으며, 사라진 이들은 아마도 구금 상태일 것으로 추정된다. 체포된 마르크스주의 학생 단체의 지도자 네 명은 자백 방송에 불려나와 학생과 노동자들에게 자신들의 행동과 신념을 사과했다. 이들은 또한 자신들의 단체가 외국으로부터 자금을 지원받았다고 주장했는데, 이는 자신들의 사상이 국가 안보를 위협했음을 인정한 것이다.[53] 이 사건은 시진핑 체제가 시위 대응을 국가 안보 프레임으로 전환했음을 말해준다. 중국 공산당이 여전히 마르크스주의에 대한 사탕발림lip service을 제공하고 있는 상황에서 마르크스주의 학생 단체에 대한 단속은 관찰자들을 당황시켰다. 그러나 그다지 놀랄 일도 아니다. 시진핑은 당의 노선에 대한 그 누구의 비판도—심지어 마르크스주의자들의 비

226

판도—용납하지 않는다.

중국 공산당은 시위 관리를 거의 전적으로 진압에 의존하고 있으며, 사실 시진핑이 집권하기 전부터 그 전환이 시작되었다. 기점은 2008년 베이징 올림픽을 몇 달 앞두고 중국 공산당이 반체제 인사, 활동가, NGO, 지하 교회 등에 속한 잠재적 위험 인물을 단속한 시기로 거슬러 올라간다. 외국 언론과 전 세계의 이목이 베이징에 집중되자 중국 공산당은 항의의 조짐을 사전에 차단했다. 개인과 단체의 시위 신청을 허가하기로 합의했지만, 결국 승인된 시위는 한 건도 없었다. 올림픽 기간에 중국은 일체의 분쟁 없이 강력하고 단결된 국가라는 메시지를 세계에 전했다. 그렇다면 올림픽 관리는 누가 담당했을까? 다름 아닌 당시 정치국 상무위원으로 승진하여 중국 공산당 총서기 겸 국가주석의 후계자가 된 시진핑이다. 시진핑이 올림픽 운영과 시위 진압에 사용한 억압적 전술은 그가 2012년 중국 공산당 지도자가 된 후 어떤 일을 벌일지에 대한 예고편이었다.

시진핑 체제에서 중국 공산당은 시위에 더 많은 법적인 조치를 취하고 있지만, 청원, 법원, 중화전국총공회, 중화전국부녀연합회 등의 공식적인 대중 조직과 같은 승인된 채널을 통한 참여는 계속 독려한다. 이러한 채널이 시진핑 체제에서 더욱 중요해졌는데, 그 이유는 중국 공산당이 허가된 채널 밖에서 일어난 일에는 관용을 베풀지 않기 때문이다.[54] 그러나 공식 채널은 효과가 제한적이기 때문에 시위대의 요구를 충족시킬 가능성이 낮다. 시진핑

시위가 정치적 안정을 위협할까?

의 당이 제시한 항의 방식은 시위대로 하여금 자신들의 호소가 기각되거나 집행되지 않을 것임을 알아차리게 할 것이다. 이로써 단기적으로는 안정을 유지할 수 있지만, 해소되지 않은 불만, 심지어 드러나지 않은 불만이 누적되면 장기적으로는 더 큰 불안을 초래할 수 있다.

인터넷의 영향

인터넷은 종종 사회가 억압적인 국가에 도전할 수 있는 도구로 간주된다. 중국에서 온라인 행동주의는 사회적, 정치적, 문화적 가치의 변화와 함께 전개되는 긴 혁명의 일부로 묘사되었다.[55] 시민들이 정권 교체를 위한 운동에 참여하기는 어려워도 네티즌은 인터넷의 익명성을 이용하여 운동에 동참할 수 있다. 그러나 네티즌이 온라인에서 자신의 의견을 표출하고 동지들을 만나는 방법을 배우는 것처럼, 권위주의 국가들도 인터넷을 관리하여 정권을 보호하고 비판자들을 고립시키는 방법을 학습했다.[56]

중국의 인터넷을 관찰할 때 획일적이고 억압적인 국가와 자유로운 사회의 대립이라는 틀로 보기보다는 국가와 사회가 모두 분절되어 있다는 점을 먼저 인식하는 것이 중요하다. 3장에서 설명한 바와 같이, 중국의 중앙 정부와 지방 정부는 서로 다른 우선순위를 세우고 있고, 따라서 전략—이를테면 인터넷 관리—도 다르다는 점에서 수직적으로 분절된다. 또한 정부 내 각 부처마다 (예를 들어 선전, 공안, 경제 발전 등) 인터넷을 바라보는 시각이 상당히 다르다는 점에서 수평적으로 분절되어 있다. 마찬가지로 중국 네티즌도 다양한 견해와 관심을 가지고 있다. 그들은 국가만큼이나 서로에게 빠르게 도전한다. 보수주의자와 자유주의자는 상대방의 진실성과 애국심을 공격한다. 보수주의자와 민족주의자는 자유주의자를 비애국적인 서구의 앞잡이라고 일축한다. 자유주의자들은 보수주의자를 정권의 나팔수로 간주한다. 중국 인터넷에는 영웅이 거의 없고, 대중의 폭넓은 지지를 받는 사람도 없으며, 정치적 야당을 대표하는 사람도 없다.[57] 중국의 정권 교체를 기다리는 사람들에게는 지금의 결론이 큰 실망으로 다가올 것이다.

중국의 인터넷 사용자 수는 2000년 2250만 명에서 2020년 8억 5400만 명으로 급증했다. 이는 전체 인구의 59.3퍼센트에 해당하는 수치로, 미국(거의 90퍼센트)보다는 낮지만 전 세계 평균인 59.6퍼센트와 비슷한 수준이다.[58] 당은 이들을 일일이 감시할 수 없다. 온라인에는 중국 공산당과 그 정책을 직접적 또는 우회적으로 비판하는 의견이 수시로 올라온다. 비판은 때로는 검열되지만 종종 그대로 노출된다. 중국 공산당이 가장 우려하는 것은 온라인에서 거리 시위나 공개 시위를 조직하려는 시도다. 중국 공산당은 이러한 유형의 집단 행동을 특히 위협적인 것으로 간주하기 때문에 관련자를 검열하고 처벌할 가능성이 훨씬 더 높다.[59]

229

중국 공산당의 인터넷 검열 관행은 방화벽 만리장성Great Firewall(중국어로 防火长城 또는 长城防火墙. 이는 하나의 구체적인 프로그램 또는 중국의 특정 부처가 운영하는 프로그램이 아니라, 다양한 단위에서 운영하는 검열 프로그램을 유기적으로 결합한 형태다_옮긴이)이라고 불린다. 만리장성처럼 그것을 넘으려는 시도를 대부분 차단하지만 전부 다 막을 수는 없다. 중국에서는 구글, 유튜브, 페이스북, 뉴욕타임스, 기타 중국 공산당이 차단하는 소셜미디어 및 뉴스를 이용할 수 없다. 방화벽 만리장성을 우회하는 유일한 방법은 VPN을 사용하는 것이지만, 현재는 이마저도 엄격하게 제한된다.

검열은 반체제 활동뿐 아니라 평범한 정보 검색도 제한한다. 한 미국인 학생이 중국 동북부의 대학교에서 공부하던 시절의 이야기를 들려주었다. 중국인 룸메이트는 그가 외출할 때 노트북을 빌릴 수 있는지 물었다고 한다. 중국인 학생은 VPN을 사용할 수 없었기 때문이다. 외국 사이트에 접속한 중국인 룸메이트는 뉴욕타임스나 CNN 기사를 읽고, 톈안먼 관련 정보를 찾고, 민주화운동가들과 소통하는 등 중국 공산당이 걱정할 만한 행동을 하지 않았다. 단지 메이크업에 관한 개인 홈페이지를 만들고 싶어서, 이와 관련된 다른 사례를 찾고 유튜브에서 메이크업 동영상을 시청했다. 이는 중국 공산당의 검열 정책이 당에 아무런 위험이 되지 않는 사람들의 행동까지 제약하는 역효과를 내고 있음을 보여준다.

중국 공산당 선전부는 웹사이트 차단 조치 외에도 언론이나 온라인에서 거론할 수 없는 이름, 사건, 주제에 대한 지침을 정기적으로 발표한다. 여기에는 6월 4일, 반체제 인사, 자연재해 또는 정치 스캔들에 대한 속보가 포함된다.[60] 검열관은 알고리즘을 사용하여 웹사이트에서 주요 용어를 검색하고, 네티즌은 완곡어와 동음이의어를 사용하여 검열을 피하고 있다. 예를 들어 네티즌은 시진핑과 외모가 닮았다는 이유로 "곰돌이 푸"(중국어로 "시웨이니ㅋ維尼"를 비롯하여 다양한 표현이 있다. 시진핑의 성과 푸의 중국어 이름을 합성함_옮긴이)를 시진핑의 코드네임으로 사용했다. 검열 당국이 이를 발견하고 금지하기 전까지 곰돌이 푸는 시진핑을 가리켰다.

정보의 흐름을 통제하려는 중국 공산당의 욕구를 고려할 때, 중국의 인터넷 회사가 국유 통신사라는 사실은 놀라운 일이 아니다. 그러나 중국의 콘텐츠 기업은 웨이보를 소유한 시나와 중국에서 가장 인기 있는 소셜미디어인 위챗을 소유한 텐센트, 세계 최대 전자상거래 업체인 알리바바 같은 민간 기업이다. 비록 개인 소유이지만, 이들은 벌금, 사업 관행에 대한 공개 비판, 재무 조사, (극단적으로는) 폐쇄 조치 같은 제재를 피하고자 검열 정책을 준수한다.[61] 중국 공산당은 이들 민간 기업에 검열을 위탁하는 방식으로 지속적으로 증가하는 인터넷 사용자를 감시하는 부담을 덜었다.

중국 공산당은 인터넷 기업의 리더도 선임한다. 중국의 많은 민간 대기업과 마찬가지로 인터넷 기업의 수장도 당과 밀접한 관계를 맺고 있다. 예를 들어 알리바바의 창립자이자 한때 중국 최

시위가 정치적 안정을 위협할까?

고의 부자였던 마윈은 중국 공산당원이자 자본가인 "홍색 자본가"다.[62] 텐센트의 창업자이자 CEO인 마화텅은 선전의 인민대표대회 대표 자격으로 전국인민대표대회 대표를 맡고 있다. 중국에서 가장 인기 있는 검색 엔진인 바이두의 공동 창업자이자 CEO인 리옌훙은 중국 공산당을 지지하는 경제 및 사회 엘리트들로 구성된 명예직 기구인 중국인민정치협상회의의 위원이다.

중국 공산당은 직접적인 검열 외에도 마찰friction과 홍수flooding 기법을 사용하여 사람들이 민감한 정보에 접근하지 못하게 했다.[63] 마찰 기법은 로딩 속도를 늦추거나 간헐적으로 접근을 차단하는 방식이다. 홍수 기법은 조금 더 복잡하게 작동한다. 중국 공산당은 논란의 여지가 있거나 비판적인 기사를 직접 검열하는 대신 인터넷을 가십 뉴스와 정권을 응원하는 글로 꽉 채운다. 이로 인해 사람들은 중국 공산당이 감추려는 사건에 대해 알기가 어려워진다. 진짜와 가짜를 구분할 수 없어서 아마존 제품 리뷰를 무시한 적이 있다면 당신은 이미 홍수 기법의 효과를 경험한 것이다. 중국인 네티즌은 미국인과 마찬가지로 쇼핑, 동영상 시청, 뉴스 검색, 친구와의 채팅을 위해 인터넷 창을 열기 때문에 방화벽 만리장성을 인지하지 못한다. 이러한 사용자에게 마찰과 홍수 기법이 큰 효과를 발휘한다. 중국 정부가 로딩 시간을 조절하면 대부분이 방화벽을 우회하기보다 다른 웹사이트로 간다.

중국 인터넷 사용자의 약 10-15퍼센트가 온라인에서 검열을 경험했다고 답했다.[64] 이는 과소평가된 수치일 가능성이 높다. 중국 공산당의 전술을 고려할 때, 많은 인터넷 사용자는 자신도 모르게 검열을 경험하고 있을 것이다. 검열이 검열 대상을 직접 위협하는 경우는 거의 없다. 처벌을 두려워하거나 걱정하는 사람도 거의 없다. 검열을 피할 수 있는 방법을 알거나 원하는 정보를 다른 웹사이트에서 찾을 수 있기 때문에 검열은 별 문제가 아니라고 말하는 사람이 더 많다. 일부는 검열 작태에 분노하며 비판한다. 중국 방화벽 만리장성의 설계자가 시나 웨이보 계정을 개설했다가 쏟아지는 비난에 곧바로 계정을 폐쇄한 일도 있다.[65] 어떤 사람들은 조롱과 말장난으로 대응한다. 가장 잘 알려진 사례는 "조화사회"를 건설하겠다는 후진타오의 목표에 대한 반응인데, 이러한 사례가 당의 검열 동기에 영향을 미쳤다. 네티즌들은 "차오니마"(중국어로 알파카나 라마를 뜻하는 草泥馬는 욕설인 操你妈와 발음이 비슷함_옮긴이)와 "허셰"(중국어로 민물 게를 뜻하는 河蟹는 조화롭다는 뜻의 和谐와 발음이 비슷함_옮긴이)로 대응했다("차오니마 허셰"는 '망할 조화사회'라는 뜻_옮긴이).[66] 관련 동영상과 게시물(이러한 짧은 이야기를 중국어로 '돤쯔段子'라고 부른다_옮긴이)이 온라인에 유포되고 문구가 새겨진 티셔츠와 기타 상품이 오프라인에서 판매되었다. 검열관들이 이 사실을 알게 된 후에는 패러디물까지 전부 삭제되었다.

"우마오당"(댓글 하나에 5마오를 받는다고 하여 붙은 이름이다. 중국어로 五毛党_옮긴이)은 온라인에서 중국 정부에 대한 비판에 반박하는 친정부 메시지를 게시하고 소정의 금액을 받는, 홍수 기법에서 핵심적인 역할을 담당하고 있는 사람들이다.[67] 우마오당은 중국 공산당 지도자, 정책, 프로그램을 두고 비판자들과 토론하거나 대안을 제시하기보다는 긍정적인 선전, 애국적인 구호, 관련 없는 정보만 쏟아낸다. 가끔은 정부 비판자의 견해를 단호하게 부정하는 신념을 갖고 정권을 수호하는 무보수 네티즌도 있다.

중국 온라인 커뮤니티의 분열로 인해 중국 공산당은 인터넷이 비판과 반대의 원천이 되지 못하도록 관리할 수 있다. 또한 중국은 직간접적인 검열 방식을 통해 인터넷을 잠재적인 체제 안정의 원천으로 만들 방법을 찾아냈다.

21세기 중국에서 정치 시위의 중요성

중국에서 시위가 정치적 안정이나 정권의 생존을 위협할까? 중국 공산당, 특히 시진핑 체제의 당은 이를 두려워하는 것이 분명하다. 그러나 두려움은 몇 가지 이유에서 과장되었다. 우선 평화적인 시위가 폭력적이고 비극적인 결말을 맞이한 1989년 이후 몇 년 동안 정치적 변화를 촉구하는 광범위한 전국적 운동이 없었다. 대신 점점 더 많은 시위가 지엽적이고 물질적인 문제로 인해 발생했고, 따라서 해결과 억제도 쉬웠다. 이는 특정 사건과 불만에 대한 임시 저항이며, 광범위한 정치적 야망을 드러내지 않는다. 적어도 이때까지는 책임보다는 호응에 대한 관심이 더 컸다.

두 번째 이유는 첫 번째 이유와 관련이 있는데, 중국에서는 정치 변화에 대한 대중의 지지가 거의 없고 민주주의에 대한 지지는 그보다도 훨씬 적다. 실제로 대부분의 중국인은 마오쩌둥 시대 이후 민주화가 이미 진행 중이라고 생각한다. 그러나 그들은 "민주주의"를 선거, 법치 및 기타 제도적 방식이 아니라 국가가 국민의 이익을 위해 통치하는 것으로 정의한다(중국에서 민주주의의 의미는 8장에서 자세히 다룬다).[68] 중국의 시위는 민주주의나 정치적 변화와는 거의 또는 전혀 관련이 없으며, 적절히 해결된다면 더 큰 불안으로 이어질 가능성도 없다.

시위가 안정을 위협하지 않는 세 번째 원인은 시위를 구성하는 방식에서 비롯된다. 많은 시위대가 자신의 주장을 정당화하기 위해 기존의 법과 규정을 인용한다. 권리 의식의 고양이 민주주의에 대한 지지가 싹트고 있다는 조짐일까? 정권이 부여한 권리에 대한 인식이 높아지면 사람들이 정권의 권한에 도전하는 새로운 권리와 자유를 요구하게 되고, 궁극적으로 민주화로 이어질까? 아니면 합법적 저항은 정권의 수사를 받아들여 자신들의 요구를 덜 위협적으로 보이게 하는 전술적 반응일까? 다시 말해 시위대는 자신의 권리를 인식하고 있을까, 아니면 단순히 자신들이 지켜야 할 게임의 규칙을 알고 있다는 뜻일까? "합법적 저항"과 관련한 논쟁에 참여한 이들은 국가가 약속했지만 이행되지 않는 권리를 관철하기 위해 국가의 수사를 이용하는 시위는 정권을 전복하려는 의도가 없으며, 민주주의적 태도를 띠는 것은 더욱 아니라는

시위가 정치적 안정을 위협할까?

데 동의한다.[69] 실제로 당이 합법적 저항자들과 타협하면 작은 양보를 큰 승리처럼 보이게 하여 정권을 정당화할 수 있다.[70]

지방 차원의 시위 횟수가 증가하고 그 강도가 강해지는 경향이 보이자 중국 공산당은 더욱 억압적인 전술로 돌아섰다. 지방의 시위가 더 광범위한 사회운동으로 확장되지는 않았지만, 앞으로 그렇게 될 가능성도 있다. 비록 발각되자마자 빠르게 진압되었지만 실제로 여러 도시에서 시위를 연계하려는 시도가 있었다. 학자들은 근본적인 가치관의 변화, 즉 사람들이 기대하는 것과 중국 공산당이 제공하는 것의 격차가 벌어지면서 정치적 변화의 가능성이 커지는 시점을 주시하고 있다. 그러나 아직 이 변화에 대한 증거는 찾지 못했으며, 의심할 여지없이 중국 공산당도 이 상황을 주시하고 있다.

2011년 아랍의 봄은 중국 공산당에게 중요한 교훈을 남겼다. 작고 사소해 보이는 시위가 갑자기 눈덩이처럼 불어나 권위주의 정권을 흔들더니 기어이 지도자를 축출하는 사회혁명으로 발전했다. 아랍의 봄은 튀니지의 한 여성 경찰관이 노점상의 뺨을 때리고 저울을 압수하고 수레를 뒤집은 사건에서 촉발되었다. 노점상은 공공장소에서 여성에게 뺨을 맞고 생계를 위협받고 모욕을 당한 일에 분노하여 분신하였고, 며칠 후 사망하면서 무책임한 정권에 저항하는 무력한 시민의 상징으로 떠올랐다. 그의 죽음은 중동과 북아프리카 전역으로 확산된 시위를 촉발시켰고, 이집트의 무바라크와 리비아의 카다피를 무너뜨리고 튀니지의 정권을 전복시켰으며, 시리아에서는 내전을 일으켰다.

모험을 회피하는 지도자들은 혁명적 움직임을 야기하는 긴장과 정서를 해결하는 방식으로 시위 진압을 선호한다. 마오쩌둥 주석은 "한 점의 불꽃이 요원의 불길로 번질 수 있다(중국어로 星星之火可以燎原_옮긴이)"고 했는데, 예상치 못한 사건에 혁명의 잠재력이 있음을 경고한 것이다. 중국 공산당도 이 전략에 따라 권력을 획득했다. 그러나 동일한 전략의 피해자가 되고 싶지는 않았다. 중국 공산당은 이제 불만이 시각화될 때에만 호응했던 기존의 "화재 경보" 모델을 폐기하고 활동가와 NGO의 생존에 필요한 정치적 "산소"를 원천 차단하고 불씨가 대형 화재로 번지는 것을 막고 있다.

시위의 가능성을 차단함으로써 시진핑의 중국 공산당은 대중적 불만에 대한 중요한 정보원까지 없앴다.[71] 과거에 당은 정책 시행 및 법 집행의 문제와 부패하고 불성실한 지방 관리를 파악하기 위해 상향식 동원을 활용했다. 새로운 법과 정책을 채택하거나 기존 정책을 개정하고, 시위의 원인이 된 지방 관리를 교체하고, 님비 분쟁에 양보하고, 체불 임금과 연금, 안전하지 않은 노동 조건, 몰수된 토지와 주택에 대한 보상 및 이와 유사한 물질적 요구에 타협하면서 인민의 불만에 호응했다. 당과 인민 사이의 긴장을 줄이는 것이 목표였다. 그러나 시진핑은 아래로부터 흘러나오는 정보를 신뢰하지 않고 당의 자체 기관에 의존하여 위에서 지역 동향과 지방 관리들을 감시한다. 그는 시위에 호응하기보다는 시위

시위가 정치적 안정을 위협할까?

를 선점하고, 시위대와 활동가들을 범죄자이자 국가 안보의 위협으로 낙인찍는 방식을 선호하는 것으로 보인다.

과거 중국 공산당은 정통성에 대한 직접적인 위협에는 적극 대응하고 다른 유형의 시위에는 양보하며 진압과 호응 사이에서 균형을 맞췄다. 그러나 시진핑 체제에서는 모든 시위를 실존적 위협으로 간주하고 대중의 불만 표출을 신속하고 강경하게 단속하고 있다. 지방 차원에서의 과도한 진압은 반발을 불러일으킬 수 있다. 중앙 관리들이 인민을 지방 관리를 견제하는 잠재적 동맹으로 여기지 않고 억압하기만 할 때, 반발은 지금과 같은 규모에 머물까? 이것이 바로 진압에만 의존할 때의 위험이다.

피드백 메커니즘이 제대로 작동하지 않으면 조직은 쇠퇴한다.[72] 특히 생존을 위해 경쟁자보다 뛰어날 필요가 없는 독점적 지위에 있을 때, 기업, 정당, 심지어 너무 늦었다고 생각될 때까지 문제의 징후를 무시하는—혹은 인지하지 못하는—국가 등 모든 종류의 조직은 같은 문제에 직면한다. 중국 공산당은 중국 내 정치 조직에서 독점적 위치에 있다. 시진핑 체제에서 중국 정부는 모든 종류의 피드백을 배척하는데, 이는 위험을 감수하는 처사다. 단기적으로는 위협을 억제할 수 있겠지만, 장기적으로는 더 이상 억제할 수 없는 수준으로 상황이 곪아 터질 수 있다. 소련과 동유럽 공산주의 정권의 갑작스러운 붕괴에서 알 수 있듯이, 공산주의 정당은 무적처럼 보이지만 실제로는 그렇지 않고, 그 종말은 놀라울 정도로 빨리 찾아온다. 중국 공산당이 이러한 운명을 피하려면—무엇보다도 시진핑이—대중의 불만에 호응하고 적응하는 자세로 돌아서야 한다.

6장

당은 왜
종교를
두려워할까?

베이징의 서우왕교회守望教会는 중국에서 가장 크고 유명한 "가정 교회"로, 주로 신자들의 집을 돌며 예배를 진행하는 미등록 교회다.[1] 정부에 공식적으로 등록하지 않았기 때문에 신앙생활에 계속 어려움을 겪었다. 2008년 5월, 베이징 지방 정부는 "불법" 예배, 즉 허가된 교회 밖에서 열리는 예배를 금지했다. 정부 관리와 경찰은 서우왕의 예배를 해산하고 교인들의 이름과 신분증 번호를 수집했다. 교인들은 곧 집과 직장에서 협박 전화를 받기 시작했다. 지방 관리들은 교회 건물주에게 임대 계약을 취소하라고 압력을 가했다. 그는 한동안은 임대료가 선불로 지불되었다는 이유로 거절했지만, 2009년 10월 임대 계약이 만료되자 재계약하지 않았다.

임대 계약을 갱신하지 못하고 예배 공간을 찾지 못한 교회 지도자들은 야외에서 모임을 열기로 했다. 2009년 11월에 열린 첫 야외 예배에 약 400명의 신도가 참석했다.[2] 두 번째 주에는 경찰이 목사를 집 밖으로 나가지 못하게 하고 확성기와 메가폰을 동원해 예배를 방해했음에도 불구하고 인파가 훨씬 늘어났다.

이 문제는 중국 공산당 총서기 후진타오의 관심을 끌 정도로 언론에 크게 보도되었다. 후진타오는 지방 정부가 하지 못한 일을 하려고, 즉 서우왕교회와의 갈등을 종식시키기 위해 개입했다. 그는 국영 CCTV 방송국 소유의 시설을 예배당으로 제공하겠다고 제안하며, 야외 예배를 강행하면 진압 경찰 수천을 투입해 강제 해산하겠다고 했다. 교회 지도자들은 이 제안에 동의했다. 그 뒤 몇 달 동안 서우왕교회는 후진타오가 제공한 건물에서 매주 예배를 드렸다.

지방 관리들은 후진타오의 개입으로 인해 자신의 의무를 다할 수 없게 되었다는 사실에 충격을 받았다. 그들은 중앙이 이 사건에 관심을 끊을 때까지 기다렸다가 행동을 재개했다. 2011년 봄, 그들은 정부가 제공한 공간에서 서우왕교회를 강제로 내쫓고 인근 건물 주인들에게 교회에 세를 주지 말라고 경고했다. 결국 교회는 야외 예배를 재개했다. 이번에는 지방 관리들이 더 잘 준비했다. 그들은 교회 목사가 집 밖으로 나오지 못하게 한 뒤 집을 나서는 교인과 경찰 바리케이드를 뚫고 예배당으로 들어간 교인들을 체포했다.

이후 몇 년 동안 교회 지도자들은 주말마다 가택연금을 당해야 했다. 서우왕교회는 웹사이트(정부의 검열을 피하기 위해 해외 서버로 이전함)에서 교인들과 소통을 이어갔다. 일부 교인들은 계속되는 압박에 지쳐 교회를 설립하며 분열했지만, 다른 교인들은 소규모 성경 공부 모임을 지속했다. 미등록 교회에 대한 탄압의 물결이 일고 있는 가운데, 2019년 3월 베이징 정부 관리들은 서우왕의 성경 공부 모임을 중단시키고 교회 폐쇄를 선언한 후 교인들을 인근 학교로 데려가 심문했다.

이 사례는 현대 중국의 종교에 관한 몇 가지 중요한 주제를 보여준다. 첫째, 중국 공산당은 종교에 대해서도 일관된 정책을 가지고 있지 않다. 어떤 종교는 인정하고, 어떤 종교는 용인하며, 어떤 종교는 탄압한다. 게다가 인정, 용인, 탄압의 경계는 중국 내 다양한 지역에서 시간이 지남에 따라 서로 다른 양상을 보이고 있다. 둘째, 중국의 종교 정책에는 공식적인 제도와 비공식적인 관행이 모두 포함된다. 마오쩌둥 시대 이후 종교에 대한 규제가 전반적으로 완화되었지만 시진핑 시대에는 다시 강화되고 있다. 시진핑의 중국 공산당은 모든 유형의 정치 및 사회 활동을 국가가 승인한 기관으로 몰아넣고 있으며, 종교도 예외가 아니다. 그러나 많은 교인들은 중국 공산당이 지정한 장소, 시간, 방법으로 예배 드리는 것을 거부하고 있다. 셋째, 지방 관리들이 다양한 종교 단체를 서로 다르게 인정하고, 용인하고, 탄압하는 것처럼 종교 단체도 각자의 방식으로 당의 정책에 저항하고, 회피하고, 협력한다. 마지막으로 "가정 교회"는 잘못된 명칭일 수 있다. 일부 가정 교회는 규모가 매우 작은 반면, 서우왕교회 같은 경우는 교인이 1000명이 넘고 자체 건물이나 임대 사무실에서 예배를 드리기도 한다. 개중에는 지방 정부의 시설을 임대한 곳도 있다.

중국 공산당은 지도자와 당원에게 무신론자가 되라고 요구하지만, 동시에 많은 중국인이 종교를 가지고 있음을 인정한다. 당은 이들의 신앙을 허용하고, 종교인 개인과 단체가 어떻게 움직이는지 감시하기 위해 종교 행위를 실천할 수 있는 공식적인 틀을 제공한다. 중국 정부는 불교와 도교, 개신교, 천주교(개신교와 천주교는 기독교의 두 종류가 아닌 별도의 종교로 분류한다), 그리고 이슬람교까지 다섯 종교만 인정한다(티베트 불교와 신장의 무슬림 위구르족에 대한 구체적인 사례는 다음 장에서 자세히 다룰 예정이다). 중국은 각 종교의 공식적인 교회, 사찰, 사원과 감독 기관을 설립했다. 그러나 비공식 단체와 지하 단체도 중국 종교의 일부이며, 이들 중 일부는 공식 단체와 비공식적인 관계를 맺고 있다.

앞에서 시민사회 단체를 여러 유형으로 구분했듯이, 종교 단체도 공식적으로 인정되는 단체(홍색), 금지된 단체(흑색), 공식적으로 인정되지도 금지되지도 않았지만 대부분 용인되는 중간 지대 단체(회색)로 분류할 수 있다.[3] 실제로 마오쩌둥 이후 특히 기독교의 성장은 대부분 비공식적이고 엄밀하지 않게 정의된 회색 영역에서 이루어졌다.

이 장에서는 중국의 종교, 종교 정책, 신자들의 다양한 사례를 제시할 것이다. 중국 공산당은 일부 종교 단체와 교인을 불필요할 정도로 가혹하게 탄압했지만, 모든 종교 단체와 신자를 박해하지는 않았다. 종교 정책과 관행은 하나의 연속적인 통일체로서 한쪽 끝은 공식적인 인정, 다른 쪽 끝은 노골적인 금지, 그리고 그 사이에 다양한 수준의 용인과 협력이 존재한다. 당의 종교 정책의 복잡성과 모순을 이해하려면 시기별, 지역별, 종교별, 심지어 같은 종교 내의 집단별 동향을 살펴볼 필요가 있다.

중국의 종교 행정

중국 공산당은 신앙과 정치가 결합되었다는 이유로 종교를 경계하는데, 그 까닭은 역사적 및 현재적 맥락에서 찾을 수 있다. 중국은 역사적으로 종교가 야기한 혼돈을 여러 차례 경험했다. 중국 현대사에서 기독교의 영향은 대규모 반란과 겹친다.[4] 1850년부터 1864년까지 지속된 태평천국운동(태평천국의 난이라고도 함_옮긴이)은 자신이 예수의 동생이라고 주장한 훙슈취안이 주도했다. 이들은 전성기에 3000만 명의 인구를 통치하고 중국 남부의 대부분을 장악했다. 반란이 끝날 때까지 수천만 명의 중국인이 사망하고 수백만 명이 고향을 떠나야 했다.

1899-1901년의 의화단운동은 중국 내 기독교 선교사들과 외국의 영향을 받은 사람들을 표적으로 삼았다. 이에 대응하여 서

방 국가, 러시아, 일본으로 구성된 8개국이 연합군을 파견하여 의화단을 지원한 청군과 싸우고 중국에 거주하는 자국민을 보호했다. 전투는 연합군의 승리로 끝나고 청은 외국에 거액의 배상금을 지급해야 했다.

더 가까운 시기에 종교가 다른 나라의 정권 교체에 기여한 예들을 중국 공산당도 잘 알고 있다. 가톨릭과 개신교는 필리핀, 한국, 타이완, 브라질 등에서 민주화를 촉발하는 데 도움을 주었다. 동유럽, 구체적으로 폴란드에서 공산주의가 몰락할 때도 중요한 역할을 했다.[5] 중국 공산당은 권위주의 정권에 도전하고 정권을 약화시키거나 잠재적으로 전복시킬 수 있는 국내외 세력—지금

그림 6.1 1901년 의화단운동을 진압하고 자금성을 점령한 8개국 연합군의 승전 기념식(출처: 퍼블릭 도메인)

당은 왜 종교를 두려워할까?

은 종교—과의 상호작용을 피하려 한다.

1949년 중국 공산당은 집권한 후 5대 공인(또는 "홍색") 종교 단체를 관리할 준정부 협회들을 설립했다. 중국개신교삼자애국운동中国基督教三自爱国运动, TSPM,6 중국천주교애국회中国天主教爱国会, CPA, 중국불교협회中国佛教协会, 중국이슬람교협회中国伊斯兰教协会, 중국도교협회中国道教协会 등이다. 협회들은 중국 공산당이 모든 종교 단체와 활동을 금지했던 문화대혁명 기간에 해체되었지만 마오쩌둥 사후에 부활했다. 이들이 사제를 훈련시키고, 예배를 조직하고, 설교 내용을 제한하는 등 교리 및 신학적인 문제에 대한 적합성을 보장하고 다양성을 통제하는 임무를 맡고 있다.

중국 공산당은 다섯 종교만 인정한다. TSPM은 1957년에 교파도 없앴다. 1949년 이전에는 장로교, 감리교, 루터교와 기타 교파가 각각 교회를 세웠지만 1957년 이후 모두 개신교로 통일되었다. 오늘날 많은 미등록 교회와 가정 교회가 다양한 교단에 소속되어 있지만, 공식적인 TSPM은 여전히 초교파적이다. 중국 공산당은 정교회, 유대교, 모르몬교, 바하이교 등 다른 주요 종교도 인정하지 않는다.

유교는 중국과 동아시아에서 가장 중요한 철학적, 문화적 전통임에도 불구하고 당은 유교를 종교에 포함하지 않았다. 엄밀히 말하면 유교는 하느님을 인정하지 않고, 창조론을 주장하지 않으며, 내세를 약속하지 않는 등 종교의 일반적인 특징을 가지고 있지 않다. 그러나 국가를 통치하고 사회 및 가족 관계를 관리하는 광범위한 규칙을 제공하고, 이 규칙은 확고한 도덕 원칙에 기반한다. 유교는 조상 숭배(효도의 연장선)의 기초가 되기도 했는데, 그로부터 죽은 조상에게 돈을 쓰고 음식과 음료를 제공하며, 역경이 닥치면 조상의 도움을 구하는 등 사후 세계에 대한 관념이 탄생했다. 이러한 규칙은 인간이 만든 것이지 하느님의 영감에서 비롯된 것이 아니다. 유교의 시초로 알려진 공자는 맹자나 유교 전통에 중요한 공헌을 한 다른 인물들과 마찬가지로 역사적 실존 인물이다. 그들의 철학은 종교 교리가 아니라 공공 생활의 교훈에서 파생되었다. 마오쩌둥 후기에 중국 공산당은 자신의 정당성을 단순히 마르크스-레닌주의가 아닌 중국 전통과 연결시키려고 노력하면서 유교를 다시 수용했지만 종교로 대하지는 않았다.

이 책 전반에 걸쳐 언급하듯이 중국의 정치 제도는 단일하지 않고, 대부분의 정책 영역에서 당과 정부의 여러 기관의 관할 구역이 겹친다. 이러한 특징 때문에 3장에서 설명한 분절된 권위주의적 정책 결정 모델이 탄생했다. 이는 종교 정책에서도 마찬가지다. 중국 공산당이 종교를 관리하는 기관도 여럿이다.[7] 우선 당의 통일전선부는 당과 종교 단체 및 종교 지도자를 포함한 비당파 단체의 교류를 담당한다.[8] 여기에서 종교 정책 및 종교 활동 제한, 종교 단체와의 관계, 교회와 사찰 및 기타 단체가 사용하는 재산 관리, 종교인 교육 및 관리 등에 관여하고 있다.

중국 정부에도 종교를 전담하는 기관이 있다. 중앙에는 중국의 내각에 해당하는 국무원 산하에 국가종교사무국国家宗教事务局,

SARA이 있다.[9] SARA에는 종교 문제를 연구하고 교육 프로그램을 제공하는 부서와 센터가 있다. 마오쩌둥 이후 중국 정부는 종교에 대한 지식을 향상시키기 위해 "과학적" 연구를 장려했다.[10] 지방 차원에서는 성급 단위부터 말단 단위까지 종교 활동을 감시하는 종교사무국이 있다. 중앙 종교사무국과 지방 종교사무국은 중요한 책임을 맡고 있지만, 다른 기관들처럼 막강한 영향력을 행사하지는 못한다. SARA의 지도자는 역사적으로 다른 부처 장관보다 지위가 낮았고 심지어 성이나 시의 당서기보다 위상이 약하다. 또한 SARA는 지방에서 종교 정책이 잘 이행되는지 여부를 감독 및 관리할 수 있는 능력이 매우 제한적이다.[11]

마지막으로 중국 공산당의 종교 관리는 안보에 초점을 맞추고 있다. 중국의 공안 기관은 가정 교회와 비공식 종교 단체에 대한 감독과 감시를 맡고 있다. 이는 신장위구르의 무슬림과 티베트 불교도들에 대한 중국 공산당의 강압적인 접근 방식의 일부이기도 하다. 예를 들어 최근 몇 년간 신장의 당서기는 모두 공안 기관 출신이었다. 중앙 및 지방의 공안국은 중국 정치 제도에서 가장 강력한 기관이다. 공안국의 주요 임무는 정치적 안정을 유지하는 것이고, 종교는 당 지도자들이 가장 우려하는 잠재적 위협 중 하나다.

마오쩌둥 이후 중국에서의 종교 부활

문화대혁명 때 종교는 미신으로 간주되고 신자들은 종교를 믿는다는 이유로 박해당했다. 사찰, 교회, 모스크는 파괴되거나 시골에서는 곡물 저장고로, 도시에서는 학교나 병원으로 개조되었다. 종교는 사라진 것이 아니라 숨어버렸다. 신자들은 여전히 예배를 드렸지만 비밀리에 했다. 가족과 소규모 신자 공동체가 집에 모였다. 일부는 발각될 가능성이 작은 숲이나 외딴 언덕으로 피신했다.

전쟁이 끝나면 폐허를 딛고 경제가 빠르게 성장하는 것처럼, 마오쩌둥 이후 당이 더 이상 종교를 박멸하려고 애쓰지 않으면서 종교가 성장할 수 있었다. 문화대혁명의 격변기에 숨어 있던 종교는 당의 종교 정책이 완화되면서 그 모습을 다시 드러냈다.

종교는 얼마나 빠르게 성장했을까? 이 간단한 질문에 답하는 것은 어려운 일이다. 첫째, 출처에 따라 수치가 매우 다르기 때문이다. 공식적으로 승인된 교회의 신도를 기준으로 한 중국의 종교 인구 통계는 추정치 중 가장 적은 편에 속한다. 2018년 기준 개신교는 3800만 명, 가톨릭은 600만 명, 무슬림은 2000만 명으로 집계되었다. 불교나 도교 신자의 수는 보고하지 않는데, 그 이유는 "일반 신자들이 종교 제도의 일부로서 따라야 하는 정해진 등록 절차를 거치지 않았기 때문에 그들의 수를 정확하게 추정하기 어렵기" 때문이다.[12] 반대쪽에는 세계종교데이터베이스World Religion Database가 있는데, 2015년 기독교(개신교와 가톨릭을 구분하지 않음) 1억 2500만 명, 무슬림 2300만 명, 불교 2억 2200만 명 이상으로 집계했다.[13] 두 수치 사이에 프리덤하우스Freedom House의 추정치가 있다. 이 자료에 의하면 2014년 기준 불교 1억 8500만 명, 개신교 5800만 명, 가톨릭 1200만 명, 무슬림 2100만 명이다.[14] 프리덤하우스의 추산은 공식 사찰, 교회, 모스크의 신자뿐 아니라 비공식 종교 신자를 모두 포함하고 있다.

종교의 성장세를 가늠하기 어려운 두 번째 이유는 정확한 집계 자체가 힘들기 때문이다. 종교 신자의 급격한 증가는 정치적 위협으로 간주되기 때문에 지방 관리들은 신자 수를 과소 집계하는 경향이 있다. 비공식 개신교와 가톨릭 교회조차 신변 안전을 위해 신도 수(세례자 포함)를 정확하게 기록하지 않는다.

세 번째 이유는 또 다른 어려운 질문과 관련이 있다. 종교적이라는 것은 무엇을 의미할까? 중국에서 이루어진 수많은 연구에 따르면 많은 사람이 종교적 행위를 한다고 답하지만 종교에 소속되어 있다고 인정하는 사람은 거의 없다. 특히 불교와 도교를 믿는 사람들은 공식적인 종교 기관에 소속되지 않은 상태에서 비공식적, 개인적으로 종교 활동을 할 가능성이 높다. 세계가치관조사 World Values Survey 데이터에 따르면 중국은 조사 대상 국가 중 종교성 수준이 가장 낮은 나라다.[15] 이 설문조사는 종교 단체 소속 여부, 결혼식, 장례식, 세례식 이외의 예배 참석 여부, 무신론자, 비신앙인, 신앙인 여부 등을 종교성을 측정하는 기준으로 삼았다.

그러나 많은 사람이 조직화된 종교에 소속되어 있지 않더라도 종교적 실천을 하고 있었다. 여기에는 점, 풍수지리, 향 피우기, 종이 돈 태우기 및 기타 형태의 조상 숭배가 포함된다. 종교 정체성과 종교적 실천 사이의 불일치를 고려할 때, "중국은 구석구석마다 사찰이 있는데 신은 없는 나라"라고 설명할 수 있다.[16] 중국의 유명한 설문조사 회사인 허라이즌Horizon(중국명은 링뎬연구자문그룹零点研究咨询集团_옮긴이)의 연구에 따르면 응답자의 85퍼센트가 종교적 실천을 수행하거나 종교적 신념을 가지고 있지만 신앙인이거나 종교에 속해 있지는 않다고 대답했다.[17] 그들은 결혼식 및 기타 중요한 행사의 날짜를 정하기 위해 점술가를 만난다. 풍수지리 전문가와 상의하여 집을 짓고 방과 사무실의 위치를 결정한다. 학생들은 시험 전에 "행운"을 기원하며 촛불을 켜거나 향을 피운다. 중국국가행정대학의 연구에 따르면 대다수의 당과 정부 관리도 마찬가지인 것으로 나타났다.[18] 하지만 이러한 관습이 정말 종교적 관심일까, 아니면 행운의 동전이나 토끼 발을 가지고 다니는 것 같은 미신적 행동일까? 어디를 경계로 삼아야 할지 모르기 때문에 중국 내 종교 신자 수를 정확하게 파악하기 어렵다.

그럼에도 중국에서 종교 신자 수가 증가하고 있다는 데는 대체로 동의하고 있다. 이는 수십 년 동안 종교 인구가 꾸준히 감소 중인 미국 및 기타 서구 국가들과 뚜렷한 대조를 이룬다. 다만 마오쩌둥 시대의 박해로 인해 매우 낮은 수적 기반에서 출발하였으며, 다양한 여론조사에서 응답자의 평균 15퍼센트만이 신앙을 가지고 있다고 답했다. 비율은 작지만 중국의 엄청난 인구 규모를 고려할 때 2억 1000만 명이 종교를 가지고 있다는 뜻이다. 이에 비해 중국 공산당 당원은 약 9000만 명이며 증가세는 훨씬 느리다.

중국에서 종교가 성장하는 이유는 무엇일까? 일부는 국가의 정책과 관련이 있고, 다른 일부는 사회 및 개인적 요인에 닿아 있다. 쉽게 말해서 종교에 대한 공급과 수요가 모두 증가했다.

종교에 대한 당의 정책 진화

중국 공산당이 경제 개혁을 실시하면서 정치 환경 자체도 개방되고 종교를 실천할 수 있는 기회도 늘어났다. 그러나 당은 자신의 권력이 점점 더 큰 위협에 직면하자 종교에 허용했던 공간을 축소했다. 그러나 다른 주제에서도 그랬듯이 지방의 관행은 종종 중앙의 정책에서 이탈한다.

1982년에 채택된 중국 헌법은 "중화인민공화국 공민은 종교 신앙의 자유를 가진다"라고 명시하고 있다(제36조). 하지만 그다음 조항은 중국 내 종교 자유의 한계를 드러낸다. "그 누구도 종교를 이용하여 공공 질서를 어지럽히거나 공민의 건강을 해치거나 국가의 교육 체계를 방해하는 활동에 참가할 수 없다." 이로써 중국에서의 종교 활동의 제약이 확립되었다.

또한 1982년 중국 공산당은 "19호 문건"으로 알려진 종교 정책을 발표했다. 새 정책은 중국 공산당의 임무는 무신론을 고수하고 현대화된 사회주의 국가를 건설하는 일이지만, 종교적 신념과 실천을 위한 더 많은 공간을 제공해야 한다고 인정했다. 동시에 당과 종교의 공존은 "국가 사랑, 종교 사랑"이라는 원칙에 기초했다(종교가 두 번째이다). 모든 종교는 자체적으로 관리될 것이나 공산당의 영도를 따라야 한다. 즉 "모든 애국적인 종교 단체는 당과 정부의 영도를 받아들여야 한다."[19]

중국 공산당의 종교 정책은 꾸준히 진화했지만, 항상 일관된 방식으로 발전한 것은 아니다.[20] 1989년 톈안먼광장 및 중국 전역에서 일어난 시위와 가톨릭 및 개신교가 동유럽의 공산 정권 붕괴를 촉발한 장면을 목격한 중국 공산당은 안보에 대한 종교 단체의 영향을 더욱 우려하기 시작했다. 1993년 장쩌민 총서기는 종교가 사회주의와 양립할 수 있다고 주장했다. 그러나 이듬해 중국 공산당은 외국인의 종교 활동과 성소 등록을 제한했는데, 이는 종교를 장려하는 동시에 통제하는 다소 모순적인 정책을 지속하려는 의도를 반영한 것이다.

후진타오 총서기 시절 중국 공산당은 종교 정책과 실천을 제도화하려고 노력했다. 2005년에 발표한 "종교 사무에 관한 규정"은 종교 활동은 정해진 예배 장소에서만 가능하다고 명시하여, 점점 늘어나는 미등록 가정 교회를 겨냥했다.[21] 중국 정부는 국가와 사회 관계를 재정의하려는 광범위한 제도적 노력의 일환으로 종교 공동체에 내부 업무를 관리하는 자율성과 권한을 부여했다.[22]

255

또한 미등록 가정 교회가 TSPM에 가입하지 않고도 공식화될 수 있다는 가능성도 암시했다. 그러나 지방 관리들은 규정을 시행하지 않았다. 2006년 베이징의 서우왕교회가 TSPM을 거치지 않고 직접 정부에 등록하려 했을 때, 그 신청은 거부되었다.[23] 새 규정의 궁극적인 목표는 종교의 자유를 허용하는 것이 아니라 종교 정책을 표준화하는 것이었다.

중국 공산당은 2006년에 발표한 "사회주의 조화사회 건설의 중대 문제에 관한 결정"(중국어로 关于建构社会主义和谐社会若干重大问题的决定_옮긴이)을 통해 종교에 다소 완화된 접근 방식을 취했다. 이 문건은 무엇보다도 종교인들에게 사회 화합을 위해 긍정적인 역할을 하라고 촉구했다. 이는 당은 종교 단체에 보다 개방적이고 실용적인 태도를 취하고 있으며, 증가하는 신자들과 더 나은 관계를 모색한다는 신호였다. 종교 지도자들은 종교가 당의 우선순위와 양립할 수 있다는 것을 보여주기 위해 "조화사회"라는 표현을 빠르게 채택했다.[24] 개신교 목사—TSPM과 가정 교회 모두—들은 종교국 관리들이 참석한 예배에서 조화사회에 관한 성경 구절을 인용했다. 당과의 협력은 기독교나 이슬람교와 같은 "외래" 종교에 특히 중요했으며, 불교도 협력할 의향이 있었다. 조화사회 문구는 2006년 베이징에서 열린 제1회 세계불교포럼에서 매우 중요하게 쓰였다.

중국의 오순절주의 및 카리스마적 기독교(미등록 교회의 상당수가 이들 교파다)는 종종 강력한 애국주의 메시지를 홍보한다.[25]

목회자들은 국가와 지도자를 위한 축복과 기도는 물론 국가 발전과 경제적 현대화라는 광범위한 주제를 설교하고, 소셜미디어에 교회와 종교 지도자들의 애국심을 표현하여 자신들은 국가와 사회, 그리고 다른 개신교 교회에 위협이 되지 않는다는 메시지를 발신한다. 또한 지역사회 기반의 자선 활동(사회복지, 빈곤 퇴치, 재난 구호 등)에 참여하면서 종교성을 가리고 시민의식을 강조한다. 애국적 메시지와 행동은 이들이 생산적이고 애국적인 시민임을 증명하여 교회 사업을 보호하고 동시에 당과 정부 관리 및 주류 사회가 이들에 대해 가지고 있던 부정적인 이미지를 개선하기 위해 고안되었다. 교회의 내적인 측면에서 볼 때 애국적인 메시지는 사회 전반에서 두드러지게 강화되고 있는 애국주의 정서와 결합하여 교회 성장에 도움이 될 수 있다.

마오쩌둥 이후 시기, 경제 성장에 대한 강조는 지방 관리들에게 종교 단체와 협력할 동기를 부여하기도 했다. 일부 지방 관리들은 관광 산업을 활성화하고 외국인 투자를 유치하기 위해 종교 유적지의 보수와 재건을 지원했다. 특히 휴일에는 불교 사찰과 기타 종교 유적지가 신자들과 국내외 관광객으로 붐볐고, 이 인파가 지방 정부의 금고를 채워주었다.[26] 지방 정부는 종교 유적지 입장료와 상인들의 수입에 세금을 부과했다. 또한 호텔, 레스토랑, 여행 가이드, 택시 운송에서도 일자리 창출, 세수 증대 같은 파급 효과를 누릴 수 있었다.

난푸퉈사南普陀寺는 타이완을 마주하는 동남 연해 도시 샤먼에

당은 왜 종교를 두려워할까?

있다.[27] 다른 종교 유적지와 마찬가지로 문화대혁명 때 폐쇄되고 그 자산은 공장과 학교로 바뀌었다가 마오쩌둥 이후 시대에 종교 활동과 관광을 위해 복원되었다. 2001년까지 이 사찰에는 600여 명의 승려가 거주했다. 사찰에서는 문화대혁명 이전에 몸 담았던 고령의 문맹 승려들을 대신할 젊고 교육 수준이 높은 승려들을 훈련시켰다. 불교 명절과 축제 기간에는 수천 명의 국내외 관광객이 사찰을 찾아왔다. 베이징과 샤먼의 관리들은 난푸퉈사가 타이완과 동남아시아의 화교(내용상 화교 외에 화인도 포함될 것으로 보인다. 화교는 해외에 거주하는 중국 국적자인 재외국민이고, 화인은 해외에 거주하는 비중국 국적자, 즉 외국적 동포다_옮긴이)들로부터 경제적 투자와 정치적 지원을 이끌어낼 수 있는 잠재력을 보았다. 실

그림 6.2 오랜 역사와 아름다운 경관을 자랑하는 난푸퉈사(출처: 셔터스톡)

제로 이 사찰은 종교 의례를 통해 돈을 벌고 채식 식당과 기념품 가게 등 소규모 사업을 운영하여 큰 성공을 거두었는데, 이로 인해 사찰과 지역 불교협회 및 종교국 사이에서 불가피한 갈등이 발생했다. 갈등은 불교협회 고위 관계자들의 개입과 난푸퉈사 주지의 사망 후에야 해결되었고, 지역 종교국은 새 주지를 임명함으로써 이 사찰과 지역 불교협회의 리더십을 분리할 수 있었다. 난푸퉈사의 사례는 중앙 및 지방 관리들의 종교 수용 가능성, 물질적 이해관계, 그리고 영적 신념 사이의 내적 긴장을 여실히 보여준다.

지방 정부에 재정 수입을 제공하는 종교 단체는 그렇지 않은 종교 단체보다 관대한 대우를 받았다. 민간 종교는 공식적으로 인정된 5대 종교 중 하나가 아니기 때문에 사원이나 기타 유적지를 종교 유적이 아니라 문화유산으로 등록해야 했다.[28] 예를 들어, 상하이 인근의 한 지방 정부는 관광과 순례의 명소가 된 49개의 돌다리 및 그것과 연결된 지역의 민간 종교를 지원하기 시작했다. 하지만 동시에 이 지방 정부는 지역사회의 일부인 개신교 교회, 사찰, 기공 단체를 주기적으로 단속하고 있다.[29]

상하이 남부의 한 구 정부는 관광객과 투자를 유치하기 위해 사찰을 재건했다. 타이완의 한 돈 많은 사업가가 지원한 재건 사업은 크게 성공했다. 그러나 이 사찰은 현지 종교국에 예배 장소가 아니라 박물관으로 등록되었다. 구 정부는 이슬람교 유적에도 더 많은 관광객을 유치하기 위해 모스크를 박물관으로 등록하게 했다. 모스크의 이맘(이슬람 성직자)과 지역 이슬람교협회는 사원

개조 비용을 마련하고자 이 계약에 동의했다.[30]

지방 차원에서 정부와 종교 단체의 협력은—공식적이든 비공식적이든—상호 이익이 될 수 있다. 종교 단체는 정부에 과세 소득을 창출해주는 사업체(일반적으로 소규모)를 설립할 수 있다. 2장에서 언급했듯이, 지방 관리들은 승진하기 위해 경제 성장, 특히 세수 증대를 기대한다. 따라서 지방 정부는 교회와 관련된 사업체와 공장이 지역 경제에 활력을 불어넣고 관리들의 경력 전망에 도움이 된다면 교회를 용인할 가능성이 더 높다.[31] 일부 공장은 저녁과 주말에 예배를 여는 미등록 교회를 겸하기도 한다. 중국에서는 대기업이 근로자를 위해 기숙사, 식당, 병원, 상점 등을 제공하는 것이 일반적이고, 이러한 건물에 교회를 추가하는 것은 지방 관리들이 눈치채지 못할 정도로 쉽게 할 수 있다. 일부 지방의 관리들은 새로운 투자를 유치하기 위해 교회의 신설을 제안하기도 한다. 예를 들어 타이완계 반도체 생산 기업인 SMIC가 상하이, 베이징, 청두, 그리고 톈진에 새 공장을 지으려고 할 때 관리들은 공장 안에 삼자교회를 설립하는 것을 허락했다.[32]

지방 관리들도 종교 단체의 자선 활동으로부터 혜택을 받는다. 종교 단체는 가난하고 도움이 필요한 사람들에게 원조를 제공함으로써 사회복지 서비스에 대한 지방 정부의 부담을 덜어주고 자원을 다른 사업에 투입할 수 있게 한다. 예를 들어 고아원, 병원, 중증 장애인을 위한 기관을 종교 단체에서 운영하는 경우가 많다. 지진이나 홍수 등 자연재해가 발생하면 구호 활동을 펼치기도 한다. 일부는 고립된 마을에 도로를 건설하는 등 인프라 사업에도 참여한다. 종교 단체는 국가가 후원하는 자선 단체나 복지 단체에 기부함으로써 지방 관리들과의 관계를 개선할 수도 있다. 이러한 기부는 내역이 공개되는 경우가 많기 때문에 기부자와 지방 관리 모두에게 거액의 기부를 주고받을 정치적 유인이 생긴다.[33] 많은 사람이 지역사회에서 자선과 구호 활동에 기여하고 있지만, 일부 가정 교회 목회자들은 공식적인 감시를 피하기 위해 교회 이름으로는 기부와 자원봉사에 참여하지 않는다. 선량한 시민처럼 보이기 위해 기부했다가 기독교인임이 공개되어 주목을 받고 싶지 않기 때문이다.

그러나 시진핑 체제에서 전반적인 정치 분위기는 더욱 억압적으로 변했고 중국 공산당은 종교에 대해 더욱 강압적이고 정치적인 접근법을 취하고 있다.[34] 서우왕교회 사례에서 볼 수 있듯이 미등록 교회에 대한 압력이 증가했다. 시진핑은 티베트 불교, 이슬람교, 특히 기독교는 중국 고유의 종교가 아니기 때문에 "중국적 특색"을 도입해야 한다고 주장하면서 "종교의 중국화"를 촉구했다. 이는 서구 사상과 영향의 위험성을 강조한 9호 문건에 반영된 것처럼 중국 내 서구 영향에 대한 전반적인 단속의 일환이다. 또한 민족 분리주의가 소련의 붕괴에 기여했다고 결론을 내린 중국 공산당은 소수민족의 민족 정체성을 제한하겠다는 목표를 세우고 이를 종교 정책에도 반영했다.

중국 공산당은 종교 관리 규제의 범위를 재확인하고 강화했

당은 왜 종교를 두려워할까?

다. 2005년에 처음 제정된 "중국의 종교 신앙의 자유 보장에 관한 정책과 실천"(중국어로 中国保障宗教信仰自由的政策和实践_옮긴이)은 국무원에서 개정되어 2018년에 시행되었다. 개정안에는 종교 시설의 신축과 종교 지도자 고용, 상업 활동, "종교적 극단주의"에 대한 새로운 관료주의적 절차가 추가되었다.[35] 그러나 지방 정부의 관리들은 새로운 규정과 시진핑의 종교 중국화 목표를 더디게 이행했다. 구호는 충실히 외칠지언정 규정이 허용하는 극단적인 규제는 하지 않았다. 무엇보다 수사는 장황하지만 구체적인 방향이 부족한 시진핑의 종교 중국화 전략을 어떻게 실행에 옮겨야 할지에 대한 확신이 없었다.[36] 3장에서 언급했듯이 중앙 정책이 항상 지방 차원에서 즉시 또는 완전히 실행되는 것은 아니다.

새로운 종교 탄압의 구체적인 징후 중 하나는 교회, 사찰, 모스크에 대한 공격이다. 어떤 경우에는 건물이 파괴되고 종교 지도자가 체포되는 등 완전한 탄압이 이루어졌다. 교회 꼭대기의 십자가가 철거되고 불상이 사찰 안으로 옮겨지는 등 상징이 제거되는 경우는 더 흔했다. 애국주의적인 교회도 단속의 예외가 아니었는데, 십자가가 철거된 교회 중에는 삼자운동과 중국천주교애국회 소속도 있었다. 십자가 철거는 중앙의 지침 준수와 종교 활동 보장 사이에서 지방이 택한 타협안일 수 있다. 뒤에서 설명하겠지만, 지방 관리들은 미등록 종교 단체라도 그들이 저자세를 유지하면 기꺼이 협조하는 경우가 많다.

당대 중국에서 종교의 매력

종교의 부활이 중국 공산당의 정책과 관행 때문만은 아니다. 신앙이 없던 사람들도 다른 이유에서 종교에 끌리고 있다. 하나는 급변하는 세상에서 의미를 찾는 과정과 직결된다. 이데올로기의 쇠퇴와 함께 일부 사람들은 대안적 가치 체계를 찾아 나섰다. 급속한 도시화와 산업화로 인해 사람들(특히 수백만 명의 이주 노동자)은 전통적인 사회적 연결망으로부터 뿌리가 뽑혔다. 종교는 마오쩌둥 이후 시기 중국의 급격한 경제, 정치, 사회적 변화에 적응하려는 많은 중국인들에게 위안을 주었다.[37] 물질적 발전─GDP, 개인 소득, 판매 수익 등─에 대한 끊임없는 강조로 인해 일부 중국인은 호기심 혹은 신념에 따라 종교 안에서 정신적 발전을 추구한다.

개신교 오순절주의는 허난성과 안후이성 같은 지방의 농촌에서 빠르게 확산되었다. 일부 농촌의 중국인들은 기적적인 치유, 귀신 퇴치, 건강과 번영을 위한 기도를 강조하는 오순절주의로 익숙한 민간 종교를 쉽게 대체했다.[38] 다른 사람들에게는 기독교─특히 주류 개신교─가 근대성의 상징이었고, 특히 시골에서 온 이주 노동자들에게는 도시 생활로 들어가는 관문이었다.

대부분의 종교의 핵심인 평등은 매우 위계적인 중국의 정치 및 사회 제도에 비해 매력적이다. 특히 기독교 교회에서는 언어도 반문화적 관습을 전파한다. 연해 지역 도시인 원저우의 한 교회는

263

새로 방문한 사람을 형 또는 오빠哥哥, 남동생弟弟, 누나 또는 언니姐姐, 여동생妹妹으로 부르는 대신 나이에 상관없이 모두 형제兄弟나 자매姊妹로 부른다.[39] 이는 신앙을 처음 접하거나 현대 중국의 끊임없는 정치, 경제, 사회적 압박에서 벗어나길 원하는 사람들에게 신선한 충격이 아닐 수 없다.

현대적이고 국제적인 신념과 관행으로서 기독교의 매력은 정치 활동가들도 끌어당겼다. 중국의 반체제 인사(망명자 포함)와 인권 변호사 중 상당수는 부모나 본인이 기독교 신자였다.[40] 1989년 6월 4일 톈안먼광장에 계엄령이 선포된 후 망명한 사람 중 상당수가 기독교를 찾았다. 기독교는 어떤 이들에게는 근대성을 추구하는 과정의 한 순간이었지만, 다른 이들에게는 폭력적이고 치명적인 종말을 맞이한 평화운동으로부터 정신적 치유를 얻고자 찾는 종교였다. 탄압을 피해 중국을 탈출한 가장 급진적인 학생 지도자 중 한 명인 차이링이 바로 후자에 속한다. 그는 미국에 정착하여 MBA를 받고 결혼한 후 기독교로 개종했다.[41]

중국의 "권리수호" 소속 변호사 중 상당수가 기독교인이다. 이는 이들에게 정치적, 법적 목표 외에 또 다른 차원의 목표가 있다는 것을 말해준다. 정치적 이상뿐 아니라 종교적 신앙도 중요한 원동력이라는 뜻이다. 이들은 파룬궁과 같이 "사교"(邪敎, 사악하고 왜곡된 종교라는 의미_옮긴이)로 금지된 단체를 포함하여 국가에 기소된 종교 신자들을 변호한다. 신앙은 그들이 정치 활동을 위해 감내하는 고통에 대한 합리적 근거를 제공한다. 가오즈성은 한때 중국 정부로부터 중국 최고의 변호사 중 한 명으로 인정받았지만, 이후 파룬궁을 비롯한 종교의 자유를 옹호하다 투옥되었다. 나중에 그는 성경 불법 소지 혐의로 기소된 목사를 변호하다가 기독교로 개종했다.

개신교 설교자와 신도들의 복음주의적 열정은 마오쩌둥 이후 시기에 개신교가 급성장한 또 다른 이유다. 농촌, 도시 공장, 대학 캠퍼스에서 개신교 신자들은 친구, 가족, 심지어 낯선 사람과도 신앙을 나누려고 노력했다.[42] 이로 인해 중국에서 개신교가 천주교와 이슬람교보다 빠르게 성장할 수 있었다.

비공식적 지방 정책과 관행

공식적으로는 중국 공산당과 정부의 조직이 종교를 관리하고 통제하지만 비공식적으로는 종교 단체를 용인하고 그들과 협력하는 관행이 더 일반적이다. 마오쩌둥 이후의 개혁 시기 대부분 동안 중국 공산당은 종교 문제를 강압보다는 설득으로 관리했다. 그러다 시진핑 체제가 시작되면서 강압적인 관행이 눈에 띄게 증가하고 있다. 중국 공산당의 목표는 당의 영도를 인정한다는 전제 하에 신앙인과 비신앙인의 차이를 최소화하는 것이다.[43]

새롭게 떠오르는 개신교와 천주교 교회는 공식적으로 인정되지도 않고 완전히 금지되지도 않은 회색 지대에 존재한다. 지방의 당과 정부 당국은 명시적으로 규정되지는 않았지만 공인되는 다음의 규칙을 따르는 한 교회의 운영을 허용한다.[44] 첫째, 정치 활동은 금지한다. 그들은 공개적으로 또는 강단에서 민주주의를 옹호하거나 종교의 자유를 포함한 다른 유형의 정치 개혁을 옹호할 수 없다. 둘째, 눈에 띄지 않아야 한다. 교회는 이웃의 관심이나 불만을 사지 않도록 비교적 작은 규모여야 한다. 실제로 많은 교회가 저녁이나 주말에만 비는 사무실 건물에 자리 잡고 있기에 소음과 혼잡을 유발하지 않는다. 셋째, 중국 내 다른 교회나 외국의 종교 단체와 관계를 맺어서는 안 된다. 중국 공산당은 넓은 연결망을 구성하고 있는 단체, 특히 외국과 연계된 단체를 경계한다. 이들이 당에 반대하는 정치적 시위나 다른 형태의 집단 행동에 연루될 수 있다고 우려하기 때문이다. 반대로 당이나 정치적 안정에 직접적인 위협이 되지 않는 한 미등록 교회도 용인할 의향이 있다.

억제 전략을 통해 지방 관리들은 종교를 감시하고 종교인을 투옥시키는 강압적 관행에 드는 자원과 비용을 절약할 수 있다. 정치적 안정 유지가 당의 최우선 과제인 현 시점에서, 이런 방식을 취해 더 강경한 전술에 대한 대중의 항의를 피할 수 있다. 당은 여전히 무신론을 고수하고 있기 때문에 지방 관리들은 지역 교회와 신도 수가 계속 증가하고 있다는 사실을 상급자에게 감추고 싶어 한다. 억제 전략은 이들을 상부의 레이더망에서 지우는 효과도 있다.

이 전략은 중국 공산당이 민간 기업가, 지식인 및 기타 엘리트를 대상으로 사용하는 호선co-optation 방법보다 비용이 저렴하다. 호선은 신생 집단을 당과 정치 제도 속으로 끌어들이는 방식으로, 집단의 리더를 지방인민대표대회와 자문 기구(예를 들어 매년 인민대표대회와 함께 열리는 정치협상회의)의 명예직으로 임명하는 대신 집단 내부에 당 및 정부 관리와 연결된 공식 조직을 만들어야 한다.[45]

억제는 강압과 협조보다 비용이 저렴한 대안으로서 지역 교회가 존재하고 성장할 수 있게 하지만 대신 교회는 안전을 책임진 기관의 감시를 받아야 한다. 교회 지도자가 억제 전략의 근거가 되는 조건들을 위반한다면—그들이 정치화하거나 공개적으로 드러나거나 다른 교회와 함께 공동의 목표로 연합하면—지방 당과 정부 지도자는 언제든지 강압 조치를 취할 준비가 되어 있다.

지방 차원의 억제 전략은 그 자체로 "분열과 정복"의 성격을 띠고 있다. 가정 교회 지도부에는 지방 지도자들과 기꺼이 협력하려는 사람들과 그러한 행동이 종교적 원칙에 대한 배신이라고 생각하는 사람들이 섞여 있다. 이는 상호 불신을 야기하고 결국 이 전략이 추구하는 핵심 목표, 즉 공동의 목표에 대한 협력을 훨씬 더 어렵게 만든다.[46] "억제된" 교회의 지도자들이 억제 전략에 동의할 경우, 이는 간접적으로 중국 공산당 정권을 강화하는 딜레마에 빠진다.[47]

당은 왜 종교를 두려워할까?

다양한 종교의 다른 경험

중국 공산당은 종교 전반을 관리하고 통제하기 위해 다양한 공식 제도와 비공식 관행을 사용한다. 그중에는 특정 종교에 국한된 것도 있다.[48]

개신교

중국 공산당은 목회자 훈련을 통해 개신교의 확산을 통제하려고 한다. 그 수단으로 국가, 지역 및 지방의 TSPM 신학교(그리고 성경 학교)에 제한적으로 자금을 제공한다.[49] TSPM 신학교는 감화가 쉬운 어린 학생들을 선호한다. 연령 장벽과 불안한 미래(목회자의 낮은 급여와 그로 인한 빈곤까지)에도 불구하고 지원자 수는 줄지 않고 있다. TSPM과 종교국은 지원자의 학력과 정치력을 시험하고 신원을 조회한다. 이들이 졸업하면 종교국은 TSPM 출신의 임명과 승진에 밀접하게 관여한다. 목회자 수가 매우 적기 때문에 안수받은 교회 사역자들은 종종 조목사, 교사 또는 장로의 신분으로 소규모 TSPM 교회를 이끌게 된다. 당은 새로운 목회자를 양성하는 신학교의 수를 제한하고 있지만, 많은 가정 교회가 자체적으로 비공식 신학교를 운영하고 있다(이러한 비공식 신학교는 종종 공식 TSPM 신학교와 연계되어 있고, TSPM 교사가 비공식 신학교에서 가르치는 경우도 많다). 또한 새 신자와 종교 지도자에 대한 교육과 훈련을 제한하고, 어린이 주일 학교를 공식적으로 금지한다(그럼에도 많은 가정 교회가 주일 학교를 연다). 종교 서적 및 자료의 출판, 판매, 배포도 제한한다.

중국 공산당이 종교 단체를 인정, 용인, 탄압하는 전략을 펼치듯이 종교 단체도 공산당에 저항, 협력, 회피하는 대응 전략을 가지고 있다.

이 장의 시작을 장식한 서우왕교회는 당의 공식 제도와 비공식 관행에 저항한 대표적인 사례다. 상하이의 완방교회万邦教会도 비슷한 압박에 직면했다. 1999년 성경 공부 그룹으로 시작한 이 교회는 2006년에는 신도 수가 300명 늘어났고, 2009년에는 1500명으로 증가하며 폭발적으로 성장했다. 또한 완방교회는 중국 전역의 미등록 교회 지도자를 조직하여 2007년에는 10명 미만이었던 모임을 2009년에는 70명 이상의 규모로 확대하는 등 일련의 연합을 주도했다. 그러자 2009년 말 오바마 대통령의 상하이 방문에 동행할 외국 언론의 관심을 막기 위해 지방 정부는 이 교회를 폐쇄했다.[50] 관리들은 교회 문을 잠그고 예배 장소를 다른 곳으로 옮겼다는 거짓 팻말을 붙였다. 상하이 당국은 신도들에게 협박 전화를 걸고 완방이 불법 사교 집단이라는 소문을 퍼뜨렸다. 그 결과 몇 달 만에 교인의 3분의 2와 직원 절반이 교회를 떠났다. 남은 신자들은 소규모 성경 공부 모임으로 돌아갔다.[51]

모든 미등록 대형 교회가 당의 통제에 저항하는 것은 아니다. 당연히 협력하는 교회도 있다. 베이징의 또 다른 미등록 대형

당은 왜 종교를 두려워할까?

교회인 시안교회錫安教会는 서우왕과 완방이 압박을 받았을 때 이들을 지지하는 서한에 서명했음에도 불구하고 계속 활동을 이어갈 수 있었다. 하지만 시안교회에 대한 당국의 호응 역시 억제 전략과 관련이 있다. 시안교회는 당의 정책에 공개적으로 저항하지 않았다. 또한 시안교회의 설립자는 TSPM 신학교를 졸업하고 자신의 교회를 시작하기 전에 TSPM 교회에서 10년간 목회자로 일했다. 이러한 경험 덕분에 그는 지역 종교국 및 기타 관공서와 비공식적인 관계를 맺고 교회를 확장할 수 있었다. 하지만 2018년 새로운 탄압이 시작되자 베이징 당국은 시안교회도 폐쇄하려 했다.[52]

또 다른 교회들은 당국 및 정부 관리의 감시를 아예 피하려고 한다. 이들은 주의를 끌지 않기 위해 가정집이나 눈에 띄지 않는 곳에서 소규모 그룹으로 예배를 연다. 일부 미등록 교회는 생존뿐만 아니라 확장을 위해 중국 공산당이 만들어준 각본을 따른다. 중화복음펠로십中华福音团契은 100만 명 이상의 회원을 보유한 가정 교회 네트워크다.[53] 중국 공산당이 내전 기간에 인민의 지지를 얻기 위해 종교 이미지와 의례을 차용했던 것처럼,[54] 중화복음펠로십은 비밀 조직 건설에 중국 공산당의 기술을 채택했다. 중화복음펠로십 네트워크는 "분형"(分形, 원문 표현은 프랙탈fractal_옮긴이) 구조라서 하나의 가정 교회가 발각되더라도 다른 교회를 위태롭게 하지 않는다. 이 단체는 1949년 이전 공산당 간부들이 그랬던 것처럼 교인들을 시골로 포교 보내 숙식을 제공받는 대가로 밭에서 일하거나 잡일을 하도록 했다. 일부는 공장에서 "모범 노동자"로서의 특별 지위를 인정받고 이에 기반하여 동료들과 신앙을 공유할 수 있었다. 그러나 중국 공산당과 달리 중화복음펠로십의 조직 구조와 교인 배치에는 혁명적 의도가 없다. 이들의 활동은 교회의 생존과 성장을 지향할 뿐 정권을 전복하기 위한 것이 아니었다. 그럼에도 불구하고 이들은 최근의 지하 교회에 대한 단속을 피하지 못했다. 통일전선부와 경찰은 중화복음펠로십 네트워크 소속의 목회자 모임을 급습해 참석자 150명 전원을 체포했다.[55]

개인 사업가들의 성장으로 잘 알려진 원저우에 독특한 유형의 개신교가 등장했다. 원저우의 성공한 사업가들 중 상당수가 지역 교회의 후원자가 되어서 크고 호화로운 건물을 짓고 목회자와 교회 직원들의 월급을 지급했기에 이곳은 "중국의 예루살렘"으로 떠올랐다. 이들은 사업과 종교 두 분야에서 주도적인 역할을 하며 "보스 기독교인"(중국어로 老板基督徒_옮긴이)이라고 불리기도 했다. 원저우는 기업가 정신과 기독교 확산으로 유명해졌고, 특히 도시의 경제 엘리트들 사이에 기독교가 널리 퍼졌다. 이들의 행동은 사업의 성공을 신의 은총으로 여기는 이른바 "번영 복음"의 중국적 변형을 보여준다. 사업가들은 종교와 경영 활동의 접점을 설명하기 위해 막스 베버의 고전인 『프로테스탄트 윤리와 자본주의 정신』을 자주 인용한다.[56] 원저우의 보스 기독교인들은 지방의 당 및 정부 관리들과의 긴밀한 관계와 전국 각지에 형성한 광범위한 사업 인맥을 바탕으로 중국의 다른 지역에서는 보기 힘든 수준

271

의 자율성을 누렸다.

그러나 2013-15년에 지방 당국이 교회 건물 일부를 철거한 것처럼 원저우에서도 주기적으로 기독교에 대한 단속이 실시되고 있다. 언론에 보도된 51건의 단속 중 대부분이 교회 앞이나 위에 있는 십자가를 철거하는 것이었다.[57] 그 외에는 교회 간판을 떼거나 교회 일부를 파괴하거나 문화 센터로 개조한 경우도 있다. 교회 전체를 파괴한 경우는 12건에 불과했다. 다소 놀랍게도 이러한 조치의 대부분은 가정 교회가 아닌 TSPM 소속 교회를 표적으로 삼았다. 단속은 종교 행위를 금지한 것이 아니라 종교 행위의 가시성을 제한하려는 중국 공산당의 결의를 반영했다.[58]

천주교

천주교를 양성하는 CPA도 TSPM과 비슷한 방식으로 운영된다. TSPM 신학교와 마찬가지로 CPA 신학교의 교사도 비공식적으로 가정 교회를 방문하여 성경에 대한 이해가 부족한 사제들에게 신학을 가르친다. 일부 지역에서는 지하 천주교 사제와 공식 CPA 사제가 같은 교회에서 예배를 드리도록 인도하고, 또한 교구민들이 공식 교회와 가정 교회 모두에 참여하면서 두 교회의 구분이 더욱 모호해졌다.

천주교는 개신교보다 덜 진보적이고 덜 현대적이라는 인식 때문에 중국에서 개신교만큼 빠르게 확산되지 못했다. 그럼에도 불구하고 중국 공산당은 정치적 이유로 천주교를 경계했다. 천주교 교회는 라틴아메리카, 필리핀, 폴란드의 민주화에 적극적으로 참여했다. 따라서 중국 공산당은 천주교 교회를 잠재적인 위협으로 인식한다.

당은 바티칸이 중국의 국가 주권을 침해하는 것에 매우 민감하다. 중국 공산당은 천주교 신자들이 당이 아닌 로마 교황에게 충성을 바치는 것을 우려하고 있다.[59] 또한 바티칸에서 중국의 사제, 주교, 추기경을 임명하는 절차를 내정 간섭으로 간주하고 있다. 중국은 당국의 승인 없이 교황이 임명한 주교를 자주 투옥시켰다. 타데우스 마다친(중국명은 马达钦_옮긴이) 신부는 상하이의 보좌 주교로 승진할 때 베이징과 바티칸 양쪽의 승인을 받았다. 그런데 서품식에서 공산당 탈당을 선언하여 참석자들—중국 공산당 간부들을 포함—을 놀라게 했다. 이후 지역의 신학교에 가택 연금되었고, 4년 동안 조사를 받았다. 나중에 CPA에 다시 가입했지만 주교로 임명되지 못하고 신부 신분만 유지했다.[60]

2018년 바티칸은 추기경과 주교 임명 절차를 중국과 합의했다고 발표했다.[61] 이로써 중국과 바티칸 관계의 큰 걸림돌이 사라졌고, 이는 외교 관계의 공식화로 이어졌다. 그러나 합의의 세부 사항은 알려지지 않았다. 추기경과 주교 임명의 최종 권한이 로마와 베이징 중 어느 쪽에 있고, 의견이 불일치할 경우에는 어떻게 해결할까? 중국은 지금까지 바티칸이 중국의 승인 없이 임명해 투옥된 추기경과 주교들을 사면할까? 합의의 범위가 어디까지인

당은 왜 종교를 두려워할까?

지, 그리고 얼마나 잘 이행될지는 아직 지켜봐야 한다. 타협의 한 예로, 2010년 바티칸에서 주교로 승인했지만 중국 공산당은 거부했던 사제가 2019년 8월 네이멍구 지닝에서 주교로 임명되었다. 중국은 지하 교회의 주교가 이 행사에 참석하도록 허용했는데, 이는 그의 지위를 암묵적으로 인정한 행위로 간주되었다.[62] 며칠 후 산시성에 두 번째 주교가 임명되었다.[63] 중국과 바티칸은 새 제도에 충분히 만족하여 2020년에 그 효력을 2년 더 연장했다.

이슬람교

기독교와 마찬가지로 중국 공산당은 이슬람교를 외래 종교로 간주하고 의심의 눈초리로 바라본다. 이슬람교는—다른 나라에서와 마찬가지로 중국에서도—종종 테러를 연상시킨다. 중국 공산당은 복장과 음식은 물론 자녀의 이름을 지을 때도 이슬람 관습을 억압하기 위해 오랫동안 시도했지만 결과적으로는 실패했다. 다음 장에서 설명하겠지만, 중국 공산당은 주로 무슬림 위구르족의 고향인 신장 서부 지역에서 이슬람교를 근절하기 위해 공들이고 있다. 수년간의 탄압, 선전, 교육으로도 목표를 달성하지 못하자 당은 위구르족과 다른 무슬림 집단을 한 번에 몇 달씩 구금할 수용소를 건설했다.

회족은 또 다른 이슬람 소수민족이지만 일반적으로 중국 공산당의 탄압 목록에서는 빠져 있다. 일부는 중국 서부 닝샤(닝샤

회족자치구宁夏回族自治区를 말함_옮긴이)에 모여 살지만 다수는 중국 전역에 퍼져 있다. 이들은 자치권을 추구하지 않고 독립을 원하지 않으며 푸퉁화mandarin를 사용한다. 남성의 기도 모자와 여성의 머리 스카프를 제외하면 한족과 외형이 구별되지 않는다. 회족은 마오쩌둥 이후 위구르족과 같은 탄압을 받지 않았고, 라마단에 금식을 지키고 매년 메카로 성지 순례를 갔다.

그러나 시진핑 체제에서 종교의 "중국화"가 심화되면서 이들에게도 그 영향이 미쳤다. 닝샤의 아랍어 학교는 문을 닫아야 했다. 이슬람 사원은 첨탑과 돔이 철거되고 중국식 전통 지붕으로 대체되었다. 공공장소에서 아랍어 문자가 제거되었으며, 회족 사업가들은 현지 관리들과 만날 때 기도 모자를 벗으라는 지시를 받았다.[64] 닝샤의 고위 당 간부는 "신장의 모범 사례와 조치에서 배워야 한다"고 제안하기도 했다.[65]

불교

중국 공산당은 불교를 기독교나 이슬람교와 달리 토착 종교로 간주하고 덜 위협적으로 여긴다.[66] 불교는 인도에서 시작되었지만 실크로드 무역로를 통해 약 2000년 전에 중국에 도착했다. 오늘날 불교는 중국 최대의 종교다. 티베트 불교도를 제외하면 국제 인권 단체도 중국 정부의 불교도 대우를 문제 삼지 않았고, 불교도는 (적어도 티베트 밖에서는) 정치적 시위의 최전선에 서지 않

275

았다. 불교가 융성한 한국과 타이완에서도 불교는 민주화 사건에 관여하지 않았다.[67] 그러나 중국의 일부 불교도들은 때때로 정치적 영역에 뛰어들기도 한다. 1989년 7월, 톈안먼 시위가 진압된 직후 난푸퉈사는 "베이징에서 희생된 학생과 다른 시민의 영혼을 위로하기 위해" 자정 기도회를 열었다.[68]

불교협회는 개신교나 천주교 단체에 비해 승려 및 평신도들과 건설적인 관계를 맺고 있다. 불교협회 직원들은 중국 공산당의 언어에 익숙하다. 협회는 중국 공산당의 규정을 승려들이 받아들일 수 있는 방식으로 전달하고 승려들의 바람을 마르크스-레닌주의 용어로 번역할 수 있다.[69] 반면 미등록 기독교 교회는 성경의 가르침을 희생시키면서까지 정치적 권위를 강조하는 TSPM과 종교국을 믿지 않는다.

불교 단체들은 지역사회와 지방 정부에 필요한 서비스를 제공한다. 외국인 투자자와 자선 단체는 불교 사찰을 개조하고 운영하는 데 필요한 자금을 제공하고, 외국인 관광객은 지역 수익 사업의 고객이다. 투자, 기부, 세수는 지방 정부의 주요 정책 목표인 빈곤과 지역 불안정 해소에 도움이 된다. 불교 사원은 또한 지역 주민들에게 사회복지 서비스를 제공한다. 이러한 다양한 방식으로 불교 기관은 사회적 긴장을 완화하는 데 도움을 준다.[70]

모든 불교 지도자가 종교적 가치를 배반하고 신자들을 소외시킬 수 있는 종교 건물의 상업화에 기꺼이 협조하는 것은 아니다.[71] 예를 들어 허난성 중부에 있는 소림사는 불교 유산만큼이나 쿵후 수련으로 유명하다. 그 명성에도 불구하고 극단적인 상업주의로 인해 온라인에서 비판을 받았다. 주지인 스융신은 CEO 스님으로 불릴 정도다. 그는 "지역 관광 발전에 기여한 공로"로 지방 정부로부터 폭스바겐 SUV를 받았다. 이 같은 공헌이 부패와 자금 오용이라는 의심을 샀지만 그는 2017년에 재판을 받고 모든 혐의에서 벗어났다.[72] 이후 #미투운동이 시작되었을 때, 그는 여러 명의 자녀를 낳은 것을 포함하여 성추행 혐의로 기소되었다. 스융신은 모든 혐의를 부인했고 중국 관영 언론은 곧 기사를 삭제했지만 그의 사업 활동과 사생활을 둘러싼 논란은 소림사의 명성을 훼손했다. 시진핑이 종교 문제에 대한 규제를 강화하면서 이러한 종류의 상업 활동은 더욱 엄격한 조사를 받게 되었다.

티베트 불교는 중국 내 다른 불교와 매우 다르다. 주요 차이점 중 하나는 티베트의 정신적 지도자이지만 티베트 밖의 대부분의 불교도들에게 인정받지 못하는 달라이 라마의 존재다. 달라이 라마는 1959년 티베트를 탈출한 뒤 인도 다람살라에서 살고 있다.[73] 그는 전 세계를 다니며 정치 지도자 및 대중을 만나 티베트 자치를 홍보했으며, 공교롭게도 톈안먼 시위가 진압된 1989년에 노벨 평화상을 수상했다.

티베트 전통에 따르면 달라이 라마는 사후에 다른 사람으로 환생한다. 현 달라이 라마는 자신이 티베트 밖에서 환생할 수도 있고, 14번의 환생이 끝나면 다시는 환생하지 않을 수도 있다고 말했다. 중국 공산당은 다음 달라이 라마를 당이 직접 결정하겠다

당은 왜 종교를 두려워할까?

고 주장했다. 이는 단순한 위협이 아니었다. 1995년 티베트 불교에서 두 번째로 높은 판첸 라마가 사망했을 때 달라이 라마는 티베트 소년을 새 판첸 라마로 선택했지만 중국 공산당은 이 선택을 거부했다. 중국 공산당은 다른 소년을 선발해 베이징으로 보낸 후 교육과 훈련을 받게 했다. 달라이 라마가 선택한 소년은 구금된 후 세상에서 사라졌다. 차기 달라이 라마를 선정하는 과정에서 비슷한 논란이 발생한다면 티베트인과 베이징의 갈등은 불 보듯 뻔한 일이다.

사교

종교의 "암시장"에는 중국 공산당이 인정하지 않는 그룹과 "사교"로 간주되는 그룹이 있다.[74] 이 꼬리표는 1990년대 "기공 열풍"에서 등장한 파룬궁 영성 그룹에 최초로 달렸다.[75] 전통 불교와 도교의 명상, 느린 동작에 기반한 운동, 현대적 신비주의를 혼합한 이 그룹은 당, 정부, 군 관리를 포함하여 수백만 명의 회원을 끌어모았다. 카리스마 넘치는 창시자 리훙즈는 당이 생활 수준의 향상을 강조하던 시절에 추종자들에게 물질적 풍요를 포기하라고 가르쳤다.[76] 대신 파룬궁 수련을 통해 초자연적인 힘을 개발하라고 장려했다. 파룬궁은 중국의 국유 기업이 구조조정되고 수백만 명이 일자리를 잃고 의료 혜택을 받지 못하는 상황에서 기적적인 질병 치료법을 약속했다. 또한 공원에 운동하러 모인 사람들 사이에서 유대감을 형성했다. 전성기에는 당원 수가 당시 약 6000만 명에 달하던 중국 공산당보다 규모가 더 컸다. 이 그룹은 원래 중국 정부가 관리하는 중국기공과학연구회中国气功科学研究会의 공식 회원이었지만 나중에 제명되었다.

국영 언론은 파룬궁을 자주 비판했고, 파룬궁 수련생들은 이에 항의하며 비판을 철회하라고 요구했다. 요구가 받아들여지지 않자, 1999년 4월 파룬궁은 대부분의 당과 정부 고위 관리들이 거주하고 근무하는 베이징 중심가 중난하이에서 침묵 시위를 조직했다. 1만 명이 넘는 회원이 버스를 대절하여 베이징으로 왔다. 그때까지 파룬궁의 규모와 조직력을 몰랐던 당 지도부는 큰 충격을 받았다. 당은 파룬궁의 규모와 동원 능력, 교리가 권력과 경제적 현대화를 위협한다고 판단했다. 중국 공산당은 파룬궁을 불법적이고 사악한 종교로 낙인 찍고 수련생들을 투옥시키고 고문하는 등 본격적인 단속에 나섰다. 중국불교협회는 중국 내 불교 수행에 대한 독점권을 유지하기 위해 파룬궁과 기타 신진 불교 단체를 탄압하는 데 협조했다. 강력하고 장기적인 탄압으로 인해 파룬궁은 대중의 시야에서 거의 사라졌다. 소규모 조직은 남아 있지만, 그룹 전체는 의심할 여지없이 철저하게 붕괴되었다.[77]

한 시골 출신 여성이 자신을 그리스도의 재림이라고 주장한 동방번개(전능신교회라고도 함. 중국어로 东方闪电 또는 全能神教会_옮긴이)도 "사교" 꼬리표가 붙었다. 이후 파룬궁과 동방번개의 창시자가 2000년에 함께 미국으로 망명하면서 중국 내 종교적 극단

당은 왜 종교를 두려워할까?

주의의 배후에 외국이 있다는 중국 공산당의 주장에 힘이 실렸다. 두 "사교"는 신도를 확보하기 위해 공격적으로 포교했고, 수십 명의 중화복음펠로십 목회자를 납치해 배교를 강요하다가 풀어준 일도 있다. 2014년에는 몇몇 신도들이 맥도날드 매장에서 입교를 거부하는 한 여성을 구타해 사망에 이르게 한 사건이 발생하면서 악명을 떨쳤다. 가해자들은 곧바로 체포되었고 두 명은 사형, 나머지는 장기 징역형을 선고받았다. 이를 계기로 중국 공산당은 사교 조직원을 색출하고 탄압하는 광범위한 운동을 시작했다.[78]

...

중국에서 종교가 부활하고 있다. 중국 공산당은 종교의 부흥을 관리하고 통제하기 위해 노력했지만 성과는 제한적이다. 중국 정부는 다섯 가지 종교를 인정하고, 신도들에게 공식적으로 승인된 교회, 사원, 모스크에서 예배를 보라고 압력을 가했다. 이러한 압력은 모든 유형의 활동이 공식 승인된 기관에서 이루어지기를 원하는 시진핑 체제에서 더욱 강화되었다.

하지만 종교와 국가의 관계에서도 공식 제도뿐 아니라 비공식 관행이 두드러지게 나타난다. 중국의 지방 정부는 종교에 대한 접근 방식과 국가 법률 및 규정을 집행하는 방식에 상당한 자율성을 가지고 있다. 종교에 대한 국가 정책은—때와 장소에 따라—억압에서 용인, 협력에 이르기까지 다양하다. 마찬가지로 종교인들은 다양한 방식으로 대응하는데, 일부는 저항하고, 일부는 지방 관리들의 관심을 피하려 하고, 또 다른 일부는 종교 시설의 보수 및 복원(종종 외국인 투자 유치를 수반함), 사회복지 서비스 및 자선 제공, 종교 관광을 통한 수익 창출이라는 공동의 목표를 정하고 협력할 방법을 모색하기도 한다.

탄압을 피하기 위해 공식 교회와 미등록 교회—홍색 교회와 회색 교회—의 지도자들은 지방 관리들과 협력하여 우호 관계를 구축하고 교회가 활동할 수 있는 안전한 공간을 마련한다. 지방 관리들과 협력할 의향이 있는 미등록 교회 지도자들은 여전히 공식 교회 등록을 거부하고 있다. 이들은 설교 중에 정치적 메시지를 피하고, 공개적으로 정권을 비판하지 않으며, 신도 규모를 제한하고, 가정으로 침투하려는 블랙리스트 기독교 종파의 활동뿐만 아니라 교회의 자체 활동에 대한 정보도 지방 관리들과 공유하며, 정치적 또는 종교적 공동 목표를 추구하기 위해 다른 가정 교회와 연계하지 않는다. 이를 어긴 미등록 교회 지도자들은 지역 당국의 강력한 대응을 직면하게 된다. 예배가 중단되고, 교인들이 조사를 받고, 지도자 자신도 수감될 수 있다. 시민사회 단체(4장 참조)와 민간 기업가—독재자와 적대 관계로 간주되는 그룹—의 경우와 마찬가지로, 현장에서 발생하는 비공식적 관행은 "국가의 지배 대 대중의 저항"이라는 일반론에 맞지 않는다.

중국 공산당은 종교를 경계한다. 특히 신자들이 자신의 믿음에 따라 자유롭게 예배를 드리고자 하는 열망을 당의 지위와 권력에 대한 잠재적 도전으로 간주한다. 종교는 공식적으로 무신론을 표방한 정치 제도에 대안적 신념 체계를 제공한다. 기독교는 중국 현대사에서 늘 불안정을 초래했고, 최근 수십 년 동안 다른 나라에서 민주화를 촉발했다. 중국 공산당은 비슷한 운명을 피하기 위해 종교를 관리한다. 그 결과 종교의 확산을 막지는 못했지만, 종교가 정치적 위협이 되는 것은 막았다.

7장

민족주의가
점점 더
강해지고 있을까?

2012년에 중국 200여 개 도시에서 반일 시위가 발생했다. 갈등의 이유는 동중국해의 분쟁 지역인 댜오위다오(일본명 센카쿠 열도)의 영유권이었다. 이것이 중국과 일본의 외교적 긴장과 중국 내 반일 시위를 촉발했다. 시위대는 일본 정부가 섬의 소유주(일본 시민)에게 섬을 매입한 행위를 규탄했다. 일본의 영유권 주장을 반대하는 팻말에는 "댜오위다오는 중국의 것이고, 보시라이는 인민의 것이다"라고 적혀 있었다.[1] 민족주의 시위에서는 보기 드문 팻말이다. 왜냐하면 서남부 대도시 충칭의 당서기인 보시라이는 시진핑의 정치적 라이벌이었기 때문이다. 시위 당시 그의 부인은 영국인 살해 사건에 연루되어 있었는데, 많은 사람이 이 수사에는 정치적 목적이 있다고 의심했다.[2] 팻말 에피소드는 중국 민족주의의 양면성을 잘 보여준다.

한편 일본, 미국, 프랑스 등 외국에 대한 반대 시위가 반복적으로 발생하면서 중국에서 반외세 감정이 가시화되고 있다. 최근의 시위는 거리 행진뿐 아니라 외국 기업에 대한 물리적 공격과 제품 불매운동을 포함한다. 이러한 반외세 시위는 시진핑의 라이벌을 지지하는 팻말에서 본 것처럼 반정부 시위로 번질 수도 있다. 또한 민족주의 시위는 부패, 실업, 그리고 그 밖에 다른 유형의 불만을 함께 표출하는 계기가 될 수 있다. 따라서 외국의 관찰자뿐 아니라 중국 공산당도 중국의 민족주의화를 우려하고 있다.

이 장에서는 중국 민족주의에 대한 몇 가지 일반 가설을 검증할 것이다. ① 민족주의는 특히 젊은 세대를 중심으로 부상하고 있다. ② 민족주의는 중국의 교육 및 선전 정책의 결과다. ③ 중국 공산당은 민족주의 시위를 동원하고 조율한다. ④ 민족주의가 중국의 외교 정책을 주도한다. 이용 가능한 증거로 네 가지 가설을 검증해보면 모두 정반대의 결론에 도달한다. 여론조사와 민족주의 시위에 대한 연구에 따르면 당의 선전과 대중의 태도의 연관성은 그다지 크지 않고, 민족주의 시위에 대한 중국 공산당의 통제력도 흔히 생각하는 것만큼 강하지 않다.

민족주의가 점점 더 강해지고 있을까?

중국의 민족주의 정서

중국의 민족주의 정서는 의심할 여지 없이 강해지고 있다. 실제로 여론조사에 따르면 중국은 세계에서 가장 민족주의적인 국가다. 국제사회조사프로그램ISSP은 36개국 응답자들에게 다음과 같은 질문을 했다. 계속 자국의 시민이 되고 싶은가? 다른 나라 사람들이 자국민과 비슷해지면 세상이 더 좋아질까? 자국이 다른 나라보다 더 나은가? 자국이 국제 스포츠 대회에서 좋은 성적을 거둘 때 자부심을 느끼는가? 2008년에도 동일한 질문을 던졌기에 변화를 추적할 수 있다. 그 결과 중국이 가장 높은 순위를 차지했다(2위는 미국).[3]

특히 청년 세대에서 민족주의 정서가 강력하게 나타난다. 중국에서는 외국, 특히 일본과 미국에 강렬한 적개심을 가진 이들을 "펀칭憤靑"(성난 청년 또는 분노한 청년이라는 뜻으로, 민족주의적인 이슈에서 무작정 중국의 편을 들고 외국을 반대하는 네티즌을 가리킨다. 정신이 이상한 사람이라는 멸칭으로 사용하는 경향도 있다_옮긴이)이라고 부른다.[4] 중국 민족주의에 대한 연구도 전체 인구보다 젊고 교육 수준이 높은 대학생이나 도시 인터넷 사용자 등 젊은 층에 초점을 맞추고 있다. 이는 중국의 젊은이들이 기성세대와 별반 다르지 않다는 전제에서 출발하기 때문에 민족주의에 대한 편향된 시각을 제공한다. 그러나 자세히 살펴보면 정반대의 결과가 나온다. 젊은 층의 민족주의 의식이 기성세대보다 약하다는, 통념과 정반대의 결과 말이다.

중국 민족주의 동향에 대한 가장 중요한 연구는 2-3년마다 실시하는 베이징지역조사Beijing Area Survey, BAS(베이징사회경제발전연도조사北京社会经济发展年度调查. 이 밖에 영어로 Beijing Area Study라는 조사도 있다_옮긴이)에 기초한다.[5] 1998년부터 BAS는 ISSP 설문에서 사용한 두 질문(계속 자국 시민이 되고 싶은가? 자국이 다른 나라보다 더 나은가?)에 다른 질문(국가나 정부가 잘못하더라도 지지해야 하는가?) 하나를 추가했다. 1998년부터 2013년까지 15년간의 설문조사 데이터를 비교하면 두 가지 추세를 쉽게 알 수 있다. 우선 이 기간에 민족주의 정서는 상승하지 않았다. 2008년 베이징 올림픽을 전후로 민족주의가 정점을 찍었지만 그후 다시 감소했다. 둘째, 젊은 응답자는 나이 든 응답자보다 민족주의 정서가 약하다. 위의 세 질문과 BAS의 연도별 자료를 봐도 고령 응답자가 젊은 응답자보다 더 민족주의적이다. 이는 중국에서 민족주의가 꾸준히 증가하고 있다는 통념에 부합하지 않는다.

BAS의 조사 결과를 중국 전체 인구로 일반화할 수는 없다. 표본이 부유하고 교육 수준이 높은 베이징에 국한되어 있고, 심지어 초기 조사에는 이주 노동자가 포함되지 않았기 때문에 베이징 인구를 대표한다고 보기도 어렵다. 그러나 BAS는 시간 경과에 따른 변화를 측정할 기준선을 제공하며, 중국의 수도인 베이징에 사는 주민들에게 더 강한 민족주의적 정서가 집중되어 있을 가능성을 제시했다는 점에서 의미가 있다. 이상의 발견은 중국 민족주의

민족주의가 점점 더 강해지고 있을까?

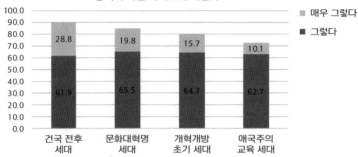

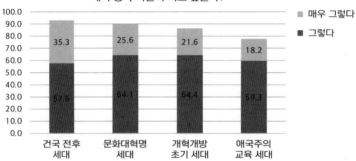

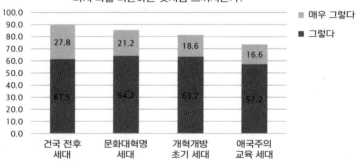

그림 7.1 중국의 민족주의 정서(출처: 지은이의 중국 도시 조사, 2014)

에 대한 통념에 의문을 제기한다. 즉 민족주의가 강해지지 않았고, 젊은이들은 기성세대보다 더 민족주의적이지 않다.

다른 조사에서도 비슷한 결과가 나왔다. 2008년의 "중국 조사"와 "동아시아 조사"에서도 고령의 중국인이 젊은 중국인보다 더 민족주의적인 것으로 나타났다.[6] 2014년 내가 중국 도시를 대상으로 실시한 전국적인 설문조사에서도 나이가 많은 인구집단일수록 민족주의적 태도가 강하게 나왔다.[7] 그림 7.1은 중국의 다양한 세대를 비교한 표다. 1949년 중화인민공화국 건국 전후 세대와 문화대혁명 세대, 개혁개방 초기 세대(1970년대 후반부터 1980년대 말까지), 그리고 1990년대 이후 세대를 비교했다. 마지막 집단은 학창 시절에 "애국주의 교육"을 받은 가장 민족주의적인 세대로 여겨진다. 나는 이 설문조사에 "다른 사람이 중국을 비판하면 마치 나를 비판하는 것처럼 느껴지는가?"를 추가했다. 응답 결과를 보면 민족주의 정서는 나이가 많을수록 강했다.

조사 결과는 중국 젊은이들의 민족주의 경도를 우려하는 통념에 도전한다. 또한 이 결과는 다양한 질문으로 측정했다는 점에서 더욱 신뢰할 만하다. 질문을 어떻게 던지든 결과는 동일했다.

이 조사에서 우리는 나이와 민족주의의 관계가 세대 효과에 의한 것인지 아니면 생애주기에 따른 것인지는 알 수 없다. 만약 세대 효과에 의한 것이라면 한 세대가 지나고 다른 세대로 대체됨에 따라 전체 인구의 민족주의 수준이 감소할 것이라고 예상할 수 있다. 하지만 생애주기 효과로 인한 것이라면 반대로 나이가 들수

민족주의가 점점 더 강해지고 있을까?

록 더 민족주의적으로 변할 것이라고 예상할 수 있다. 정확한 결과는 동일한 응답자를 장기간 조사하는 패널 데이터가 있을 때 분명해진다. 혹은 수십 년에 걸친 설문조사 데이터의 추세를 통해 살펴볼 수 있다. 그러나 중국에서 설문조사는 비교적 최신 분야다. 현재의 정보만으로는 기존의 통념이 틀린 것으로 보인다는 정도만 말할 수 있다. 즉 중국의 젊은이들은 가장 민족주의적이지 않고, 또한 각 세대는 앞 세대보다 덜 민족주의적으로 보인다.

이 내용이 왜 중요할까? 만약 중국 젊은이들이 더 민족주의적이라면, 우리는 중국의 민족주의가 앞으로 계속 강화될 것이고 중국 공산당이 이를 더 적극적으로 외교 정책에 포함할 것이라고 예상할 수 있다.[8] 그러나 지금까지의 조사에서 청년 세대는 기성세대보다 덜 민족주의적이고, 게다가 BAS 조사 결과에 따르면 민족주의 정서가 2008년에 정점을 찍은 후 감소했다. 비록 중국은 의심할 여지없이 민족주의가 강하지만, 그렇다고 해서 더 강해지고 있지는 않다.

최근 몇 년 동안 민족주의적 수사와 시위가 증가했다. 이 현상과 민족주의가 약화되고 있다는 조사 결과를 함께 놓고 어떻게 설명해야 할까? 이상의 괴리는 중국 공산당이 허용하는 유일한 형태의 저항이 민족주의이기 때문이다.[9] 다른 형태의 시위는 탄압받는 반면(5장 참조), 활동가들은 이제 민족주의 시위는 다르게 처리된다는 것을 알아차렸다. 하지만 관영 언론은 민족주의 시위의 목표를 지지하는 동시에 시위는 체제의 안정을 위협한다고 경고할 가능성이 크다. 중국 공산당은 언론을 통해 경고를 내보내고 문자 메시지를 발송해 민족주의 시위를 종식시키거나 더 이상 시위를 용납하지 않겠다는 분명한 신호를 보낸다. 단 다른 시위와 달리 깡패를 동원하여 민족주의 시위대를 공격하거나 시위 지도자를 체포하지 않는다.

젊은이들, 특히 대학생들이 다른 집단에 비해 민족주의 시위에 더 많이 참여하는 것은 사실이다. 이 점이 청년 세대가 민족주의적이라는 통념을 강화한다. 하지만 이는 중국만의 특성이 아니라 현대 세계 전반의 현상이다. 어느 나라에서든 대학생들은 시위 참여 경향이 강하다. 그들은 이상주의적이고 시사 문제에 관심이 많다. 서로 가까운 곳에 거주하기 때문에 보다 효과적으로 소통하고 조직할 수 있다. 기술적으로도 더 능숙하기에 정보 공유도 유리하다. 그 결과 대학생들은 어떤 이슈나 사건이 발생했을 때 더 자주 시위에 나가는 경향이 있다.

민족주의 시위는 정치적 비판의 기회를 제공하기도 한다. 이 장의 서두를 장식한 반일 시위는 민족주의 시위가 다른 불만을 은폐한 예를 보여주었다. 민족주의 시위에서 마오쩌둥 주석의 팻말이나 부패 규탄 행진을 보는 것은 어렵지 않다. 마오쩌둥 초상화는 현 지도자의 부패를 암묵적으로 비판하는 도구다. 비록 마오쩌둥 시대에 인민은 광범위한 고통을 겪었고, 문화대혁명 같은 정치 운동에서 지방의 지도자들이 권력을 남용했지만 그럼에도 그 과정에서 권력이 부를 쫓지는 않았다는 향수가 있다.[10] 이후 시민들

민족주의가 점점 더 강해지고 있을까?

은 부패한 현직 지도자의 이름을 거론하지 못하는 대신 마오쩌둥의 초상화를 높이 드는 방식으로 부패를 비판했다.

민족주의 정서는 약해졌는데 시위는 증가한 이유는 중국 공산당이 적어도 어느 정도는 이를 용인할 의향이 있고, 시위대는 자신들이 한동안은 용인되리라는 점을 알고 있으며, 나아가 시위가 다른 유형의 문제를 제기할 수 있는 장을 제공하기 때문이다. 다만 중국 공산당은 자신이 이러한 공격의 표적이 되거나 시위가 정치적 안정을 위협하는 상황은 허용하지 않는다. 당은 민족주의를 정당성의 원천으로 장려하고 싶지만 동시에 그것이 정치적 불안을 유발하거나 인민을 등 돌리게 하는 상황을 원하지 않는다. 이러한 긴장—민족주의의 장려와 제한 사이—이 바로 당이 중국 집권당으로 살아남기 위한 핵심 과제다.

당은 중국 민족주의의 근원인가?

1989년 톈안먼을 비롯한 중국 전역의 평화 시위를 진압한 이후 당은 대중의 지지를 회복하기 위해 새로운 선전운동을 시작했다. 애국주의 교육운동으로 알려진 이 운동은 학교에서 중국 현대사를 가르치는 방식과 현대사를 대중문화에 전달하는 방식을 개편했다. 중국 공산당은 교과서, 영화, 노래, 서적 등을 통해 인민, 특히 중국의 젊은이들에게 외국이 과거에 중국을 억압했고 지금도 적의를 품고 있다고 가르쳤다. 운동의 일환으로 당은 전장, 박물관, 기념물 및 기타 유적지를 학생, 가족, 관광 단체가 방문할 수 있는 "애국주의 교육 기지"로 지정하여 "홍색 관광"을 장려했다. 이 운동의 메시지는 분명했다. 애국은 곧 당에 대한 지지였다.

2차 세계대전에서 일본을 물리치고 외세를 몰아낸 당은 중국을 승리자로 묘사했지만, 1989년 이후에는 외부 세계의 희생자로 그렸다. 이 서사에 따르면 1840년대 아편전쟁부터 1949년 공산당이 집권할 때까지 중국은 불평등 조약을 강요하고 국가 주권과 국익을 침해한 더 강력한 외세에게 희생당했다. 이러한 관점은 아편전쟁, 영국, 프랑스, 러시아, 미국, 일본 및 기타 서방 국가와 체결한 불평등 조약, 외국에 넘긴 "조계지" 등의 소재를 통해 중국을 피해자로 묘사했다. 이 서사에서 외세의 침략은 1937년부터 1945년까지 일본의 중국 침략과 점령, 그리고 점령 기간 동안에 자행된 잔혹 행위로 절정에 달한다. 이런 행위들은 1949년 중국 공산당이 중국을 통일하고 외세와 외국 사상을 몰아내면서 종식되었지만—피해자 서사에 따르면—외세는 여전히 중국의 이익과 평판을 침해하고 있다.

외국인이 중국에서 나쁜 행동을 하거나 외국 정부와 기업이 중국의 주권을 인정하지 않을 때, 외국 지도자와 국제 기구가 중국의 정책을 비판할 때 중국 언론과 많은 중국인은 이를 "중국을 병들게 하려는 오래된 노력의 현재적 표현"이라고 비난한다. 많은 학자들이 애국주의 교육운동은 중국 공산당이 자신들의 목적

민족주의가 점점 더 강해지고 있을까?

을 위해 민족주의를 부추기려 노력하고 있음을 상징적으로 보여준다고 말한다.[11] 그러나 중국에 대한 외세의 침략, 특히 일본의 침략에 대한 중국 공산당의 묘사는 수많은 중국인의 개인적 경험과 대중의 기억을 되살렸다. 이러한 피해자 서사를 중국 공산당이 1989년 이후에 처음 발명한 것이 아니라는 점에 유의해야 한다. 1949년 이전 국민당 정부가 사용했던 굴욕의 세기 서사에 자신들의 이야기를 덧붙였을 뿐이다.[12]

애국주의 교육운동은 피해자 서사를 통해 국제 문제를 바라보는 민족주의의 한 형태를 만들어내는 데 얼마나 성공했을까? 기성세대와 젊은 세대를 비교하면 그다지 성공적이지 않아 보인다. 2014년 전국적으로 실시한 설문조사에서 응답자들에게 중국이 외세의 피해자라는 주장에 동의하는지 물었다.[13] 애국주의 교육운동이 시작된 이후에 성인이 된 사람들은 피해자 서사에 동의하는 비율이 가장 낮았다(그림 7.2 참조). 그림 7.1의 민족주의 정서와 큰 차이가 없는 결과다. 앞의 조사에서는 가장 나이 많은 세대와 젊은 세대의 차이가 15-20퍼센트였다면, 여기서는 문항에 따라 10-12퍼센트 정도 차이가 났다. 교육 수준, 성별, 인종, 정당 가입 여부와 같은 개인적 특성을 통제한 경우에도 마찬가지였다. 이 결과는 청년 세대와 기성세대의 민족주의 정서를 비교한 다른 모든 연구 결과와 일치한다. 즉, 청년 세대는 중국 공산당의 피해자 서사에 동의할 가능성도 낮다. 하지만 모든 연령대에서 피해자 서사에 대한 믿음이 상당히 높다는 점에 주목해야 한다. 가장 젊은 세대에서도 응답자의 70-80퍼센트가 중국은 과거에도 그랬고, 지금도 굴욕의 피해자라는 데 동의했다.

애국주의 교육이 없었다면 청년 세대는 지금보다 덜 민족주의적이었을지 모른다. 이는 중국 여러 도시의 고등학생을 대상으로 한 설문조사, 학생과 교사에 대한 심층 인터뷰, 그리고 해당 고등학교에서 사용하는 교과서를 분석한 연구의 시사점이다. 이 연구는 교육은 일반적인 수준에서 민족주의적 정서를 약화시켰지만, 애국주의 교육 활동에 참가한 학생들은 민족주의적 태도를 강하게 가졌다는 사실을 발견했다.[14] 애국주의적 학생들이 애국주의 활동에 참가할 가능성이 더 높은 것인지, 아니면 애국주의 활동에 참가하면 애국심이 더 커지는 선택 편향이 작동하는지는 이 연구를 통해 명확하게 알 수 없다. 애국심과 애국주의 활동의 상관 관계를 파악할 수는 있지만, 행사에 참가하기 전 사람들의 태도를 알지 못하면 원인과 결과를 구분할 수 없다는 것이 이러한 연구의 단점이다. 그럼에도 불구하고 이 연구는 중요한 통찰을 제공한다. 당의 모든 선전이 효과적이라고 가정해서는 안 된다는 것이다. 고등학교 교과서에 삽입된 애국주의 메시지가 그것을 읽는 학생들에게 반드시 애국심을 불러일으키는 것은 아니다.[15]

애국주의 교육운동을 시작한 중국 공산당의 전략은 대중 여론을 현재의 실패에서 과거의 굴욕으로 돌림으로써 자신의 정당성을 재건하는 것이었다. 운동이 어느 정도 성공을 거두면서 외교정책 문제에 대한 대중적 행동주의를 키우는 계기가 되기도 했다.

민족주의가 점점 더 강해지고 있을까?

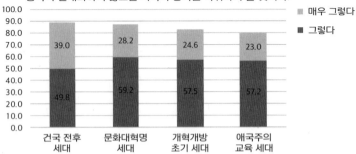

중국이 현대화하지 않으면 외국이 중국을 착취하려 할 것이다.

"굴욕의 세기"는 중국의 과거 역사를 설명할 뿐만 아니라 오늘날 중국에 대한 외국인의 행동도 설명한다.

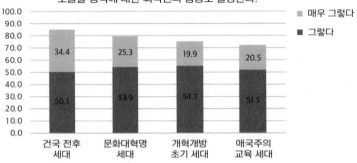

근대 초기 중국과 서구 제국주의 열강의 만남은 우리 조국이 후진국이라는 이유로 매를 맞은 굴욕의 역사다.

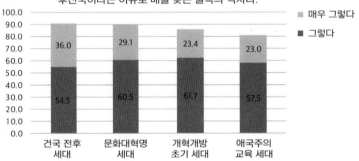

그림 7.2 "굴욕의 세기"에 대한 대중 여론(출처: 지은이의 중국 도시 조사, 2014)

특히 더 많은 사람들이 일본의 잔학 행위를 알게 되었다. 그러나 그 사람들이 어떻게 반응할지는 통제할 수 없었다. 애국주의 교육 운동의 핵심인 반일 감정은 일제 강점기에 대한 기억을 가진 고령층에게 매우 큰 영향을 미쳤다. 그러나 청년 세대의 반일 감정을 높이는 데는 실패했다.[16]

애국주의 교육은 대중에게 오늘날 중국이 직면한 문제에 대한 통일된 견해를 각인하는 목적도 있다. 애국주의 교육이 의도한 효과를 내고 있다면, 여기에 노출된 사람은 문제의 원인을 외국 탓으로 돌릴 가능성이 크다. 하지만 사실은 반대다. "오늘날 중국은 발전의 여러 측면에서 많은 어려움에 직면해 있다. 이러한 문제가 외국의 영향 때문이라고 보는가, 아니면 중국 내부의 문제

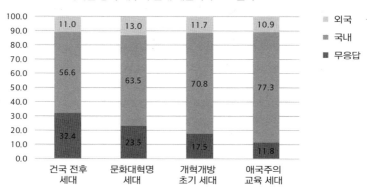

오늘날 중국은 발전의 여러 측면에서 많은 어려움에 직면해 있다.
이러한 문제가 외국의 영향 때문이라고 보는가,
아니면 중국 내부의 문제 때문이라고 보는가?

그림 7.3 발전을 제약하는 원인에 대한 대중 여론
(출처: 지은이의 중국 도시 조사, 2014)

민족주의가 점점 더 강해지고 있을까?

때문이라고 보는가?"라고 질문했을 때 애국주의 교육을 받은 젊은 세대는 문제의 원인을 국내에서 찾았다(그림 7.3 참조).[17] 건국 전후 세대와 애국주의 교육 세대의 차이에 주목하라. 그림 7.2의 응답과 그림 7.3의 결과를 종합하면 중국 공산당의 선전이 청년 세대에게 잘 수용되었다고 답하기는 어렵다.

티베트와 신장에서의 애국주의 교육

애국주의 교육 캠페인은 완전한 독립은 아니더라도 베이징의 통제로부터 더 큰 자치를 원하는 소수민족을 대상으로 할 때 더욱 강압적으로 변한다. 14억 명이 넘는 중국 인구 중 약 92퍼센트가 한족이다. 나머지 8퍼센트에는 공식적으로 인정된 55개 소수민족이 포함된다. 중국 공산당이 티베트의 장족과 신장의 위구르족(대부분 무슬림)을 대상으로 애국주의 교육을 실시하는 이유는 몽골족이나 조선족 등 다른 소수민족과 달리 이들은 자신을 "하나의 중국"에 편입시키려는 노력에 지속적으로 저항해왔기 때문이다.[18] 티베트의 불교도들에게는 망명한 달라이 라마에 대한 충성을 포기하라고 요구하는데, 이를 거부할 경우 장기간의 투옥과 고문을 포함한 압박이 가해진다. 실제로 티베트 애국주의 교육에는 불교는 원래 티베트 문화가 아니라는 내용이 담겨 있다.[19] 역설적으로 한족이 다수인 지역에서 중국 공산당은 불교를 기독교나 이슬람교 같은 "외래" 종교와는 다른 "토착" 종교로 취급하고 있다.

티베트 어린이들에게 중국 공산당의 가치를 주입하는 주요 방법 중 하나는 그들을 티베트 외곽에 있는 기숙학교로 보내는 것이다. 티베트 청소년의 3분의 1 이상이 중등 교육을 위해 중국 중부로 가서 졸업할 때까지 집으로 돌아오지 못한다.[20] 수업은 푸통화로 진행되며 티베트 문화와 전통에 대한 정보는 거의 또는 전혀 제공되지 않는다. 학령기 아동을 가정과 지역사회로부터 격리하면 티베트인들에게 당의 역사관과 정치관을 주입한다는 목표는 달성할 수 있다. 하지만 이것이 나중에 엄청난 사회적 비용으로 되돌아오기도 한다. 아이들이 학교를 졸업하고 티베트로 돌아갔을 때, 그들은 동료 티베트인들의 가치관과 언어에 익숙하지 않아서 종종 충돌한다.

중국 공산당은 2008년 폭력 시위 이후 티베트에 새로운 탄압을 가했다. 당시 시위는 3월 10일(1959년 봉기 기념일)에 발발했다. 1959년의 봉기는 달라이 라마가 인도에 망명하면서 끝났는데, 달라이 라마뿐 아니라 그의 지지자 다수가 함께 떠났다. 중국에서 기념일은 종종 시위의 계기가 되곤 하는데, 티베트 지도자들이 이번 시위에 전혀 대비하지 않았다는 점이 놀랍다. 이 지역의 지도자들은 3월 초에 열린 전국인민대표대회 연례회의에 참석하기 위해 아무런 준비 없이 베이징으로 떠났다. 1989년 3월의 전례(당시 티베트 당서기 후진타오의 대응은 2장을 참조하라)가 그들을 오판하

민족주의가 점점 더 강해지고 있을까?

게 했을지도 모른다. 시위가 발발했을 때 티베트에 남아 있던 지도자들은 느리게 대응했고 시위는 빠르게 확산되었다. 시위가 끝날 때까지 최소 80명의 티베트인과 18명의 한족이 사망했고, 수많은 사업장—대부분 한족 소유—이 파손되었다. 중국은 티베트에 대한 언론의 접근을 차단하고 외국인에게는 출국 명령을 내렸다. 이후에도 티베트 방문은 계속 제약을 받고 있다.

티베트 탄압의 일환으로 장족은 또 다른 애국주의 교육운동을 받아야 했다. 한 장족의 인터뷰에 따르면 이 운동은 전혀 효과가 없었다고 한다. 우선 경제적 현대화의 이점을 강조하는 이 운동은 반물질주의적 신념을 가진 불교 수도자들 사이에서 공감을 얻지 못했다. 오히려 역효과를 불러일으켰을 수도 있다. 수업 전에 비정치적이었던 승려들의 정치와 종교에 대한 이해가 깊어졌기 때문이다. 중국에 대한 애국심이 커지는 대신 장족 민족의식이 강화된 것이다.[21] 달라이 라마에 대한 비난은 이번 운동과 그 이전의 애국주의 교육운동의 핵심 요소이자 가장 큰 저항을 초래한 요소였다. 이를 거부하는 사람—어린이를 포함하여—은 감옥에 갇혔다.

중국 공산당의 선전이 티베트인들에게는 거의 영향을 미치지 못했지만 한족에게는 상당한 영향을 미쳤다. 수년간 달라이 라마를 폄하한 끝에 대부분의 중국인은 그가 중국을 분열시키려 한다고 받아들였다. 한족의 낮은 종교성(6장 참조)은 종교적 자유를 확대해달라는 티베트인들의 열망을 공감하지 못했다. 많은 한족은 중국 공산당의 개발 정책을 거부하는 장족을 배은망덕하다고 생각했다.[22] 당의 선전은 티베트에서 추진하는 경제적 현대화 노력을 강조했지만, 그 수혜자가 최근에 도착한 한족이라는 사실은 언급하지 않았다. 또한 2008년 베이징 올림픽을 앞두고 발생한 티베트 시위가 외국 관중들에게 중국을 나쁜 이미지로 비치게 했다고 생각했다.

중국 공산당의 통치에 티베트인들이 노골적으로 저항하는 경우는 흔치 않지만, 다른 형태의 저항은 적지 않다. 많은 티베트인들은 달라이 라마의 사진을 들고 다니거나 "질병"을 이유로 애국주의 수업에 참석하지 않는 등 일상적인 저항을 유지하고 있다. 티베트 국기를 게양하거나 구호를 외치는 시위는 보다 공개적으로 이루어진다. 이들은 자신이 투옥되고 고문을 당할 수 있다는 것을 알면서도 개인의 신념에 따라 행동한다. 현재 티베트의 정치범 수용자는 500명에서 2000명으로 추산된다.

더 끔찍한 형태의 저항은 분신자살이다. 망명한 티베트인을 지원하는 단체인 티베트국제캠페인International Campaign for Tibet에 따르면 2009년 2월 이후 150건 이상의 자해 사건이 발생했고 131명이 사망했다. 분신은 2012년(85건)에 정점을 찍고 그 이후 급격히 감소했다.[23] 이들 대부분은 시짱자치구(오늘날 중국에서 티베트의 공식 명칭)의 경계 바깥에서, 즉 장족의 고향인 쓰촨성, 간쑤성, 칭하이성의 인근에서 발생했다. 그러나 언론에는 보도되지 않는다. 분신은 중국 공산당의 강제 동화 정책에 대한 티베트인들

민족주의가 점점 더 강해지고 있을까?

의 결연한 저항을 보여준다.

애국주의 교육의 억압적인 측면은 중국 공산당이 남성의 긴 수염, 여성의 히잡 착용, 심지어 자녀에게 무슬림 이름을 짓는 일을 금지하는 신장에서도 뚜렷하게 나타났다. 중국 공산당은 위구르족이 운영하는 식당에 종교적 휴일에도 문을 열라고 요구하고 있으며, 종교에서 금지하는 주류도 판매하게 한다. 2018년부터 중국 정부는 신장 지역에 100만 명 이상의 위구르족, 카자흐족, 기타 무슬림 집단을 수용할 시설을 건설했다. 중국 정부는 이 수용소가 재교육과 직업 훈련 시설이라고 주장하지만, 수용소의 억압적인 측면을 보면 그 진정한 목적을 알 수 있다. 수감자들은 장시간의 애국주의 수업을 들어야 하고, 베이징의 요구에 따라 이슬람 극단주의를 비난해야 한다. 만약 이를 거부하면 무기한 구금될 수 있고, 가족도 위협을 받는다. 중국 정부는 중국 밖에 거주하는 위구르족과 카자흐족이 신장의 수용소와 기타 당의 정책을 비판하는 것을 막기 위해 "관계를 이용한 진압"[24]을 사용하는데, 이는 중국에 거주하는 사람이 중국 밖에 있는 친척들의 말과 행동 때문에 처벌을 받을 수 있다는 뜻이다.

중국 공산당은 신장에 사는 위구르족뿐 아니라 신장에 살지 않는 위구르족도 계몽하고자 한다. 이를 위해 2000년에는 특별한 "신장반"을 만들고, 몇 년간 수만 명의 젊은 위구르족을 여기에 강제로 참석시켰다. 중국 공산당은 이 프로그램을 통해 "애국주의, 민족 단결 정신, 그리고 당의 가치를 젊은 위구르족에게 심으려 했다."25 그러나 이 프로그램은 거의 효과가 없었다. 위구르족 젊은이들은 민족 정체성을 바꾸지 않았을 뿐만 아니라, 베이징 주재 수단 대사관의 금요일 기도회에 참석하고 코란 독경을 위한 아랍어 수업을 듣는 등 오히려 신앙이 더욱 깊어졌다. 티베트에서든 다른 지역에서든 당의 고압적인 세뇌 교육은 역효과를 낳았다.

베이징은 경찰서와 가로등, 무장경찰의 가슴팍, 공공장소에 설치한 수많은 감시 카메라와 모든 사람의 출입을 감시하는 안면 인식 소프트웨어, 그리고 기타 전술을 통해 신장에 감시 국가를 구축했다.26 중국 기업들은 특정 개인을 식별하고 위구르족을 다른 민족과 구별할 수 있는 안면 인식 프로그램을 개발하고 있다. 이러한 첨단 감시 기술이 신장에서 점차 다른 지역으로 확산되었다. 이제는 감시 프로그램 개발사들이 외국 정부에 감시 도구를 광고하고 있다. 짐바브웨와 파키스탄 같은 권위주의 체제뿐만 아니라 독일과 같은 민주주의 국가를 포함한 12개 이상의 국가가 중국의 감시 기술을 구매했다.27 이 현상은 "중국 모델"의 새로운 차원이다. 중국 모델은 국가 주도의 경제 발전을 넘어서 국가가 후원하는 첨단 기술에 기반한 억압으로 진화했다.

위구르족에 대한 베이징의 선전으로 인해 많은 한족이 그들을 잠재적 테러리스트로 두려워하게 되었다. 신장 외부에서 발생한 위구르족의 테러 공격은 공포를 증폭시켰다. 2013년에는 베이징 톈안먼광장에서 위구르족 세 명이 탄 차량이 관광객을 들이받고 화염에 휩싸인 사건이 발생했다. 용의자 세 명과 관광객 두

민족주의가 점점 더 강해지고 있을까?

명이 사망하고 30명 이상이 부상을 당했다. 2014년에는 윈난성 쿤밍의 기차역에서 또 다른 테러가 발생했다. 장도를 든 여덟 명의 위구르족이 기차역에서 여행객을 공격하여 31명이 사망하고 150여 명이 다쳤으며, 진압 과정에서 용의자도 네 명 사망했다.

그림 7.4 위성 지도로 확인한 신장 수용소 시설의 확대
(출처: 유엔 인권사무소 보고서)

이 사건이 언론에 광범위하게 보도되고 소셜미디어에 공유되면서 위구르족은 잠재적 테러리스트라는 암묵적인 메시지가 확산되었다. 위구르족은 신장 밖에서 고용 차별을 받고 호텔 등의 출입을 거부당한다. 위구르족에 대한 분노는 해외로 확산되고 있다. 캐나다 맥마스터대학의 중국인 학생들은 신장의 수용 시설에 대한 연설을 하기 위해 초청받은 위구르족 활동가를 비난했고, 심지어 온타리오 주재 중국 대사관이 연설에 반대하지 않았다고 비판하기까지 했다.[28]

중국은 신장에서의 억압 전술을 정당화하기 위해 미국이 주도한 "테러와의 전쟁"을 이용했다. 이전에는 분리주의자들의 소행으로 분류되었던 시위와 무작위 폭력 행위가 어느새 테러 사건으로 둔갑했다. 이 메시지는 중국에서 널리 받아들여졌다.[29] 테러와의 전쟁이 시작되면서 중국은 외국 정부가 자국의 입장을 지지하도록 설득할 수 있었다. 미국, 영국, 유럽연합, 러시아를 비롯한 여러 나라가 동투르키스탄 이슬람운동(중앙아시아 및 중국에서 이슬람 성전과 국가 건설을 목적으로 활동하는 위구르계 분리주의 단체_옮긴이)을 테러 조직으로 지정했다. 그러나 최근의 국제 여론은 중국의 반테러 정책에 반대하는 쪽으로 돌아서고 있다. 대부분의 정부는 신장에 대한 중국의 광범위한 탄압을 묵과하지 않았으며, 특히 2018년 국제사회의 주목을 받은 중국의 수용소 운영을 비판하고 있다. 역설적이게도 사우디아라비아 같은 무슬림 국가가 수용소를 비롯한 무슬림 탄압에 침묵을 지키고 있다.

민족주의가 점점 더 강해지고 있을까?

중국 공산당은 애국주의 교육운동을 통해 중국 국가주의를 홍보하려고 노력했지만, 성과는 제한적이다. 이 운동에 가장 많이 노출된 청소년들은 애국주의 교육을 받지 않은 인구 집단에 비해 민족주의가 약하다. 티베트와 신장에서 애국주의 교육은 중국 국가 정체성보다 소수민족의 정체성을 강화하는 역효과를 낳았다. 그 결과 중국 공산당은 설득이 아닌 강압적 수단으로 도구를 변경했다.

중국 민족주의 대 홍콩 정체성

2019년 내내 홍콩에서 대규모의—종종 폭력적인—시위가 이어졌다. 베이징의 영향력 확대에 반대한 홍콩의 시위는 티베트나 신장에서 일어난 시위와 상당히 달랐다. 티베트와 신장의 시위는 민족 정체성에 관한 것이었지만, 구성원의 대부분이 한족인 홍콩에서는 그렇지 않았다. 홍콩 시위는 시민 정체성에 관한 것이었다. 홍콩인들은 스스로를 어떤 가치와 동일시하며, 이 가치는 중국 공산당이 강조하는 가치 및 우선순위와 어떻게 다른가? 근본적인 질문은 동일하지만—누가 중국 국가에 속하는가—티베트, 신장, 홍콩에서 얻을 수 있는 답변의 배경에는 중요한 차이가 있다.

먼저 홍콩의 지위에 대한 배경 지식을 검토하자.[30] 1997년까지 홍콩은 영국의 식민지였다. 1842년 1차 아편전쟁에서 중국이 항복한 후 홍콩섬이 영국에 영구 할양되었다. 인접한 주룽(한국어로 구룽, 중국어로 九龙_옮긴이)반도는 2차 아편전쟁 이후인 1860년에 영구적으로 할양되었다.

훨씬 더 넓은 신제(한국어로 신계, 중국어로 新界_옮긴이)는 1898년부터 영국에 99년간 임대되었다. 홍콩으로 통칭되는 이 세 지역은 1997년까지 영국의 식민 지배를 받았다. 중국 공산당에게 영국 식민지라는 홍콩의 지위는 "굴욕의 세기"를 상징했다.

1982년, 홍콩의 미래에 대한 협상이 시작되었다. 신제의 99년 임대가 곧 만료되는 상황에서 영국 정부는 홍콩섬과 주룽에 대한 지배를 계속 유지하기 어렵다는 사실을 깨달았다. 마거릿 대처 정부는 처음에 조차 계약의 갱신을 희망했지만 중국이 단호하게 거부했다. 1990년에 중국은 홍콩이 중국의 주권 아래에 있지만 최소 50년 동안 특별행정구로 고도의 자치권을 유지할 것이라는 "일국양제" 체제의 기반이 되는 홍콩 "기본법"을 채택했다. 결국 1997년 홍콩이 중국에 반환되었다.

중국은 반대를 최소화하면서도 통제권을 유지할 수 있는 정치 제도를 홍콩에 만들려고 했다. 기본법은 일부 민주적 절차를 허용했지만, 당의 우선순위를 준수할 수 있도록 결과를 통제했다. 행정장관은 형식적으로는 선거위원회에서 선출하지만 실질적으로는 베이징에서 임명했다. 입법회LegCo 의원의 절반은 지역구에서, 절반은 직능 단체에서 선출하지만 베이징이 후보자와 선출된

민족주의가 점점 더 강해지고 있을까?

의원을 통제할 수 있게 했다. 대부분 직접 선거로 선출되는 구의
회도 만들었다. 이들은 홍콩의 정치 제도에서 그다지 중요하지 않
았는데, 2019년 시위에서는 중요한 역할을 했다.

베이징은 홍콩 정치를 통제하려고 했지만 홍콩의 상황이 변
화하면서 홍콩인의 의지도 바뀌었다. 민족이 아닌 지역 이슈에 기
초한 홍콩의 정체성, 정부(친중으로 여겨지는)에 대한 불신, 민주주
의, 시민의 자유, 법치주의와 같은 시민적 가치가 부상했다.[31] 이
와 관련하여 홍콩 문제를 미세한 수준까지 관리하려는 베이징의
노력이 대두했고, 중국인 관광객과 사업가가 증가하는 등 중국의
영향력이 증가하면서 이에 대한 홍콩인의 불만이 커졌다. 이러한
정서 변화는 1997년 홍콩의 주권이 중국에 반환된 이후에 태어
난 사람들 사이에서 특히 강하게 나타났다. 젊은 세대의 민주주의
열망은 홍콩을 통제하려는 중국 공산당의 의도에 크게 반했다. 그
결과 2014년과 2019년에 베이징의 계획에 반대하는 대중 시위가
발생했다.

2014년의 "우산운동"(시위대가 경찰이 발사한 최루탄으로부터
자신을 보호하기 위해 우산을 사용하면서 붙은 이름이다)은 홍콩의 행
정 책임자와 입법회를 직접 선출하려는 민주화 시위였다.[32] 시위
는 베이징이 최고 행정 책임자와 입법회 의원 선출 규칙을 기본법
에 명시된 대로 유지하겠다고 발표하면서 촉발되었다. 유권자의
직접 선거로 베이징의 영향력이 줄어들길 바라는 민주화 단체는
홍콩 전역의 주요 교차로를 점거하고 두 달 넘게 교통과 경제 활

동을 방해했다. 재계와 대중은 처음에는 시위대를 지지했지만, 시간이 지나면서 혼란이 정상화되기를 바랐다. 대중의 지지를 잃은 시위는 결국 막을 내렸다. 그 후 몇몇 핵심 지도자가 체포되어 재판을 받고 형을 선고받았다. 또한 중국은 학생과 교수들이 우산운동을 주도했다는 이유로 홍콩의 대학에 더 큰 통제를 가했다.

2019년 캐리 람 행정장관이 범죄인 인도 법안 초안을 입법회에 제출하면서 더욱 격렬하고 장기적인 시위가 발생했다. 이 법률이 채택되면 다른 정부—중국을 포함한다—가 홍콩 시민을 범죄 혐의로 기소할 경우 홍콩 정부가 이들을 인도할 수 있게 된다. 홍콩인들은 이 법안이 홍콩의 권리와 자유를 훼손할 것이라고 우려했다.

2019년 시위는 몇 가지 지점에서 우산운동과 달랐다. 첫째, 2019년 시위는 더 많은 폭력을 수반했다. 입법회를 잠시 점거했고, 공항을 폐쇄하려는 시도가 반복되었고, 총파업을 요구하며 최대 100만 명(전체 인구는 740만 명)이 모여 정기적인 거리 행진을 개최했다. 이때 일부 시위대는 경찰에게 벽돌과 화염병을 던지고, 중국 정부의 홍콩연락판공실의 정부 상징물을 훼손하고, 친중파로 의심되는 사람들의 상점을 파손했다. 시위대는 대중의 신뢰를 잃고 협상을 거부하는 정부에 맞설 유일한 선택지가 폭력이라고 생각했다. 둘째, 2019년 시위에는 확실한 리더가 없었다. 시위는 소셜미디어를 통해 느슨하게 조직되었고, 시위대는 안면 인식 소프트웨어와 스프레이 페인팅 감시 카메라를 피하기 위해 마스크

민족주의가 점점 더 강해지고 있을까?

를 착용했다.[33] 그 결과 정부가 시위를 종식시키기 위해 체포하거나 협상할 대표가 없었다. 경찰은 시위를 무산시키기 위해 대대적인 체포에 나섰지만 성공하지 못했다. 셋째, 몇 달간 교통 체계와 경제가 멈췄음에도 대중의 지지는 여전히 강했다.

베이징은 홍콩 시위에 행동이 아니라 강경한 말로 대응했다. 관영 언론은 민족주의적 수사를 동원해 시위대를 비난했다. 충성스러운 애국자 대신 비판적인 사상가를 양성하는 홍콩의 고등학교 커리큘럼도 비난했다.[34] 중국 공산당은 미국, 영국 등이 시위를 조장했다고 비판했는데, 이는 피해자 서사를 보여주는 또 다른 사례다. 홍콩 및 마카오 사무판공실의 장샤오밍 주임은 시위를 동유럽과 구소련 정부를 무너뜨린 "색깔혁명"에 비유하며[35] 시위가 정권의 생존과 국가 안보를 위협한다고 암시했다. 홍콩의 친베이징 단체와 정치인 및 사업가들이 시위대를 비난하는 일에 동원되었다. 재외 홍콩 외교관과 학생들도 시위를 비판하고 심지어 홍콩 시위자와 지지자들에 대한 폭력을 부추겼다.[36] 메사추세츠주 에머슨대학의 한 학생이 학교 신문에 "나는 중국이 아니라 홍콩에서 왔다"라는 제목의 기사를 쓰자, 많은 중국인이 그가 중국인 정체성을 부정한다고 비판했고, 반대쪽에서는 그동안 비슷한 비판을 받아온 홍콩, 타이완, 싱가포르 학생들이 그를 지지하는 댓글을 달았다.[37] NBA 휴스턴 로케츠의 단장이 홍콩을 지지하는 트윗을 올리자 중국의 공식 미디어와 소셜미디어가 분노로 폭발한 일도 있었다.[38]

이러한 수사를 제외하면 중국은 시위를 해결할 방법이 거의 없었다. 시위를 진압하고 질서를 회복하기 위해 인민해방군이나 무장경찰을 파견하겠다고 암시하는가 하면, 선전의 국경에서 시위 진압 훈련도 했지만 결국 홍콩 당국에 처리를 맡겼다. 하지만 캐리 람 행정장관은 홍콩 시민들의 신뢰를 잃은 상태였다. 홍콩 정부는 9월에 시위를 촉발한 범죄인 인도 법안 초안을 철회했지만, 경찰의 폭력 규명, 체포된 시위자 석방, 시위를 "폭동"으로 규정한 공식 입장 철회, 람 장관의 사임과 보편적 참정권에 기반

그림 7.5 홍콩 시위, 2019년(출처: 전명윤, 『리멤버 홍콩』, 209쪽)

민족주의가 점점 더 강해지고 있을까?

한 새로운 행정수반 및 입법회 선거 등의 네 가지 추가 요구에 대한 협상은 거부했다(시위대의 "다섯 가지 요구 중 하나도 빠져서는 안된다五大訴求, 缺一不可"라는 문구를 만들었고, 이것이 2019년의 홍콩 시위를 상징하게 되었다_옮긴이). 홍콩 경찰은 시위대를 향해 최루탄, 고무탄, 진압봉, 물대포를 사용했지만 아무 소용이 없었다. 범죄 조직원으로 추정되는 괴한들이 적어도 한 번 이상 시위대를 공격했다. 이는 5장에서 언급한 중국 공산당의 시위 대응 전술 중 하나다. 깡패를 고용함으로써 정부와 경찰은 책임을 부인하는 동시에 강경한 메시지를 전달할 수 있다. 이러한 노력에도 불구하고 시위는 여름과 가을 내내 지속되었다.

11월의 지방선거는 시위에 대한 주민 투표로 여겨졌고, 결과는 결정적이었다. 18개 의석 중 17석을 민주파 정당이 장악하면서 의석 점유율이 27.4퍼센트에서 85.8퍼센트로 상승했다.[39] 선거 결과는 민주화운동에 대한 대중의 강력한 지지를 보여주었다. 이제 베이징이나 홍콩 정부 모두 홍콩 대중이 시위를 지지하지 않는다고 말할 수 없게 되었다. 지방의원 선거 이후에도 한동안 시위가 산발적으로 이어졌지만, 2019년 12월 코로나19가 발생하면서 대중과 정부의 관심은 그쪽으로 빠르게 전환되었다. 새로운 위기로 인해 수개월에 걸친 시위는 끝났지만, 홍콩에 대한 중국의 영향력과 홍콩 정체성 사이의 근본적인 긴장이 해소되지는 않았다. 2020년 4월 홍콩 정부는 민주화운동가들을 체포하기 시작했는데, 이는 홍콩 정부—그리고 베이징의 관리자들이—가 팬데믹 상황에서도 홍콩 시민들에게 호응할 의사가 없음을 보여주는 신호였다.[40] 홍콩에 있는 베이징 연락판공실 책임자는 자신에게 홍콩에서 열리는 행사를 감독할 권리가 있다고, 기본법에 반하는 발언을 했다.

2020년 6월 베이징에서 열린 전인대에서 홍콩과 중국 정부에 대한 외국의 간섭, 분리 독립, 테러, 국가 권력 전복 등의 행위를 금지하고 이러한 행위를 최대 종신형에 처하는 새로운 국가안전법(정확한 명칭은 중화인민공화국홍콩특별행정구국가안전수호법中华人民共和国香港特别行政区维护国家安全法_옮긴이)이 통과되었다.[41] 이 모호한 조항은 2019년의 격동 이후 홍콩의 시위를 종식시키기 위해 고안되었고, 전 세계의 관심이 코로나19에 집중되어 있을 때 발표되었다. 나아가 국가안전법의 문구는 홍콩인이 아닌 사람에게도 적용되는 것처럼 보인다.[42] 베이징은 중국과 홍콩 밖에서 발생한 일도 잠재적으로 국가안전법으로 처벌할 수 있다. 법이 통과된 후 몇 주 동안 홍콩 경찰은 저명한 민주화운동가들과 『빈과일보 Apple Daily』(중국어로 苹果日报_옮긴이) 발행인 리즈잉을 체포했다. 국가안전법은 기본법에서 약속한 자치권을 사실상 종식시키고 홍콩에 "일국일제" 모델을 강요하고 있다.

민족주의가 점점 더 강해지고 있을까?

중국 공산당은 목적을 위해
민족주의 시위를 조율하는가?

중국 공산당은 애국주의 교육운동 외에도 언론 보도, 공식 연설, 선전 등에서 민족주의 수사를 사용한다. 시진핑은 2019년 중화인민공화국 건국 70주년 기념 연설에서 "위대한 국가의 위상을 흔들 수 있는 힘은 없다. 그 어떤 세력도 중국 인민과 중화민족의 전진을 막을 수 없다"라고 했다.[43] 언론과 정책 분야의 많은 관찰자들은 이러한 수사를 중국 정부가 외교 정책에 대한 지지를 얻기 위해 동원하는 수단으로 보고 있다. 일례로 1999년 베오그라드 대사관 폭격 규탄 반미 시위에 대한 주된 해석을 살펴보자. 당시 미사일이 건물 2층에 떨어져 중국인 기자 세 명이 사망하고 20명이 부상을 입었다. 여기에는 NATO 활동을 감시하고 베이징에 보고하는 데 사용하는 정보 장비가 있었던 것으로 알려졌다.[44] 대사관에 대한 공격은 해당 국가의 영토에 대한 공격과 동일하다. 대사관 폭격 사건이 알려지자마자 중국 학생들이 크게 분노했고, 대학과 정부는 베이징 주재 미국 대사관 앞에서 시위를 열겠다는 학생들의 요청을 즉각 승인했다. 베이징에서 일어난 자발적인 시위는 당의 통제하에 조직적인 시위로 발전했다. 한 무리의 학생이 버스를 타고 베이징 주재 미국 대사관으로 가서 구호를 외치고 돌을 던진 다음 캠퍼스로 돌아가면 시위대는 다른 버스를 타고 온 학생들로 교체되었다. 그리고 며칠 후 시위가 끝났다.

이는 중국 공산당이 민족주의 시위를 조율한 사례처럼 보인다. 그러나 다른 해석은 이러한 시위가 1990년대에 등장한 대중 민족주의의 결과라고 한다. 이는 중국 공산당이 피해자 서사로 전환한 시기와 맞물렸지만, 대중 민족주의는 중국 공산당의 행동 및 의도와 무관하게 사회 내부의 지적 동요에서 기원했다.[45] 대중 민족주의에는 감정적 요소가 포함되어 있어서 휘발성이 매우 강하고 잠재적으로 중국 공산당에 위협이 될 수 있다. 중국의 민족주의자들이 행동에 나서기 전에 항상 정권의 신호나 허가를 기다리는 것은 아니다. 베오그라드 대사관 폭격 사건이 보도되자마자 베이징과 다른 중국 도시, 그리고 외국의 대학에서 반미 시위가 먼저 시작되었다. 중국 공산당은 미국 대사관 앞에서의 시위를 조율하기보다는 혼란에서 질서를 찾으려고 노력했을 것이다. 당이 대사관과 캠퍼스 사이를 오가는 버스를 운행하기 전에 학생들은 대사관 정문에서 자발적으로 시위를 시작했다. 제임스 세서 주중 대사는 시위대가 정문을 부수거나 넘어올 경우 대사관 직원이 위험에 처할까 봐 걱정했다고 말했다. 그 순간 정부는 학생들을 위한 버스를 마련함으로써 대사관 밖에 있는 학생의 규모와 시위 시간을 통제하며 폭력이 확대되는 것을 막으면서도 시위를 유지할 수 있었다.[46]

가장 목소리를 높인 민족주의자 중 상당수는 중국 공산당 지도자들의 열성적인 지지자가 아니었다. 그들은 당이 외국, 특히 미국에 대해 더 강경한 노선을 취하기를 원했다. 1990년대에 출

민족주의가 점점 더 강해지고 있을까?

간된 한 베스트셀러의 제목이 『중국은 아니라고 말할 수 있다』 (1996년 중화공상연합출판사中华工商联合出版社에서 출판한 쑹창, 챠오볜, 장창창 등이 쓴 『中国可以说不』_옮긴이)라고 적절하게 표현했듯이, 이들은 중국 지도자들에게 민족주의자가 되라고 독려함으로써 대중 민족주의를 이용했다.[47] 오늘날에는 이런 책이 출판될 수 없다. 시진핑은 지식인들에게 조언이 아니라 찬사를 원한다.

중국 민족주의자들은, 정권에 대해 비판적일 뿐만 아니라 민주주의를 선호하는 사람들을 포함하여 동료 중국인들이 충분한 애국심이 없다고 생각한다. 2017년 한 중국인 학생이 메릴랜드대학 졸업식 연설에서 미국의 "언론 자유의 신선한 공기"를 칭찬했다.[48] 이는 중국의 정치 분위기를 우회적으로 비판한 것으로 받아들여졌다. 그 즉시 온라인과 중국 언론이 보복을 가했고 중국에 있던 그의 가족들은 살해 협박을 받았다. 중국에서 가장 유명한 테니스 선수인 리나는 조국을 위해서가 아니라 자신을 위해서 경기를 뛰었다고 말한 뒤 도마에 올랐다. 2013년 프랑스오픈에서 역전패를 당한 그는 인터뷰에서 고국 팬들에게 패배를 설명하기를 거부했다. 오히려 "내가 무릎을 꿇고 머리를 숙여야 해? 그들에게 사과해야 해?"라고 되물었다.[49] 이 일로 그는 중국 언론과 네티즌의 집중포화를 받았다.

중국 공산당은 민족주의를 부추기려 하지만, 중국 민족주의는 당의 통제와 무관하게 대중적 기반을 가지고 있다. 중국 공산당은 국가에 대한 사랑과 당에 대한 지지를 하나로 연결하려고 노력하지만, 중국의 민족주의자가 반드시 당의 지지자인 것은 아니다. 대중 민족주의는 중국 공산당의 잠재적 위협이 될 수도 있다. 당의 선전을 무색하게 하고, 당이 국익을 보호하기 위해 최선을 다하지 않는다고 비판하며, 심지어 외교 정책에 대중 민족주의 여론을 수용하라고 강요할 수 있다. 지금부터 이 마지막 가능성을 살펴보자.

대중 민족주의가 중국의 외교 정책을 주도하는가?

만약 중국 공산당이 민족주의의 근원이 아니라 포로였다면 어떻게 해야 할까? 대중 민족주의 관점을 가진 사람들은 민족주의가 당과 상관없이 중국 사회 전반에 뿌리를 내리고 있다고 주장한다. 당은 민족주의 시위의 표적이 되지 않기 위해 특정한 사안에서 예상보다 더 강경한 노선을 택할 수도 있다. 중국의 청년 세대는 기성세대보다 더 민족주의적이지 않더라도 외교 정책에서 더 강경한 입장을 취할 수 있고, 이는 대중의 반발을 경계하는 외교 정책 입안자들에게 더 큰 제약을 가할 수 있다.[50]

중국 정부가 민족주의자들의 도전을 받고 위축된 전례가 있다. 1차 세계대전 이후, 독일이 지배하던 칭다오 등의 일부 영토가 반환되지 않고 일본에 넘어가자 학생들과 지식인들이 분노했

민족주의가 점점 더 강해지고 있을까?

다.[51] 얼마 뒤 1919년 베르사유평화회의에 참석한 중국 대표가 이 결과에 동의했다는 사실이 알려지자 분노는 격노로 바뀌었다. 이들은 중국 정부의 나약함을 비판했고, 결국 여론에 굴복한 중국 대표들은 베르사유조약에 서명하기를 거부했지만 명성은 땅에 떨어지고 말았다. 이 일이 5·4운동으로 이어졌다. 당시는 정치 권력에 대한 복종을 포함한 전통 가치에 대한 지적 동요와 대중 항의가 본격화된 시기였다. 몇 년 후인 1921년에 중국 공산당이 창당되었고, 창당 멤버 중 상당수는 5·4운동에 참여한 전력이 있다. 따라서 중국 공산당은 대중 민족주의가 어떻게 현 정권에 도전할 수 있는지를 잘 알고 있다.

민족주의자들이 정부에 도전한 또 다른 사례는 1931년 중국 동북부의 만주를 침략하고 점점 더 중국 영토에 대한 지배력을 확대한 일본과 관련이 있다. 1935년 12월 9일, 중국 학생들은 일본의 침략에 대한 국민당 정부의 소극적 대응에 항의하는 시위를 벌였다. 비록 국민당 정부의 대일 정책을 바꾸지 못하고 일본의 진격을 늦추지도 못했지만, 이날은 민족주의자들이 인기 없는 정부 정책에 항의한 생동한 사례로 남았다. 최근 몇 년 동안 중국 학생들은 이 사건과 1931년 9월 18일 만주사변을 기념하여 현대 일본에 반대하는 시위를 기획했다. 그러나 이러한 노력은 대체로 중국 공산당에 의해 좌절되었다.[52]

대중 여론이 중국 공산당으로 하여금 더욱 강경한 외교 노선을 취하도록 강요할까? 그렇다는 답변은 중국 지도자들은 포용적인 외교 정책을 선호하지만 여론의 압력으로 인해 호전적인 정책을 강요받고 있음을 시사한다. 다른 대안—오히려 민족주의를 부추겨 당의 단호하고 공격적인 행동을 뒷받침한다—이 더 명확하고 간단하지만, 연구를 통해 밝힌 사실과는 거리가 멀다. 어느 쪽이든 중국의 외교 정책은 대중 민족주의와 당 지도자의 상호작용을 통해 형성된다는 관점에 동의한다.

2000년대 중국에서는 반일 감정이 매우 강했다. 지방 정부가 미디어와 교육 과정을 통해 일본을 비판했을 뿐만 아니라 지방의 민간 활동가들도 강력한 반일 메시지를 전파했다. 지방 차원의 행동은 중앙의 승인은 물론 지원도 없는 것처럼 보였다. 반일 역사 활동가들은 애국주의 교육운동을 통해 2차 세계대전 중 일본이 저지른 잔혹 행위를 알렸다. 이들은 새로운 연구를 수행하고, 책과 논문을 출판했으며, 역사적 사건을 기록하고 알리기 위해 박물관을 열기도 했다.[53] 이러한 맥락에서 일본과 관련된—역사 문제와 현대의 외교 및 영토 분쟁도 포함—논란이 불거지자 대중은 당에 더욱 강경한 태도를 요구했다.

이 기간 동안 베이징의 대일 담화, 협상 전략, 정책 변화는 모두 대중의 영향력의 결과처럼 보였다. 반일 움직임은 중국 공산당의 통제 밖에서 당의 동원 없이 발생했고, 이는 대일 정책의 결정과 수사에 영향을 미쳤다. 그럼에도 불구하고 대중적 움직임을 억제하고, 여론을 재편하고, 활동가들의 행동을 저지하려는 중국 공산당의 노력은 대체로 성공적이었다. 중국 지도자들은 시위가 국제적 이해관계와 국내 안정에 도전할 때마다 언론과 안내 문자를 통해 설득과 억압, 명확한 경고를 병행하여 사건을 종식시킬 수 있었다.

언론은 대중 민족주의가 중국의 외교 정책에 압력을 가하는 방식에 영향을 미칠 수 있다. 공식 보도가 민족주의를 자극하면 중국 정부는 일본에 대해 더욱 강경한 입장을 취할 수 있다.[54] 보도는 소셜미디어 사용자를 통해 더 많은 청중에게 퍼진다. 당은 어떤 주제에 대한 온라인 토론이 잠재적으로 불안하다고 판단되면 이를 단속하지만 그때는 이미 분위기가 절정에 달한 경우가 많다. 그런 의미에서 언론은 대중 민족주의를 전달하고 호소하는 역할을 한다. 2000년대와 2010년대 초반 일본에 관한 언론 보도와 정부 성명의 타임라인을 추적해보면, 공식 미디어와 소셜미디어에서 민족주의와 반일 표현이 먼저 퍼진 뒤 정부의 수사가 더 강경해지는 패턴을 알 수 있다. 당과 정부는 처음에는 일본의 유엔 안전보장이사회 상임이사국 진출, 영토 분쟁, 중국 내 잔혹 행위를 은폐한 일본 교과서 등 다양한 이슈에서 일본과 대립할 의지가 없었다. 하지만 인터넷과 지방 언론을 통해 아래로부터 민족주의적 수사가 뿜어져 나오기 시작했다. 얼마 지나지 않아 베이징의 목소리는 지방의 목소리와 똑같아졌다.

대중 민족주의가 중국의 대일 외교 정책에 영향을 미쳤을까? 의사 결정권자들에 대한 접근 없이는 그 이면에서 어떤 일이 벌어지고 있는지 알 수 없다. 예를 들어, 공식 성명은 대중을 자극하지 않기 위해 온건하게 발표했지만 물밑 채널을 통해 일본 정부에 더 강한 내용을 전달했을 가능성이 있다. 만약 그렇다면, 이 전략은 실패했다. 중국 정부의 공식 수사가 온건해지자 중국의 대중이 더 강력한 노선을 요구하고 나섰고, 정부도 따라갈 수밖에 없었다는 점에서 말이다. 대부분의 정책 이슈가 그렇듯이 중국 지도자들은 이 문제에 다양한 의견을 가지고 있었고(3장 참조), 더 강경한 수사가 내부 논쟁의 결과였을 가능성도 있다. 외교 정책 결정권자에 대한 연구 없이 점점 더 강경해지는 수사가 여론에 대한 반응인지, 정치 지도자들의 내분인지, 아니면 다른 요인에 의한 것인지 판단할 수 없다.

더 흥미로운 가능성은 민족주의 시위에 대한 중국 공산당의 호응은 국제 협상에서 중국이 직면한 제약을 외국 정부에 알리는 신호일 수 있다는 점이다. 민족주의는 중국 공산당이 정당성을 유지하는 한 축이기 때문에 대중의 반대를 무릅쓰고 국익을 양보할 경우 큰 대가를 치르게 된다. 인민의 분노는 중국 공산당을 전복시킬 봉기를 촉발할 수 있다. 새로운 정권—심지어 새로운 민주 정권—은 종종 강력한 민족주의 정책을 채택하기 때문에 인민의 지지를 받을 수 있다.[55] 중국에서 대중 민족주의가 작동하는 것을 본 외국 정부는 일부 요구를 포기해야 할 필요를 깨닫는데, 그 이유는 중국 공산당이 권력을 포기하지 않는 한 협상이 진행되지 않을 것이기 때문이다. 반대로 중국 공산당이 민족주의 시위를 진압한다면 이것은 특정 외교 목표를 달성하기 위해 자국민의 분노를

민족주의가 점점 더 강해지고 있을까?

감수할 의향이 있다는 신호이고, 따라서 그 목표에 대한 당의 의지를 더욱 신뢰할 수 있게 만든다. 이는 "좋은 경찰, 나쁜 경찰"(심문과 협상에 사용하는 심리적 전술로 위협과 보상을 동시에 제시한다_옮긴이)의 외교 버전으로, 중국 정부는 외국 정부에 타협의 사인을 보내거나 위험을 경고하여 목표를 달성한다. 이 전략은 민족주의 시위가 자발적으로 일어날 때는 신뢰할 수 있지만, 상대방이 당이 시위를 조율하고 있다고 의심할 때는 신뢰도가 떨어진다.

미중 관계의 두 가지 에피소드가 이 주장을 뒷받침한다.[56] 첫 번째는 앞서 설명한 베오그라드 대사관 폭격 사건 이후 1999년의 반미 시위다. 이 시위는 그동안 중국 공산당이 주도한 것으로 알려졌지만, 사실은 대학생들이 주도한 것으로 보인다. 이와 대조적으로 중국 공산당은 2001년 미국의 EP-3 정찰기와 관련된 또 다른 사건에서 전혀 다른 반응을 보였다. 미국은 중국 연해의 국제 영공에서 EP-3 정찰기를 일상적으로 운영하고 있다. 중국 정부는 미군의 행동이 주권 침해라고 항의하며 때로는 전투기를 출동시키기도 했다. 2001년 4월 1일, 중국 전투기 조종사가 미국 전투기에 너무 가까이 접근해 날개가 꺾이는 사고가 발생했다. 중국 전투기는 바다에 추락했고 조종사는 사망했다. 손상된 미국 정찰기는 중국 남부 해안에 위치한 하이난섬에 비상 착륙해야 했다. 미국인 승무원들은 양국 정부가 해결책을 협상하는 동안 막사에 구금되었다. 비행기의 충돌과 중국인 조종사의 죽음에 많은 중국인이 분노했지만 당은 시위를 허용하지 않았다. 미국 관료들은 조지

W. 부시 대통령의 첫 임기가 시작되는 시점에 미중 관계를 안정적으로 유지하려는 중국 공산당의 의지를 감지했다.[57] 대중의 분노에도 불구하고 기꺼이 그렇게 했다는 것은 중국 공산당이 미중 관계를 위해 대가를 치를 준비가 되어 있음을 시사했다. 열흘 뒤 2001년 4월 11일, 미국 승무원들은 무사히 귀국할 수 있었다.[58]

두 사건에 대한 중국 공산당의 상이한 대응에 대한 또 다른 설명은, 중국 공산당이 피해자일 때는 시위를 허용하지만 주동자일 때는 시위를 진압한다는 점에 주목한다. 1999년에는 명백히 미국 전투기가 중국 대사관을 폭격했고, 2001년에는 중국군 조종사가 미군 정찰기를 공격했다.

그러나 이 분석은 중일 관계의 더 많은 에피소드는 설명하지 못한다. 당은 중국과 일본의 외교 관계 및 경제 협력에 훈풍이 불 때는 민족주의 시위를 기꺼이 진압한 반면, 중국 지도자들이 일본이 영토 분쟁과 역사 문제를 봉인하기로 한 합의를 위반했다고 생각하면 경고 신호로 반일 시위를 허용했다. 1985년 나카소네 야스히로 일본 총리는 (A급 전범을 포함) 2차 세계대전 사망자의 위령비가 있는 도쿄의 야스쿠니신사를 공식 참배했다. 이 사건은 중국인들에게 2차 세계대전 중 일본군에 의해 사망한 것으로 추정되는 600만-1000만 명의 중국인과 잔혹 행위를 당한 수많은 사람을 모욕하는 행위였다.[59] 일부 학생이 즉시 반일 시위를 시작했고, 몇 주 사이에 시위는 대학 캠퍼스로 확산되었다. 나카소네는 자신의 방문이 중국의 국내 개혁과 국제 개방이라는 개혁 의제

민족주의가 점점 더 강해지고 있을까?

에 위협이 될 것을 우려하여 두 번째 방문 계획을 취소했다.[60] 고이즈미 준이치로와 아베 신조 등 다른 일본 총리들도 야스쿠니신사를 참배했다. 2013년 고이즈미가 신사를 참배한 후 중국이 일본 외무상의 방중 계획을 취소한 것처럼 일부 참배는 보복으로 이어졌지만, 나카소네의 참배 때 같은 대규모 반일 시위는 일어나지 않았다. 이러한 다양한 반응은 중국 공산당이 정책 목표를 달성하기 위해 대중 민족주의를 선택적으로 이용하고 있음을 시사한다.

　1990년대에 중국 공산당은 1989년 톈안먼광장과 중국 전역에서 일어난 시위가 비극으로 종결된 후 국제적 명성을 회복하고 국내 안정을 유지하려고 노력하면서 반일 시위를 진압하는 데 더 많은 노력을 기울였다. 또한 민족주의 시위에서 부패, 경제, 민주주의 같은 다른 유형의 불만이 표출되는 것을 원치 않았기 때문에 모든 종류의 시위를 억압했다. 그러나 2005년 일본이 유엔 안전보장이사회 상임이사국 진출을 추진했을 때 중국 공산당은 일본의 진출을 저지하려는 외교적 목표를 달성하기 위해 시위와 청원을 허용했다. 그 후 중국과 일본이 관계 회복을 모색하면서 다시 반일 시위를 억압했다. 2012년 일본이 댜오위다오/센카쿠 열도에 대한 영유권을 확인하는 조치를 취하자, 이 장의 서두에서 설명한 것처럼 중국의 200여 개 도시에서 때로는 폭력이 섞인 시위가 발생했다.[61] 중국 지도자들은 일본의 행동이 영유권에 대한 현상 유지를 방해한다고 판단하고 시위를 허용했지만 오래 끌지는 않았다. 며칠 후 중국 공산당은 학생들에게 법을 준수하고 안정을 유지하라는 경고 문자를 보냈고 시위는 갑작스럽게 끝났다. 중국 공산당의 강박 관념, 즉 안정 유지가 당연히 민족주의 시위보다 중요했다. 시위는 중국 공산당이 허용하는 유일한 형태의 반대 의견 표출 방식이지만, 항상 허용되는 것은 아니며 무기한 허용되지도 않는다.

대중 민족주의가 중국 외교 정책에 영향을 미치는지 여부는 맥락, 즉 외교 상대국과의 관계에 따라 달라진다. 증거는 다소 모호하지만 중국 공산당이 민족주의를 동원한다는 통념과 대중적 민족주의에 호응한다는 대안적 주장 모두에 부합한다. 의사 결정권자에게 직접 확인하지 않고서는 확실한 결론을 내릴 수 없다. 이러한 모호성을 고려할 때 어느 쪽의 관점도 함부로 배척해서는 안 된다. 다른 국가의 정책 입안자들은 중국 공산당이 직면한 잠재적 제약, 즉 무시할 수 없는 국내 청중도 있다는 점을 염두에 두어야 한다. 중국 공산당은 피해자 수사를 통해 민족주의를 조장할 수 있지만, 자신들이 촉발한 민족주의의 희생자는 되지 않으려 한다.

• • •

중국의 민족주의가 전 세계 어느 나라보다도 강하다는 것은 의심할 여지없는 사실이다. 하지만 중국 민족주의의 원인과 결과에 대해서는 잘 알려져 있지 않다. 이 장에서는 중국 민족주의에

민족주의가 점점 더 강해지고 있을까?

대한 기존의 네 가지 주요 가설을 확인하고 각각의 오류를 확인했다. 민족주의의 수준은 계속 증가하지 않고 있으며, 중국의 젊은 이들은 기성세대에 비해 민족주의적이지 않다. 중국 공산당의 애국주의 교육은 매우 엇갈린 결과를 낳았으며, 티베트와 신장에서는 역효과를 낸 것으로 보인다. 대중 민족주의는 단순히 중국 공산당의 동원에 대한 반응이 아닌 자체 역학으로 작동하며 당이 외교 문제에 강경 노선을 취하도록 압박할 수 있다.

중국 공산당은 민족주의를 통제하지 않고, 그렇다고 해서 전적으로 민족주의에 종속되어 있지도 않다. 민족주의 시위는 통제하기 어려운 시위 형태다. 1990년대 초부터 중국은 1840년대 아편전쟁 이후 1949년 중화인민공화국 수립까지 "굴욕의 세기" 동안 외세의 피해자였다는 관념을 조장했다. 애국주의 교육운동은 단순한 역사 수업이 아니라 외세가 다시 한번 중국의 발전을 늦추고 국익을 침해하려 한다는 것을 보여주기 위해 고안되었다. 민족주의 시위를 단순히 진압할 수 없는 까닭도 시위자들이 당의 메시지에 호응하고 있기 때문이다. 거의 70년 동안 적어도 부분적으로는 민족주의에 근거하여 정권을 유지한 중국 정부는 자신의 정당성을 위협하지 않는 한 민족주의 시위를 진압할 수 없다.[62]

중국 공산당은 시위가 오히려 역효과를 낼 수 있다는 점도 우려하고 있다. 중국 정부가 외국의 모욕에 대해 시위자들이 요구하는 만큼 강력하게 대응하지 않으면 시위자는 국가의 자존심과 명성, 그리고 이익을 지키지 않는 당에 등을 돌릴 수 있다. 시위가 걷

잡을 수 없이 커지면 정세가 불안해질 것이다. 당의 정치적 우선순위에서 안정이 민족주의보다 중요하다. 대규모 시위—심지어 민족주의 시위—는 중국 공산당의 용인, 승인, 심지어 격려 없이는 일어나지 않지만 시위자들은 당의 지시만 따르는 꼭두각시가 아니다.[63] 두 상황이 충돌하면 안정이 승리한다. 따라서 민족주의 시위에 대한 중국 공산당의 반응—장려, 용인, 탄압—은 외교적 목표와 국내 통치의 상호작용에 따라 달라진다. 중국 정부는 다른 국가의 행동에 대응할 때, 자국의 청중들에게 민족주의 정서에 대한 지지를 보여주고 싶을 때, 외국 정부에 자국의 제약을 알리고 싶을 때 민족주의 시위를 장려하거나 최소한 용인할 의향이 있다. 그러나 자신의 행동이 외교적 위기를 촉발했거나 반대로 외국 정부에 호의를 표하고 싶을 때, 그리고 무엇보다도 안정 유지에 대한 우려가 민족주의에 대한 지지보다 클 때는 시위를 신속하게 종식시키거나 미리 선점한다.

중국 공산당은 종종 여론에 민감하게 호응한다. 그러나 중국의 외교 정책이 대중 민족주의에 호응하여 강경한 방향으로 진화하든, 혹은 권력을 유지하기 위해 외국 정부에 국익을 양보하든 이는 중국 공산당의 대응력을 보여주는 또 다른 예일 뿐이다. 왜냐하면 대중 민족주의와 외교 정책의 변화를 연결하기는 어렵기 때문이다. 중국의 외교 정책 결정권자들은 자신들이 대중 민족주의에 실제로 호응하고 있는지, 아니면 외교 정책이나 공식 수사의 변화가 다른 이유 때문인지 질문하는 인터뷰에 응하지 않는다. 어

327

쩌면 여론보다 지도부의 분열이 외교 정책 결정에 더 중요한 요인이라는 설명이 맞을지 모른다.[64] 만약 중국 지도자들이 그들이 통치하는 인민만큼 민족주의적이라면 적극적인 외교 조치를 취하기 위해 사회로부터 자극을 받을 필요가 없을 수도 있다.

8장

그래서 중국이 민주화될까?

마오쩌둥 이후 개혁의 시대 내내 중국을 연구하는 학자들은 민주화 가능성을 놓고 논쟁했다. 점점 더 시장화되는 경제는 권위주의 체제와 양립할 수 없는 것으로 여겨졌고, 경제적 현대화는 보다 개방적인 정치 체제를 필요로 하는 사회 변화를 촉발하기 때문에 중국 안팎의 많은 관찰자들은 정치 개혁이 결국 경제 개혁을 따라잡을 것이라고 예상했다. 하지만 이는 중국의 지도자들이 의도하는 바가 아니었다. 덩샤오핑부터 시진핑에 이르기까지 중국 공산당은 경제적 현대화가 당에 대한 대중의 지지를 이끌어내고 권력을 공고히 만들 것으로 기대했다. 이들은 경제적 현대화를 당의 통치를 연장하는 수단으로 생각했고, 더 나은 경제적 성과를 보장하더라도 당의 권력 장악력을 약화시키는 정치적 자유화는 피하기로 결심했다.

민주주의는 경제적 현대화의 필연적인 결과일까? 정치 개혁이 수반되지 않으면 미래의 경제 성장이 저해될까? 중국 사회는 민주주의에 대한 선호도가 높아지고 있는가, 아니면 권위주의 통치의 지속을 선호하는 여론이 우세할까? 그동안 중국 전문가들은 다양한 답을 제시했지만 이제 많은 학자들은 이러한 질문 자체가 잘못되었다고 주장한다. 더 중요한 문제는 중국 공산당이 중국의 집권당으로 살아남을 수 있느냐다. 이것이 바로 중국 민주화를 위한 필수 전제 조건이다. 민주화 전망을 이해하기 위해서는 중국 공산당의 집권 유지 요인과 위협 요인을 모두 알아야 한다.

마지막 장에서는 중국의 당치에 대한 논쟁을 평가하고 민주화 가능성에 대한 비교론적 관점comparative perspective을 제시한다. 모든 국가가 고유의 특성을 지니고 있지만, 비교론적 관점에서 보면 중국의 미래와 관련된 광범위한 추세를 주목할 수 있다. 중국의 지도자들이 통찰력과 아이디어를 얻기 위해 외국을 연구하는 것처럼, 외부 관찰자인 우리도 그렇게 해야 한다. 동시에 중국 공산당의 고유한 특징과 시진핑이 가져온 구체적인 변화에도 주의를 기울여야 한다. 중국의 민주화를 기대할 수도 있지만 다른 요인들 때문에 이러한 기대는 조심스럽고, 또한 중국 공산당이 권력을 잃을 경우 어떤 유형의 정권이 중국을 통치할 것인지도 불확실하다.

우리가 중국의 민주화를
기대하는 이유

마오쩌둥 이후의 중국에서 이루어진 변화는 어떤 식으로든 경제 성장이 정치적 변화로 이어질 것이라는 추측을 불러일으켰다. 이러한 추측은 정치학 분야에서 수행한 몇 가지 연구 결과를 근거로 한다. 이 통념을 중국에 적용했을 때, 많은 사람이 민주화 전망을 낙관했다.

현대화 이론

민주화 지지자들은 종종 현대화 이론에 근거하여 자신들의 주장을 펼친다. 현대화 이론은 정치학에서 가장 잘 확립되고 논란이 적은 연구 결과 중 하나인 "번영과 민주주의의 밀접한 관계"를 기반으로 한다. 요컨대 가장 번영한 국가가 가장 민주주의적인 국가일 수 있다는 것이다. 유일한 예외는 중동의 석유수출국기구 OPEC에 포함된 국가로, 그들은 석유 수출을 통해 부를 쌓았지 다른 국가들처럼 민주화를 수반한 경제적 현대화를 경험하지 않았다. 또 다른 반례는 경제적으로 매우 번영하지만 여전히 권위주의 정권하에 있는 도시 국가이자, 많은 중국인이 모델로 삼은 싱가포르다.

그 이유는 무엇일까? 현대화 이론은 번영 자체가 민주화를 낳는다는 주장이 아니다. 경제적 현대화가 민주화에 유리한 사회적, 문화적 변화—도시 인구 증가, 교육 및 소득 수준 향상, 온건하면서도 거의 세속적인 가치관 등—를 불러오고 이 변화는 자신의 이익과 선호하는 정책을 보호하려는 욕구를 가진 중산층을 출현시킨다는 것이다.[1] 중국의 급속한 경제적 현대화는 현대화 이론에서 민주주의로 이어진다고 설명하는 변화를 촉발했다. 사람들은 더 나은 보수를 찾아 농촌에서 도시로 이동하고 있다. 교육 수준이 높아졌고, 새로운 형태의 소통 방식은 정보의 흐름을 확장했다. 생활 수준이 높아지면서 사람들은 기본적인 생존과 경제적 안정보다 평등, 자유, 자기표현에 더 많은 관심을 갖게 되었다.

이 모든 발전으로 인해 일부 관찰자들은 중국의 민주주의가 그리 멀지 않은 미래에 실현될 것이라는 희망을 품었다. 예를 들어, 스탠퍼드대학의 헨리 로완은 중국은 2015년에 "부분적 자유"(프리덤하우스의 표현), 2025년에는 "완전한 자유"가 실현될 것이라고 예측했다. 첫 번째 예측은 틀렸고—프리덤하우스는 중국을 여전히 "자유롭지 않은 국가"로 분류한다—두 번째 예측도 실현되지 않을 가능성이 크다.[2] 로널드 잉글하트와 크리스티안 웰젤도 중국이 사회경제적 자유화와 지방 차원의 민주주의 실험을 거쳐 2025년경에는 "자유민주주의로의 전환"을 이룰 것이라고 예측했다.[3] 이는 직선적이지 않은 추세에 기반한 직선적 예측이다. 실제로 이들의 예측이 발표된 시점부터 자유화는 거의 정체되었다. 더 중요한 것은 중국에서 민주화를 지지하는 사회적 태도의

그래서 중국이 민주화될까?

변화가 일어나지 않았다는 점이다. 예를 들어 국가로부터 자신의 재산과 재정 자원을 보호받는 데 관심이 있는 중산층이 빠르게 성장했지만(5장의 님비 시위에서 확인했다), 이들은 민주주의에 필수적인 정치적 권리와 자유의 확대를 추구하지 않는다.[4]

민주주의와 자본주의의 친화성

민주주의와 자본주의의 친화성은 중국의 민주화를 지지하는 두 번째 논거를 제공했다. 이 이론에 따라 중국 경제가 시장 중심으로 바뀌면 (에너지, 통신, 항공, 금융과 같은 전략 부문에 대한 국가의 지속적인 통제에도 불구하고) 필연적으로 민주화될 것이라고 예상한다. 변하지 않으면 시장 지향 경제와 권위주의 정치 제도는 양립할 수 없다는 가설에 의해 지속적인 경제 발전은 불가능하다고 보고 있다.[5]

냉전이 끝나고 소련과 동유럽에서 공산주의가 붕괴되자 프랜시스 후쿠야마는 "역사의 종언"을 선언했다. 민주주의와 자본주의가 결합하면서 인류는 더 이상 이념적 경쟁자가 없는 단계에 도달했다는 것이다.[6] 2차 세계대전에서 파시즘이 패배했고 공산주의는 낙원이 아니라고 판명 났으며, 이들에 대한 매력적인 대안도 존재하지 않는다는 것이 증명되었다. 아직 모든 국가가 민주주의 정치 제도와 자본주의 시장경제를 채택한 것은 아니지만, 전 세계적으로 둘의 지배력이 커지고 있는 상황에서 다른 대안은 여기에 도전할 수 없다는 게 그의 생각이다. 이는 극도의 오만이었고, 실제로 민주주의와 자본주의만이 유일한 선택지가 아니라는 사실이 곧 분명해졌다.[7] "중국 모델"—권위주의 정치와 시장 지향적이지만 여전히 국가가 지배하는 경제 제도의 결합—은 특히 아프리카와 라틴아메리카의 많은 정부에 매력적으로 다가갔다.[8]

민주주의와 자본주의 사이의 연결에 대한 기대는 마오쩌둥 이후 시기 대부분 동안 미국의 대중국 정책에도 영향을 미쳤다. 미국 정부는 대중국 무역과 중국의 국제사회 진출을 촉진했다. 경제적 현대화가 필연적으로 민주화로 이어진다는 다소 낭만적인 기대 때문에 일부에서는 중국은 저절로 민주화될 것이므로 굳이 강요할 필요가 없다고 생각했다. 마찬가지로 중국이 미국이나 외국 기업에 시장을 개방해야 한다는 압력도 거의 없었는데, 많은 사람이 조만간 그렇게 될 거라고 예상했기 때문이다.[9] 그러나 2007년에 시작된 세계 금융 위기 이후, 특히 2012년 시진핑이 중국의 지도자가 된 이후 중국의 개방은 정체되었고 여러 면에서 과거로 회귀했다. 이제 중국 민주화에 대한 전망은 장밋빛이 아니다. 전직 미국 정부 관리들조차도 경제적 자유화가 정치적 자유화로 이어질 것이라는 기대가 잘못되었음을 인정했다.[10]

국제적 요인들

중국이 민주화될 것이라는 세 번째 관점은 국제적 요인에 근거했다. 이는 규범적 요인으로서, 중국의 지도자들이 글로벌 공동체의 일원으로 받아들여지기를 바란다고 생각했다. 대부분의 주요 강대국이 민주주의 국가이기 때문에 중국 지도자들은 국제 사회의 정회원 자격을 얻기 위해 민주화를 원할 것이라고 말이다. 이 관점은 중국의 개혁 시대, 특히 탈냉전 직후에는 매우 그럴듯해 보였지만 지금은 여러 가지 이유로 김이 빠졌다. 국제 사회에서 중국의 역할은 민주화 없이도 점점 더 커지고 있다. 대부분의 국가가 중국과의 무역에 만족했기 때문에 중국이 민주화되어야 한다는 압력은 거의 없었다. 트럼프 행정부는 중국에 대해 보다 대결적인 접근 방식을 취했지만 여전히 정권 교체가 아닌 무역과 경제 정책에 집중했다. 많은 민주주의 국가의 시민들이 지도자와 제도에 대한 신뢰를 잃었고, 폴란드, 헝가리, 브라질, 필리핀 같은 민주주의 국가에서는 민주주의에 대한 헌신이 후퇴함에 따라,[11] 국제 규범으로서 민주주의의 가치는 수십 년 전에 비해 낮아졌다. 특히 중국과 같은 비민주주의 국가에게 덜 매력적으로 변했다.

또 다른 국제적 요인은 "눈덩이 효과snowballing"로, 한 국가가 민주화되면 주변 국가의 민주화 압력도 증가한다는 이론이다. 이것은 라틴아메리카 민주화의 특징이었고, 동유럽의 공산주의 정부를 무너뜨리고 아랍의 봄을 통해 중동과 북아프리카의 권위주의 지도자들에게 도전장을 던졌다. 그러나 중국은 몽골 및 인도

336   8장

(최근 군사적 긴장의 원인)와의 짧은 국경을 제외하고는 민주주의 국가와 맞닿아 있지 않다. 동남아시아 이웃 국가—베트남, 라오스, 미얀마—는 권위주의 국가다. 서북 지역에는 과거 소련—러시아, 카자흐스탄, 키르기스스탄, 타지키스탄 등—에 속했던 국가들이 있는데 모두 비민주주의 국가다. 일본, 한국, 타이완은 민주주의 국가이지만 중국과 국경을 접하고 있지 않다. 중국은 동아시아 이웃 국가들로부터 경제 발전 모델을 광범위하게 차용했지만, 그들의 민주화를 배우려 하지는 않았다. 요컨대 중국에서 눈덩이 효과가 발생할 가능성이 거의 없다.

국제적 영향의 또 다른 원천은 민주화로 인하여 기대되는 결과 중 하나와 관련이 있다. "민주적 평화" 이론은 정치학에서 잘 알려진 또 다른 사실, 즉 민주주의 국가는 서로 싸우지 않는다는 점에 근거한다.[12] 따라서 중국이 민주화되면 중국과 미국 또는 이웃 국가 사이의 전쟁 가능성도 줄어들 것이다. 그러나 민주적 평화는 민주화의 원인이 아니라 결과이며, 따라서 중국에 민주주의가 실현될 것이라고 예측하는 근거가 아니라 민주화가 이루어지기를 희망하는 잠재적 근거다.

그래서 중국이 민주화될까?

우리는 왜 중국의 민주화를
기대하지 말아야 하는가?

중국의 민주화에 대한 기대는 대부분 다른 나라의 경험에서 도출된 광범위한 일반화에 근거한 것인데, 중국 같은 권위주의 정권의 실례에 주목하면 전망이 회의적이다. 진짜 문제는 중국의 민주화 여부가 아니라 중국 공산당이 계속 권력을 유지할 것인지 여부다. 이 질문에 대한 답은 일당 통치의 성격, 당의 적응력, 지도부의 단결력, 당의 정당성, 민주주의에 대한 대중과 엘리트의 태도 등 정권의 특성과 관련이 있다. 각각의 요인에 대해 시진핑이 가져온 변화는 중국에서 당의 통치가 지속되는 데에도 영향을 미칠 것으로 보인다.

일당 체제의 내구성

권위주의 체제의 정치적 변화 가능성을 조사할 때는 민주주의 체제와 비민주주의 체제를 단순히 구분하기 전에 다양한 권위주의 체제의 유형을 먼저 확인할 필요가 있다. 가장 일반적인 유형의 권위주의 체제는 군사 독재, 독재자나 군주의 개인 통치, 중국과 같은 일당 체제다. 정치학 연구에 따르면 일당 체제가 다른 유형의 권위주의 체제보다 오래 지속되고, 군사 독재가 가장 짧으며, 개인 통치는 그 중간에 위치한다.[13]

일당 체제가 오래 지속되는 이유는 무엇일까? 개인 통치 체제와 달리 일당 체제는 권력이 한 개인에게 완전히 집중되지 않기 때문에 설립자가 사망해도 다음으로 이어질 가능성이 크다. 중국 공산당은 마오쩌둥 사후에 별다른 혼란 없이 살아남았다. 심지어 여러 세대 지도자 간의 평화로운 권력 이양을 경험했다. 권위주의 체제에서는 지도자의 사망이나 전복으로 인해 잠재적 후계자들의 권력 투쟁이 벌어질 수 있기 때문에 지도부 교체의 불확실성이 크다. 그러나 중국의 지도자 임명 및 교체 절차는 이 불확실성을 크게 줄였다. 당과 인민 모두 차기 지도자가 누구인지 미리 알고 있었다. 후진타오는 당 지도자가 되기 10년 전에 장쩌민의 후계자로 지목되었고, 시진핑도 5년 전에 후진타오의 후계자로 지목되었다. 이러한 정기적이고 평화적인 지도부 교체 방식은 체제 안정의 중요한 원천이 되었다.

시진핑은 2012년 중국 공산당 총서기가 된 뒤 이 과정을 뒤집었다. 헌법에서 국가주석의 임기 제한을 삭제함으로써 자신이 무기한 통치하겠다는 의사를 밝혔다. 2017년 제19차 당대회에서는 후계자를 지명하지 않으며 자신을 대신할 사람이 누구인지, 유고 시 후계자를 어떻게 선정할 것인지에 대한 불확실성을 조장했다.[14] 이제 중국은 시진핑에게 권력이 집중되어 있기 때문에 정책 실패나 기타 위기에 취약할 수 있다. 그러나 당, 군대, 공안 부문에 대한 시진핑의 철저한 통제는 누구든 시진핑에게 도전하는 일을 어렵고 위험하게 만들었다.

일당 체제는 고등 교육을 받고 좋은 일자리를 가진 신생 엘리트를 영입하며 오래 지속된다. 신생 엘리트들은 정권에 위협이 되는 존재로 취급되기보다는 현 체제의 한 부분으로 흡수된다. 중국 공산당은 민간 기업가들을 당에 영입하여 (대부분 상징적인) 직책을 주었다.[15] 1989년 이후 몇 년 동안은 대학생을 적극적으로 모집하여 대학 캠퍼스를 새로운 당원의 보급처로 만들었다. 당과 정부 관료뿐 아니라 민간 영역에서도 당원 자격을 경력에 유리한 조건으로 여기는 사람이 많다.[16] 당에 합류한 기업가와 지식인 엘리트들은 현 상태를 유지하는 데 이해관계가 얽혀 있다.

통치를 즐기는 세력과 국가 안보 위협에 집중하는 세력으로 나뉘는 군사 독재 체제와 달리, 일당 체제의 지도자들은 어떤 대안보다 현상 유지를 선호할 가능성이 높다. 중국 같은 일당 체제는 단일한 정권이 아니기 때문에 지도자들은 권력을 잃을 위험을 감수하기보다는 라이벌과 공존하려 한다. 어떤 사람은 강력한 정책 우선순위를 설정하고, 어떤 사람은 권력과 영향력을 추구하며, 어떤 사람은 단순히 공직의 특혜를 통해 부를 축적하고자 하지만, 각자의 목표를 위해 모두 다 권력을 유지하려 한다. 군부 지도자들은 "병영으로 돌아가서도" 자신의 경력을 포함한 전체 조직의 이익을 보호할 수 있다. 예를 들어, 브라질의 군부 지도자들은 독재 종식에 동의하기 전에 민주파 지도자들에게 군부에 대한 영구 사면권을 요구했다. 이와는 대조적으로 권위주의 정권의 민간 지도자들은 권력을 잃은 뒤 감옥에 가거나 망명한다. 한국과 타이완에서는 민주적으로 선출된 대통령도 퇴임 후에 감옥에 갔다. 결론은 매우 간단하다. 자유를 유지하기 위해서는 현 지도부가 계속 권력을 가지고 있어야 한다.

무장 투쟁을 통해 집권한 일당 체제는 권력 투쟁 과정에서부터 조직이 중요했기 때문에 특히 더 오래 지속될 수 있다. 권력을 잡은 후에는 정책을 실행하고 조직화된 야당의 부상을 억제하기 위해 더 광범위하고 효과적인 제도를 구축한다.[17] 중국 공산당은 오랜 내전 끝에 정권을 잡았고, "정권은 총구에서 나온다"(중국어로 枪杆子里面出政权_옮긴이), "당이 총을 지휘한다"(중국어로 党指挥枪_옮긴이) 같은 마오쩌둥의 격언은 여전히 유효하다. 더 중요한 것은 중국 공산당의 레닌주의적 특징, 즉 정부, 군대, 국유 기업, 언론 통제, 직장과 지역사회에 걸친 당 지부 연결망, 사람들의 언행을 감시하는 능력이 통치의 특징이 되고 있다는 점이다. 이 요소들은 마오쩌둥 시대 이후 약화되다가 시진핑 시대에 부활했다. 당이 정치 조직을 독점하고 있기 때문에 야당은 결성되기 어렵고, 언론에 대한 통제와 검열로 인해 반대자들이 비밀리에 소통하기도 어렵다. 레닌주의 정당 체제의 특징은 당에 반대하는 집단 행동을 강력하게 제한한다.

중국 정부는 안면 인식 소프트웨어와 신분증 등의 빅데이터를 활용한 감시 방식에 점점 더 의존하고 있다. 2020년 코로나 19가 유행하는 동안에는 한 걸음 더 나아가 사람들이 건물이나 버스에 들어갈 때 QR코드를 스캔하고 스마트폰 애플리케이션으

그래서 중국이 민주화될까?

로 자신의 건강 상태를 매일 지방 정부에 보고하도록 했다. 이러한 기술은 표면적으로는 방역의 일부이지만, 언제든지 표적의 행방의 미세한 수준까지 추적할 수 있게 해준다. 추적 기술이 발전할수록 집단 행동의 어려움은 더욱 증가한다.

역사상의 일당 체제 중에서 공산주의 정권이 가장 오래 유지되었다.[18] 소련은 1991년 해체되기 전까지 74년 동안 존재했는데 중화인민공화국은 2019년 10월 1일에 건국 70주년을 맞이했다. 곧 공산주의 체제 중 최장수 기록을 보유하게 될 것이다. 게다가 중국 공산당은 임박한 멸망의 징후도 보이지 않는다. 몰락에 대한 예측—민주화 또는 붕괴—은 마오쩌둥 이후 내내 흔하게 등장했지만,[19] 지금까지의 예측은 모두 틀렸다.

중국 공산당의 적응력

일반적으로 일당 체제가 다른 유형의 권위주의 체제보다 더 오래 유지되지만, 특히 중국 공산당은 왜 그토록 성공적으로 예상을 뛰어넘을 수 있었을까? 첫 번째 이유는 적응력이다. 중국 공산당은 1949년부터 집권했지만 정태적인 집권당이 아니었다. 1장에서 설명한 것처럼 중국 공산당의 정책은 대부분 최고 지도자가 바뀌면 극적으로 변화했다. 마오쩌둥 이후에는 경제 발전을 위해 중앙의 계획을 포기하고 시장 의존도를 높였다. 경제적 고립을 국제 사회로의 통합으로 대체했다. 당과 인민의 관계에서는 계급 투쟁을 포기했다. 대신 자본가와 비판적 지식인 등 과거 "계급의 적" 들을 당에 받아들였다. 정치적 충성도를 기준으로 관리를 임명하기보다는 전문적인 자격을 요구하기 시작했다. 2장에서 자세히 설명한 것처럼 개인적 인맥이 여전히 중요하지만, 관리의 임명과 승진은 점점 더 능력주의적으로 바뀌었다. 3장과 5장에서 살펴본 바와 같이 경제 발전, 환경, 교육, 의료 및 기타 주요 이슈에 대한 정책은 여론을 반영하여 수정했다. 이렇게 변화에 적응하고 호응함으로써 체제의 탄성을 높일 수 있었다.

체제 유지에 좋든 나쁘든 영향을 미칠 수 있는 장기적인 추세가 있다. 예를 들어 경제 발전의 측면에서 과거에 성공적이었던 발전 정책이 더 이상 유용하지 않은 시점에 왔다는 것이다.[20] 인구는 빠르게 고령화되고, 한 자녀 정책으로 인해 노동력 증가세가 상당히 둔화되었다. 도시들은 사회의 기대에 부응하기 위해 당의 능력에 도전해야 하는 엄청난 성장통을 겪고 있다.[21] 이 모든 문제가 당에 과제를 안긴다. 그러나 지금까지는 변화에 맞추어 정책과 메시지, 심지어 당원까지 조정함으로써 추세를 관리할 수 있었다.

시진핑의 통치는 적응력보다는 마오쩌둥과 유사한 독재로 정의되고 있다. 시진핑의 핵심 슬로건은 "중국몽"과 "신시대 중국 특색 사회주의"이지만, 둘 다 정책 목표가 명확하지 않은 구호에 불과하다. 시진핑의 대표적인 업적은 총서기 첫 임기에 추진한 반부패운동인데, 2017년 두 번째 임기가 시작된 이후에는 이조차도

그래서 중국이 민주화될까?

희미해졌다. 그 무렵 시진핑은 많은 반대파를 제거하고 당과 정부의 주요 직책을 자신의 추종자들로 교체했으며, 라이벌들에게 함부로 도전하지 말라고 경고했다. 이 책 전반에 걸쳐 논의한 다른 사례와 마찬가지로, 시진핑이 중국 지도자를 역임하는 동안 정치 영역에서는 호응보다 억압이 우선시되었다. 마오쩌둥 이후의 역대 지도자들에게는 적응력이 핵심 요소였다면, 시진핑 체제에서는 적응력과 호응력이 감소했고 그 결과 당의 탄성도 약화될 가능성이 있다. 요컨대 시진핑의 영도 스타일은 시진핑 개인에게는 좋을지 모르지만 당의 존속에 반드시 좋지는 않다.

엘리트 단결력

중국 공산당이 살아남을 수 있었던 두 번째 이유는 상대적으로 높은 수준의 엘리트 단결력이다. 중국 정치는 정쟁으로 가득 차 있지만, 이제 이러한 경쟁도 마오쩌둥 시대와 마오쩌둥 이후 시대의 초기처럼 폭발적이거나 대중화되지 않는다. 문화대혁명 때 같은 대규모의 정치 지도자 숙청도 없다. 지도자들은 더 이상 급진 좌파적 목표를 추구할지 실용적 경제 발전을 추구할지 갈등하지 않고, 경제적 현대화를 달성하는 최선의 방법에 대해서만 토론한다. 1989년에 터져 나온 시위는 중국의 최고 지도자들 사이의 인식적 분열이 당의 통치에 정치적으로 도전할 여지를 만든다는 것을 분명히 보여주었다. 이후 중국 지도자들은 대중을 상대로 더욱 강력한 단결을 유지했다. 지도자 간 또는 파벌 간의 정책적 차이는 1980년대처럼 뉴스나 공개 연설에 드러나지 않는다.[22]

엘리트 갈등에서 패배한 쪽이 죽음으로 내몰리지도 않는다. 이 때문에 마오쩌둥 이후 시기의 수많은 개혁가들이 복권되었다. 마오쩌둥 시대에 감옥에 갇힌 사람들도 있었고, 내부 망명을 한 사람도 있었지만, 최고 지도층의 사망자는 류사오치가 유일했다. 그마저도 처벌이 아니라 방치된 탓이 컸다(그는 감옥에서 당뇨병 합병증으로 사망했다). 많은 이들이 비극을 겪었고, 중국 공산당에 반대한 사람들에 대한 처우는 비인간적이고 정당하지 못했다. 하지만 중국 공산당이 장수할 수 있었던 이유 중 하나는 지도부 내부의 갈등이 제한적이었다는 점이다. 정치 투쟁에서 패배해도 목숨을 잃을 위험이 없으면 갈등의 강도도 낮아진다.

마오쩌둥 사후 한 달 뒤인 1976년 10월에 "4인방"이 체포된 이후 중국에서는 쿠데타가 시도된 적이 없다. 1989년 톈안먼 시위 때는 극소수 고위 관리가 축출되었다. 자오쯔양은 1989년 총서기에서 해임된 후 가택연금을 당했다. 그는 2005년 사망할 때까지 연금 상태였지만, 수감이나 처형은커녕 공식적인 기소조차 받지 않았다. 자오쯔양과 가까웠던 사람들은 훨씬 더 잘 지냈다. 원자바오는 자오쯔양의 최측근 중 한 명이었는데, 처벌을 받기는커녕 나중에 총리가 되었다. 후치리는 민주화 시위 당시의 대표적인 개혁파이자 중국 정치 권력의 이너서클인 정치국 상무위원회 위원이었다. 그는 학생들을 지지했다는 이유로 공직에서 해임되었지만 이후 제한적으로 지위를 회복했다. 그는 1991-98년 기계공업부 부부장을 거쳐 부장을 역임했고, 이후 중국인민정치협상회의 부주석(명예직)을 역임했다. 1989년 시위대에 동조했다는 이유로 해임된 최고위 지도자 중 그 누구도 수감되거나 처형되지 않았다. 당과 정부, 대학 내에서 시위대를 지지한 사람들을 찾아내 조사하려던 시도가 있었으나 조사에 협조하는 사람이 거의 없자 바로 포기했다.

1989년 이후 중국 공산당 지도부는 대중에게 놀라울 정도로 높은 수준의 단결력을 보여주었다. 1989년 시위, 그해 말 동유럽 공산주의의 붕괴, 1991년 소련 해체는 중국 지도자들에게 그렇게 해야 한다는 확신을 심어주었다.[23] 일부는 정쟁에서 패배하고 해임되었지만 더 광범위한 숙청으로 이어지지는 않았다. 1995년 중국 공산당 총서기인 장쩌민은 자신의 경쟁자였던 베이징시 당서기이자 정치국 위원 천시퉁의 해임을 조율할 수 있었다. 천시퉁은 부패 혐의로 기소되어 16년 형을 선고받았지만 8년만 복역하고 2006년에 석방되었다. 장쩌민의 후계자 후진타오도 2006년 부패 스캔들을 이용해 상하이시 당서기이자 정치국 위원인 천량위를 해임했다. 천량위는 상하이 사회보장 기금에서 돈을 빼돌린 혐의를 받았지만, 그의 진짜 잘못은 빠른 경제 성장보다 공평한 부의 분배를 주장한 후진타오의 "과학적 발전관"에 저항한 것이었다. 천량위는 2008년에 징역 18년을 선고받았다.

보시라이의 사례는 당의 단결이라는 규범의 예외가 될 수 있다. 보시라이는 2012년 몰락 당시 충칭시의 당서기이자 중앙 정치국 위원이었다. 카리스마 있고 야심 찬 정치인이었던 그는 정치국 상무위원 후보로 거론되었고, 소문에 따르면 당 엘리트들이 시진핑에게 총서기를 넘기기로 결정했음에도 불구하고 총서기 자리를 원했다고 한다. 그러나 충칭시 공안국장 왕리쥔이 청두의 미국 영사관으로 도주해 보시라이의 아내 구카이라이가 영국인 사업가를 독살했다고 주장하면서 보시라이의 계획은 산산조각났다 (왕리쥔의 망명 신청은 거부되었고 그는 베이징에서 파견된 공안 요원에게 인계되었다). 왕리쥔의 이야기는 서방과 중국 언론에 빠르게 보도되었고, 보시라이와 그의 아내는 구금되어 재판을 받았다. 보시라이는 종신형을, 구카이라이는 사형을 선고받은 후 종신형으로 감형되었다. 왕리쥔은 15년 형을 선고받았다. 보시라이의 몰락은 중국 엘리트 정치의 전형에서 벗어난 한 편의 드라마였다.

보시라이의 사례가 예외적이라고 말하는 이유는 이후에 발생한 일 때문이다. 널리 퍼진 루머에 따르면 보시라이의 측근들이 베이징 자금성의 한쪽, 즉 중난하이로 알려진 당 중앙 및 정부 청사에 장갑차를 진입시키는 등 쿠데타를 시도했다고 한다. 이는 단지 소문일 뿐이었지만, 과거에는 손댈 수 없는 영역으로 여겨졌던 일부 당과 군 지도자들을 겨냥한 시진핑의 악명 높은 반부패 운동이 보시라이의 도전, 특히 (소문만 무성했던) 쿠데타 시도에 대한 대응이었음을 짐작하게 한다. 다만 시진핑 체제에서 부패 혐의로 유죄 판결을 받은 사람들에게 내려진 형량은 비교적 가벼웠다.

그래서 중국이 민주화될까?

과거에는 사형 선고를 받기도 했지만, 반부패운동 기간에 유죄 판결을 받은 수천 명의 당, 정부, 군 관계자 중 종신형을 포함한 장기 징역형을 선고받은 사람은 많아도 처형된 사람은 없다.

중국의 엘리트들은 서로를 죽이려 하지 않는다고 말하는 것은 칭찬을 가장한 비판이다. 이 정권이 얼마나 인도적인지, 혹은 당이 인민을 얼마나 공정하게 대하는지가 문제라면 중국 지도자들이 공존에 동의한다는 사실에서는 아무런 대답도 얻을 수 없다. 그러나 많은 사람이 정권의 몰락을 예측했는데도 살아남은 진짜 이유가 궁금하다면 엘리트의 단결이 대답이 될 것이다.

성과 정당성

중국 공산당이 권력을 유지할 수 있었던 또 다른 이유는 "성과 정당성performance legitimacy"에 있다. 장기간에 걸친 경제 성장으로 인해 대부분의 중국인의 소득이 증가하고 삶의 질이 향상되었다. 물론 일부는 다른 사람들보다 더 잘살게 되었고, 이로 인해 불평등의 확대는 중요한 정치적 이슈가 되었다. 성장의 혜택이 고르게 분배되지 않았지만 대부분은 상당한 개선을 경험했다. 수억 명이 빈곤에서 벗어났다. 1990년 중국의 빈곤율은 66.2퍼센트였으나 2016년에는 0.5퍼센트에 불과했다.[24] 중국의 젊은 세대는 진보만을 경험했다. 마오주의 시대의 비극은 그 시대를 살지 않은 사람들이 상상하기 어렵고, 많은 중국인 부모와 조부모는 과거의 고통을 다음 세대와 공유하지 않았다. 이주 노동자들도 도시의 위험하고 더럽고 저임금인 일자리가 시골에서의 삶보다 낫다고 생각했다.[25]

성과 정당성의 핵심은 경제 성장 자체가 아니라 국민의 소득이 증가하고 있는지 여부였다.[26] 경제적 불평등의 심화에도 불구하고 대다수의 중국인은 자신의 소득과 삶의 질이 향상되고 있다고 믿으며, 지속적인 성장에 대해 낙관적인 태도를 유지하고 있다. 이는 민주주의 국가에서 볼 수 있는 "재정 상황에 따른 투표 pocketbook voting" 현상과 대체로 비슷하다. 즉 소득이 증가한 사람들은 현 정권을 지지하는 경향이 있다.

현대화 이론가들은 소득이 증가하고 사람들이 현재와 같은 수준의 번영을 당연하게 여기기 시작하면 정부에 새로운 기대를 갖게 될 것이라고 예측한다. 이를 예상한 중국 정부는 특히 의료 서비스, 고등 교육에 대한 접근성, 빈곤층과 노인을 위한 보다 두터운 사회복지를 통해 공공재를 개선하고 있다.[27] 1990년대만 해도 중국은―다른 중등 소득 국가보다 훨씬 적은 예산을 지출하는―이례적인 국가였지만, 이제는 그 수준을 따라잡았다. 더 중요한 것은 중앙 정부가 더 많은 부담을 떠안으면서 지방 정부의 자금 부담을 덜어주었다는 것이다.

두 가지 측면의 성과 정당성―소득의 증가와 통치의 개선―은 중국인들이 당의 지속적인 통치를―전적으로 지지하지는 않더라도―기꺼이 받아들이는 이유를 설명하는 데 도움이 된다.[28]

그래서 중국이 민주화될까?

그러나 중국의 성장 둔화는 당의 성과 정당성을 시험대에 올려놓았다. 중국 지도자들이 경제의 연착륙을 달성할 수 있을까? 또는 하락세를 반전시킬 수 있을까? 아니면 경제의 붕괴로 이어질까? 경제 위기는 모든 유형의 체제에서 집권당에 대한 가장 큰 위협이다.[29] 이제 당의 운명은 경기 침체에도 불구하고 생활 수준을 얼마나 개선할 수 있느냐에 달려 있다. 중국 공산당이 수출과 인프라 지출을 강조하는 현재의 경제 모델에서 서비스와 내수 소비에 더 많이 의존하는 경제 모델로 전환하는 과정을 얼마나 잘 처리하느냐에 따라 많은 것이 달라질 것이다. 미국과의 무역 전쟁과 코로나바이러스의 영향이 중국 공산당의 성과 정당성을 더욱 위협할 수 있다. 중국 공산당은 과거에 피해자 수사를 동원했던 것처럼 벌써부터 경제 문제를 외국 탓으로 돌리며 대중의 민족주의 정서를 자극하고 있다.[30]

민주주의에 대한 대중적 태도

중국은 빠르게 현대화되고 있지만, 현대화 이론에서 민주주의의 기초라고 말하는 가치관의 변화는 경험하지 않았다. 중국 인민은 평등과 자유라는 규범적 목표보다는 부와 안전이라는 물질적 문제에 더 관심이 많다. 이는 부분적으로는 중국의 현대 정치사 때문이기도 하다. 1989년 시위의 비극적인 결말에 비추어 볼 때, 많은 사람이 민주주의 요구는 위험하고 성공 가능성이 낮다는 것을 알았다. 1989년 이후 중국에서는 민주주의를 위한 전국적인 사회운동이 지속되지 못했다. 게다가 민주주의 활동가들에 대한 대중의 지지도 거의 없었다. 익명성이 보장되는 온라인 토론에서도 중국의 민주화를 지지하는 사람들은 서방 엘리트로 간주되거나 그들의 앞잡이라고 조롱받는다.[31] 많은 반체제 인사들이 강제 망명을 당했고, 그곳에서 그들은 중국의 민주화를 위해 싸우는 대신 서로 싸우며 시간을 보냈다. 그 결과 광범위한 사회적 지지를 받고 중국 사회를 대변할 수 있는, 이를테면 넬슨 만델라 같은 인물이 중국에는 없다.

현대 중국의 문제에도 불구하고 사람들은 오늘날 자유의 범위가 마오쩌둥 시대보다 더 넓다고 생각한다(적어도 그 시대를 경험한 사람들은 그렇게 생각한다. 다른 사람들은 현재의 상황을 당연하게 여긴다). 이러한 변화를 "민주화 없는 자유화"로 설명할 수 있다. 국가는 덜 간섭하고, 더 많은 경제적 기회와 사회적 이동성을 제공하지만 정당 간의 경쟁과 법치주의는 없다. 중국 공산당은 여전히 대중에 책임을 지지 않지만 여론에는 민감하게 호응한다. 중국 공산당이 여론에 암묵적으로 호응하는 한 (일반적으로 민주주의의 필수 요소로 여겨지는 선거와 같은) 공식적인 책임을 요구하는 사람은 없을 것이다. 자유주의적인 언론의 부재와 시민사회 단체에 대한 당의 엄격한 감독은 당의 책임성 결여 상태를 더욱 공고히 한다.

시진핑 체제에서의 억압적인 변화는 마오쩌둥 이후 시대를 특징짓는 자유화의 상당 부분을 되돌려놓았다. 시진핑은 레닌주의적 관행을 되살리고 거기에 첨단 감시 프로그램을 추가했다. 자유화의 후퇴가 적어도 아직까지는 사회 각계각층의 반발을 불러일으키지 않았다. "고생하다"(원문은 eat bitterness, 중국어로 '쓴 것을 먹다, 고난을 먹다'라는 의미의 吃苦_옮긴이)라는 명제는—고난과 실망을 기꺼이 감내하는—중국의 전통적인 정치 문화에서 잘 확립된 규범으로서 당의 자산이 될 수 있다. 그러나 중국 전역의 시위 빈도(5장을 참조하라)는 인민이 당의 과잉 통치를 묵인하는 데에도 한계가 있음을 보여준다. 아직까지 시위는 정책 자체가 아니라 정책의 부적절한 시행을 겨냥하고 있다. 그러나 만약 당의 억압적인 전술에 저항하는 시위가 발생하면 시위의 성격은 정치적으로 변할 것이고 당은 이러한 유형의 요구에 호응할 가능성이 거의 없다.

민주화를 지지하는 중국인이 거의 없는 이유는 그들이 바로 지금 이 순간에도 민주화가 이루어지고 있다고 믿기 때문이라는 점이 가장 놀랍다. 여론조사에 따르면 대다수의 중국인은 마오쩌둥 이후 중국은 점점 더 민주화되고 있으며 이미 비교적 높은 수준의 민주주의를 달성했다고 믿고 있다.[32] 이는 직관에 반하는 것처럼 보이며, 실제로도 그렇다. 민주주의 국가의 관점에서 볼 때 중국은 선거, 법치, 언론의 자유 같은 기본권을 비롯하여 우리가 기대하는 민주적 제도가 거의 없다. 프리덤하우스와 폴리티 등 전 세계의 정치 변화를 추적하는 단체에 따르면 중국의 변화는 미미

하다. 대체 왜 중국인만 이를 다르게 보는 걸까?

그 답은 민주주의의 정의에 있었다. 대부분의 중국인에게 민주주의는 선거, 법치, 정치적 자유, 평등권(서방 국가에서 특히 강조한다)이 아니라 결과의 측면에서 정의된다. 통치의 개선, 경제 성장, 삶의 질 향상이 민주화의 증거로 간주된다. 이는 민주주의에 대한 가부장주의적 관점으로, 이에 따르면 국가가 무엇을 하는지가 지도자를 선출하거나 그에게 책임을 묻는 일보다 훨씬 더 중요하다. 이는 19세기 서구를 통해 들어온 민주주의의 중국식 표현인 민주民主와는 달리 국가가 인민의 최선의 이익을 위해 행동해야 한다는 전통적인 믿음인 민본民本의 원칙에 뿌리를 둔 관점이다.[33] 민주주의를 공공의 이익을 위해 통치하는 것으로 정의한다면, 민주주의 국가에서 이해하는 민주주의와 다르더라도 중국이 점점 더 "민주주의적"으로 변하고 있다고 볼 수 있다.

민주주의를 경험한 적 없는 사람들이 그 개념을 정의해야 할까? 꼭 그런 것은 아니다. 하지만 정부의 호응에만 근거하여 민주주의를 정의한다면 중국인들이 민주주의 국가에서와 같은 제도—선거, 법치, 언론의 자유 등—를 지지할 가능성이 낮아진다. 많은 중국인에게 민주주의는 자신들이 하는 것이 아니라 (국가가 하고 자신들은) 받아들이는 것이다. 당이 인민의 요구에 부응하는 한, 인민은 당에 책임을 요구하지 않을 것이다. 소득이 계속 증가하고 고등 교육이 확대되고, 의료 서비스가 향상되고, 공기가 깨끗해지면 경쟁 선거, 다당제, 법치, 언론의 자유 및 기타 민주주의의 제도들을 요구하지 않을 것이다.

"무엇 하는 한"이라는 단서 조항이 여기서 핵심이다. 중국 사회는 현상 유지를 수동적으로 받아들이기만 하지 않는다. 이들은 수십 년에 걸친 광범위한 경제 개혁과 제한적인 정치적 자유화를 통해 형성된 기대치도 가지고 있다. 지속적인 발전에 대한 기대가 충족되지 않으면 당은 더욱 까다로운 인민을 만나게 될 것이다. 정권 교체와 민주화 요구에 직면했던 다른 국가에서 전례를 찾을 수 있다. 중국 공산당이 정책 성과를 바탕으로 정당성을 확보하려면 삶의 질과 공공재의 지속적인 개선이 필수다. 지금까지는 그렇게 할 수 있었다. 하지만 변화의 궤도가 계속 위를 향할까? 이것이 당 지도자들의 밤잠을 방해하는 질문이다.

서구식 민주주의에 대한 반대

마지막으로, 중국 민주화의 가장 큰 걸림돌은 아마도 중국 공산당의 반대일 것이다. 덩샤오핑은 마오쩌둥 이후 초기 정치 개혁의 주요 후원자였지만, 정치 개혁에 민주화가 포함되지 않는다는 점을 분명히 했다. 특히 그는 중국 공산당의 권력을 제한하는 민주적 견제와 균형에 반대했다. 오직 당이 책임을 지지 않으면서도 더 효과적으로 통치할 수 있도록 하는 개혁에 한하여 찬성했다. 그는 노령화된 간부들을 위한 은퇴 정책을 선호했고, 이를 통해 젊고 교육 수준이 높은 사람들이 모든 직급에서 영도력을 발휘할 수 있도록 했다. 그는 최고 지도자의 연령 제한과 임기 제한에 찬성하고(2장을 참조하라), 당과 정부를 분리하여 업무를 분장하고 개별 당 지도자에게 권력이 집중되지 않게 했다. 이 모든 것은 정치 개혁이 아니라 관료주의적 땜질 처방처럼 보이고, 민주화는 더욱 아니다. 하지만 덩샤오핑의 의도는 정치 제도를 대체하거나 재창조하는 것이 아니라 개선하는 것이었다. 그는 이러한 유형의 정치 개혁이 개혁개방 정책과 함께 중국 공산당을 집권하게 한 혁명만큼이나 중요한 "두 번째 혁명"(덩샤오핑이 1985년 3월 일본 자민당 대표단을 만났을 때 改革是中国的第二次革命이라고 한 말에서 왔다_옮긴이)이라고 주장했다.[34]

서구식 민주주의에 대한 덩샤오핑의 반감은 정치 참여에 대한 엄격한 제한으로 나타났다. 1978년 말부터 시작된 "민주주의의 벽"(중국어로 民主墙. 1970년대 후반, 베이징의 창안제와 시단베이다제의 교차점에 높이 2미터, 길이 100미터의 벽이 있었는데, 사람들은 이 벽에 자보를 붙여 정치 문제를 논의했다. 이 벽을 시단 민주주의 벽西单民主墙이라고 불렀다_옮긴이) 운동에서 사람들은 문화대혁명의 과잉에 대해 불평하고, 그 기간 동안 숙청된 당과 정부 관리들의 복권을 요구하며, 마오쩌둥의 우선순위 유지를 공개적으로 지지한다고 선언한 당시의 지도자들을 비판했다. 모든 것이 문화대혁명의 수혜자를 배척하려는 덩샤오핑의 의도를 뒷받침했고 덩샤오핑은 암묵적으로 이 운동을 지지했다. 그러나 일각에서 덩샤오핑의 축출을 요구하기 시작하자 그는 재빨리 운동을 중단시키고 반대자

그래서 중국이 민주화될까?

들을 투옥했다. 그는 사회주의 노선, 프롤레타리아 독재, 중국 공산당의 영도, 마르크스-레닌주의와 마오쩌둥 사상 등 중국 당치의 "4대 원칙"(더 정확하게는, 중국의 네가지 현대화의 기본 전제로서 네 가지 기본 원칙四项基本原则이다. 여기서 말하는 네가지 현대화는 공업 현대화, 농업 현대화, 국방 현대화, 과학기술 현대화다_옮긴이)을 발표하여 그 누구도 문제를 제기할 수 없는 기준을 세웠다. 마찬가지로 그는 1986년 말 일부 대학 캠퍼스에서 벌어진 민주화 시위의 갑작스럽고 단호한 종결을 지지했다. 가장 유명한 일화는 1989년 덩샤오핑이 대중 시위를 폭동으로 규정하고 계엄령 발동을 지지하여 수백의 시위대와 무고한 행인까지 사망에 이르게 한 사건이다. 여기에서 정치 조직에 대한 독점을 유지하려는 덩샤오핑과 중국 공산당의 결의가 드러난다. 덩샤오핑은 정치 개혁가였지만 민주주의자는 아니었다.

다른 중국 공산당 지도자들도 서구식 민주화를 지지하지 않는다는 입장을 분명히 했다. 우방궈는 2003년부터 2012년까지 중국의 입법부인 전국인민대표대회 위원장과 정치국 상무위원회 위원을 역임했다. 2011년 그는 중국은 "여러 정당이 돌아가면서 정권을 잡는 제도… (또는) 행정권, 입법권, 사법권을 분리하는 제도"를 채택하지 않는다고 선언했다.[35] 2012년 시진핑이 총서기에 취임한 직후 중국 공산당은 악명 높은 9호 문건을 발표했다. 이 문건은 입헌 민주주의를 비롯한 서구의 여러 사상에 대한 논의를 금지시켰다. 2014년 시진핑은 벨기에에서 행한 연설에서 중국이 과거에 다당제 민주주의를 시도한 적이 있지만(청나라가 붕괴한 20세기 초의 짧은 시기) 실패했고, 다시 시도할 필요는 없다고 말했다.[36]

민주화에 대한 중국 지도자들의 두려움에도 근거가 있다. 대부분의 다른 나라에서 민주화는 집권당의 권력을 무너뜨렸고, 어떤 경우에는 지도자의 투옥으로 이어졌다. 루마니아에서는 퇴임한 니콜라에 차우셰스쿠 대통령과 그의 아내가 약식 공개 재판 끝에 처형되고 그들의 시신이 TV에 공개되었다. 타이완, 한국, 브라질 같은 민주주의 국가에서도 전직 대통령이 감옥에 가는 경우가 많았는데, 대부분 부패 혐의로 기소되었다. 이런 일들이 중국 및 다른 권위주의 국가의 지도자들에게 분명한 메시지를 전달한다. 특권을 유지하려면 권력을 유지해야 한다고 말이다.

정권 교체가 민주화를 보장하는 것은 아니다

중국 민주주의의 전망을 고려할 때 우리가 주목해야 할 부분은 중국 공산당이 주도하는 체제가 끝나면 어떤 일이 일어날 것인가다. 정권 교체 없이 민주화가 이루어지지 않겠지만, 정권 교체 자체가 민주화를 보장하는 것도 아니다. 실제로 권위주의 체제의 정권 교체는 새로운 권위주의 체제로 이어진 경우가 대부분이다.

357

따라서 중국 공산당 이후에 올 유일한 대안이 민주주의라고 가정해서는 안 된다.

1970년대 중반에 전 세계로 번진 '제3차 민주화 물결' 동안, 실무자와 학자들 사이에서는 점점 더 많은 국가가 곧 민주화될 것이라는 낙관론이 팽배했다.[37] 이들은 아직 민주화가 이루어지지 않은 국가에 대해 왜 민주화가 이루어지지 않았는가라는 질문을 제기했다. 민주주의가 확대되고 있다는 가정하에 민주화가 늦은 이유를 설명하려 했다.

1990년대 이후, 전 세계의 민주화 속도가 느려지면서 낙관론은 약화되었다. 구소련과 동유럽의 공산주의 종말이 이를 잘 보여준다. 동유럽과 구소련에 있던 29개 공산주의 국가 중 10개 국가만 민주주의 국가가 되었다. 나머지는 개인 독재 정권이나 기껏해야 혼합 정권으로 바뀌었다. 아랍의 봄은 정권 교체가 새로운 권위주의 정권으로 이어진다는 사실을 다시 한번 일깨웠다. 2011년에 격변을 겪은 중동과 북아프리카의 17개국 중 단 한 나라—튀니지—만 민주화되었다. 나머지 국가에서 정권 교체는 평화, 번영, 정치적 권리와 자유에 대한 존중이라는 기대 대신 불안정, 취약한 권력, 경제적 쇠퇴를 불러왔다.

최근 몇 년만 봐도 민주화 사례 자체가 극히 드물다. 프리덤하우스에 따르면 전 세계 민주주의 국가 비율은 2007년에 46.1퍼센트로 정점을 찍은 후 2019년에는 42.6퍼센트로 감소했다.[38] 게다가 유럽의 민주주의 국가와 심지어 미국에서도 민주주의의 질

이 하락했다. 민주주의를 옹호하는 사람들에게 이러한 추세는 실망스러운 일이다.[39]

정권 교체가 어떻게 이루어지느냐에 따라 민주화의 달성 여부와 민주화가 얼마나 안정적이고 오래 지속될 수 있는지가 결정된다. 민주화에는 세 가지 주요 방식이 있다. 현직 지도자가 정권 교체를 주도하는 엘리트 주도형 전환, 사회운동이 권위주의 체제에 도전하고 그것을 전복하는 상향식 교체, 현직 지도자가 새 정권의 조건을 놓고 야당과 협상하는 협정형 전환이 있다.[40] 많은 민주화 사례가 이러한 전환 방식 중 하나 이상의 요소를 포함하고 있지만, 대부분은 딱 한 가지 방식으로만 이루어진다.

엘리트 주도형 전환은 가장 쉽고 직접적인 민주화의 방식이다. 현직 지도자가 민주주의로의 전환을 시작한 뒤 신생 정권에 계속 참여하고, 심지어 통치할 수도 있다. 타이완은 엘리트 주도의 민주화 전환이 민주주의로 귀결된 좋은 예다. 1986년 집권 국민당(1949년 중국 공산당과의 내전에서 패배하고 타이완으로 철수한 정당)은 계엄령을 해제하고 야당 설립을 허용하겠다고 발표했다. 이들은 1996년 최초의 완전 경선 대통령 선거에서 승리했고 지금까지 유력한 정당(현재 야당)으로 남아 있다. 그러나 다른 사례가 더 많다. 소련의 붕괴는 중국 공산당의 운명과 비교할 수 있는 가장 적절한 사례다. 이는 공산주의 지도자들이 서로 권력을 차지하기 위해 싸운 결과였다. 보리스 옐친은 경제를 부흥시키고 국가와 사회의 관계를 개선하기 위해 글라스노스트와 페레스트로이카

("개방과 개혁") 정책을 추진한 미하일 고르바초프와 경쟁했다. 옐친은 민주주의의 언어를 사용했지만, 소련을 해체하고 러시아 대통령이 된 다음에는 민주주의를 옹호하지 않았다. 그는 일부 정치 개혁을 시작했지만 입법부의 감독 기능을 약화시키고 강력한 대통령제를 만들었다. 그나마 옐친 치하에서의 민주주의를 향했던 약간의 진전은 블라디미르 푸틴 체제에서 빠르게 후퇴했다. 이처럼 엘리트 주도의 변화는 가장 평화적인 정권 교체 방식일 수 있지만 항상 민주화로 이어지는 것은 아니다.

다음은 상향식 혁명이다. 권위주의 통치에 대한 사회 주도의 전복은 자유와 민주 정부에 대한 대중적 열망의 정점으로, 흥미진진하고 짜릿한 일이 될 수 있다. 한 국가의 사회운동이 인근 국가에 유사한 운동을 불러일으킬 수도 있다. 폴란드에서 자유노조가 주도한 시위는 동독, 헝가리, 체코슬로바키아로 확산되었다. 마찬가지로 튀니지의 재스민혁명은 2011년 아랍의 봄에 다른 나라로 확산되었다.

그러나 권위주의 통치에 대한 대중의 전복 시도는 정부가 운동을 진압하려 하거나 정치적 반대 세력이 잘 조직되지 않은 경우에는 폭력적으로 변할 수 있다. 그 결과는 불안정한 민주주의로 이어지거나, 민주주의를 지지하지 않지만 이 운동을 집권의 기회로 여기는 정치 엘리트들에게 악용된다.

이집트가 바로 이런 경우다. 무바라크 정권이 무너진 후 선거를 통해 무슬림형제단이 집권했다. 하지만 새 정부의 이슬람주의 정책에 반대하는 광범위한 시위와 계속되는 경제난으로 인해 결국 압델 파타 엘시시 장군의 지휘 아래 군부가 모하메드 무르시 대통령과 다른 지도자들을 체포하고 군사 독재를 수립했다. 엘시시 정부의 관료 다수는 무바라크 정부 출신이었다. 2011년의 엄청난 정치적 격변과 진정한 민주주의를 향한 야당의 열망에도 불구하고 구 정권과 매우 유사한 새 정권이 탄생한 것이다. 그룹 더 후의 피트 타운센드가 노랫말에 쓴 것처럼, "새 보스를 만났는데, 옛 보스와 똑같았다."

중국에서 유사한 사회운동이 일어난다고 가정했을 때 그 결과를 정확하게 예측하기는 어렵다. 1989년의 교훈이 민주주의 중국을 기대하는 사람들을 가로막는다. 중국 공산당은 비무장 민간인에 대한 무력 사용을 포함하여 권력을 유지하는 데 필요한 모든 조치를 취할 것이다. 이러한 운동을 촉발하는 조건은 경제 위기, 환경 재앙 또는 다른 유형의 정당성 위기 등 다양하다. 중국의 현 지도자들은 과거와 다른 방식으로 대응할 수 있지만, 이러한 운동을 조직하는 사람이 감수해야 하는 위험은 실제로 매우 크다. 당의 레닌주의적 전통과 현대적 감시 기술의 결합은 상향식 혁명을 어렵게 만든다.

민주주의로 가는 세 번째의 더 유망한 길은 권위주의 지도자가 야당과 민주주의로의 전환 및 선거 시기를 협상하고, 나아가 자신에 대한 처벌 여부도 협의하는 협정형 전환이다. 남아프리카공화국에서는 아파르트헤이트 정부가 넬슨 만델라를 감옥에

그래서 중국이 민주화될까?

서 석방하고 그와 정치적 전환의 조건을 협상한 사례가 있다. 남아공은 지금도 정부와 야당 모두 산발적인 폭력으로 얼룩져 있지만, 민주주의적 통치로의 전환에 성공했다. 협정형 전환은 ① (만델라처럼) 광범위한 사회적 지지를 받는 야당 지도자, ② (아프리카 국민회의 같은) 조직화된 야당, ③ (드 클레르크처럼) 억압적인 전술을 포기하고 민주화로의 체제 전환 조건을 협상할 의지가 있는 정권 지도자가 있어야 한다.[41] 중국의 경우 세 가지 조건이 모두 결여되어 있어서 협정형 전환이 실현될 가능성이 희박하며, 적절해 보이지도 않는다.

다양한 체제 전환 방식에 내재된 한 가지 공통점은 권위주의 체제의 종말이 새로운 민주주의를 보장하지 않는다는 점이다. 지난 25년 이상 동안 권위주의 체제 종말의 대부분은 새로운 권위주의 체제의 탄생으로 이어졌다. 중국만 다를 것이라고 가정해서는 안 된다.

주의해야 할 점

중국은 민주화될까? 이는 중국 정치의 미래, 중국 인민의 복지, 국제사회, 민주화 및 체제 전환 이론에 매우 중요한 질문이다. 그러나 언제, 어떻게, 그리고 무엇보다도 실제로 민주화가 이루어질지는 여전히 매우 불확실하다.

만약 중국이 민주주의 국가가 된다면 대중에게 호응하고 책임을 지는 정부가 등장할 것이다. 앞에서 살펴본 바와 같이 중국 공산당은 여론의 변화에 따라 정책 의제를 조정하는 등 다양한 방식으로 호응해왔지만, 인민에 대한 책임은 한사코 거부하고 있다. 민주적으로 선출된 지도자는 그럴 수 없다. 민주화된 중국에 강력한 법치주의가 동반될 때 중국의 인권 상황도 개선될 것이다. "민주적 평화 이론"이 계속 유효하다면 이웃 국가와 국제사회 전체에 대한 군사적 위협도 줄어들 것이다. 이는 미국, 즉 중국과의 갈등이 불가피하다고 생각하는 많은 관리, 전문가, 학자들이 있는 그 나라에 중요한 시사점을 제공한다.[42]

중국의 민주화를 기대하거나 희망하는 사람들은 몇 가지 징후에 주목할 필요가 있다.

첫째, 경제 위기는 모든 정권에 위협적이다. 민주주의 국가의 집권당은 경제가 나쁠 때 선거에서 패배할 가능성이 크고, 권위주의 정권은 경제 위기가 발생하면 붕괴할 확률이 높다. 경제가 조금씩 둔화되는 것 자체는 중국 공산당에 위기를 초래하지 않지만 장기적인 경기 침체는 차원이 다른 문제다. 그렇기 때문에 중앙과 지방의 당과 정부 지도자들은 경기 부양을 위해 부채를 늘렸다. 이는 2020년의 전국인민대표대회—코로나19 확산으로 두 달 연기된—에서 1994년 이후 처음으로 그해의 경제 성장률 목표를 발표하지 않은 이유이기도 하다. 코로나19 확산으로 경제 활동이 급격히 축소되면서 중국의 경제 성장률은 2020년 1분기에 6.8퍼

그래서 중국이 민주화될까?

센트로 위축되었다.[43] 이는 2019년 시진핑이 당 지도자들에게 경고한 "블랙스완", 즉 당의 권력 장악을 위협할 수 있는 예기치 못한 사건의 유형과 정확히 일치한다. 블랙스완이 중국 공산당의 영도력을 새로운 시험대에 올려놓았다. 최악의 코로나 사태가 지나간 후 다행히 경제 성장률이 반등하면서 당은 시험을 통과할 수 있었다. 또한 2020년 말까지 중국은 완만하지만 긍정적인 성장세를 회복했다. 하지만 만약 부채 증가로 인한 금융 위기나 물가 상승으로 인한 부동산 시장 붕괴와 같은 정부 정책이 초래한 문제가 닥친다면 상황은 달라질 것이다. 이러한 위기가 오랫동안 예측되었고, 다만 아직 발생하지 않았을 뿐이다.

둘째, 지도부의 내분—1989년처럼—이 발생하면 민주화운동가들이 중국 공산당에 대항할 기회가 생길 수 있다. 민주화운동가들은 당 고위층과 가까울수록 위험을 무릅쓰고 공개 시위에 참여할 가능성이 높다. 중국 공산당은 1989년 이후 공개적으로 단결을 유지할 수 있었다. 보시라이 사건 같은 몇몇 엘리트 갈등 에피소드는 개혁파와 강경파의 충돌보다는 개인적 권력 투쟁에 가까웠다. 만약 1989년 시위에 대한 당의 판결을 재검토하라는 주장이 제기되는 등 극적인 상황이 전개된다면 정치 변화에 대한 엘리트층의 입장을 확실하게 볼 수 있겠지만, 그럴 가능성은 거의 없다. 중국 전문가들은 누가 중국의 고르바초프가 될지, 즉 근본적인 정치 및 경제 개혁을 주도할 지도자가 나타날지 궁금해하곤 했다. 그러나 글라스노스트와 페레스트로이카로 인해 소련과 동유럽의 공산주의 체제가 무너지고, 많은 국가에서 경제가 붕괴되고, 소련, 유고슬라비아, 체코슬로바키아가 민족 갈등으로 해체된 후, 그 어떤 중국 지도자도 고르바초프의 전철을 밟고 싶어 하지 않았다.

이와 관련하여 잠재적 민주화의 세 번째 징후는 민주화운동가에 대한 대중의 지지가 증가하는 것이다. 시위는 연쇄적인 효과를 가져올 수 있다. 더 많은 사람이 변화를 지지하고 현상 유지에 대한 지지를 철회하면 점점 더 많은 사람들이 시위 대열에 합류해도 안전하다고 느끼게 된다.[44] 이러한 현상은 1989년 중국에서, 1989-91년 다른 공산주의 국가에서, 2011년 아랍의 봄에 중동에서 발생했다. 홍콩에서도 과거에 비해 2019년 민주화 시위에 대한 대중의 지지가 더 크게, 오랫동안 지속되었다. 하지만 민주주의에 대한 대중의 지지도 민주화를 보장하지는 않는다. 아랍의 봄은 중동과 북아프리카 전역의 민주화로 이어지지 않았다. 홍콩에서 중국은 시위대의 요구를 수용하지 않고 오히려 통제를 강화했다. 민주주의에 대한 대중의 지지는 민주화의 필요조건이지 충분조건이 아니다.

넷째, 국제 무대에서 중대한 손해를 볼 경우 민족주의자들이 중국 공산당이 국가의 이익을 수호할 만큼 강력하지 않다고 보고 정권 교체를 시도할 수도 있다. 정권 교체를 촉발하는 예로 패전과 심각한 경제 제재가 있다. 중국은—댜오위다오/센카쿠열도를 둘러싼 일본, 남중국해의 영유권 분쟁 지역인 베트남과 필리핀,

국경을 맞대고 있는 인도 등—많은 이웃 국가와 분쟁을 겪었지만 전면전으로 확대된 적은 없다. 중국은 타이완 영공으로 전투기를 파견하거나 섬 침공 훈련을 실시하며 위협적인 언행을 이어가고 있지만, 실제 무력을 사용하지는 않는다. 미국과 중국은 때때로 격렬한 언사를 주고받고 무력 시위를 벌이기도 하지만 직접적인 충돌을 피하기 위해 신중을 기하고 있다. 7장에서 설명한 1999년과 2001년의 위기에서도 양국은 군사적 긴장 확대와 관계의 완전한 파열을 피하려 합의했다. 이러한 상황에서 만약 중국이 외국에 중대한 손해를 입으면 당에 대한 민족주의자들의 분노가 폭발할 수 있다. 대부분의 국가가 중국과 상호 의존적이라는 점을 고려할 때 세계가 중국에 파괴적인 경제 제재를 가할 가능성은 매우 낮다. 만약 이런 일이 생기면 중국 공산당은 민족주의 정서를 결집하고 또 다른 피해자 서사를 설정하여 위기를 극복할 수 있다.

중국의 민주화 여부는 민주화와 체제 전환에 대한 일반 이론을 시험하는 장이기도 하다. 현대화 이론을 지지하는 사람들은 경제적 현대화가 중국의 사회 구조를 급격히 바꾸고 있고, 향후 가치관의 변화가 민주주의에 대한 지지로 이어져 결국 중국이 민주화될 것으로 예상한다. 그러나 중국 공산당의 전략은 당의 정당성을 강화하기 위해 경제적 현대화를 추구한다. 마르크스주의자인 지도자들은 소득 증가, 고용 안정, 생활 수준 향상과 같은 물질적 이익이 가장 중요하다고 믿는다. 삶의 물질적 측면을 개선하면 대중의 지지를 유지할 수 있을 것으로 기대한다. 당분간 중국은 현상 유지가 가장 유력한 시나리오겠지만 현대화 이론은 현상 유지가 무한정 지속되는 것은 아니라는 점을 상기시킨다.

중국의 민주화는 중국의 일당 체제를 롤모델로 삼은 다른 권위주의 정권에 파급 효과를 미칠 수 있다. 만약 "중국 모델"에 민주화가 포함되고, 또한 이로 인해 중국이 현존하는 독재 정권에 대한 지원을 중단하면 민주화가 확산될 수 있다. 중국의 지원이 동유럽 공산주의 정부에 대한 소련의 지원만큼 큰 영향을 미치지는 않지만, 중국의 지원 철회는 다른 독재 지도자들을 약화시키고 시민들에게 정부에 항의할 용기를 줄 것이다.

반대로 중국 공산당이 중국의 집권당으로 남아 있는 한, 다른 권위주의 체제는 개혁의 압력을 덜 받게 될 것이다. 권위주의 체제를 민주화하고, 투명성을 높이고, 인권을 개선하고, 다른 유형의 정치 개혁을 단행하라는 국제사회의 압력은 중국이 여기에 동참하지 않으면 성공할 확률이 낮다. 외국의 내정 간섭을 심각하게 받아들이는 중국은 다른 국가에 노골적으로 변화를 압박하는 국제적인 시도에 거의 협조하지 않는다. 게다가 경제적 현대화와 권위주의적 통치의 결합은 다른 독재자들에게 우리도 할 수 있다는 자신감을 심어주었다. 서방과 달리 중국의 대외 원조 및 차관 사업은 수혜국의 통치 방식 변경이나 인권의 진전을 조건으로 내걸지 않기 때문에 매력적이다.

민주주의는 만병통치약이 아니다. 민주주의는 권위주의 체제보다 자유와 평등을 증진하는 데 분명 더 낫지만, 경제 성장, 효

367

과적인 통치 또는 정치적 안정을 달성하는 데 반드시 더 나은 것은 아니다.[45] 실제로 신생 민주주의 국가는 종종 이전 권위주의 체제에 대한 향수를 불러일으킬 만큼의 경제적 쇠퇴를 경험한다.[46] 당파적 갈등은 가장 시급한 정책 문제조차 합의하지 못하게 할 수 있다. 민주화는 중국을 정치적으로 불안한 상황으로 만들 수도 있다. 예를 들어, 다양한 이해관계를 대변하는 단체들이 자신의 목소리를 내기 위해 공개 시위를 벌일 수 있다. 지방 지도자들이 중앙 정부의 권위에 도전하고, 티베트와 신장의 소수민족은 더 큰 자치권 또는 독립을 추구하면서 새 정부는 국가 통합을 유지하는 능력을 시험받게 될 것이다. 또한 새로운 지도자가 정당성을 수립하기 위해 반외세 수사를 자주 사용한다면 민주화는 중국이 더욱 민족주의적인 외교 정책을 추구하게 만들 수도 있다.[47]

중국 공산당 통치의 종식이 민주주의의 시작을 보장하지 않는다는 점을 기억하는 것이 중요하다. 최근 몇 년 사이에 일어난 대부분의 체제 전환 사례는 새로운 민주주의가 아닌 새로운 권위주의 정권을 탄생시켰다. 중국 민주주의의 미래를 희망하고 여기에 헌신하는 모든 사람이 냉정하게 생각해야 할 문제다.

• • •

상반된 특징이 공존하는 21세기 중국 정치 체제는 정치학의 주요 연구 대상이다. 억압하면서도 호응하고, 권위주의적이면서도 적응력이 높고, 갈등하면서도 협력하는 점에서 말이다. 균형의 양상은 시간, 장소, 그리고 이슈에 따라 달랐다. 각 쌍의 앞부분은 현대 중국에 대한 통념을 규정했고, 뒷부분은 해당 분야에 대한 심층 연구를 통해 밝혀졌다. 중국 정치 제도가 어떻게 변해왔고 앞으로 어떤 일이 벌어질지 이해하려면 앞과 뒤를 모두 고려해야 한다.

이 책에서 살펴본 것처럼 중국 공산당은 생존을 의심케 하는 다양한 약점을 안고 있다. 시진핑의 전제 군주 같은 스타일, 당의 억압적 통치 증가와 호응력의 저하, 효과적인 책임 제도의 부재, 경제 개혁에 대한 정책적 교착 상태, 현대화 및 도시화에 대한 대처 등이 그것이다. 그러나 이들이 레닌주의 정당으로서 70년 이상 집권할 수 있었던 이유도 있다. 정부, 입법부, 언론에 대한 통제, 모든 수준의 당과 정부 지도자 임명, 감시 기술과 빅데이터 분석을 바탕으로 사회의 전 영역을 감시하는 당 지부, 그리고 무엇보다도 정치 조직에 대한 독점적 지위 등이다. 이러한 특징으로 인해 당분간은 중국 공산당이 권력을 계속 유지할 것이다. 그리고 지금까지 확인한 당과 인민 사이의 진화하는 관계가 앞으로도 중국 정치의 성격을 계속 규정할 것이다.

중국의 도시나 농촌을 걷다 보면 갖가지 표어가 담장, 건물 벽면, 자보, 그리고 현수막에 담겨 심심찮게 눈에 들어온다. 한쪽에는 이미 역사가 된 계획경제 시기의 '계급투쟁', '계획생육'부터 개혁개방 시기의 사회정치적 표어가 적혀 있다. 다른 쪽에는 사회 안정 및 질서와 관련된 음주 폭력, 사기, 마약, 성매매 단속 표어가 있고, 국경 지역에 가면 국가 안보 및 접경 지역의 치안과 관련된 불법 월경 단속 표어도 보인다. 도심 곳곳에는 개인의 역능力能을 제고하라면서 공평, 공정, 법치, 신뢰 같은 표어들이 즐비하고, 지역 사회 공동체의 역할을 강조하는 단결, 우애, 협동, 화해 등도 난무한다. '표어 국가' 중국의 거리를 걷다 보면 정신이 혼미해진다. 10년 전쯤부터 현대적 함의를 지닌 단어들이 국가·사회·개인의 관계를 규정하는 가치관의 종합 세트로 등장했다. 이른바 '사회주의 핵심 가치관'이 그것이다.

사회주의 핵심 가치관은 12단어, 총 24자로 구성되었다. 국가 수준의 가치관은 부강富强, 민주民主, 문명文明, 화해和谐이고, 사회 수준은 자유自由, 평등平等, 공정公正, 법치法治, 마지막으로 개인 수준은 애국爱国, 경업敬业, 성신诚信, 우선友善이다. 현대 국가를 작동시키는 가치관들이 모두 포함되었다고 해도 과언이 아니다. 그런데 개인과 공동체(넓게 보면 사회 수준)의 행위에 관심이 있는 나는 국가·사회·개인 관계를 규정하는 가치관들의 유기적 접목과 통합보다 모순되고 긴장을 일으키는 부분에 주목했다. 실제로 이 표어가 도로변이나 광장 같은 공공장소에 처음 설치되었을 때, 중국 사람들은 농담으로 톈안먼광장에 12단어를 모두 적은 팻말을 들고 가면 별 문제가 없겠지만, 그중 하나만 적고 가면 무조건 경찰에 둘러싸일 것이라고 했다. 그만큼 사회의 시각에서는 국가·사회·개인의 가치관이 지향하는 바가 일치하지 않았다. 당국도 그 부분을 잘 알고 있을 것이다.

만약 국가와 사회, 또는 이 책이 주목하는 당과 인민 사이에 힘의 공백이 생긴다면 어떤 일이 발생할까? 중국은 그동안 두 행위자 사이에서 발생한 긴장과 균형을 어떻게 적절하게 처리하고 큰 사회적 동란 없이 질서를 유지할 수 있었을까? 또한 이 질서는 앞으로 얼마나 지속될까? 당과 인민의 관계가 경제 발전과 사회 재생산의 걸림돌을 효과적으로 제거할 수 있을까? 만약 이러한

371

문제들이 균열을 확대하고 그로 인해 질서가 크게 요동친다면 민주주의로의 체제 전환이 이루어질까?

브루스 J. 딕슨은 이러한 질문들에 답을 제시한다. 서로 모순되고 경쟁하는 가치관들이 하나의 상위 이념으로 묶여 공존(아니면 병존)하는 방식을 들려준다. 중국 정치에 관하여 여덟 가지 질문을 던지고, 순차적으로 답한 이 책은 현대 중국학 입문서이자 중국식 국가·사회 관계의 작동법을 객관적으로 정확하게 밝힌 역작이다. 이러한 균형 잡힌 시각이 서구식 가치 판단에 갇힌, 그리고 선입견으로 포장된 다른 중국 연구서와 크게 다른 부분이다.

어떻게 해야 중국을 이해할 수 있을까? 이 책이 제시하는 핵심 분석틀은 '억압과 호응의 공존'이다. 서로 모순되는 두 행위가 공존하려면 중국 국가는 단일한 덩어리가 아니어야 하고, 사회도 단순한 집단이 아니어야 한다. 국가 기구는 공산당 일당이 권력을 독점한 상태지만, 이 권력은 수직적 및 수평적으로 분절된 형태로 작동한다. 또한 이른바 사회도 계급(계층)적, 지역적, 민족적, 종교적, 그리고 세대별로 수직적 및 수평적으로 분절되어 있다. 중국을 바라볼 때 국가와 사회의 어떤 측면에 주목하느냐에 따라 해석이 달라진다는 것이 이 책의 기본 전제다. 만약 우리가 (어쩌면 너무 당연하게도) 중국을 납작한 평면이 아니라 시공간적으로 다양한 가치와 문명이 압축된 사회로 전제한다면, 중국에 대한 이해도 입체적으로 변할 것이다.

『당과 인민』의 마지막 장에서 보여준 귀납적 질문에 대한 답처럼, 민주주의로의 전환을 기대하기 전에 중국 사회 내부의 작동 원리를 더 세밀하게 포착해야 한다. 정치학자인 딕슨이 정당, 국가 기구, 사회 단체 같은 2차 조직에 주목했다면, 나는 사회 차원의 민주주의 '경험'과 '상상'을 잠깐 언급하려 한다.

중국의 일반인들에게 민주주의란 무엇일까? 전체 중국인을 일반화하기는 어렵지만, 내가 중국에서 생활하고 주요 대도시에서 사회조사를 수행하면서 자연스럽게 접한 바에 따르면 적지 않은 중국인이 민주주의를 '우려'하는 데에도 나름대로 이유가 있다.

첫째, 그들은 민주주의를 걷잡을 수 없는 사회 혼란을 야기하는 '고삐 풀린 말' 같은 제도로 여긴다. 이 생각은 그들이 절대로 재연되어서는 안 된다고 입을 모아 말하는 문화대혁명에서 비롯되었다. 중국 일반인들은 문화대혁명을 다양한 사회 집단이 자신의 계급적 지위에 기초하여 이념적 언행을 지나치게 (일부는 극단적으로) 행사한 사례로 기억한다. 심지어 국가주석을 권좌에서 끌어내리고 결국은 죽음으로 내몬 위기 상황으로 기억하고 있다. 어떤 이유에서인지 서구의 연구는 주로 공산당 내부의 이념 갈등 또는 노선 투쟁만 조명할 뿐, 문화대혁명의 경험 또는 결과가 일반인들에게 민주주의에 대한 거부감을 심었다는 점에는 주목하지 않는 듯하다. 문화대혁명에 대한 기억은 1990년대 이후 시장화(자유화) 시기 내내 지속되었다. '광장의 시대'에 대중 서사의 주인공으로 등장하지 않은 대다수의 사람들은 정치 체제 개혁보다는 공산당의 레닌주의적 성격이 강화되어 다음번 문화대혁명을 미

옮긴이의 말

연에 방지하기를 원했다. 이런 상황에서 민주주의에 대한 진지한 요구마저 과거의 혼란을 재발하는 행동으로 의심받았다.

둘째는, 정치적 민주주의가 국가 발전(특히 경제 발전)에 악영향을 미칠 것이라고 우려한다. 1990년대 초 덩샤오핑이 개혁개방 의지를 강력하게 표명하자 서구 자본은 1980년대 말의 사건을 잊은 듯 중국으로 몰려들었다. 게다가 2000년대 초에 중국이 세계무역기구에 가입하자 1990년대 말에 소폭 하락했던 경제성장률이 반등했다. 외국인의 직접 투자가 반등의 계기였음은 모두가 아는 바다. 그렇다면 중국인들은 이 현상을 어떻게 해석할까? 그들은 왜 외국 자본이 중국에 관심을 가진다고 생각했을까? 수많은 연구가 이미 증명한 바와 같이, 이들은 외국 자본이 본국에서 잡지 못한 기회를 중국에서 마음껏 누리고 있다고 생각했다. 보통의 중국인들은 서구 민주주의 국가는 자본을 '규제'한다고 생각한다. 정치적 민주주의가 기업과 같은 수직적 조직의 성장과 이윤 창출에 불리한 제도를 만든 반면, 중국의 실용주의는 그들에게 새로운 기회를 제공한다는 것이다. 다시 말해 그들의 머릿속에서 중국은 외국 자본의 '도피처' 또는 '대안'이었다. 이런 사고방식을 이해한다면, 물질적 발전을 경험한 중국인들이 서구식 민주주의와 중국식 일당 체제 중 무엇을 선택할지 짐작할 수 있다.

사회학을 전공한 나와 정치학을 전공한 지은이의 문제의식은 어느 정도 맞닿아 있다. 민주주의의 가능성 여부보다 중국 내부의 작동 원리를 더 깊이 알아야 한다고 말한다는 점에서 그렇다. 물론 민주주의를 너무 단순하게 정의하면 안 된다. 중국에는 민주주의를 위해 노력하는 사람이 적지 않다. 그렇다고 일반 사람들의 경험과 기억, 이미지를 무시해서도 안 된다. 왜냐하면 국가는 권력 기구와 다양한 사회 집단의 상호작용을 통해 작동하기 때문이다. 특정 정치 제도에 대한 사회의 기억은 구성원들이 경험한 역사성(시간)과 동시대의 관계성(공간)에 대한 (재)해석의 상호작용으로 만들어진다.

개혁개방 이후 중국은 세계 자본주의 체제와 궤도를 같이하면서 엄청난 속도로 발전했다. 그러나 2010년대를 지나며 여러 문제에 직면한 듯하다. 중국에서 사업을 하는 내 주변의 기업인들은 중국 경제가 잘나갈 때보다 지금처럼 하향세를 보일 때 저들에 대한 지식이 필요하다고 말한다. 이 책의 번역이 그 지식을 전하려는 노력의 일환이라는 점을 전하고자 한다. 많은 노력을 기울였지만 여전히 난해한 부분이 있다면 전적으로 번역자의 책임이다.

이 책의 번역을 소개해준 인천대학교의 장정아 선생님, 책 출판을 결정하고 지원을 아끼지 않은 사계절출판사 강맑실 대표님, 그리고 원고를 고치고 다듬어 책으로 만들어준 사계절출판사 인문팀과 디자인팀에 감사를 전한다.

2024년 3월
서울에서

옮긴이의 말

주

1장 | 당은 어떻게 권력을 유지할까?

1 Tony Smith, *Thinking Like a Communist: State and Legitimacy in the Soviet Union, China, and Cuba* (New York: W. W. Norton, 1987).

2 중국 공산당의 수십 년간의 통치를 자세히 설명하기 위한 것이 아니라 비교 및 대조하기 위해 요약했다. 더 자세한 내용은 Roderick MacFarquhar, ed., *The Politics of China*, 3rd ed. (New York: Cambridge University Press, 2011)를 참조하라.

3 Roderick MacFarquhar and Michael Schoenhals, *Mao's Last Revolution* (Cambridge, MA: Harvard University Press, 2006).

4 Harry Harding, "The Chinese State in Crisis," in MacFarquhar, ed., *Politics of China*, 148-247; MacFarquhar and Schoenhals, *Mao's Last Revolution*.

5 Andrew G. Walder, "The Decline of Communist Power: Elements of a Theory of Institutional Change," *Theory and Society* 23, no. 2 (April 1994), 297-323.

6 Barry Naughton, *Growing Out of the Plan: Chinese Economic Reform, 1978-1993* (New York: Cambridge University Press, 1995).

7 David Shambaugh, *China's Communist Party: Atrophy and Adaptation* (Berkeley and Washington, DC: University of California Press and Woodrow Wilson Center Press, 2009).

8   장쩌민 시대의 가장 중대한 변화는 대부분 주룽지 총리가 주도했다. 주룽지는 중국 경제의 호황과 불황의 주기를 끝낸 주요 책임자다. 그는 1990년대 중국의 경제 발전이 둔화될 때에도 경기 침체를 겪지 않게 "연착륙"시켰다. 그는 중국의 세계무역기구 가입 협상을 책임졌다(온라인, 언론, 그리고 거리에서 그는 비난을 받았고, 장쩌민은 자기가 승인한 정책에 대한 비난을 주룽지에게 전가했다). 장쩌민과 달리 주룽지는 2003년 은퇴 이후 모교인 칭화대학에 모습을 드러낸 것을 제외하고는 대중의 시야에서 사라졌다. 주룽지의 이력에 대해서는 Orville Schell and John Delury, *Wealth and Power: China's Long March to the 21st Century* (New York: Random House, 2014), 325-52.를 참조하라.

9   Samuel P. Huntington, *Political Order in Changing Societies* (New Haven, CT: Yale University Press, 1970), 20.

10   Bruce J. Dickson, *Red Capitalists in China: The Party, Private Entrepreneurs, and Prospects for Political Change* (New York: Cambridge University Press, 2003); *Wealth into Power: The Communist Party's Embrace of China's Private Sector* (New York and London: Cambridge University Press, 2008).

11   Kellee S. Tsai, *Capitalism without Democracy: The Private Sector in Contemporary China* (Ithaca, NY: Cornell University Press, 2007).

12   경제적 불평등은 일반적으로 0에서 100 사이의 수치인 지니계수로 측정되는데, 0은 완전한 평등(모든 사람이 같은 양의 부를 가짐)을 의미하고 100은 완전한 불평등(한 사람이 모든 부를 가짐)을 의미한다. 중국의 지니계수는 2008년에 49.1로 정점을 찍었고 2016년에는 46.5(CIA 팩트북에 근거)로 세계에서 31번째로 높았다. 그러나 많은 국가의 지니계수 추정치는 매우 다양하며 매년 수치를 확인할 수 있는 것도 아니다.

13   Nicholas Lardy, *The State Strikes Back: The End of Economic Reform in China?* (Washington, DC: Peterson Institute for International Economics, 2019); Arthur R. Kroeber, *China's Economy: What Everyone Needs to Know* (New York: Oxford University Press, 2016).

14   Schell and Delury, *Wealth and Power*.

15   http://news.xinhuanet.com/mrdx/2017-10/21/c136695470.htm, accessed November 29, 2017.

16   Jiangnan Zhu and Dong Zhang, "Weapons of the Powerful: Authoritarian Elite Competition and Politicized Anticorruption in China," *Comparative Political Studies* 50, no. 9 (August 2017), 1186-1220.

17   2007년의 제17차 당대회에서 과학적 발전관과 또 다른 슬로건인 "조화사회" 달성이라는 목표가 당장에 포함되었지만 당의 영도 이념으로 명시되지는 않았다.

18   Chris Buckley, "As China's Woes Mounts, Xi Jinping Faces a Rare Rebuke at Home," *New York Times*, July 31, 2018, https://www.nytimes.com/2018/07/31/world/asia/xi-jinping-internal-dissent.html, accessed August 1, 2018; Peter Mar-

tin, "Is Xi Jinping's Power Grab Starting to Backfire?" *Bloomberg Businessweek*, August 7, 2018, https://www.bloomberg.com/news/articles/2018-08-07/is-xi-jin-ping-s-bold-china-power-grab-starting-to-backfire, accessed August 7, 2018.

19 Suisheng Zhao, "Xi Jinping's Maoist Revival," *Journal of Democracy* 27, no. 3 (July 2016), 83-97.

20 이 앱에는 음성, 문자, 사진, 동영상, 웹 활동, 사용자 위치 등 사용자 휴대폰의 다른 모든 부분을 감시할 수 있는 소프트웨어가 포함되어 있는 것으로 알려졌다. Anna Fifield, "Chinese App on Xi's Ideology Allows Data Access to Users' Phones, Report Says," *Washington Post*, October 16, 2019, https://www.washingtonpost.com/world/asiapacific/chinese-app-on-xis-ideology-allows-data-access-to-100-million-users-phones-report-says/2019/10/11/2d53bbae-eb4d-11e9-bafb-da248f8d-5734story.html, accessed October 16, 2019.를 참조하라.

21 Anne-Marie Brady, *Marketing Dictatorship: Propaganda and Thought Work in Contemporary China* (Lanham, MD: Rowman & Littlefield, 2009); Daniela Stockmann, *Media Commercialization and Authoritarian Rule in China* (New York: Cambridge University Press, 2012).

22 중국의 공식적인 정치 제도에 자치 단위와 자체적으로 재정을 운영하는 농촌은 포함되지 않는다.

23 아마도 이 근소한 차이의 선택이 중요했던 유일한 사례가 1987년이었을 것이다. 당시의 대표적인 보수주의자이자 덩샤오핑의 개혁을 강력히 반대했던 덩리췬(덩샤오핑과 덩리췬은 친척 관계가 아님)이 당 지도부에 의해 정치국 위원으로 추천되었는데, 정치국 위원은 반드시 중앙위원회 위원이어야 했다. 그러나 그는 다른 당원들 사이에서 인기가 없어 중앙위원회 위원으로 선출되지 못했고, 이로 인해 정치국에도 들어갈 수 없었다.

24 베이징, 충칭, 상하이, 톈진 등의 직할시와 광시, 네이멍구, 닝샤, 티베트, 그리고 신장 등의 "소수민족 자치구"는 성급 지위를 가지고 있다.

25 정치국 상무위원회의 잘 알려진 비공식 표결 중 하나는 다음과 같다. 1989년 톈안먼 시위 당시 상무위원회는 계엄령 선포 여부를 놓고 투표한 것으로 알려졌다. 리펑과 야오이린은 찬성, 자오쯔양과 완리는 반대, 차오스는 기권했다. 결정을 내리지 못한 그들은 덩샤오핑의 조언을 구했다. 덩샤오핑은 찬성표를 던졌다. 5월 20일 계엄령이 선포되었고, 결국 6월 4일 평화 시위는 폭력적으로 종식되었다. Andrew J. Nathan and Perry Link, eds., *The Tiananmen Papers* (New York: Public Affairs, 2001), 191-93.를 참조하라. 하지만 자오쯔양은 자신의 회고록에서 투표를 한 적이 없다고 주장했다. *Prisoner of the State: The Secret Journal of Zhao Ziyang* (New York: Simon and Schuster, 2009), 29-30.를 참조하라.

26 중국어로 주시zhuxi, 主席는 문자 그대로 "주석chairman"을 의미하지만, "대통령president"은 국가 원수를 지칭하는 국제 표준 용어다.

27 정책 과정에서의 전인대의 역할에 대해서는 3장에서 다룰 예정이다.

28 1990년대에 지방인민대표대회가 당에서 지명한 정부 공직 후보자 여러 명을 거부한 이력이 있다. 이로 인해 당은 드물지만 당혹스러운 부결 사태의 재발을 방지하기 위해 후보자 지명 절차를 강화했다. Melanie Manion, "When Communist Party Candidates Can Lose, Who Wins?", *China Quarterly*, no. 195 (September 2008), 607-30.를 참조하라.

29 중국에는 1949년 이전부터 이어져온 여덟 개의 소위 민주 정당이 있다. 하지만 이들은 표를 얻기 위해 경쟁하지 않으며 야당으로 활동하지도 않는다.

30 정치국 상무위원회에는 1949년 이전부터 이어져온 중국인민정치협상회의 주석도 포함된다. 대부분이 비공산당원 엘리트들로 구성되었고 전인대와 각급 인민대표대회와 같은 시기에 회의를 개최한다. 중국인민정치협상회의는 권고안을 제시할 수는 있지만 구속력은 없다. 법안을 통과시키거나 정부를 감독할 권한도 없다. 따라서 중국 공산당에 우호적인 인사들로 구성된 상징적인 기관으로 여겨진다.

31 John P. Burns, "Strengthening Central CCP Control of Leadership Selection: The 1990 Nomenklatura," *China Quarterly*, no. 138 (1994), 458-91; Melanie Manion, "The Cadre Management System, Post-Mao: The Appointment, Promotion, Transfer and Removal of Party and State Leaders," *China Quarterly*, no. 102 (June 1985), 212-19; Kjeld Erik Brødsgaard, "Management of Party Cadres in China," in Kjeld Erik Brødsgaard and Zheng Yongnian, eds., *Bringing the Party Back In: How China Is Governed* (Singapore: Eastern Universities Press, 2004), 57-91.

32 Carl Minzner, *End of an Era: How China's Authoritarian Revival Is Undermining Its Rise* (New York: Oxford University Press, 2018).

2장 | 지도자를 어떻게 선발할까?

1 Kevin J. O'Brien, "Implementing Political Reform in China's Villages," *Australian Journal of Chinese Affairs*, no. 32 (July 1994), 33-59; Daniel Kelliher, "The Chinese Debate over Village Self-government," *China Journal*, no. 37 (January 1997), 63-86; Tianjian Shi, "Village Committee Elections in China: Institutional Tactics for Democracy," *World Politics* 51, no. 3 (April 1999), 385-412; Baogang He, *Rural Democracy in China: The Role of Village Elections* (New York: Palgrave, 2007).

2 Minxin Pei, "'Creeping Democratization' in China," *Journal of Democracy* 6, no. 4 (October 1995), 65-79.

3 Pei, "Creeping Democratization," 76; Thomas Bernstein and Xiaobo Lu, "Taxation without Representation: Peasants, the Central and the Local States in Reform

China," *China Quarterly*, no. 163 (September 2000), 742–63; Kevin J. O'Brien and Li-anjiang Li, "Accomodating 'Democracy' in a One-Party State: Introducing Village Elections in China," *China Quarterly*, no. 162 (June 2000), 465–89.

4   Melanie Manion, "The Electoral Connection in the Chinese Countryside," *American Political Science Review* 90, no. 4 (December 1996), 736–48.

5   Lianjiang Li, "The Politics of Introducing Direct Township Elections in China," *China Quarterly*, no. 171 (September 2002), 704–23.

6   Jie Lu, *Varieties of Governance in China: Migration and Institutional Change in Chinese Villages* (New York: Cambridge University Press, 2014).

7   Graeme Smith, "The Hollow State: Rural Governance in China," *China Quarterly*, no. 203 (September 2010), 601–18.

8   Kevin J. O'Brien and Rongbin Han, "Path to Democracy? Assessing Village Elections in China," *Journal of Contemporary China* 18, no. 60 (June 2009), 359–78; Melanie Manion, "How to Assess Village Elections in China," *Journal of Contemporary China* 18, no. 60 (June 2009), 379–83.

9   John James Kennedy, "The Price of Democracy: Vote Buying and Village Elections in China," *Asian Politics and Policy* 2, no. 4 (2010), 617–31; Meina Cai and Xin Sun, "Institutional Bindingness, Power Structure, and Land Expropriation in China," *World Development* 109 (September 2018), 172–86; Tan Zhao, "Vote Buying and Land Takings in China's Village Elections," *Journal of Contemporary China* 27, no. 110 (2018), 277–94.

10   중국 공산당은 문화대혁명의 종식 날짜를 당시 추진 중이던 정책에 맞게 수정했다. 문화대혁명은 원래 1969년 제9차 당대회의 소집과 함께 끝났지만, 중국 지도자들 사이의 정치 투쟁은 마오쩌둥 사망 이후까지 계속되었다. 문화대혁명은 1976년 9월 마오쩌둥이 사망하고 10월 4일 4인방이 체포되면서 종식된 것으로 알려져 있다. 얼마 뒤 1978년 12월, 중국 공산당 제11기 3중전회에서 계급 투쟁과 기타 정치운동의 종식을 공식적으로 선언하고 경제적 현대화를 중국 공산당의 주요 과제로 채택하면서 마오쩌둥 이후의 개혁 시대가 시작되었다.

11   Kevin J. O'Brien and Lianjiang Li, "Selective Policy Implementation in Rural China," *Comparative Politics* 31, no. 2 (January 1999), 167–186; Maria Edin, "State Capacity and Local Agent Control in China: CCP Cadre Management from a Township Perspective," *China Quarterly*, no. 173 (March 2003), 35–52; Susan Whiting, "The Cadre Evaluation System at the Grass Roots: The Paradox of Party Rule," in Barry Naughton and Dali Yang, eds., *Holding China Together: Diversity and National Integration in the Post-Deng Era* (New York: Cambridge University Press, 2004), 101–9.

12   Martin Dimitrov, "Vertical Accountability in Communist Regimes: The Role of Citizen Complaints in Bulgaria and China," in Dimitrov, ed., *Why Communism Did Not Collapse: Understanding Authoritarian Regime Resilience in Asia and Europe* (New York: Cambridge University Press, 2013), 276–302.

13   Pierre F. Landry, Xiaobo Lu, and Haiyan Dai, "Does Performance Matter? Evaluating Political Selection along the Chinese Administrative Ladder," *Comparative Political Studies* 51, no. 8 (2018), 1074–1105; Xiaobo Lü and Pierre F. Landry, "Show Me the Money: Interjurisdiction Political Competition And Fiscal Extraction in China," *American Political Science Review* 108, no. 3 (August 2014), 706–22; Genia Kostka and Xiaofan Yu, "Career Backgrounds of Municipal Party Secretaries in China: Why Do So Few Municipal Party Secretaries Rise from the County Level?" *Modern China* 41, no. 5 (September 2015), 467–505; Hongbin Li and Li-An Zhou, "Political Turnover and Economic Performance: The Incentive Role of Personnel Control in China," *Journal of Public Economics* 89, nos. 9/10 (2005), 1743–62; Victor Shih, Christopher Adolph, and Mingxing Liu, "Getting Ahead in the Communist Party: Explaining the Advancement of Central Committee Members in China," *American Political Science Review* 106, no. 1 (February 2012), 166–87.

14   Landry, et al., "Does Performance Matter?"

15   대부분의 연구는 학자와 고위층 관리들이 측정하고 비교하기 가장 쉬운 이러한 경제적 목표에 초점을 맞추고 있다. 타당하고 신뢰할 수 있는 능력적 지표를 찾는 것은 학자와 정부 관리들 사이에 잘 알려진 난제다.

16   비록 한 개인이 직업 경력의 상이한 단계에서 정당과 정부 관료 기구 사이를 오가면서 순환적으로 보직을 맡지만 정당과 정부 직위에서의 승진 기준이 다르다는 근거들이 있다.

17   더 구체적으로 2852개의 현, 288개의 지구급 시, 그리고 31개의 성급 단위가 있다.

18   Chien-Wen Kou and Wen-Hsuan Tsai, "'Sprinting with Small Steps' Towards Promotion: Solutions for the Age Dilemma in the CCP Cadre Appointment System," *China Journal*, no. 71 (January 2014), 153–71.

19   랜드리 등은 연령 제한이 성급 수준에서는 엄격하게 적용되지만, 지/시급 수준에서는 덜 엄격하고, 현급 수준에서에도 덜 엄격하게 시행되고 있음을 발견했다. 그러나 이들은 이러한 패턴이 부분적인 측정 오류 때문일 수 있다는 점을 인정한다.

20   Minxin Pei, *China's Crony Capitalism: The Dynamics of Regime Decay* (Cambridge, MA: Harvard University Press, 2016); Andrew Wedeman, *Double Paradox: Rapid Growth and Rising Corruption in China* (Ithaca, NY: Cornell University Press, 2012).

21   Kou and Tsai, "Sprinting with Small Steps"; Kjeld Erik Brødsgaard, "Politics and Business Group Formation in China: The Party in Control?," *China Quarterly*, no.

211 (September 2012), 624-48.

22   Charlotte P. Lee, *Training the Party: Party Adaptation and Elite Training on Re-form-Era China* (New York: Cambridge University Press, 2015).

23   비공식적으로 당대회는 친구나 파벌을 만날 기회를 제공하기도 한다. 당대회 대표단이 지도부 몰래 활동을 조율하는 것을 미연에 방지하기 위해 지방 대표단은 별도의 호텔에 머물게 된다. 그런 다음 당 중앙 지도자들은 그 호텔에서 지방 대표단을 만난다.

24   과거에 일부 중국 학자들은 중국 공산당이 공식적으로 금지한 비공식 파벌을 제도화하자는 논의를 한 적이 있다. 이렇게 공식적으로 조직된 파벌은 중국 공산당 내에서 세력과 지지를 얻기 위해 경쟁할 경우(일본의 자민당과 유사하게) 다당제의 선구자가 될 것으로 내다봤다. 그러나 중국 공산당은 민주화의 의지가 없기 때문에 이러한 아이디어는 과거의 일이 되었다.

25   Zhengxu Wang and Anastas Vangeli, "The Rules and Norms of Leadership Succession in China: From Deng Xiaoping to Xi Jinping and Beyond," *China Journal*, no. 76 (July 2016), 24-40.

26   비슷한 맥락에서 왕위화는 중국 공산당이 자신의 권위에 도전할 가능성이 낮은 분야, 예를 들어 정치적 권리가 아닌 상법 분야, 그리고 더 구체적으로는 국내 투자자가 아닌 외국 기업의 투자에 대해 법치를 더욱 장려하고 있다고 주장한다. 그의 연구는 *Tying the Autocrat's Hand: The Rise of the Rule of Law in China* (New York: Cambridge University Press, 2015).를 참조하라.

27   덩샤오핑도 1990년 봄 차기 전인대가 정부 지도자를 선출할 때까지 중앙군사위원회 주석을 역임했다. 마찬가지로 장쩌민도 2005년 3월까지 이 직책을 유지했다.

28   장쩌민의 경력에 대한 자세한 내용은 다음을 참조하라. Bruce Gilley, *Tiger on the Brink: Jiang Zemin and China's New Elite* (Berkeley: University of California Press, 1998); Robert Lawrence Kuhn, *The Man Who Changed China: The Life and Legacy of Jiang Zemin* (New York: Crown Publishers, 2004); Cheng Li and Lynn White, "The Fifteenth Central Committee of the Chinese Communist Party: Full-Fledged Technocratic Leadership with Partial Control by Jiang Zemin," *Asian Survey* 38, no. 3 (March 1998), 231-64; David Shambaugh, "The Dynamics of Elite Politics during the Jiang Era," *China Journal*, no. 45 (January 2001), 101-11.

29   후진타오의 경력에 대한 자세한 내용은 다음을 참조하라. Kerry Brown, *Hu Jintao: China's Silent Ruler* (Singapore: World Scientific Publishing Company, 2012); Richard Daniel Ewing, "Hu Jintao: The Making of a Chinese General Secretary," *China Quarterly*, no. 173 (March 2003), 17-34; Willy Wo-Lap Lam, *Chinese Politics in the Hu Jintao Era: New Leaders, New Challenges* (Armonk, NY: M. E. Sharpe, 2006); Cheng Li, *China's Leaders: The Next Generation* (New York, NY: Rowman & Littlefield, 2001); Alice Miller, "The Succession of Hu Jintao," *China Leadership Monitor*, no. 2 (Spring

2002), 1–8; Frederick C. Teiwes, "The Politics of Succession: Previous Patterns and a New Process," in John Wong and Yongnian Zheng, eds., *China's Post-Jiang Leadership Succession: Problems and Perspectives* (Singapore: Singapore University Press and World Scientific Publishing, 2002), 21–58.

30   야심 찬 지도자에게 있어 공청단에서 일하는 것은 경력에 도움이 많이 된다. 그들은 동급 수준 사람들의 평균보다 어린 나이에 당과 정부 관료 기구의 직책으로 옮길 수 있다. 따라서 이들은 나이에 대한 제약이 줄어들기 때문에 더 다양한 분야에서 경험을 쌓을 수 있다. 공청단파라는 조직은 기존의 당과 정부 관리들 중에 공청단에서 자신의 경력을 시작한 사람들이 많아서 생긴 결과다. See Kou and Tsai, "Sprinting with Small Steps."을 참조하라.

31   중앙위원회에 선출된 약 200명의 위원 외에도 또 다른 그룹의 위원들이 교체되고 새로 선출된다. 중앙위원회에 (사망, 은퇴, 혹은 정치적 몰락 등 이유로) 공석이 생기면 대체 위원 명단에 있는 위원들이 이 공석을 채운다.

32   구이저우성은 경제 성장의 측면에서는 보잘것없었지만 빈곤 퇴치와 경제적 불평등 해소의 측면에서는 선도적이었다. John A. Donaldson, *Small Works: Poverty and Economic Development in Southwest China* (Ithaca, NY: Cornell University Press, 2011); Daniel B. Wright, *The Promise of the Revolution: Stories of Fulfillment and Struggle in China's Hinterland* (Lanham, MD: Rowman & Littlefield, 2003).를 참조하라.

33   장쩌민은 후진타오의 기술관료적 배경을 활용하기 위해 그를 정부 부처의 부장으로 임명하려고 했지만, 후진타오의 정치 지도자로서의 잠재력을 본 덩샤오핑의 반대로 무산된 것으로 알려졌다. Willy Wo-Lap Lam, *Chinese Politics in the Hu Jintao Era: New Leaders, New Challenges* (Armonk, NY: M. E. Sharpe, 2006), 10.

34   이 야심 찬 당 개혁안은 2007년 쩡칭훙이 정치국 상무위원에서 은퇴한 후에는 큰 진전을 이루지 못했다. David Shambaugh, *China's Future?* (Cambridge and Malden, MA: Polity, 2016), 110–14.를 참조하라.

35   시진핑의 자세한 경력에 대해서는 다음을 참조하라. Zhiyue Bo, *China's Elite Politics: Political Transition and Power Balancing* (Singapore: World Scientific Publishing Company, 2007); Jean-Pierre Cabestan, "Is Xi Jinping the Reformist Leader China Needs?", *China Perspectives*, no. 2012/3 (2012), 69–76; Willy Wo-Lap Lam, *Chinese Politics in the Era of Xi Jinping: Renaissance, Reform, or Retrogression?* (New York, NY: Routledge, 2015); Cheng Li, *Chinese Politics in the Xi Jinping Era: Reassessing Collective Leadership* (Washington, DC: Brookings Institution Press, 2016); Alice Miller, "Who Does Xi Jinping Know and How Does He Know Them?," *China Leadership Monitor*, no. 32 (Spring 2010), 1–8; Yongnian Zheng and Gang Chen, "Xi Jinping's Rise and Political Implications," *China: An International Journal* 7, no. 1 (March 2009), 1–30.

36   Phillip C. Saunders et al., eds., *Chairman Xi Remakes the PLA: Assessing Chinese*

Military Reforms (Washington, DC: National Defense University Press, 2018).

37 태자당은 당과 군 원로의 자녀로서, 중국을 통치할 자격이 있다고 믿는 세습 엘리트들로 구성된 그룹이다. 이들의 밀접한 가족 관계와 부친들의 경력 경험(문화대혁명과 같은 마오주의운동 과정에서 겪은 고난을 포함하여)은 그들 사이에서 다른 지도들과는 다른 유대감을 형성한다. 그런 의미에서 시진핑과 태자당 구성원은 중국을 통치하는 것이 자신의 권리라고 생각한다. 바로 이러한 태도가 이들에 대한 강한 반감을 불러일으키고 있다. 점점 더 능력주의적으로 변화하는 체제에서 태자당은 실력이 아닌 혈통과 정치적 인맥을 통해 영향력을 행사한다.

38 시진핑은 입당하기 전에 입당 신청서를 열 번이나 제출한 것으로 알려졌다(Xinhua 2017a). 이 시기에 그의 부친은 마오쩌둥에 반대했다는 혐의로 투옥 중이었다.

39 Lam, *Chinese Politics in the Era of Xi Jinping*, 277; "Plagiarism and Xi Jinping," *Asia Sentinel* (September 24, 2013), https://www.asiasentinel.com/politics/plagia-rism-and-xi-jinping/, accessed July 17, 2018.

40 시진핑은 1980년에 영국 주재 중국 대사의 딸 커샤오밍과 결혼했지만, 1982년 허베이성 당서기가 된 후 이혼했다. 커샤오밍은 영국으로 돌아갔다. 그녀의 이름은 중국 내에서 검열 대상 검색어다.

41 쩡칭훙의 동생 쩡칭화이는 시진핑의 부인인 펑리위안의 후원자로서 그녀의 경력에 많은 도움을 주었다.

42 역설적으로, 그는 자신을 당선시킨 비밀 투표에서 일부 지도자들이 블록 투표를 조율하려는 노력으로 인해 불안했다. 당서기로서 그는 지도자의 임명 과정에 선거, 심지어 비공식적인 선거를 이용하거나 광범위한 협의를 거치는 것에 반대해왔다. 시진핑은 이러한 결정들을 정치적 책략으로부터 분리하는 것을 선호하지만, 그 과정에는 민주적 관행은 흔적을 찾아볼 수 없다. 2017년 신임 정치국 상무위원을 결정하는 과정에 시진핑은 이미 은퇴한 지도자들을 포함하여 수십 명의 최고 지도자들과 일대일 면담을 가졌고, 대신 자신을 집권하게 한 집단 심의 방식은 피했다.

3장 | 정책은 어떻게 만들어질까?

1 *An Evaluation of and Recommendations on the Reforms of the Health System in China: Executive Summary* (Beijing: State Council Development Research Council, 2005).

2 "Some Questions Concerning Methods of Leadership," *Selected Works of Mao Tse-Tung*, vol. 3 (Beijing: Foreign Languages Press, 1967), 119.

3 "Rare Release of Xi's Speech on Virus Puzzles Top China Watchers," *Bloomberg News*, February 17, 2020, https://www.bloomberg.com/news/articles/2020-02-17/rare-release-of-xi-s-speech-on-virus-puzzles-top-china-watchers, accessed

February 17, 2020.

4   Anna Fifield, "China's Conspicuously Absent Leader Reemerges—For an Audience with a Friendly Autocrat," *Washington Post*, February 5, 2020, https://www.washingtonpost.com/world/chinas-conspicuously-absent-leader-reemerges--for-an-audience-with-a-friendly-autocrat/2020/02/05/507e6d02-47de-11ea-91ab-ce439aa5c7c1story.html, accessed February 6, 2020.

5   Sui-Lee Wee and Vivian Wang, "Here's How Wuhan Plans to Test All 11 Million of Its People for Coronavirus," *New York Times*, May 15, 2020, https://www.nytimes.com/2020/05/14/world/asia/coronavirus-testing-china-wuhan.html?referringSource=articleShare, accessed May 15, 2020.

6   Amy Qin and Cao Li, "China Pushes for Quiet Burials as Coronavirus Death Toll Is Questioned," *New York Times*, April 3, 2020, https://www.nytimes.com/2020/04/03/world/asia/coronavirus-china-grief-deaths.html, accessed April 4, 2020.

7   Emily Rauhala, "China's Claim of Coronavirus Victory in Wuhan Brings Hope, but Experts Worry It Is Premature," *Washington Post*, March 25, 2020, https://www.washingtonpost.com/world/asiapacific/china-wuhan-coronavirus-zero-cases/2020/03/25/19bdbbc2-6d15-11ea-a156-0048b62cdb51story.html, accessed March 25, 2020.

8   Josephine Ma, Linda Lew, Lee Jeong-ho, "A Third of Coronavirus Cases May Be 'Silent Carriers', Classified Chinese Data Suggests," *South China Morning Post*, March 22, 2020, https://www.scmp.com/news/china/society/article/3076323/third-coronavirus-cases-may-be-silent-carriers-classified, accessed March 31, 2020.

9   Kenneth Lieberthal and Michel Oksenberg, *Policy Making in China: Leaders, Structures, and Processes* (Princeton, NJ: Princeton University Press, 1988); Kenneth G. Lieberthal and David M. Lampton, eds., *Bureaucracy, Politics, and Decision Making in Post-Mao China* (Berkeley: University of California Press, 1992).

10 Chris K. Johnson, Scott Kennedy, and Mingda Qiu, "Xi's Signature Governance Innovation: The Rise of Leading Small Groups" (Washington, DC: Center for Strategic and International Studies), October 17, 2017, https://www.csis.org/analysis/xis-signature-governance-innovation-rise-leading-small-groups, accessed August 21, 2019. 중앙 정부 산하에 약 60개의 영도 소조가 있다.

11 산샤댐 건설 사업에 대한 더 풍부한 이야기는 다음을 참조하라. Lieberthal and Oksenberg, *Policy Making in China*, chapter 6.

12 각기 다른 시기에 수자원과 에너지를 담당하는 부처를 하나의 부처로 통합하여 이 문제에 대한 합의를 강제하거나, 합의에 이르지 못하여 별도의 부처로 분리하기도 했다.

385

13   정책 결정 과정에서의 전인대와 지방인민대표대회의 역할은 아래에 자세히 설명할 예
      정이다.

14   Daniela Stockmann, *Media Commercialization and Authoritarian Rule in China* (New
      York: Cambridge University Press, 2012); Susan L. Shirk, ed., *Changing Media, Chang-
      ing China* (New York: Oxford University Press, 2010).

15   Andrew Mertha, "'Fragmented Authoritarianism 2.0': Political Pluralization in
      the Chinese Policy Process," *China Quarterly*, no. 200 (December 2009), 995–1012;
      Kjeld Erik Brødsgaard, ed., *Chinese Politics as Fragmented Authoritarianism: Earth-
      quakes, Energy, and Environment* (New York: Routledge, 2017).

16   누강댐 건설과 관련된 서술은 다음의 연구를 참조했다. Andrew C. Mertha, *China's
      Water Warriors: Citizen Action and Policy Change* (Ithaca, NY: Cornell University Press,
      2008), chapter 5.

17   Jessica C. Teets, *Civil Society under Authoritarianism: The China Model* (New York:
      Cambridge University Press, 2014), 114–15.

18   Mertha, *China's Water Warriors*, 122.

19   Ibid., 134.

20   Tom Phillips, "Joy as China Shelves Plans to Dam 'Angry River,'" *Guardian*, De-
      cember 2, 2016, https://www.theguardian.com/world/2016/dec/02/joy-as-china-
      shelves-plans-to-dam-angry-river, accessed August 19, 2019.

21   Johnson, Kennedy, and Qiu, "Xi's Signature Governance Innovation." 기존의 영도
      소조는 타이완 정책, 경제와 금융, 외교 사무 등에 관련된 것이고, 신설 영도 소조는 국
      가 안보, 전면적인 개혁 심화, 국방과 군대 개혁, 사이버 안보와 정보화, 중앙 군과 민간
      의 통합 등과 관련된 것이다.

22   Elizabeth C. Economy, *The Third Revolution: Xi Jinping and the New Chinese State*
      (New York: Oxford University Press, 2018).

23   Sebastian Heilmann, "From Local Experiments to National Policy: The Origins of
      China's Distinctive Policy Process," *China Journal*, no. 59 (January 2008), 1–30; Se-
      bastian Heilmann and Elizabeth J. Perry, eds., *Mao's Invisible Hand: The Political
      Foundations of Adaptive Governance in China* (Cambridge, MA: Harvard University Asia
      Center, 2011).

24   Jude Howell, "NGOs and Civil Society: The Politics of Crafting a Civic Welfare In-
      frastructure in the Hu-Wen Period," *China Quarterly*, no. 237 (March 2019), 58–81.

25   Shaoguang Wang, "Changing Models of China's Policy Agenda Setting," *Modern
      China* 34, no. 1 (January 2008), 56–87.

26   이 사례들에 대해서는 다음을 참조하라. Economy, *The Third Revolution*, chapter 6.

27 Brad Plumer, "Coal Pollution in China Is Cutting Life Expectancy by 5.5 Years," *Washington Post*, July 8, 2013, http://www.washingtonpost.com/blogs/wonkblog/wp/2013/07/08/chinas-coal-pollution-is-much-deadlier-than-anyone-realized/, accessed May 19, 2020.

28 Meir Alkon and Eric H. Wang, "Pollution Lowers Support for China's Regime: Quasi-Experimental Evidence from Beijing," *Journal of Politics* 80, no. 1 (January 2018), 327-31.

29 https://www.iqair.com/us/world-most-polluted-cities, accessed May 20, 2020.

30 Elizabeth C. Economy, *The River Runs Black: The Environmental Challenge to China's Future* (Ithaca, NY: Cornell University Press, 2004).

31 Jonathan R. Stromseth, Edmund J. Malesky, and Dimitar D. Gueorguiev, *China's Governance Puzzle: Enabling Transparency and Participation in a Single-Party State* (New York: Cambridge University Press, 2017); Greg Distelhorst, "The Power of Empty Promises: Quasi-Democratic Institutions and Activism in China," *Comparative Political Studies* 50, no. 4 (2017), 464-94; Jidong Chen, Jennifer Pan, and Yiqing Xu, "Sources of Authoritarian Responsiveness: A Field Experiment in China," *American Journal of Political Science* 60, no. 2 (April 2016), 383-400.

32 Dimitrov, "Vertical Accountability in Communist Regimes," 276-302.

33 Peter Lorentzen, Pierre Landry, and John Yasuda, "Undermining Authoritarian Innovation: The Power of China's Industrial Giants," *Journal of Politics* 76, no. 1 (January 2014), 182-94; Denise van der Kamp, Peter Lorentzen, and Daniel Mattingly, "Racing to the Bottom or to the Top? Decentralization, Revenue Pressures, and Governance Reform in China," *World Development* 95 (July 2017), 164-76.

34 Distelhorst, "Power of Empty Promises."

35 정치 활동가를 위한 핵심 전략은 5장을 참조하라; Kevin J. O'Brien, "Rightful Resistance," *World Politics* 49, no. 1 (October 1996), 31-55; Elizabeth J. Perry, "Chinese Conceptions of 'Rights': From Mencius to Mao—and Now," *Perspectives on Politics* 6, no. 1 (March 2008), 37-50.

36 Distelhorst, "Power of Empty Promises."

37 Chen, Pan, and Xu, "Sources of Authoritarian Responsiveness"; Greg Distelhorst and Yue Hou, "Constituency Service under Nondemocratic Rule: Evidence from China," *Journal of Politics* 79, no. 3 (July 2017), 1024-40.

38 Distelhorst and Hou, "Constituency Service under Nondemocratic Rule."

39 Distelhorst, "Power of Empty Promises."

40 Jamie Horsley, "Public Participation in the People's Republic: Developing a More

Participatory Governance Model in China" (2009), https://law.yale.edu/system/ files/documents/pdf/IntellectualLife/CL-PP-PPinthePRCFINAL91609.pdf, accessed August 21, 2019.

41 Stromseth, Malesky, and Gueorguiev, *China's Governance Puzzle*, 293.

42 Stromseth, Malesky, and Gueorguiev, *China's Governance Puzzle*, 176–77.

43 Steven J. Balla, "Information Technology, Political Participation, and the Evolution of Chinese Policymaking," *Journal of Contemporary China* 21, no. 76, (2012), 655–73; Yoel Kornreich, Ilan Vertinsky, and Pitman B. Potter, "Consultation and Deliberation in China: The Making of China's Health-Care Reform," *China Journal* no. 68 (July 2012), 176–203.

44 Stromseth, Malesky, and Gueorguiev, *China's Governance Puzzle*, 217–18.

45 Balla, "Information Technology, Political Participation, and the Evolution of Chinese Policymaking."

46 Stromseth, Malesky, and Gueorguiev, *China's Governance Puzzle*, 195. 연구자들은 협의의 수준을 측정하기 위해 법률 및 규정의 초안에 대한 공개 의견뿐만 아니라 중국 인민정치협상회의(각급 인민대표대회와 함께 정기 회의를 개최하는 명예 기구로서, 제출한 제안은 구속력이 없음)에 제안을 하거나 협의 기회를 제공받는 등록된 NGO의 수를 포함 했다.

47 Stromseth, Malesky, and Gueorguiev, *China's Governance Puzzle*, 177; Steven J. Balla and Zhou Liao, "Online Consultation and Citizen Feedback in Chinese Policymaking," *Journal of Current Chinese Affairs* 42, no. 3 (2013), 104.

48 Mary E. Gallagher, *Authoritarian Legality in China: Law, Workers, and the State* (New York: Cambridge University Press, 2017), 216–27.

49 Balla and Liao, "Online Consultation and Citizen Feedback in Chinese Policymaking," 102.

50 Steven J. Balla and Zhoudan Xie, "Online Consultation and the Institutionalization of Transparency and Participation in Chinese Policymaking," *China Quarterly*, no. 256 (May 2020).

51 Melanie Manion, *Information for Autocrats: Representation in Chinese Local Congresses* (New York: Cambridge University Press, 2015).

52 Rory Truex, *Making Autocracy Work: Representation and Responsiveness in Modern China* (New York: Cambridge University Press, 2016).

53 Manion, *Information for Autocrats*.

54 Yue Hou, *The Private Sector in Public Service: Selective Property Rights in China* (New York: Cambridge University Press, 2019); Dickson, *Wealth into Power*.

55   Manion, *Information for Autocrats*.

56   Tony Saich, *Providing Public Goods in Transitional China* (New York: Palgrave Mac-
      millan, 2008); Ethan Michelson, "Public Goods and State-Society Relations: An
      Impact Study of China's Rural Stimulus," in Dali L. Yang, ed., *The Global Recession
      and China's Political Economy* (New York: Palgrave Macmillan, 2012), 131–57; Bruce J.
      Dickson, Pierre Landry, Mingming Shen, and Jie Yan, "Public Goods and Regime
      Support in Urban China," *China Quarterly*, no. 228 (December 2016), 859–80.

57   Truex, *Making Autocracy Work*, 85–90.

58   Ibid., 68.

59   Ibid., 118–19.

60   James S. Fishkin et al., "Deliberative Democracy in an Unlikely Place: Deliberative
      Polling in China," *British Journal of Political Science* 40, no. 2 (April 2010), 435–48;
      Baogang He and Mark Warren, "Authoritarian Deliberation: The Deliberative Turn
      in Chinese Political Development," *Perspectives on Politics* 9, no. 2 (Summer 2011),
      269–89.

61   Joseph Fewsmith, *The Logic and Limits of Political Reform in China* (New York:
      Cambridge University Press, 2013).

62   Baogang He, "Reconciling Deliberation and Representation: Chinese Challenges to
      Deliberative Democracy," *Representation* 51, no. 1 (2015), 35–50.

63   Deyong Ma and Szu-chien Hsu, "The Political Consequences of Deliberative De-
      mocracy and Electoral Democracy in China: An Empirical Comparative Analysis
      from Four Counties," *China Review* 18, no. 2 (May 2018), 21.

64   Ma and Hsu, "The Political Consequences of Deliberative Democracy and Electoral
      Democracy in China," 26.

65   Baogang He and Mark Warren, "Authoritarian Deliberation in China," *Daedalus* 146,
      no. 3 (Summer 2017), 159.

66   이 사원들은 반드시 불교나 도교 협회와 관련이 있는 것은 아니고, 중국 공산당이 공
      식 종교로 인정하지 않는 지역 민간 종교 사례인 경우가 더 많다. Lily Lee Tsai, *Ac-
      countability without Democracy: Solidary Groups and Public Goods Provision in
      Rural China* (New York: Cambridge University Press, 2007). 또한 다음을 참조하라. Ken-
      neth Dean, "Local Communal Religion in Contemporary South-East China," *China
      Quarterly*, no. 174 (June 2003), 338–58.

67   이주에 관해서는 다음을 참조하라. Jie Lu, *Varieties of Governance in China: Migra-
      tion and Institutional Change in Chinese Villages* (New York: Oxford University Press,
      2014); 재정적 책임에 대해서는 Smith, "The Hollow State," 601–18.을 참조하라.

1   그는 석방된 후 코로나19 위기에 잘못 대처한 시진핑의 사임을 요구했다가 2020년 초에 다시 체포되었다.

2   Andrew Jacobs and Chris Buckley, "Chinese Activists Test New Leader and Are Crushed," *New York Times*, January 14, 2014, https://www.nytimes.com/2014/01/16/world/asia/chinese-activists-test-new-leader-and-are-crushed.html, accessed September 19, 2019.

3   당의 공식 문건은 해당 연도에 발행된 순서로 구분하는 경우가 많다. 이 문건은 2013년에 발행된 아홉 번째 문건이라고 할 수 있다. 9호 문건의 영문 번역본은 다음을 참조하라. http://www.chinafile.com/document-9-chinafile-translation, accessed September 18, 2019.

4   Larry Diamond, "Rethinking Civil Society: Toward Democratic Consolidation," *Journal of Democracy* 5, no. 3, July 1994, 4–17; Robert D. Putnam, *Making Democracy Work: Civic Traditions in Italy* (Princeton, NJ: Princeton University Press, 1993).

5   중국 공산당은 재스민혁명이 중동에서 중국으로 확산될 것을 우려하여 2011년 봄에 인터넷 검색, 이메일, 소셜미디어에서 재스민이라는 단어를 한시적으로 검열했다.

6   Yanqi Tong, "State, Society, and Political Change in China and Hungary," *Comparative Politics* 26, no. 3 (April 1994), 333–53; Gordon White, Jude Howell, and Shang Xiaoyuan, *In Search of Civil Society: Market Reform and Social Change in Contemporary China* (Oxford: Oxford University Press, 1996); Jonathan Schwartz and Shawn Shieh, eds., *State and Society Responses to Social Welfare Needs in China: Serving the People* (New York and London: Routledge, 2009).

7   Michael W. Foley and Bob Edwards, "The Paradox of Civil Society," *Journal of Democracy* 7, no. 3 (July 1996), 38–52.

8   2018년 4월 기준, 민정부는 사회 단체 36만 399개, 비영리 민간 기업 41만 6733개, 재단 6632개 등 총 78만 3764개의 NGO가 있다고 발표했다. 다음을 참조하라. http://www.mca.gov.cn/article/sj/tjjb/sjsj/2018/20180608021510.html, accessed June 16, 2019.

9   Shaoguang Wang, "Money and Autonomy: Patterns of Civil Society Finance and Their Implications," *Studies in Comparative International Development* 40, no. 4 (Winter 2006), 3–29.

10 David Shambaugh, *China's Communist Party: Atrophy and Adaptation* (Berkeley: University of California Press, 2008), 91.

11 Tony Saich, "Negotiating the State: The Development of Social Organizations in China," *China Quarterly*, no. 161 (March 2000), 124–41; Jonathan Unger and Anita

Chan, "China, Corporatism, and the East Asian Model," *Australian Journal of Chinese Affairs*, no. 33 (January 1995), 29-53; Howell, "NGOs and Civil Society."

12   Diana Fu, *Mobilizing without the Masses: Control and Contention in China* (Cambridge: Cambridge University Press, 2017), 74ff. "사회 공학" NGO(신원 보호를 위해 가명을 사용)에 대한 그의 사례 연구는 일부 NGO가 어떻게 지방 관리들이 기본적인 공공재와 서비스를 제공하는 데 도움이 되는 훈련된 사회복지사를 제공하는지 보여준다.

13   Jessica C. Teets, *Civil Society under Authoritarianism: The China Model* (New York: Cambridge University Press, 2014).

14   Howell, "NGOs and Civil Society," 58-81.

15   Karla Simon, *Civil Society in China: The Legal Framework from Ancient Times to the "New Reform Era"* (New York: Oxford University Press, 2013).

16   Fu, *Mobilizing without the Masses*.

17   Jude Howell, "Shall We Dance? Welfarist Incorporation and the Politics of State-Labour NGO Relations," *China Quarterly*, no. 223 (September 2015), 702-723.

18   Ivan Franceschini and Elisa Nesossi, "State Repression of Chinese Labor NGOs: A Chilling Effect?", *China Journal*, no. 80 (July 2018), 111-29.

19   Jessica Batke, "'The New Normal' for Foreign NGOs in 2020," *ChinaFile*, January 3, 2020, https://www.chinafile.com/ngo/analysis/new-normal-foreign-ngos-2020, accessed January 7, 2020.

20   "Professor Jia Xijin: Two Years of the Overseas NGO Law," *China Development Brief: NGOnews*, December 12, 2018, https://mp.weixin.qq.com/s/jQggzCN-5TpG-9NeTWImbBw, accessed July 15, 2019.

21   Batke, "'The New Normal' for Foreign NGOs in 2020."

22   Fu, *Mobilizing without the Masses*.

23   조직의 이름은 회원의 신원을 보호하기 위해 바꾸어 붙였다. 다음을 참조하라. Fu, *Mobilizing without the Masses*, chapters 5-6.

24   2017년 이후 중국 공산당은 이 수치를 보고하지 않았다.

25   이 수치는 부풀려졌을 수 있다. 다른 보고서에 따르면, NGO는 당 지부를 만들라는 당의 지시를 이행하는 데 더디고 지방 당 간부들은 이를 우선순위로 삼지 않았다. 이와 관련해서는 다음을 참조하라. Jessica Teets and Oscar Almen, "Advocacy under Xi: NPO Strategies to Influence Policy Change," *Nonprofit Policy Forum*, 2018. 시행이 늦어진 이유 중 하나는 이들 NGO의 특성 때문이다. 당원을 세 명 이상 보유해야만 당 지부를 구성할 수 있지만 이 단체들 대부분이 직원이 열 명 미만인 소규모 단체였다. 중국 공산당의 보고서는 자체 당 지부를 보유하기 위한 요건을 충족하는 등록된 NGO를 기준으로 작성된 것으로, 전체 수는 훨씬 더 많을 것으로 추정된다.

26   Patricia M. Thornton, "The New Life of the Party: Party-Building and Social Engi-
      neering in Greater Shanghai," *China Journal*, no. 68 (July 2012), 58–78.

27   Dickson, *Red Capitalists in China*; Dickson, *Wealth into Power*.

28   Teets and Almen, "Advocacy under Xi: NPO Strategies to Influence Policy
      Change." Carolyn Hsu and Jessica Teets, "Is China's New Overseas NGO Manage-
      ment Law Sounding the Death Knell for Civil Society? Maybe Not," *Asia-Pacific
      Journal* 14, issue 4, no. 3 (February 15, 2016).

29   http://www.fon.org.cn/index.php?option=comk2&view =item&lay-
      out=item&id=12930&Itemid=260, accessed July 17, 2019.

30   Michael Wines, "Liang Congjie, Chinese Environmental Pioneer, Dies at 78," *New
      York Times*, October 10, 2010, https://www.nytimes.com/2010/10/30/world/
      asia/30liang.html, accessed July 17, 2019.

31   Feng Hao, "Green Peafowl Lawsuit Exposes Dam Damage," *China Dialogue*, No-
      vember 19, 2018, https://www.chinadialogue.net/article/show/single/en/10939-
      Green-peafowl-lawsuit-exposes-dam-damage, accessed July 17, 2019.

32   Jennifer Y. J. Hsu, Carolyn L. Hsu, and Reza Hasmath, "NGO Stratiegies in an Au-
      thoritarian Context, and Their Implications for Citizenship: The Case of the Peo-
      ple's Republic of China," *Voluntas* 28, no. 3 (June 2017), 1157–79.

33   Thornton, "The New Life of the Party."

34   Elanah Uretsky, *Occupational Hazards: Sex, Business, and HIV in Post-Mao China*
      (Stanford: Stanford University Press, 2016).

35   Hildebrandt, *Social Organizations and the Authoritarian State in China*; Teets, *Civil
      Society under Authoritarianism*.

36   Mertha, *China's Water Warriors*.

37   Teets, *Civil Society under Authoritarianism*.

38   Jessica C. Teets, "The Evolution of Civil Society in Yunnan Province: Contending
      Models of Civil Society Management in China." *Journal of Contemporary China* 24,
      no. 91 (2015), 158–75; Hsu and Teets, "China's New Overseas NGO Management
      Law."

39   홍색, 회색, 흑색의 유형화는 중국의 종교 단체를 설명하는 데 사용되는 유사한 분류 방
      식을 따른 것으로서, 종교에 관한 7장에서도 같은 분류 방식을 사용할 것이다. 이와 관
      련해서는 다음을 참조하라. Fenggang Yang, *Religion in China: Survival and Renewal
      under Communist Rule* (New York: Oxford University Press, 2012); Karrie J. Koesel, "The
      Political Economy of Religious Revival," *Politics and Religion* 8, no. 2 (June 2015),
      211–35.

40 Anita Chan, "Revolution or Corporatism? Workers in Search of a Solution," in David S. G. Goodman and Beverly Hooper, eds., *China's Quiet Revolution: New Interactions between State and Society* (New York: St. Martin's Press, 1994), 162-93; Jude Howell, "All-China Federation of Trade Unions beyond Reform? The Slow March of Direct Elections," *China Quarterly*, no. 196 (December 2008), 845-63.

41 GONGO는 중국에만 있는 특수한 사례가 아니다. 사실 미국에도 이러한 단체가 있다. 미국민주주의진흥재단과 프리덤하우스는 전 세계의 민주화 사업을 촉진하는 대표적인 단체다. 마치오브다임스와 포인츠오브라이트재단은 대통령 후원인(각각 프랭클린 루스벨트, 조지 H. W. 부시)과 함께 GONGO로 시작하여 나중에 독립했다. 관련 내용은 다음을 참조하라. Reza Hasmath, Timothy Hildebrandt, and Jennifer Y. J. Hsu, "Conceptualizing Government-Organized Non-Governmental Organizations," *Journal of Civil Society* 15, no. 3 (2019), 267-84.

42 Bruce J. Dickson, *The Dictator's Dilemma: The Chinese Communist Party's Strategy for Survival* (New York: Oxford University Press, 2016), 132.

43 Jennifer Y. J. Hsu, Timothy Hildebrandt, and Reza Hasmath, "'Going Out' or Staying In? The Expansion of Chinese NGOs in Africa," *Development Policy Review* 34, no. 3 (May 2016), 423-39.

44 Hasmath, Hildebrandt, and Hsu, "Conceptualizing Government-Organized Non-Governmental Organizations."

45 Dickson, *The Dictator's Dilemma*, 143-46.

46 회색과 흑색의 구분은 다이애나 푸가 『대중 없는 동원』에서 각각 지상 단체와 지하 단체라고 부르는 것과 일치한다.

47 Timothy Hildebrandt, *Social Organizations and the Authoritarian State in China* (New York: Cambridge University Press, 2013), 71-72.

48 사회적 기업은 "사회적 사명감을 가진 기업으로서 기부금이나 보조금에 의존하지 않기에 지속 가능하다." 사회적 기업은 중국의 시민사회 환경에 비교적 최근에 추가된 유형이다. 다음을 참조하라. Jessica C. Teets and Shawn Shieh, "CSOs as Social Entrepreneurs in China: Strategic Rebranding or Evolution?", forthcoming.

49 http://english.unirule.cloud/about/, accessed June 18, 2019.

50 Matthew Campbell and Peter Martin, "China's Latest Crackdown Target Is Liberal Economists," *Bloomberg Businessweek*, May 11, 2019, https://www.bloomberg.com/news/features/2019-05-11/china-s-latest-crackdown-target-is-liberal-economists, accessed May 5, 2019.

51 보고서의 영문판은 다음을 참조하라. http://chinaheritage.net/journal/imminent-fears-immediate-hopes-a-beijing-jeremiad/, accessed July 5, 2019.

52   Chris Buckley, "A Chinese Law Professor Criticized Xi. Now He's Been Suspended," *New York* Times, March 26, 2019, https://www.nytimes.com/2019/03/26/world/asia/chinese-law-professor-xi.html, accessed July 5, 2019.

53   이 조사는 2014년에 수행되었다. 다음을 참조하라. Dickson, *Dictator's Dilemma*, 142. 중국의 시민사회를 연구하는 다른 전문가들도 나에게 자신들이 수행한 인터뷰에서도 비슷한 유형의 불신이 드러났다고 알려주었다.

54   Reza Hasmath and Jennifer Y. J. Hsu, "Isomorphic Pressures, Epistemic Communities and State-NGO Collaboration in China," *China Quarterly*, no. 220 (December 2014), 936-54; Carolyn L. Hsu and Yuzhou Jiang, "An Institutional Approach to Chinese NGOs: State Alliance versus State Avoidance Strategies," *China Quarterly*, no. 221 (March 2015), 100-22.

55   Anthony J. Spires, "Lessons from Abroad: Foreign Influences on China's Emerging Civil Society," *China Journal*, no. 68 (July 2012), 125-46; Hsu and Teets, "China's New Overseas NGO Management Law."

56   Spires, "Lessons from Abroad."

57   Hildebrandt, *Social Organizations and the Authoritarian State in China*.

58   Shawn Shieh, "Remaking China's Civil Society in the Xi Jinping Era," *ChinaFile*, August 2, 2018, https://www.chinafile.com/reporting-opinion/viewpoint/remaking-chinas-civil-society-xi-jinping-era, accessed June 22, 2020.

59   Anthony J. Spires, Lin Tao, and Kin-man Chan, "Societal Support for China's Grass-Roots NGOs: Evidence from Yunnan, Guangdong and Beijing," *China Journal*, no. 71 (January 2014), 65-90; Reza Hasmath and Jennifer Y. J. Hsu, "Communities of Practice and the NGO Sector in China," working paper.

60   Shawn Shieh and Guosheng Deng, "An Emerging Civil Society: The Impact of the 2008 Sichuan Earthquake on Grass-roots Associations in China," *China Journal*, no. 65 (January 2011), 181-94; Jessica C. Teets, "Post-Earthquake Relief and Reconstruction Efforts: The Emergence of Civil Society in China?", *China Quarterly*, no. 198 (June 2009), 330-47.

61   Hasmath and Hsu, "Isomorphic Pressures."

62   Hsu, Hsu, and Hasmath, "NGO Strategies in an Authoritarian Context."

63   이는 중국 내 여론조사에서 일관되게 나타나는 결과다. 다음을 참조하라. Tianjian Shi, *The Cultural Logic of Politics in Mainland China and Taiwan* (New York: Cambridge University Press, 2015); Dickson, *Dictator's Dilemma*; Jie Chen, *A Middle Class without Democracy: Economic Growth and the Prospects for Democratization in China* (New York: Oxford University Press, 2013).

64   Hsu and Jiang, "An Institutional Approach to Chinese NGOs," 107.

65   Ronald Inglehart, *Modernization and Postmodernization: Cultural, Economic, and Political Change in 43 Societies* (Princeton, NJ: Princeton University Press, 1997).

5장 | 시위가 정치적 안정을 위협할까?

1   Yuhua Wang and Carl Minzner, "The Rise of the Chinese Security State," *China Quarterly*, no. 222 (June 2015), 339-59.

2   마틴 디미트로프는 고위급 관리와 지역 시민 사이의 이러한 암묵적 동맹을 "대리 책임 proxy accountability"이라고 부른다. "Vertical Accountability in Communist Regimes."를 참조하라. 이는 이 책에서 내가 사용한 책임accountability이라는 용어를 보완하는 것으로, 지방 관리는 궁극적으로 자신이 통치하는 사람들이 아니라 상급자에게 책임을 져야한 다는 것을 의미한다. 그러나 경우에 따라 시위대가 상급 관리의 관심을 끌면 이 상급 관 리들은 시위 대상자인 지방 관리를 해임할 수 있다.

3   이러한 질문들을 책으로 정리한 연구는 Teresa Wright, *Popular Protest in China* (Medford, MA: Polity Press, 2018).가 있다.

4   Feng Chen and Mengxiao Tang, "Labor Conflicts in China: Typologies and Their Implications," *Asian Survey*, 53, no. 3 (May/June 2013), 559-83.

5   Ibid., 568.

6   Marc Blecher, "Hegemony and Workers' Politics in China," *China Quarterly*, no. 170 (June 2002), 283-303; Lee, Against the Law; Perry, "Chinese Conceptions of 'Rights,'" 37-50; Neil J. Diamant, *Embattled Glory: Veterans, Military Families, and the Politics of Patriotism in China*, 1949-2007 (Lanham, MD: Rowman & Littlefield, 2009).

7   O'Brien, "Rightful Resistance," 31-55; Kevin J. O'Brien and Lianjiang Li, *Rightful Resistance in Rural China* (New York: Cambridge University Press, 2006).

8   Perry, "Chinese Conceptions of 'Rights.'"

9   James C. Davies, "Towards a Theory of Revolution," *American Sociological Review*, 27, no. 1 (February 1962), 5-19.

10   Lianjiang Li, "Political Trust and Petitioning in the Chinese Countryside," *Comparative Politics* 40, no. 2 (January 2008), 209-26; Xi Chen, *Social Protest and Contentious Politics in China* (New York: Cambridge University Press, 2012).

11   Sebastian Heilmann, ed., *China's Political System* (Lanham, MD: Rowman & Littlefield, 2017), 321.

12   Christopher Heurlin, *Responsive Authoritarianism in China: Land, Protests, and*

Policy-Making (New York: Cambridge University Press, 2016).

13 Gallagher, *Authoritarian Legality in China.*

14 Ching Kwan Lee, *Against the Law: Labor Protests in China's Rustbelt and Sunbelt* (Berkeley: University of California Press, 2007); Gallagher, *Authoritarian Legality in China.*

15 Kevin J. O'Brien and Yanhua Deng, "Repression Backfires: Tactical Radicalization and Protest Spectacle in Rural China," *Journal of Contemporary China* 24, no. 93 (2015), 457–70; Yanhua Deng and Kevin J. O'Brien, "Relational Repression in China: Using Social Ties to Demobilize Protesters," *China Quarterly*, no. 215 (September 2013), 533–52.

16 Diana Fu, *Mobilizing without the Masses: Control and Contention in China* (Cambridge: Cambridge University Press, 2017).

17 Sing Lee and Arthur Kleinman, "Suicide as Resistance in Chinese Society," in Elizabeth J. Perry and Mark Selden, eds., *Chinese Society: Change, Conflict, and Resistance* (London and New York: Routledge, 2000), 221–40.

18 Fu, *Mobilizing without the Masses.*

19 Yongshun Cai, "Power Structure and Regime Resilience: Contentious Politics in China," *British Journal of Political Science* 38, no. 3 (July 2008), 411–32.

20 Wang and Minzner, "The Rise of the Chinese Security State."

21 Sheena Greitens, "Rethinking China's Coercive Capacity: An Examination of PRC Domestic Security Spending, 1992–2012," *China Quarterly*, no. 232 (December 2017), 1002–25.

22 Dickson et al. "Public Goods and Regime Support in Urban China," 859–80.

23 다이애나 푸와 그렉 디스텔호스트는 최근 공안 지출이 급격히 감소한 것으로 보고되었지만, 이는 실제 지출이 감소한 것보다 항목의 구성 요소를 재분류했기 때문일 가능성이 높다고 말한다. 그들의 연구는 다음을 참조하라. "Grassroots Participation and Repression under Hu Jintao and Xi Jinping," *China Journal*, no. 79 (January 2018), 100–22.

24 Manfred Elfstrom, "Two Steps Forward, One Step Back? Chinese State Reactions to Labour Unrest," *China Quarterly*, no. 240 (December 2019), 255–79.

25 Arch Puddington, "China: The Global Leader in Political Prisoners," Freedom House blog post, July 26, 2018, https://freedomhouse.org/blog/china-global-leader-political-prisoners, accessed August 28, 2019; Elana Beiser, "Hundreds of Journalists Jailed Globally Becomes the New Normal," *Committee to Protect Journalists*, December 13, 2018, https://cpj.org/reports/2018/12/journalists-jailed-im-

prisoned-turkey-china-egypt-saudi-arabia.php, accessed August 28, 2019.

26   Xi Chen, "Origins of Informal Coercion in China," *Politics and Society* 45, no. 1 (March 2017), 67–89; Lynette Ong, "'Thugs-for-Hire': ubcontracting of State Coercion and State Capacity in China," *Perspectives on Politics* 16, no. 3 (September 2018), 680–95; Ong, "Thugs and Outsourcing of State Repression in China," *China Journal* 80 (July 2018), 94–110.

27   Elizabeth J. Perry, "Labor Divided: Sources of State Formation in Modern China," in Joel Migdal, Atul Kohli, and Vivienne Shue, eds., *State Power and Social Forces: Domination and Transformation in the Third World* (New York: Cambridge University Press, 1994); Lee, *Against the Law*; Fu, *Mobilizing without the Masses*; Diana Fu, "Fragmented Control: Governing Contentious Labor Organizations in China." *Governance* 30, no. 3 (July 2017), 445–62; Xi Chen, "The Logic of Fragmented Activism among Chinese State-Owned Enterprise Workers," *China Journal* 81 (January 2019), 58–80.

28   Fu, *Mobilizing without the Masses*; Fu, "Fragmented Control."

29   Deng and O'Brien, "Relational Repression."

30   Kevin J. O'Brien and Yanhua Deng, "The Reach of the State: Work Units, Family Ties and 'Harmonious Demolition,'" *China Journal* 74 (July 2015), 1–17.

31   Deng and O'Brien, "Relational Repression."

32   Tara Francis Chan, "China Released a Uyghur Mother to Silence Her U. S. Son—Then Sent Her Back to Detention the Next Day," *Newsweek*, May 25, 2019, https://www.newsweek.com/xinjiang-uyghur-release-threaten-us-citizen-1435984, accessed May 25, 2019.

33   Sui-Lee Wee and Paul Mozur, "China Uses DNA to Map Faces, with Help from the West," *New York Times*, December 10, 2019, https://www.nytimes.com/2019/12/03/business/china-dna-uighurs-xinjiang.html?smid=nyt-core-ios-share, accessed December 20, 2019.

34   Human Rights Watch, "China's Algorithms of Repression: Reverse Engineering a Xinjiang Police Mass Surveillance App," May 1, 2019, https://www.hrw.org/report/2019/05/01/chinas-algorithms-repression/reverse-engineering-xinjiang-police-mass-surveillance, accessed May 9, 2019.

35   Jamie Horsley, "China's Orwellian Social Credit Score Isn't Real," *Foreign Policy*, November 16, 2018; https://foreignpolicy.com/2018/11/16/chinas-orwellian-social-credit-score-isnt-real/, accessed September 2, 2020.

36   Genia Kostka, "What Do People in China Think about 'Social Credit' Monitor-

ing?" *Washington Post*, March 21, 2019, https://www.washingtonpost.com/politics/2019/03/21/what-do-people-china-think-about-social-credit-monitoring/?utmterm=.b90e91139d44, accessed March 21, 2019.

37   Ching Kwan Lee and Yonghong Zhang, "The Power of Instability: Unraveling the Microfoundations of Bargained Authoritarianism in China," *American Journal of Sociology* 118, no. 6 (May 2013), 1475–508.

38   Yuqing Feng and Xin He, "From Law to Politics: Petitioners' Framing of Disputes in Chinese Courts," *China Journal* 80 (July 2018), 130–49.

39   Zi Zhu, "Backfired Government Action and the Spillover Effect of Contention: A Case Study of the Anti-PX Protests in Maoming, China," *Journal of Contemporary China* 26, no. 106 (2017), 521–35.

40   Xiaojun Yan and Kai Zhou, "Fighting the Prairie Fire: Why Do Local Party-States in China Respond to Contentious Challengers Differently?", *China: An International Journal* 15, no. 4 (November 2017), 43–68.

41   Philip P. Pan, *Out of Mao's Shadow: The Struggle for the Soul of a New China* (New York: Simon and Schuster, 2008), 144.

42   Ching Kwan Lee, *Against the Law: Labor Protests in China's Rustbelt and Sunbelt* (Berkeley: University of California Press, 2007), 111.

43   Xi Chen, "Elitism and Exclusion in Mass Protest: Privatization, Resistance, and State Domination in China," *Comparative Political Studies* 50, no. 7 (June 2017), 908–34.

44   Rory Truex, "Focal Points, Dissident Calendars, and Preemptive Repression," *Journal of Conflict Resolution* 63, no. 4 (April 2019), 1032–52.

45   Fu, *Mobilizing without the Masses*; Feng and He, "From Law to Politics."

46   Peter L. Lorentzen, "Regularizing Rioting: Permitting Public Protest in an Authoritarian Regime," *Quarterly Journal of Political Science* 8, no. 2 (2013), 127–58; Lorentzen, "Designing Contentious Politics in Post-1989 China," *Modern China* 43, no. 5 (September 2017), 459–93; Jidong Chen and Yiqing Xu, "Why Do Authoritarian Regimes Allow Citizens to Voice Opinions Publicly?" *Journal of Politics* 79 no. 3 (July 2017), 792–803; Wenfang Tang, *Populist Authoritarianism: Chinese Political Culture and Regime Sustainability* (New York: Oxford University Press, 2016).

47   Fu and Distelhorst, "Grassroots Participation and Repression."

48   Javier Hernandez, "She's on a #MeToo Mission in China, Battling Censors and Lawsuits," *New York Times*, January 4, 2019, https://www.nytimes.com/2019/01/04/world/asia/china-zhou-xiaoxuan-metoo.html?-

ga=2.50293414.1022361453.1549433306-1393789027.1549433306, accessed March 18, 2019.

49   Leta Hong Fincher, *Betraying Big Brother: The Feminist Awakening in China?* (London: Verso, 2018).

50   Fu and Distelhorst, "Grassroots Participation and Repression,"112-13.

51   https://theinitium.com/project/20181021-metoo-in-china/, accessed March 18, 2019.

52   Franceschini and Nesossi, "State Repression of Chinese Labor NGOs: A Chilling Effect?," 111-29.

53   Yuan Yang, "Inside China's Crackdown on Young Marxists," *Financial Times*, February 13, 2019, https://www.ft.com/content/fd087484-2f23-11e9-8744-e7016697f225, accessed March 28, 2019; Gerry Shih, "'If I Disappear': Chinese Students Make Farewell Messages amid Crackdowns over Labor Activism," *Washington Post*, May 25, 2019, https://www.washingtonpost.com/world/asiapacific/if-i-disappear-chinese-students-make-farewell-messages-amid-crackdowns-over-labor-activism-/2019/05/25/6fc949c0-727d-11e9-9331-30bc5836f48estory.html?utmterm=.e5cce0288eeb, accessed May 25, 2019.

54   Fu and Distelhorst, "Grassroots Participation and Repression."

55   Guobin Yang, *The Power of the Internet in China: Citizen Activism Online* (New York, NY: Columbia University Press, 2009).

56   Marc Lynch, "After Egypt: The Promise and Limitations of the Online Challenge to the Authoritarian Arab State," *Perspectives on Politics* 9, no. 2 (June 2011), 301-18.

57   Han, *Contesting Cyberspace in China*.

58   Internet World Stats, https://www.internetworldstats.com/top20.htm, accessed October 6, 2020.

59   Gary King, Jennifer Pan, and Margaret E. Roberts, "How Censorship In China Allows Government Criticism But Silences Collective Expression," *American Political Science Review* 107, no. 2 (2013), 326-43. 킹, 팬, 그리고 로버츠는 비판적인 댓글이 검열되지 않는다고 주장한다. 하지만 디미타르 게오르기에프와 에드먼드 말레스키는 킹, 팬, 로버츠가 법률 및 규정 초안에 대해 중국 공산당이 요청한 대중 의견(3장에서 설명한 내용)을 포함했다는 점을 지적하며 그들의 주장에 이의를 제기한다. 당국이 요청한 이러한 유형의 온라인 댓글을 제외하면, 요청하지 않은 비판적인 댓글은 실제로 검열된다는 게 게오르기에프와 말레스키의 주장이다. 다음을 참조하라. "Consultation and Selective Censorship in China," *Journal of Politics* 81, no. 4 (October 2019).

60 중국디지털시대China Digital Times(중국어로 中国数字时代_옮긴이) 웹사이트에 당 선전부의 지침과 금지 검색어 목록이 보관되어 있다. https://chinadigitaltimes.net/2013/06/grass-mud-horse-list/.

61 Raymond Zhong and Paul Mazur, "Tech Giants Feel the Squeeze as Xi Jinping Tightens His Grip," *New York Times*, May 2, 2018, https://www.nytimes.com/2018/05/02/technology/china-xi-jinping-technology-innovation.html, accessed August 17, 2018.

62 2020년 말, 마윈은 금융 부문에 대한 국가의 통제에 도전하고 대중에게 중요한 인물로 비쳤다는 이유로 정치적인 곤경에 처했다. 그는 대중의 시야에서 사라졌고, 그가 소유한 회사들은 각종 법률과 규정을 위반한 혐의로 조사를 받았다.

63 Margaret E. Roberts, *Censored: Distraction and Diversion inside China's Great Firewall* (Princeton, NJ: Princeton University Press, 2018).

64 Roberts, *Censored*, 136-37; Dickson, *The Dictator's Dilemma*, 258.

65 Roberts, *Censored*, 113.

66 Han, *Contesting Cyberspace in China*, 88-89.

67 Han, *Contesting Cyberspace in China*.

68 Tianjian Shi, *The Cultural Logic of Politics in Mainland China and Taiwan* (New York: Cambridge University Press, 2015); Dickson, *The Dictator's Dilemma*.

69 O'Brien, "Rightful Resistance"; Perry, "Chinese Conceptions of 'Rights.'"

70 Kevin J. O'Brien, "Rightful Resistance Revisited," *Journal of Peasant Studies* 40, no. 6 (2013), 1051-62.

71 Wright, *Popular Protest in China*.

72 Alfred Hirschman, *Exit, Voice and Loyalty: Responses to Decline in Firms, Organizations, and States* (Cambridge, MA: Harvard University Press, 1970).

6장 | 당은 왜 종교를 두려워할까?

1 서우왕이라는 이름은 "파수꾼"(중국어의 서우왕은 망을 보다라는 동사_옮긴이)이라는 뜻으로 이사야서 21장 6절 "주께서 내게 이르시되 '가서 파수꾼을 세우고, 그가 보는 것을 보고하게 하라'"의 문구에서 따왔다. Carsten Vala, *The Politics of Protestant Churches and the Party-State in China: God above Party?* (London and New York: Routledge, 2017), 175.

2 이 사건이 발생한 시기는 매우 중요하다. 첫 번째 단속은 2008년 베이징 올림픽을 앞두고 있었고, 두 번째 단속은 2009년 버락 오바마 대통령의 첫 중국 방문을 앞두고 있었

다. 5장에서 언급했듯이 이와 같은 주요 국제 행사는 선제적 진압을 하는 시기다.

3   Yang, *Religion in China*; Koesel, "The Political Economy of Religious Revival," 211–35. 홍색, 흑색, 그리고 회색 시장으로 구분한 양의 독창적인 유형화는 회색 시장을 준종교적 범주로 묘사하고 있다. 예를 들어, 마오쩌둥 지지자들은 마오쩌둥의 초상화 앞에서 찬가를 부르고 충자무(중국어로 忠字舞, 마오쩌둥을 칭송하는 춤으로 1966년에서 1968년 사이에 유행했으며, 문화대혁명이 끝날 때까지 계속 추는 사람도 있었다_옮긴이)를 추며, 자신의 단점을 고백하고 개인적인 발전을 약속하고, 세속적인 성서인 "홍색 수첩"(마오쩌둥 어록 수첩_옮긴이)으로 마오쩌둥의 명언을 공부하는 활동을 했다. 마오쩌둥 이후 시기의 회색 시장은 공식적으로 인정한 5대 종교의 승인받은 활동과, 중국 공산당이 "사교"로 간주하는 종교를 포함하여 불법적이고 억압적인 행위를 일삼은 흑색 지대 사이의 중간 영역으로 생각하는 것이 좋다.

4   André Laliberté, "Managing Religious Diversity in China: Contradictions of Imperial and Foreign Legacies," *Studies in Religion* 45, no. 4 (December 2016), 495–519; Carsten T. Vala, "Protestant Christianity and Civil Society in Authoritarian China: The Impact of Official Churches and Unregistered 'Urban Churches' on Civil Society Development in the 2000s," *China Perspectives*, no. 3 (July 2012), 43–52.

5   Samuel P. Huntington, *The Third Wave: Democratization in the Late 20th Century* (Norman: University of Oklahoma Press, 1991).

6   이른바 삼자운동은 자치自治, 자양自養, 자전自傳을 말한다. 이름 중간에 들어간 "애국"은 중국 기독교가 외국의 영향으로부터 자유로워야 한다는 중국 공산당의 의도를 나타낸다.

7   Laliberté, "Managing Religious Diversity in China," 495–519.

8   통일전선부는 민간 기업가, 해외 동포, 기타 단체의 연락을 담당하는 부처이기도 하다. Gerry Groot, *Managing Transitions: The Chinese Communist Party, United Front Work, Corporatism, and Hegemony* (New York and London: Routledge, 2004).

9   시진핑 체제에서 중국 공산당의 권한 강화의 일환으로 SARA는 기존의 국무원(정부 기관) 산하에서 중국 공산당 통일전선부 산하로 이관된 것으로 알려졌다. 다음을 참조하라. Chang, "New Wine in Old Bottles," *China Perspectives* 1/2 (Jannary 2018).

10 Yang, *Religion in China*.

11 James Tong, "The Devil is in the Local: Provincial Religious Legislation in China, 2005–2012," *Religion, State and Society* 42, no. 1 (March 2014), 66–88.

12 Official PRC: http://www.scio.gov.cn/zfbps/32832/Document/1626734/1626734. htm. 이 보고서는 불교 22만 2000명, 도교 4만 명 이상이라고 밝혔다.

13 https://www.worldreligiondatabase.org/.

14 Freedom House: https://freedomhouse.org/report/china-religious-freedom.

15 Wenfang Tang, "The Worshipping Atheist: Institutional and Diffused Religiosities

in China," *China: An International Journal*, 12, no. 3 (December 2014), 1–26.

16 Ibid., 14.

17 Yang, *Religion in China*, 119.

18 Ibid., 140.

19 "The Basic Viewpoint on the Religious Question during Our Country's Socialist Period," (Document 19), quoted in Yoshiko Ashiwa and David L. Wank, "The Politics of Reviving a Buddhist Temple: State, Association, and Religion in Southeast China," *Journal of Asian Studies* 65, no. 2 (May 2006), 340.

20 André Laliberté, "The Politicization of Religion by the CCP: A Selective Retrieval," *Asiatische Studien—Études Asiatiques* 69, no. 1 (April 2015), 185–211.

21 James Tong, "The New Religious Policy in China: Catching Up with Systemic Reforms," *Asian Survey* 50, no. 5, (September/October 2010), 859–87.

22 Ibid.

23 Vala, *The Politics of Protestant Churches and the Party-State in China*, 176–177. 특히 정부의 미승인을 이유로 거부당했다.

24 Karrie J. Koesel, *Religion and Authoritarianism: Cooperation, Conflict, and the Consequences* (New York: Cambridge University Press, 2014), 132–36.

25 Karrie J. Koesel, "China's Patriotic Pentecostals," *Review of Religion and Chinese Society* 1, no. 1 (April 2014), 131–55.

26 Ian Johnson, *The Souls of China: The Return of Religion after Mao* (New York: Vintage, 2017).

27 난푸퉈사에 대한 설명은 다음의 연구에 근거했다. Ashiwa and Wank, "The Politics of Reviving a Buddhist Temple."

28 Robert Weller and Sun Yanfei, "Religion: The Dynamics of Religious Growth and Change," in Joseph Fewsmith, ed., *China Today, China Tomorrow: Domestic Politics, Economy, and Society* (Lanham, MD: Rowman & Littlefield Publishers, 2010).

29 Karrie J. Koesel, "Religion and the Regime: Cooperation and Conflict in Contemporary Russia and China," *World Politics* 69, no. 4 (October 2017), 676–712.

30 Koesel, *Religion and Authoritarianism*, 107–109.

31 Koesel, "The Political Economy of Religious Revival"; Nanlai Cao, *Constructing China's Jerusalem: Christians, Power, and Place in Contemporary Wenzhou* (Stanford: Stanford University Press, 2010).

32 Koesel, *Religion and Authoritarianism*.

33 Koesel, "The Political Economy of Religious Revival."

34 Laliberté, "The Politicization of Religion by the CCP"; Kuei-min Chang, "New Wine in Old Bottles: Sinicisation and State Regulation of Religion in China," *China Perspectives* 1/2 (January 2018), 37–44.

35 Chang, "New Wine in Old Bottles," 42. 전문은 다음을 참조하라. http://www.china.org.cn/government/whitepaper/node8004087.htm.

36 Ibid., 43.

37 Koesel, "The Political Economy of Religious Revival," 216.

38 Weller and Sun, "Religion," 41.

39 Cao, *Constructing China's Jerusalem*.

40 Ian Buruma, *Bad Elements: Chinese Rebels from Los Angeles to Beijing* (New York: Random House, 2001); Hualing Fu and Richard Cullen, "Weiquan (Rights Protection) Lawyering in an Authoritarian State: Building a Culture of Public-Interest Lawyering," *China Journal*, no. 59 (January 2008), 111–27.

41 Chai Ling, *A Heart for Freedom: The Remarkable Journey of a Young Dissident, Her Daring Escape, and Her Quest to Free China's Daughters* (Carol Stream, IL: Tyndale House Publishers, 2011).

42 Carsten T. Vala and and Kevin O'Brien, "Attraction without Networks: Recruiting Strangers to Unregistered Protestantism in China," *Mobilization: An International Quarterly* 12, no. 1 (March 2007), 79–94.

43 Vala, "Protestant Christianity and Civil Society in Authoritarian China."

44 Reny, *Authoritarian Containment*. 그녀의 연구는 특히 도시 개신교 교회에 국한되어 있고 농촌 교회나 천주교 교회에 대해서는 다루지 않고 있다. 미등록 개신교 교회에 대한 중국 공산당의 정책과 유사한 처우에 대해서는 다음을 참조하라. Jason Kindopp, "Fragmented yet Defiant: Protestant Resilience under Chinese Communist Party Rule," in Jason Kindopp and Carol Hamrin, eds., *God and Caesar in China: Policy Implications of Church-State Tensions* (Washington, DC: Brookings Institution Press, 2004), 122–145; Vala, *The Politics of Protestant Churches and the Party-State in China*.

45 Dickson, *Red Capitalists in China*; Kellee Tsai, *Capitalism without Democracy: The Private Sector in Contemporary China* (Ithaca, NY: Cornell University Press, 2007); Yue Hou, *The Private Sector in Public Office: Selective Property Rights in China* (New York: Cambridge University Press, 2019).

46 Reny, *Authoritarian Containment*; Vala, "Protestant Christianity and Civil Society in Authoritarian China."

47 Koesel, "Religion and the Regime."

48 도교는 학술적 관심을 받지 못했기에 중국 공산당 혹은 지방 관리들이 도교에 어떤 입장을 가지고 있는지에 대해서는 분명한 결론을 도출하기 어렵다.

49 Vala, *The Politics of Protestant Churches and the Party-State in China*.

50 5장에서 설명했듯이 외국 지도자의 방문 직전일수록 이러한 정치적 탄압은 더욱 가중된다.

51 서우왕과 완방의 담임 목사는 모두 조선족으로 한국 및 기타 국제 조직들과 폭넓은 관계를 맺고 있었다. 이러한 점들도 억제 전략의 조건을 위반하는 것이지만, 베이징과 상하이가 이들을 단속한 이유를 설명하는 주요 결정 요인은 아닌 것으로 보인다.

52 Christian Shepherd, "China Outlaws Large Underground Protestant Church in Beijing," *Reuters*, September 9, 2018, https://www.reuters.com/article/us-china-religion/china-outlaws-large-underground-protestant-church-in-beijing-idUSKCN1LQ07W, accessed April 1, 2019.

53 Koesel, "The Rise of a Chinese House Church."

54 Elizabeth J. Perry, *Anyuan: Mining China's Revolutionary Tradition* (Berkeley: University of California Press, 2012).

55 https://bitterwinter.org/150-pastors-arrested-at-year-end-gathering/, accessed April 1, 2019.

56 Cao, *Constructing China's Jerusalem*.

57 Ibid.

58 Reny, *Authoritarian Containment*, 149.

59 이와 같은 우려는 미국에서도 반천주교적인 편견으로 이어졌다. 대통령 후보였던 존 케네디는 연설을 통해 자신은 교황의 정책적 선호도에 따라 휘둘리지 않는다고 지지자들을 안심시켰다. 더 최근에는 다이앤 파인스타인 상원 의원이 과거 천주교를 신앙하는 판사가 사건을 판결할 때 자신의 신앙에 따라야 한다는 글을 쓴 에이미 코니 배럿 대법관 후보자에게 종교적 견해를 물었다가 비판을 받기도 했다.

60 "Shanghai Bishop Ma's Open Repentance Shocks Catholics," UCAnews.com, June 22, 2016, https://www.ucanews.com/news/shanghai-bishop-mas-open-repentance-shocks-catholics/76313, accessed September 7, 2019.

61 Jason Horowitz and Ian Johnson, "China and Vatican Reach Deal on Appointment of New Bishops," *New York Times*, September 22, 2018, https://www.nytimes.com/2018/09/22/world/asia/china-vatican-bishops.html, accessed April 12, 2019.

62 Ian Johnson, "In Landmark Ceremony, a Catholic Bishop Is Installed in China," *New York Times*, August 28, 2019, https://www.nytimes.com/2019/08/28/world/asia/catholic-bishop-china.html, accessed September 7, 2019.

63   Leah MarieAnn Klett, "Two Chinese Catholic Bishops Ordained under Land-
      mark China-Vatican Agreement," *Christian Post*, August 29, 2019, https://www.
      christianpost.com/news/two-chinese-catholic-bishops-ordained-under-land-
      mark-china-vatican-agreement.html, accessed September 7, 2019.

64   "China Mosque Demolition Sparks Standoff in Ningxia," BBC News, August 10,
      2018, https://www.bbc.com/news/world-asia-china-45140551, accessed Sep-
      tember 11, 2019; Gerry Shih, "China Tightens Its Grip on Ethnic Hui," *Washington
      Post*, September 21, 2019, https://www.washingtonpost.com/world/asiapacific/
      boiling-us-like-frogs-chinas-clampdown-on-muslims-creeps-into-the-heart-
      land-finds-new-targets/2019/09/20/25c8bb08-ba94-11e9-aeb2-a101a1f-
      b27a7story.html, accessed September 21, 2019.

65   Mimi Lau, "Chinese Arabic school to close as areas with Muslim populations
      are urged to study the Xinjiang way," *South China Morning Post*, December 9,
      2018, https://www.scmp.com/news/china/politics/article/2177037/chinese-ara-
      bic-school-close-areas-muslim-populations-are-urged, accessed September 11,
      2019.

66   티베트 불교는 다르다. 역설적으로 티베트에서 사용되는 애국주의 교육 커리큘럼 주제
      중 하나는 불교가 원래 티베트 문화의 일부가 아니었다고 한다. 당국은 티베트 문화와
      티베트에서 행해지고 있는 불교 형태를 분리하려고—매우 제한적으로 성공—한다. 다
      음을 참조하라. Catriona Bass, "Learning to Love the Motherland: Education Tibet-
      ans in China," *Journal of Moral Education* 34, no. 4 (December 2005), 433–49.

67   Laliberté, "Buddhist Revival under State Watch."

68   Ashiwa and Wank, "The Politics of Reviving a Buddhist Temple," 353.

69   Ibid., 351.

70   Laliberté, "Buddhist Revival under State Watch," 110.

71   랄리베르테는 또한 불교 사찰의 기업가적 시도들은 평신도들로부터 부적절하다는 비판
      을 받았지만 자선 활동을 통해 비판을 완화할 수 있었다고 지적한다. Laliberté, "Bud-
      dhist Revival under State Watch," 113.

72   Tom Hancock, "China Clears Shaolin Temple's 'CEO Monk' of Corruption," *Finan-
      cial Times*, February 6, 2017, https://www.ft.com/content/b2fe493c-ecee-11e6-
      930f-061b01e23655, accessed April 8, 2019.

73   수년간 망명한 티베트인들의 정치적 지도자이기도 했던 그는 2011년 선거에서 후임 총
      리에게 자리를 이양하고 자신은 사임했다.

74   Guobin Zhu, "Prosecuting 'Evil Cults:' A Critical Examination of Law Regarding
      Freedom of Religious Belief in Mainland China," *Human Rights Quarterly* 32, no. 3

405

(2010), 471–501.

75 David Ownby, *Falun Gong and the Future of China* (New York: Oxford University Press, 2008).

76 Vivienne Shue, "Legitimacy Crisis in China?" in Peter Hays Gries and Stanley Rosen, eds., *State and Society in 21st Century China: Crisis, Contention and Legitimation* (New York: Routledge, 2004), 41–68.

77 중국에서는 더 이상 볼 수 없지만 해외에서 여전히 활발히 활동하고 있다. 대기원시보 Epoch Times(중국어로 大纪元时报_옮긴이), 케이블 방송국 신당인New Tang Dynasty (중국어로 新唐人电视台_옮긴이), 선원神韵 공연단의 배후에 파룬궁이 있다. 이 미디어 제국은 미국 정치에서 영향력 있는 우파의 목소리가 되었다. 다음을 참조하라. Kevin Roose, "How the Epoch Times Created a Giant Influence Machine," *New York Times*, October 24, 2020, https://www.nytimes.com/2020/10/24/technology/epoch-times-influence-falun-gong.html?referringSource=articleShare, accessed October 24, 2020.

78 Tim Hume, "'Eastern Lightning': The Banned Religious Group That Has China Worried," CNN, February 2, 2015, https://www.cnn.com/2014/06/06/world/asia/china-eastern-lightning-killing/index.html, accessed September 14, 2019.

7장 | 민족주의가 점점 더 강해지고 있을까?

1 Barbara Demick and Julie Makinen, "China Government's Hand Seen in Anti-Japan Protests," *Los Angeles Times*, September 20, 2012, https://www.latimes.com/archives/la-xpm-2012-sep-20-la-fg-china-japan-protests-20120921-story.html, accessed May 2, 2019.

2 보시라이는 결국 뇌물 수수, 횡령, 아내의 닐 헤이우드 살인 사건 은폐 등의 혐의로 유죄 판결을 받았다. 그는 중국 공산당에서 퇴출되고 종신형을 선고받았다. 그의 아내는 사형 집행 유예를 받았지만 나중에는 종신형으로 감형되었다. 2012년부터 시작된 반부패 운동 기간 동안 보시라이와 관련된 많은 사람들이 비슷한 처벌을 받았다. 이는 사람들이 이 운동이 적어도 부분적으로는 시진핑의 라이벌을 제거하려는 의도가 있었다는 확신을 가지게 했다.

3 Wenfang Tang and Benjamin Darr, "Chinese Nationalism and Its Political and Social Origins," *Journal of Contemporary China* 21, no. 77 (2012), 811–26.

4 Evan Osnos, "Angry Youth: The New Generation's Neo-Con Nationalists," *New Yorker* (July 28, 2008). 내가 개설한 중국 정치 세미나에 중국인 대학원생 두 명이 참여한 적 있는데 그들은 중국에서 컴퓨터 과학을 공부하는 동안에는 '분노한 청년'의 일부였다고 했다. 그러나 정치학 첫 수업을 들은 후 민족주의에 대해 완전히 다른 시각을 가

지게 되었고, 나아가 미국으로 옮겨 국제 문제를 전공하기로 결심했다고 말한 적 있다.

5   Alastair Iain Johnston, "Is Chinese Nationalism Rising? Evidence from Beijing,"
      International Security 41, no. 3 (2017), 7–43.

6   Tang and Darr, "Chinese Nationalism and Its Political and Social Origins"; Yong-
      shin Kim, Doo Hwan Kim, and Seokho Kim, "Who Is Nationalist Now in China?:
      Some Findings from the 2008 East Asian Social Survey," China: An International
      Journal 14, no. 4 (November 2016), 131–43.

7   Jackson S. Woods and Bruce J. Dickson, "Victims and Patriots: Disaggregating Na-
      tionalism in Urban China," Journal of Contemporary China 26, no. 104 (2017), 167–
      82.

8   Alastair Iain Johnston, "How New and Assertive Is China's New Assertiveness?",
      International Security 37, no. 4 (Spring 2013), 7–48.

9   Andrew J. Nathan and Andrew Scobell, China's Search for Security (New York: Co-
      lumbia University Press, 2012).

10   Kevin J. O'Brien and Lianjiang Li, "Campaign Nostalgia in the Chinese Country-
      side," Asian Survey 39, no. 3 (May-June, 1999), 375–93; Iza Ding and Jeffrey Javed,
      "Red Memory: Nostalgia, Trauma, and Political Attitudes in China," paper present-
      ed at the 2016 annual conference of the American Political Science Association.

11   Suisheng Zhao, "A State-Led Nationalism: The Patriotic Education Campaign in
      Post-Tiananmen China," Communist and Post-Communist Studies 31, no. 3 (Sep-
      tember 1998), 287–302; Susan Shirk, China: Fragile Superpower: How China's In-
      ternal Politics Could Derail Its Peaceful Rise (New York: Oxford University Press, 2007);
      Zheng Wang, Never Forget National Humiliation: Historical Memory in Chinese
      Politics (New York: Columbia University Press, 2012).

12   Peter Hays Gries, China's New Nationalism: Pride, Politics, and Diplomacy (Berkeley:
      University of California Press, 2004), 48, citing Paul Cohen, "Remembering and Forget-
      ting: National Humiliation in Twentieth Century China," Twentieth-Century China
      27, no. 2 (2002), 1–39. 또한 다음을 참조하라. Jonathan Unger, ed., Using the Past to
      Serve the Present: Historiography and Politics in Contemporary China (Armonk, NY:
      M. E. Sharpe, 1993).

13   그 내용은 "중국이 현대화하지 않으면 외국이 중국을 착취하려 할 것이다", "근대 초기
      중국과 서구 제국주의 열강의 만남은 우리 조국이 후진국이라는 이유로 매를 맞았던 굴
      욕의 역사다", "'굴욕의 세기'는 중국의 과거 역사를 설명할 뿐만 아니라 오늘날 중국에
      대한 외국인의 행동도 설명한다" 등이다. 다음을 참조하라. Woods and Dickson, "Vic-
      tims and Patriots," 174.

14   Licheng Qian, Bin Xu, and Dingding Chen, "Does History Education Promote Na-

tionalism in China? A 'Limited Effect' Explanation," *Journal of Contemporary China* 26, no. 104 (2017), 199–212.

15   내가 대학에서 공개 강연을 마쳤을 때 한 중국인 학생이 찾아와 애국주의 교육운동에서 배운 내용을 전적으로 믿는 자신의 남자친구도 이 수업을 들었으면 좋겠다고 말했다. 두 사람 모두 동일한 선전에 노출되었을 텐데 왜 여학생은 그 내용을 믿지 않았는지 궁금하다.

16   James Reilly, *Strong Society, Smart State: The Rise of Public Opinion in China's Japan Policy* (New York: Columbia University Press, 2012), 125.

17   응답자에게는 전적으로 외국, 대부분 외국, 대부분 국내, 전적으로 국내 등의 선택 항이 주어졌다. 전적으로 외국이거나 전적으로 국내라고 답한 응답자가 10퍼센트 미만이기에 네 개의 선택 항은 두 개로 압축되었다.

18   Enze Han, *Contestation and Adaptation: The Politics of National Identity in China* (New York: Oxford University Press, 2013). 한의 주장은 국제적 결정 요인에 근거하고 있다. 다른 국가들의 지지 수준과 대의에 대한 홍보 의지를 과대 평가할 수도 있지만 실제로 티베트 장족들은 자신들의 대의에 대한 국제적 지지를 더 많이 받고 있다. 위구르족은 장족보다는 국제적 지지를 덜 받지만, 중국의 다른 소수민족보다는 많은 지원을 받고 있다. 게다가 위구르족은 국경을 넘어 중앙아시아 국가와 튀르기예에 민족적 연결망을 가지고 있다. 신장의 위구르족보다 더 높은 생활 수준을 누리고 있는 친척들이 있기 때문에 위구르족은 경제적, 정치적 상황을 개선하기 위해 더 많은 자치권과 완전한 독립을 추구할 동기를 부여받고 있다. 중국의 다른 소수민족은 상황이 더 나은 초국경적 친척이 없다.

19   Catriona Bass, "Learning to Love the Motherland: Educating Tibetans in China," *The Journal of Moral Education* 34, no. 4 (December 2005), 433–49; John Powers, *The Buddha Party: How the People's Republic of China Works to Define and Control Tibetan Buddhism* (New York: Oxford, 2017).

20   Bass, "Learning to Love the Motherland," 436–37.

21   Powers, *The Buddha Party*, 71ff.

22   Ibid., 51.

23   International Campaign for Tibet, https://www.savetibet.org/resources/fact-sheets/self-immolations-by-tibetans/ (updated December 2, 2019), accessed April 10, 2020.

24   Deng and O'Brien, "Relational Repression in China," 533–52.

25   Timothy Grose, "(Re)Embracing Islam in Neidi: The 'Xinjiang Class' and the Dynamics of Uighur Ethno-national Identity," *Journal of Contemporary China* 24, no. 91 (2015): 112.

26 "Life Inside China's Total Surveillance State," *Wall Street Journal* (December 19, 2017), https://www.wsj.com/video/life-inside-chinas-total-surveillance-state/CE86DA19-D55D-4F12-AC6A-3B2A573492CF.html, accessed October 14, 2018.

27 Paul Mozur, Jonah M. Kessel and Melissa Chan, "Made in China, Exported to the World: The Surveillance State," *New York Times* (April 24, 2019), https://www.nytimes.com/2019/04/24/technology/ecuador-surveillance-cameras-police-government.html, accessed May 6, 2019.

28 Gerry Shih and Emily Rauhala, "Angry over Campus Speech by Uighur Activist, Chinese Students in Canada Contact Their Consulate, Film Presentation," *Washington Post* (February 14, 2019), https://www.washingtonpost.com/world/angry-over-campus-speech-by-uighur-activist-students-in-canada-contact-chinese-consulate-film-presentation/2019/02/14/a442fbe4-306d-11e9-ac6c-14eea99d5e24story.html?utmterm=.a29f9a462783, accessed February 14, 2019.

29 Han, *Contestation and Adaptation*, 50.

30 Sonny Shiu-Hing Lo, "Hong Kong," in William A. Joseph, ed., *Politics in China*, 3rd ed. (New York: Oxford University Press, 2019), 517–37.

31 Sebastian Veg, "The Rise of 'Localism' and Civic Identity in Post-handover Hong Kong: Questioning the Chinese Nation-state," *China Quarterly*, no. 230 (June 2017), 323–47; H. Christoph Steinhardt, Linda Chelan Li, and Yihong Jiang, "The Identity Shift in Hong Kong since 1997: Measurement and Explanation," *Journal of Contemporary China* 27, no. 110 (2018), 261–76.

32 Victoria Tin-bor Hui, "Hong Kong's Umbrella Movement: The Protests and Beyond," *Journal of Democracy* 26, no. 2 (April 2015), 111–21.

33 Paul Mozur, "In Hong Kong Protests, Faces Become Weapons," *New York Times* (July 27, 2019), https://www.nytimes.com/2019/07/26/technology/hong-kong-protests-facial-recognition-surveillance.html, accessed July 27, 2019; Gerry Shih and Anna Kam, "Without Heroes or Martyrs: Hong Kong's Protest Movement Faces Its Defining Moment," *Washington Post*, August 16, 2019, https://www.washingtonpost.com/world/asiapacific/without-heroes-or-martyrs-hong-kongs-protest-movement-faces-its-defining-moment/2019/08/16/d460ce74-bfe1-11e9-a8b0-7ed8a0d5dc5dstory.html, accessed August 20, 2019.

34 Tiffany May and Amy Qin, "The High School Course Beijing Accuses of Radicalizing Hong Kong," *New York Times*, September 1, 2019, https://www.nytimes.com/2019/09/01/world/asia/hong-kong-protests-education-china.html, accessed September 16, 2019. 앞서 홍콩 정부가 중국의 역사와 문화를 강조하는 국가 교육 커리큘럼을 도입하려던 시도는 격렬한 저항에 부딪혀 결국 철회되었다.

35   2020년 2월, 홍콩 문제를 다루는 중국 당국자들에 대한 인적 쇄신의 일환으로 장샤오밍이 강등되었다.

36   Andreas Fulda, "Beijing Is Weaponizing Nationalism against Hong Kongers," *Foreign Policy*, July 19, 2019, https://foreignpolicy.com/2019/07/29/beijing-is-weaponizing-nationalism-against-hong-kongers/, accessed April 13, 2020.

37   Shibani Mahtani, "A Student in Boston Wrote 'I am from Hong Kong.' An Onslaught of Chinese Anger Followed," *Washington Post* (May 25, 2019), https://www.washingtonpost.com/world/asiapacific/a-student-in-boston-wrote-i-am-from-hong-kong-an-onslaught-of-chinese-anger-followed/2019/05/24/298ea3ee-719a-11e9-9331-30bc5836f48estory.html, accessed May 25, 2019.

38   Sopan Deb and Marc Klein, "N.B.A. Executive's Hong Kong Tweet Starts Firestorm in China," *New York Times*, October 6, 2019, https://www.nytimes.com/2019/10/06/sports/daryl-morey-rockets-china.html, accessed April 17, 2020.

39   Keith Bradsher, Austin Ramzy, and Tiffany May, "Hong Kong Election Results Give Democracy Backers Big Win," *New York Times*, November 24, 2019, https://www.nytimes.com/2019/11/24/world/asia/hong-kong-election-results.html, accessed April 20, 2020.

40   Elaine Yu and Austin Ramzy, "Amid Pandemic, Hong Kong Arrests Major Pro-Democracy Figures," *New York Times*, April 18, 2020, https://www.nytimes.com/2020/04/18/world/asia/hong-kong-arrests.html, accessed April 20, 2020.

41   Chris Buckley, Keith Bradsher, and Tiffany May, "New Security Law Gives China Sweeping Powers over Hong Kong," *New York Times*, June 29, 2020, https://www.nytimes.com/2020/06/29/world/asia/china-hong-kong-security-law-rules.html?referringSource=articleShare, accessed August 13, 2020.

42   국가안전법 제38조는 "이 법은 홍콩특별행정구 영주권자가 아닌 사람이 홍콩특별행정구 외부에서 홍콩특별행정구에 대해 저지른 이 법이 규정한 범죄에 적용된다"고 명시하고 있다. 이 조항은 홍콩을 떠난 상태에서 홍콩 정부를 계속 비판하는 사람들을 대상으로 작성된 것으로 보이지만, 홍콩 출신이 아닌 사람들에게도 적용될 수 있는 내용이다.

43   Edward Wong, "China's Global Message: We Are Tough but Not Threatening," *New York Times*, October 2, 2019, https://www.nytimes.com/2019/10/02/world/asia/china-world-parade-military.html?smid=nytcore-ios-share, accessed October 3, 2019.

44   나중에 이 건물이 CIA에 의해 선정된 것으로 밝혀졌는데, 이는 CIA가 미사일 공격 대상을 선정한 최초의 사례였다. 또한 코소보 위기 당시 CIA가 목표물을 정한 것은 이 건물이 마지막이다.

45 Gries, *China's New Nationalism*, 20; Joseph Fewsmith, *China since Tiananmen* (New York: Cambridge University Press, 2001)

46 이 사건의 흥미로운 점은 미국과 중국 정부가 상대국 대사관에 대한 피해 보상에 조용히 합의했다는 점이다. 미국은 베오그라드 주재 중국 대사관의 수리 비용으로 2800만 달러를 지불하고, 중국은 베이징 주재 미국 대사관과 청두 및 광저우 영사관의 피해 비용으로 287만 달러를 지불하기로 했다. 미국은 폭격으로 인해 사망한 세 명에게 450만 달러의 배상금을 지불했다. 각국 정부가 상대국 대사관에 발생한 피해를 책임을 졌다는 뜻이다. 다음을 참조하라. Michael Laris, "U.S., China Reach Deal on Embassy Payments," *Washington Post*, December 16, 1999, https://www.washingtonpost.com/archive/politics/1999/12/16/us-china-reach-deal-on-embassy-payments/690c1ec6-b118-487a-a086-fc850ef67a67/?utmterm=.f5ff5cf06337, accessed May 2, 2019.

47 Fewsmith, *China since Tiananmen*.

48 Simon Denyer and Congcong Zhang, "A Chinese Student Praised the 'Fresh Air of Free Speech' at a U.S. College. Then Came the Backlash," *Washington Post* (May 23, 2017), https://www.washingtonpost.com/news/worldviews/wp/2017/05/23/a-chinese-student-praised-the-fresh-air-of-free-speech-at-a-u-s-college-then-came-the-backlash/?utmterm=.7d73332c3bd4, accessed May 9, 2019.

49 Brook Larmer, "Li Na, China's Tennis Rebel," *New York Times* (August 23, 2013), https://www.nytimes.com/2013/08/25/magazine/li-na-chinas-tennis-rebel.html, accessed May 9, 2019.

50 Jessica Chen Weiss, "How Hawkish Is the Chinese Public? Another Look at 'Rising Nationalism' and Chinese Foreign Policy," *Journal of Contemporary China* 28, no. 119 (2019), 679–95.

51 칭다오의 독일 유산은 칭다오맥주에 고스란히 남아 있다. 독일 정착민들은 칭다오에 양조장을 세우고 도시 이름을 딴 맥주를 만들었다.

52 James Reilly, "A Wave to Worry About? Public Opinion, Foreign Policy and China's Anti-Japanese Protests," *Journal of Contemporary China* 23, no. 86 (2014), 202; Jessica Chen Weiss, *Powerful Patriots: Nationalist Protest in China's Foreign Relations* (New York: Oxford University Press, 2014), 161.

53 Reilly, *Strong Society, Smart State*, 31.

54 Jianwei Wang and Xiaojie Wang, "Media and Chinese Foreign Policy," *Journal of Contemporary China* 23, no. 86 (March 2014), 216–35.

55 Jack L. Snyder, *From Voting to Violence: Democratization and Nationalist Conflict* (New York: W. W. Norton, 2000); Jack L. Snyder and Edward D. Mansfield, Electing to *Fight: Why Emerging Democracies Go to War* (Cambridge, MA: MIT Press, 2007).

56 Jessica Chen Weiss, "Autocratic Signaling, Mass Audiences and Nationalist Protest in China," *International Organization* 67, no. 1 (January 2013), 1-35.

57 Ibid., 24.

58 이들의 석방은 미국 정부가 중국 조종사의 사망에 유감을 표하고 미국 정찰기가 사전 승인 없이 중국 영공에 진입한 것에 대해 유감을 표한다는 서한을 중국에 전달한 후에 이루어졌다. 이 서한은 의도적으로 모호한 표현을 사용하여 미국은 유감을 표했다고 설명하고, 중국 정부는 사과로 묘사할 수 있었다. EP-3 정찰기는 철저히 분해하여 기술 검사를 실시한 뒤 미국에 반환되었다. 미국은 부품을 회수하기 위해 화물선을 보내야 했다.

59 Iris Chang, *The Rape of Nanking* (New York: Perseus Books, 1997); Rana Mitter, *China's War with Japan 1937-1945: The Struggle for Survival* (New York: Penguin Books, 2013).

60 Weiss, *Powerful Patriots*, 82-83.

61 Jeremy L. Wallace and Jessica Chen Weiss, "The Political Geography of Nationalist Protest in China," *China Quarterly*, no. 222 (June 2015), 403-29.

62 Peter Hays Gries, Derek Steiger, and Tao Wang, "Popular Nationalism and China's Japan Policy: The Diaoyu Islands Protests, 2012-2013," *Journal of Contemporary China* 25, no. 98 (2016), 264-76.

63 Wallace and Weiss, "The Political Geography of Nationalist Protest in China," 404.

64 Reilly, *Strong Society, Smart State*, 211.

8장 | 그래서 중국이 민주화될까?

1 Ronald Inglehart and Christian Welzel, "How Development Leads to Democracy: What We Know About Modernization," *Foreign Affairs* 88, no. 2 (March/April 2009), 33-48.

2 Henry S. Rowen, "When Will the Chinese People Be Free?", *Journal of Democracy* 18, no. 3 (July 2007), 38-62.

3 Ronald Inglehart and Christian Welzel, *Modernization, Cultural Change, and Democracy* (New York: Cambridge University Press, 2005), 190-91.

4 Andrew Nathan, "The Puzzle of the Chinese Middle Class," *Journal of Democracy* 27, no. 2 (April 2016), 5-19.

5 Minxin Pei, *China's Trapped Transition: The Limits of Developmental Autocracy* (Harvard University Press, 2006); Shambaugh, *China's Future?*

6   Francis Fukuyama, *The End of History and the Last Man* (New York: The Free Press, 1992).

7   후쿠야마 자신도 9·11 테러 이후 미국이 이라크와 아프가니스탄에 개입하여 권위주의 정권을 전복하는 것은 국가 건설의 어려운 과정의 시작에 불과하다는 사실을 깨닫고 부분적으로 이 주장을 철회했다. 국가의 영향력을 제한할 것을 권고하는 대신 후쿠야마는 경제 및 정치 발전의 기초가 되는 강력한 제도 구축을 촉구했다. 단순히 독재자를 교체한다고 해서 정치적 안정과 경제 성장이 자동적으로 또는 필연적으로 이루어지는 것이 아니었다. 효과적인 제도가 없다면 민주주의도 실패할 수밖에 없다. 그의 다음의 연구를 참조하라. "The Imperative of State-Building," *Journal of Democracy* 15, no. 2 (2004), 17–31.

8   Scott Kennedy, "The Myth of the Beijing Consensus," *Journal of Contemporary China* 19, no. 65 (June 2010), 461–477.

9   James Mann, *The China Fantasy: How Our Leaders Explain Away Chinese Repression* (New York: Viking, 2007).

10   Kurt M. Campbell and Ely Ratner, "The China Reckoning: How Beijing Defied American Expectations," *Foreign Affairs* 97, no. 2 (March/April 2018), 60–70.

11   Robert D. Putnam, *Bowling Alone: The Collapse and Revival of American Community* (New York: Simon and Schuster, 2001); Pippa Norris, *Democratic Deficit: Critical Citizens Revisited* (New York: Cambridge University Press, 2011).

12   Bruce Russett, *Grasping the Democratic Peace: Principles for a Post-Cold War World* (Princeton, NJ: Princeton University Press, 1993).

13   Barbara Geddes, "What Do We Know about Democratization after Twenty Years?" *Annual Review of Political Science* (1999), 115–44. 게데스가 집필할 당시 일당 체제는 평균 22.7년 지속된 반면, 개인 독재 체제는 15.1년, 군사 독재 체제는 8.8년 지속되었다. 최근의 연구에 따르면 일당 체제는 26년, 개인 독재는 11년, 군사 독재는 7년으로 비슷한 패턴을 보였다. 다음을 참조하라. Erica Frantz, *Authoritarianism: What Everyone Needs to Know* (New York: Oxford University Press, 2018), 127–28.

14   Jude Blanchette, "What If? Short-term Implications of Xi Jinping's Death or Illness," *China Executive Intelligence*, September 2018.

15   Yue Hou, *The Private Sector in Public Office: Selective Property Rights in China* (New York: Cambridge University Press, 2019); Dickson, *Red Capitalists in China*.

16   Bruce J. Dickson, "Who Wants to Be a Communist? Career Incentives and Mobilized Loyalty in Contemporary China," *China Quarterly*, no. 217 (March 2014), 42–68.

17   Dan Slater, *Ordering Power: Contentious Politics and Authoritarian Leviathans in Southeast Asia* (New York: Cambridge University Press, 2010).

18   Martin K. Dimitrov, "Understanding Communist Collapse and Resilience," in Dimitrov, ed., *Why Communism Did Not Collapse: Understanding Authoritarian Regime Resilience in Asia and Europe* (New York: Cambridge University Press, 2013), 3–39.

19   Gordon Chang, *The Coming Collapse of China* (New York: Random House, 2001); Bruce Gilley, *China's Democratic Future: How It Will Happen and Where It Will Lead* (New York: Columbia University Press, 2004); Cheng Li, "The End of the CCP's Authoritarian Resilience? A Tripartite Assessment of Shifting Power in China," *China Quarterly*, no. 211 (September 2012), 595–623; Shambaugh, *China's Future?*; Minxin Pei, "China's Coming Upheaval: Competition, the Coronavirus, and the Weakness of Xi Jinping," *Foreign Affairs* 99, no. 3 (May/June 2020), 82–95.

20   Lardy, *The State Strikes Back*.

21   Jeremy L. Wallace, *Cities and Stability: Urbanization, Redistribution and Regime Survival in China* (New York: Oxford University Press, 2014).

22   짧은 "케이크 논쟁"(2011년에 있었던 일로서 중국어로 케이크론蛋糕论이라고 한다_옮긴이)은 예외였다. 보시라이 충칭시 당서기는 (경제 성장을 희생하더라도 부의 공평한 분배를 보장하기 위해) 케이크를 올바르게 자르는 것이 가장 중요하다고 주장했고, 왕양 광둥성 당서기는 (공평성을 희생하더라도 경제 성장을 촉진하여) 케이크를 더 크게 만드는 것이 중요하다고 주장했다. 역설적으로 왕양은 과거에 충칭에서 근무할 당시 성장보다 공평을 우선했던 인물이었는데 새 자리에서는 정반대의 주장을 펼쳤다. 다음을 참조하라. Chunhua Chen and Bruce J. Dickson, "Coping with Growth in China: Comparing Models of Development in Guangdong and Chongqing," *Journal of Chinese Governance* 3 (2018).

23   Shambaugh, *China's Communist Party*.

24   세계은행의 세계개발지표World Development Indicators에서 발표한 중국의 빈곤율은 2011년 구매력 평가 기준인 하루 1.9달러로 계산했다.

25   Leslie T. Chang, *Factory Girls: From Village to City in a Changing China* (New York: Random House, 2009).

26   Dickson, *The Dictator's Dilemma*, chapter 5.

27   Michelson, "Public Goods and State–Society Relations," 131–57; Dickson et al., "Public Goods and Regime Support in Urban China," 859–80; Jude Howell and Jane Duckett, "Re-Assessing the Hu-Wen Era: A Golden Age or Lost Decade for Social Policy in China," *China Quarterly* no. 237 (March 2019), 1–14.

28   Teresa Wright, *Accepting Authoritarianism: State-Society Relations in China's Reform Era* (Stanford: Stanford University Press, 2010).

29   Adam Przeworski and Fernando Limongi, "Modernization: Theories and Facts,"

World Politics 49, no. 2 (January 1997), 155–83.

30 Zheng Wang, *Never Forget National Humiliation: Historical Memory in Chinese Politics* (New York: Columbia University Press, 2012).

31 Rongbin Han, *Contesting Cyberspace in China: Online Expression and Authoritarian Resilience* (New York: Columbia University Press, 2018).

32 Shi, *The Cultural Logic of Politics in Mainland China and Taiwan;* Dickson, "Defining Democracy," chapter 6 in *Dictator's Dilemma.*

33 Shi, *The Cultural Logic of Politics in Mainland China and Taiwan*, 197–201. 전통 시대 중국에서 민주는 '백성을 다스리다'라는 뜻으로, '백성에 의한'이나 '백성을 위한' 통치와는 거리가 있다.

34 Harry Harding, *China's Second Revolution: Reform after Mao* (Washington, DC: Brookings, 1987)

35 Wu Bangguo, "Full Text: Work Report of NPC Standing Committee (2011)," *GOV. cn*, last modified March 18, 2011, accessed October 29, 2013, http://english.gov.cn/official/2011-03/18/content18272306.htm.

36 Clifford Coonan, "Democracy Not for China, Says Xi Jinping," *Irish Times*, April 24, 2014, https://www.irishtimes.com/news/world/asia-pacific/democracy-not-for-china-says-xi-jinping-1.1747853, accessed October 12, 2019.

37 Samuel P. Huntington, *The Third Wave: Democratization in the Late Twentieth Century* (Norman: University of Oklahoma Press, 1991).

38 Freedom House, "Freedom in the World 2020," https://freedomhouse.org/report/freedom-world, accessed April 28, 2020.

39 Larry Diamond, *Ill Winds: Saving Democracy from Russian Rage, Chinese Ambition, and American Complacency* (New York: Penguin, 2019); Pippa Norris and Ronald Inglehart, *Cultural Backlash: Trump, Brexit, and Authoritarian Populism* (New York: Cambridge University Press, 2019); Sheri Berman and Maria Snegovaya, "Populism and the Decline of Social Democracy," *Journal of Democracy* 30, no. 3 (July 2019), 5–19; Milan Svolik, "Polarization versus Democracy," *Journal of Democracy* 30, no. 3 (July 2019), 20–32.

40 Huntington, *The Third Wave;* Stephan Haggard and Robert R. Kaufman, *Dictators and Democrats: Masses, Elites, and Regime Change* (Princeton, NJ: Princeton University Press, 2016).

41 비록 1989년 대통령이 되기 전까지만 해도 드 클레르크는 개혁가로 보이지 않았지만, 1993년 남아공의 아파르트헤이트를 종식하는 협상을 이끌어낸 공로로 만델라와 함께 노벨 평화상을 공동 수상했다.

42   Graham Allison, *Destined for War: Can America and China Escape Thucydides's Trap?* (New York: Houghton Mifflin Harcourt, 2017).

43   Anna Fifield, "Battered by Coronavirus, China Maps Out an Economic Reality Check for a New Era," *Washington Post*, May 22, 2020, https://www.washingtonpost.com/world/as-coronavirus-exacts-a-heavy-economic-toll-china-declines-to-set-growth-target/2020/05/22/4826bd6e-9985-11ea-ad79-eef7cd734641story.html, accessed June 17, 2020.

44   Timur Kuran, "Now out of Never: The Element of Surprise in the East European Revolution of 1989," *World Politics* 44, no. 1 (October 1991), 7–48.

45   Philippe C. Schmitter and Terry Lynn Karl, "What Democracy Is ⋯ and Is Not," *Journal of Democracy* 2, no. 1 (Summer 1991), 75–88.

46   Yu-tzung Chang, Yun-han Chu, and Chong-Min Park, "Authoritarian Nostalgia in Asia," *Journal of Democracy* 18 no. 3 (July 2007), 66–80; Sarah E. Mendelson and Theodore P. Gerber, "Soviet Nostalgia: An Impediment to Russian Democratization," *Washington Quarterly* 29, no. 1 (2005), 83–96.

47   Mansfield and Snyder, *Electing to Fight: Why Emerging Democracies Go to War.*

참고 문헌

Alkon, Meir, and Eric H. Wang. "Pollution Lowers Support for China's Regime: Quasi-Experimental Evidence from Beijing." *Journal of Politics* 80, no. 1 (January 2018): 327-31.

Allison, Graham. *Destined for War: Can America and China Escape Thucydides's Trap?* New York: Houghton Mifflin Harcourt, 2017.

An Evaluation of and Recommendations on the Reforms of the Health System in China: Executive Summary. Beijing: State Council Development Research Council, 2005.

Ashiwa, Yoshiko, and David L. Wank. "The Politics of Reviving a Buddhist Temple: State, Association, and Religion in Southeast China." *Journal of Asian Studies* 65, no. 2 (May 2006).

Balla, Steven J. "Information Technology, Political Participation, and the Evolution of Chinese Policymaking." *Journal of Contemporary China* 21, no. 76 (2012): 655-73.

Balla, Steven J., and Zhou Liao. "Online Consultation and Citizen Feedback in Chinese Policy-making." *Journal of Current Chinese Affairs* 42, no. 3 (2013): 101-20.

Balla, Steven J., and Zhoudan Xie. "Online Consultation and the Institutionalization of Trans-parency and Participation in Chinese Policymaking." *China Quarterly*, forthcoming.

Bass, Catriona. "Learning to Love the Motherland: Educating Tibetans in China." *Journal of Moral Education* 34, no. 4 (December 2005): 433-49.

Batke, Jessica. "'The New Normal' for Foreign NGOs in 2020." *ChinaFile*, January 3,

2020. https://www.chinafile.com/ngo/analysis/new-normal-foreign-ngos-2020, accessed January 7, 2020.

Berman, Sheri, and Maria Snegovaya. "Populism and the Decline of Social Democracy." *Journal of Democracy* 30, no. 3 (July 2019): 5–19.

Bernstein, Thomas, and Xiaobo Lu. "Taxation without Representation: Peasants, the Central and the Local States in Reform China." *China Quarterly*, no. 163 (September 2000): 742–63.

Blanchette, Jude. "What If? Short-term Implications of Xi Jinping's Death or Illness." *China Executive Intelligence* (September 2018).

Blecher, Marc. "Hegemony and Workers' Politics in China." *China Quarterly*, no. 170 (June 2002): 283–303.

Bo, Zhiyue. *China's Elite Politics: Political Transition and Power Balancing*. Singapore: World Scientific Publishing Company, 2007.

Bradsher, Keith, Austin Ramzy, and Tiffany May. "Hong Kong Election Results Give Democracy Backers Big Win." *New York Times*, November 24, 2019. https://www.nytimes.com/2019/11/24/world/asia/hong-kong-election-results.html, accessed April 20, 2020.

Brady, Anne-Marie. *Marketing Dictatorship: Propaganda and Thought Work in Contemporary China*. Lanham, MD: Rowman & Littlefield, 2009.

Brødsgaard, Kjeld Erik. "Management of Party Cadres in China." In Kjeld Erik Brødsgaard and Zheng Yongnian, eds., *Bringing the Party Back In: How China Is Governed*. Singapore: Eastern Universities Press, 2004.

———, "Politics and Business Group Formation in China: The Party in Control?" *China Quarterly*, no. 211 (September 2012): 624–48.

———, ed. *Chinese Politics as Fragmented Authoritarianism: Earthquakes, Energy, and Environment*. New York: Routledge, 2017.

Brown, Kerry. *Hu Jintao: China's Silent Ruler*. Singapore: World Scientific Publishing Company, 2012.

Buckley, Chris. "A Chinese Law Professor Criticized Xi. Now He's Been Suspended." *New York Times*, March 26, 2019. https://www.nytimes.com/2019/03/26/world/asia/chinese-law-professor-xi.html, accessed July 5, 2019.

———, "As China's Woes Mounts, Xi Jinping Faces a Rare Rebuke at Home." *New York Times*, July 31, 2018. https://www.nytimes.com/2018/07/31/world/asia/xi-jin-ping-internal-dissent .html, accessed August 1, 2018.

Burns, John P. "Strengthening Central CCP Control of Leadership Selection: The 1990 Nomenklatura." *China Quarterly*, no. 138 (1994): 458–91.

Buruma, Ian. *Bad Elements: Chinese Rebels from Los Angeles to Beijing*. New York: Random House, 2001.

Cabestan, Jean-Pierre. 2012. "Is Xi Jinping the Reformist Leader China Needs?" *China Perspectives* 3: 69–76.

Cai, Meina, and Xin Sun. "Institutional Bindingness, Power Structure, and Land Expropriation in China." *World Development* 109 (September 2018): 172–86.

Cai, Yongshun. "Power Structure and Regime Resilience: Contentious Politics in China." *British Journal of Political Science* 38, no. 3 (July 2008): 411–32.

Campbell, Kurt M., and Ely Ratner. "The China Reckoning: How Beijing Defied American Expectations." *Foreign Affairs* 97, no. 2 (March/April 2018): 60–70.

Campbell, Matthew, and Peter Martin. "China's Latest Crackdown Target Is Liberal Economists." *Bloomberg Businessweek*, May 11, 2019. https://www.bloomberg.com/news/features/2019-05-11/china-s-latest-crackdown-target-is-liberal-economists, accessed May 5, 2019.

Cao, Nanlai. *Constructing China's Jerusalem: Christians, Power, and Place in Contemporary Wenzhou*. Stanford: Stanford University Press, 2010.

Chai Ling. *A Heart for Freedom: The Remarkable Journey of a Young Dissident, Her Daring Escape, and Her Quest to Free China's Daughters*. Carol Stream, IL: Tyndale House Publishers, 2011.

Chan, Anita. "Revolution or Corporatism? Workers in Search of a Solution." In David S. G. Goodman and Beverly Hooper, eds., *China's Quiet Revolution: New Interactions between State and Society*. New York: St. Martin's Press, 1994.

Chan, Tara Francis. "China Released a Uyghur Mother to Silence Her U.S. Son—Then Sent Her Back to Detention the Next Day." *Newsweek*, May 25, 2019. https://www.newsweek.com/xinjiang-uyghur-release-threaten-us-citizen-1435984, accessed May 25, 2019.

Chang, Gordon. *The Coming Collapse of China*. New York: Random House, 2001.

Chang, Iris. *The Rape of Nanking*. New York: Perseus Books, 1997.

Chang, Kuei-min. "New Wine in Old Bottles: Sinicisation and State Regulation of Religion in China." *China Perspectives* 1-2 (January 2018): 37–44.

Chang, Leslie T. *Factory Girls: From Village to City in a Changing China*. New York: Random House, 2009.

Chang, Yutzung, Yunhan Chu, and ChongMin Park. "Authoritarian Nostalgia in Asia." *Journal of Democracy* 18, no. 3 (July 2007): 66–80.

Chen, Chunhua, and Bruce J. Dickson. "Coping with Growth in China: Comparing Models of Development in Guangdong and Chongqing." *Journal of Chinese Governance* 3 (2018).

Chen, Feng, and Mengxiao Tang. "Labor Conflicts in China: Typologies and Their Implications." *Asian Survey* 53, no. 3 (May/June 2013): 559–83.

Chen, Jidong, Jennifer Pan, and Yiqing Xu. "Sources of Authoritarian Responsiveness: A Field Experiment in China." *American Journal of Political Science* 60, no. 2 (April 2016): 383–400.

Chen, Jidong, and Yiqing Xu. "Why Do Authoritarian Regimes Allow Citizens to Voice Opinions Publicly?" *Journal of Politics* 79, no. 3 (July 2017): 792–803.

Chen, Jie. *A Middle Class without Democracy: Economic Growth and the Prospects for Democratization in China*. New York: Oxford University Press, 2013.

Chen, Xi. "Elitism and Exclusion in Mass Protest: Privatization, Resistance, and State Domination in China." *Comparative Political Studies* 50, no. 7 (June 2017): 908–34.

———, "The Logic of Fragmented Activism among Chinese State-Owned Enterprise Workers." *China Journal* 81 (January 2019): 58–80.

———, "Origins of Informal Coercion in China." *Politics and Society* 45, no. 1 (March 2017): 67–89.

———, *Social Protest and Contentious Politics in China*. New York: Cambridge University Press, 2012.

"China Mosque Demolition Sparks Standoff in Ningxia." *BBC News*, August 10, 2018. https:// www.bbc.com/news/world-asia-china-45140551, accessed September 11, 2019.

Coonan, Clifford. "Democracy Not for China, Says Xi Jinping." *Irish Times*, April 24, 2014. https://www.irishtimes.com/news/world/asia-pacific/democracy-not-for-china-says-xi-jinping-1.1747853, accessed October 12, 2019.

Davies, James C. "Towards a Theory of Revolution." *American Sociological Review* 27, no. 1 (February 1962): 5–19.

Dean, Kenneth. "Local Communal Religion in Contemporary South-East China." *China Quarterly*, no. 174 (June 2003): 338–58.

Deb, Sopan, and Marc Klein. "N.B.A. Executive's Hong Kong Tweet Starts Firestorm in China." *New York Times*, October 6, 2019. https://www.nytimes.com/2019/10/06/sports/daryl-morey-rockets-china.html, accessed April 17, 2020.

Demick, Barbara, and Julie Makinen. "China Government's Hand Seen in Anti-Japan Protests." *Los Angeles Times*, September 20, 2012. https://www.latimes.com/archives/la-xpm-2012-sep-20-la-fg-china-japan-protests-20120921-story.html, accessed May 2, 2019.

Deng, Yanhua, and Kevin J. O'Brien. "Relational Repression in China: Using Social Ties to Demobilize Protesters." *China Quarterly*, no. 215 (September 2013): 533–52.

Denyer, Simon, and Congcong Zhang. "A Chinese Student Praised the 'Fresh Air of Free Speech' at a U.S. College. Then Came the Backlash." *Washington Post*, May 23, 2017. https:// www.washingtonpost.com/news/worldviews/wp/2017/05/23/a-chinese-student-praised-the-fresh-air-of-free-speech-at-a-u-s-college-then-came-the-backlash/?utm_term=.7d73332c3bd4, accessed May 9, 2019.

Diamant, Neil J. *Embattled Glory: Veterans, Military Families, and the Politics of Patriotism in China, 1949–2007*. Lanham, MD: Rowman & Littlefield, 2009.

Diamond, Larry. Ill *Winds: Saving Democracy from Russian Rage, Chinese Ambition, and American Complacency*. New York: Penguin, 2019.

———, "Rethinking Civil Society: Toward Democratic Consolidation." *Journal of Democracy* 5, no. 3 (July 1994): 4–17.

Dickson, Bruce J. *The Dictator's Dilemma: The Chinese Communist Party's Strategy for Survival*. New York: Oxford University Press, 2016.

———, *Red Capitalists in China: The Party, Private Entrepreneurs, and Prospects for Polit-

ical Change. New York and London: Cambridge University Press, 2003.

_____, *Wealth into Power: The Communist Party's Embrace of China's Private Sector*. New York and London: Cambridge University Press, 2008.

_____, "Who Wants to Be a Communist? Career Incentives and Mobilized Loyalty in Contemporary China." China Quarterly, no. 217 (March 2014): 42–68.

Dickson, Bruce J., Pierre Landry, Mingming Shen, and Jie Yan. "Public Goods and Regime Support in Urban China." *China Quarterly*, no. 228 (December 2016): 859–80.

Dimitrov, Martin K. "Understanding Communist Collapse and Resilience." In Dimitrov, ed., *Why Communism Did Not Collapse: Understanding Authoritarian Regime Resilience in Asia and Europe*. New York: Cambridge University Press, 2013.

_____, "Vertical Accountability in Communist Regimes: The Role of Citizen Complaints in Bulgaria and China." In Dimitrov, ed., *Why Communism Did Not Collapse: Understanding Authoritarian Regime Resilience in Asia and Europe*. New York: Cambridge University Press, 2013.

Ding, Iza, and Jeffrey Javed. "Red Memory: Nostalgia, Trauma, and Political Attitudes in China." Paper presented at the 2016 annual conference of the American Political Science Association.

Distelhorst, Greg. "The Power of Empty Promises: Quasi-Democratic Institutions and Activism in China." *Comparative Political Studies* 50, no. 4 (2017): 464–94.

Distelhorst, Greg, and Yue Hou. "Constituency Service under Nondemocratic Rule: Evidence from China." *Journal of Politics* 79, no. 3 (July 2017): 1024–40.

Donaldson, John A. *Small Works: Poverty and Economic Development in Southwest China*. Ithaca, NY: Cornell University Press, 2011.

Economy, Elizabeth C. *The River Runs Black: The Environmental Challenge to China's Future*. Ithaca, NY: Cornell University Press, 2004.

_____, *The Third Revolution: Xi Jinping and the New Chinese State*. New York: Oxford University Press, 2018.

Edin, Maria. "State Capacity and Local Agent Control in China: CCP Cadre Management from a Township Perspective." *China Quarterly*, no. 173 (March 2003): 35–52.

Elfstrom, Manfred. "Two Steps Forward, One Step Back? Chinese State Reactions to Labour Unrest." *China Quarterly*, no. 240 (December 2019): 255–79.

Ewing, Richard Daniel. "Hu Jintao: The Making of a Chinese General Secretary." *China Quarterly* 173 (2003): 17–34.

Feng, Yuqing, and Xin He. "From Law to Politics: Petitioners' Framing of Disputes in Chinese Courts." China Journal 80 (July 2018): 130–49.

Fewsmith, Joseph. *China since Tiananmen*. New York: Cambridge University Press, 2001.

_____, *The Logic and Limits of Political Reform in China*. New York: Cambridge University Press, 2013.

Fifield, Anna. "Battered by Coronavirus, China Maps Out an Economic Reality Check for a New Era." *Washington Post*, May 22, 2020. https://www.washingtonpost.com/

world/as-coronavirus-exacts-a-heavy-economic-toll-china-declines-to-set-
growth-target/2020/05/22/4826bd6e-9985-11ea-ad79-eef7cd734641_story.
html, accessed June 17, 2020.

_____, "Chinese App on Xi's Ideology Allows Data Access to Users' Phones, Report
Says." *Washington Post*, October 16, 2019. https://www.washingtonpost.com/
world/asia_pacific/chinese-app-on-xis-ideology-allows-data-access-to-100-
million-users-phones-report-says/2019/10/11/2d53bbae-eb4d-11e9-bafb-
da248f8d5734_story.html, accessed October 16, 2019.

_____, "China's Conspicuously Absent Leader Reemerges—For an Audience with a
Friendly Autocrat." *Washington Post*, February 5, 2020. https://www.washing-
tonpost.com/world/chinas-conspicuously-absent-leader-reemerges--for-an-
audience-with-a-friendly-autocrat/2020/02/05/507e6d02-47de-11ea-91ab-
ce439aa5c7c1_story.html, accessed February 6, 2020.

Fishkin, James S., Baogang He, Robert C. Luskin, and Alice Siu. "Deliberative Democra-
cy in an Unlikely Place: Deliberative Polling in China." *British Journal of Political
Science* 40, no. 2 (April 2010): 435-48.

Foley, Michael W., and Bob Edwards. "The Paradox of Civil Society." *Journal of Democracy*
7, no. 3 (July 1996): 38-52.

Franceschini, Ivan, and Elisa Nesossi, "State Repression of Chinese Labor NGOs: A Chill-
ing Effect?" *China Journal* 80 (July 2018): 111-29.

Frantz, Erica. *Authoritarianism: What Everyone Needs to Know*. New York: Oxford Uni-
versity Press, 2018.

Fu, Diana. "Fragmented Control: Governing Contentious Labor Organizations in China."
Governance 30, no. 3 (July 2017): 445-62.

_____, *Mobilizing without the Masses: Control and Contention in Chin*a. Cambridge:
Cambridge University Press, 2017.

Fu, Diana, and Greg Distelhorst. "Grassroots Participation and Repression under Hu Jintao
and Xi Jinping." *China Journal*, no. 79 (January 2018): 100-22.

Fu, Hualing, and Richard Cullen. "Weiquan (Rights Protection) Lawyering in an Authori-
tarian State: Building a Culture of Public-Interest Lawyering." *China Journal*, no. 59
(January 2008): 111-27.

Fukuyama, Francis. *The End of History and the Last Man*. New York: The Free Press, 1992.

_____, "The Imperative of State-Building." *Journal of Democracy* 15, no. 2 (2004): 17-31.

Fulda, Andreas. "Beijing Is Weaponizing Nationalism against Hong Kongers." *Foreign
Policy*, July 19, 2019. https://foreignpolicy.com/2019/07/29/beijing-is-weaponiz-
ing-nationalism-against-hong-kongers/, accessed April 13, 2020.

Gallagher, Mary E. *Authoritarian Legality in China: Law, Workers, and the State*. New
York: Cambridge University Press, 2017.

Geddes, Barbara. "What Do We Know about Democratization after Twenty Years?" *An-
nual Review of Political Science* (1999): 115-44.

Gilley, Bruce. *Tiger on the Brink: Jiang Zemin and China's New Elite*. Berkeley: University of California Press, 1998.

_____, *China's Democratic Future: How It Will Happen and Where It Will Lead*. New York: Columbia University Press, 2004.

Greitens, Sheena. "Rethinking China's Coercive Capacity: An Examination of PRC Domestic Security Spending, 1992–2012." *China Quarterly*, no. 232 (December 2017): 1002–25.

Gries, Peter Hays. *China's New Nationalism: Pride, Politics, and Diplomacy*. Berkeley: University of California Press, 2004.

Gries, Peter Hays, Derek Steiger, and Tao Wang. "Popular Nationalism and China's Japan Policy: The Diaoyu Islands Protests, 2012–2013." *Journal of Contemporary China* 25, no. 98 (2016): 264–76.

Groot, Gerry. *Managing Transitions: The Chinese Communist Party, United Front Work, Corporatism, and Hegemony*. New York and London: Routledge, 2004.

Grose, Timothy. "(Re)Embracing Islam in Neidi: The 'Xinjiang Class' and the Dynamics of Uighur Ethno-national Identity." *Journal of Contemporary China* 24, no. 91 (2015): 101–18.

Gueorguiev, Dimitar, and Edmund Malesky. "Consultation and Selective Censorship in China." *Journal of Politics* 81, no. 4 (October 2019).

Haggard, Stephan, and Robert R. Kaufman. *Dictators and Democrats: Masses, Elites, and Regime Change*. Princeton, NJ: Princeton University Press, 2016.

Han, Enze. *Contestation and Adaptation: The Politics of National Identity in China*. New York: Oxford University Press, 2013.

Han, Rongbin. *Contesting Cyberspace in China: Online Expression and Authoritarian Resilience*. New York: Columbia University Press, 2018.

Hancock, Tom. "China Clears Shaolin Temple's 'CEO Monk' of Corruption." Financial Times, February 6, 2017. https://www.ft.com/content/b2fe493c-ecee-11e6-930f-061b01e23655, acessed April 8, 2019.

Hao, Feng. "Green Peafowl Lawsuit Exposes Dam Damage." *China Dialogue*, November 19, 2018. https://www.chinadialogue.net/article/show/single/en/10939-Green-peafowl-lawsuit-exposes-dam-damage, accessed July 17, 2019.

Harding, Harry. *China's Second Revolution: Reform after Mao*. Washington, DC: Brookings, 1987.

_____, "The Chinese State in Crisis." In Roderick MacFarquhar, ed., *The Politics of China*, 3rd ed. New York: Cambridge University Press, 2011.

Hasmath, Reza, Timothy Hildebrandt, and Jennifer Y. J. Hsu. "Conceptualizing Government Organized Non-Governmental Organizations." *Journal of Civil Society* 15, no. 3 (2019): 267–84.

Hasmath, Reza, and Jennifer Y. J. Hsu. "Isomorphic Pressures, Epistemic Communities and State-NGO Collaboration in China." *China Quarterly*, no. 220 (December 2014): 936–54.

_____, "Communities of Practice and the NGO Sector in China." Forthcoming.

He, Baogang. *Rural Democracy in China: The Role of Village Elections*. New York: Palgrave, 2007.

_____. "Reconciling Deliberation and Representation: Chinese Challenges to Deliberative Democracy." *Representation* 51, no. 1 (2015): 35–50.

He, Baogang, and Mark Warren. "Authoritarian Deliberation: The Deliberative Turn in Chinese Political Development." *Perspectives on Politics* 9, no. 2 (Summer 2011), 269–89.

_____. "Authoritarian Deliberation in China." *Daedalus* 146, no. 3 (Summer 2017): 159.

Heilmann, Sebastian. "From Local Experiments to National Policy: The Origins of China's Distinctive Policy Process." *China Journal*, no. 59 (January 2008): 1–30.

_____, ed. *China's Political System*. Lanham, MD: Rowman & Littlefield, 2017.

Heilmann, Sebastian, and Elizabeth J. Perry, eds. *Mao's Invisible Hand: The Political Foundations of Adaptive Governance in China*. Cambridge, MA: Harvard University Asia Center, 2011.

Hernandez, Javier. "She's on a #MeToo Mission in China, Battling Censors and Lawsuits." *New York Times*, January 4, 2019. https://www.nytimes.com/2019/01/04/world/asia/china-zhou-xiaoxuan-metoo.html?_ga=2.50293414.1022361453.1549433306–1393789027.1549433306, accessed March 18, 2019.

Heurlin, Christopher. *Responsive Authoritarianism in China: Land, Protests, and Policy-Making*. New York: Cambridge University Press, 2016.

Hildebrandt, Timothy. *Social Organizations and the Authoritarian State in China*. New York: Cambridge University Press, 2013.

Hirschman, Alfred. *Exit, Voice and Loyalty: Responses to Decline in Firms, Organizations, and States*. Cambridge, MA: Harvard University Press, 1970.

Hong Fincher, Leta. Betraying Big Brother: The Feminist Awakening in China? London: Verso, 2018.

Horowitz, Jason, and Ian Johnson. "China and Vatican Reach Deal on Appointment of New Bishops." *New York Times*, September 22, 2018. https://www.nytimes.com/2018/09/22/world/asia/china-vatican-bishops.html, accessed April 12, 2019.

Horsley, Jamie. "China's Orwellian Social Credit Score Isn't Real." *Foreign Policy*, November 16, 2018; https://foreignpolicy.com/2018/11/16/chinas-orwellian-social-credit-score-isnt-real/, accessed September 2, 2020.

_____, "Public Participation in the People's Republic: Developing a More Participatory Gov- ernance Model in China." *Yale Law School*, 2009. https://law.yale.edu/system/files/documents/pdf/Intellectual_Life/CL-PP-PP_in_the PRC_FINAL_91609.pdf, accessed August 21, 2019.

Hou, Yue. *The Private Sector in Public Service: Selective Property Rights in China*. New York: Cambridge University Press, 2019.

Howell, Jude. "All-China Federation of Trade Unions beyond Reform? The Slow March of Direct Elections." *China Quarterly*, no. 196 (December 2008): 845–63.

_____, "Shall We Dance? Welfarist Incorporation and the Politics of State-Labour NGO Relations." *China Quarterly*, no. 223 (September 2015): 702-23.

Howell, Jude. "NGOs and Civil Society: The Politics of Crafting a Civic Welfare Infrastructure in the Hu-Wen Period." *China Quarterly*, no. 237 (March 2019): 58-81.

Howell, Jude, and Jane Duckett. "Re-assessing the Hu-Wen Era: A Golden Age or Lost Decade for Social Policy in China." *China Quarterly*, no. 237 (March 2019): 1-14.

Hsu, Carolyn L., and Yuzhou Jiang. "An Institutional Approach to Chinese NGOs: State Alliance versus State Avoidance Strategies." *China Quarterly*, no. 221 (March 2015): 100-122.

Hsu, Carolyn L., and Jessica C. Teets, "Is China's New Overseas NGO Management Law Sounding the Death Knell for Civil Society? Maybe Not." *Asia-Pacific Journal* 14, issue 4, no. 3 (February 15, 2016).

Hsu, Jennifer Y. J., Carolyn L. Hsu, and Reza Hasmath. "NGO Strategies in an Authoritarian Context, and Their Implications for Citizenship: The Case of the People's Republic of China." *Voluntas* 28, no. 3 (June 2017): 1157-79.

Hsu, Jennifer Y. J., Timothy Hildebrandt, and Reza Hasmath. "'Going Out' or Staying In? The Expansion of Chinese NGOs in Africa." *Development Policy Review* 34, no. 3 (May 2016): 423-39.

Hui, Victoria Tin-bor. "Hong Kong's Umbrella Movement: The Protests and Beyond." *Journal of Democracy* 26, no. 2 (April 2015): 111-21.

Human Rights Watch. "China's Algorithms of Repression: Reverse Engineering a Xinjiang Police Mass Surveillance App." May 1, 2019. https://www.hrw.org/report/2019/05/02/chinas-algorithms-repression/reverse-engineering-xinjiang-police-mass, accessed May 9, 2019.

Hume, Tim. "'Eastern Lightning': The Banned Religious Group That Has China Worried." *CNN*, February 2, 2015. https://www.cnn.com/2014/06/06/world/asia/china-eastern-lightning-killing/index.html, accessed September 14, 2019.

Huntington, Samuel P. *Political Order in Changing Societies*. New Haven, CT: Yale University Press, 1970.

_____, *The Third Wave: Democratization in the Late Twentieth Century*. Norman: University of Oklahoma Press, 1991.

Inglehart, Ronald. *Modernization and Postmodernization: Cultural, Economic, and Political Change in 43 Societies*. Princeton, NJ: Princeton University Press, 1997.

Inglehart, Ronald, and Christian Welzel. *Modernization, Cultural Change, and Democracy*. New York: Cambridge University Press, 2005.

_____, "How Development Leads to Democracy: What We Know about Modernization." *Foreign Affairs* 88, no. 2 (March/April 2009): 33-48.

Jacobs, Andrew, and Chris Buckley. "Chinese Activists Test New Leader and Are Crushed." *New York Times*, January 14, 2014. https://www.nytimes.com/2014/01/16/world/asia/chinese-activists-test-new-leader-and-are-crushed.html, accessed September 19, 2019.

Johnson, Chris K., Scott Kennedy, and Mingda Qiu. "Xi's Signature Governance Innovation: The Rise of Leading Small Groups." Washington, DC: Center for Strategic and International Studies, October 17, 2017, https://www.csis.org/analysis/xis-signature-governance-innovation-rise-leading-small-groups, accessed August 21, 2019.

Johnson, Ian. "In Landmark Ceremony, a Catholic Bishop Is Installed in China." *New York Times*, August 28, 2019. https://www.nytimes.com/2019/08/28/world/asia/catholic-bishop-china.html, accessed September 7, 2019.

———, *The Souls of China: The Return of Religion after Mao*. New York: Vintage, 2017.

Johnston, Alastair Iain. "How New and Assertive Is China's New Assertiveness?" *International Security* 37, no. 4 (Spring 2013): 7–48.

———, "Is Chinese Nationalism Rising? Evidence from Beijing." *International Security* 41, no. 3 (2017): 7–43.

Kelliher, Daniel. "The Chinese Debate over Village Self-government." *China Journal* 37 (January 1997): 63–86.

Kennedy, John James. "The Price of Democracy: Vote Buying and Village Elections in China." *Asian Politics and Policy* 2, no. 4 (2010): 617–31.

Kennedy, Scott. "The Myth of the Beijing Consensus." *Journal of Contemporary China* 19, no. 65 (June 2010): 461–77.

Kim, Yongshin, Doo Hwan Kim, and Seokho Kim. "Who Is Nationalist Now in China?: Some Findings from the 2008 East Asian Social Survey." *China: An International Journal* 14, no. 4 (November 2016): 131–43.

Kindopp, Jason. "Fragmented yet Defiant: Protestant Resilience under Chinese Communist Party Rule." In Jason Kindopp and Carol Hamrin, eds., *God and Caesar in China: Policy Implications of Church-State Tensions*. Washington, DC: Brookings Institution Press, 2004.

King, Gary, Jennifer Pan, and Margaret E. Roberts. "How Censorship in China Allows Government Criticism but Silences Collective Expression," *American Political Science Review* 107, no. 2 (2013): 326–43.

Klett, Leah MarieAnn. "Two Chinese Catholic Bishops Ordained under Landmark China-Vatican Agreement." *Christian Post*, August 29, 2019. https://www.christianpost.com/news/two-chinese-catholic-bishops-ordained-under-landmark-china-vatican-agreement.html, accessed September 7, 2019.

Koesel, Karrie J. "China's Patriotic Pentecostals." *Review of Religion and Chinese Society* 1 no. 1, (April 2014): 131–55.

———, "The Political Economy of Religious Revival." *Politics and Religion* 8, no. 2 (June 2015): 211–35.

———, *Religion and Authoritarianism: Cooperation, Conflict, and the Consequences*. New York: Cambridge University Press, 2014.

———, "Religion and the Regime: Cooperation and Conflict in Contemporary Russia and China." *World Politics* 69, no. 4 (October 2017): 676–712.

Kornreich, Yoel, Ilan Vertinsky, and Pitman B. Potter. "Consultation and Deliberation in China: The Making of China's Health-Care Reform." *China Journal*, no. 68 (July 2012): 176–203.

Kostka, Genia. "What Do People in China Think about 'Social Credit' Monitoring?" *Washington* Post, March 21, 2019. https://www.washingtonpost.com/politics/2019/03/21/what-do-people-china-think-about-social-credit-monitoring/?utm_term=.b90e91139d44, accessed March 21, 2019.

Kostka, Genia, and Xiaofan Yu. "Career Backgrounds of Municipal Party Secretaries in China: Why Do So Few Municipal Party Secretaries Rise from the County Level?" *Modern China* 41, no. 5 (September 2015): 467–505.

Kou, Chien-Wen, and Wen-Hsuan Tsai. "'Sprinting with Small Steps' Towards Promotion: Solutions for the Age Dilemma in the CCP Cadre Appointment System." *China Journal*, no. 71 (January 2014): 153–71.

Kroeber, Arthur R. *China's Economy: What Everyone Needs to Know*. New York: Oxford University Press, 2016.

Kuhn, Robert Lawrence. *The Man Who Changed China: The Life and Legacy of Jiang Zemin*. New York: Crown Publishers, 2004.

Kuran, Timur. "Now Out of Never: The Element of Surprise in the East European Revolution of 1989." *World Politics* 44, no. 1 (October 1991): 7–48.

Laliberté, André. "Buddhist Revival under State Watch." *Journal of Current Chinese Affairs* 40, no. 2 (June 2011): 110.

_____. "Managing Religious Diversity in China: Contradictions of Imperial and Foreign Legacies." *Studies in Religion* 45, no. 4 (December 2016): 495–519.

_____. "The Politicization of Religion by the CCP: A Selective Retrieval." Asiatische Studien—Études Asiatiques 69, no. 1 (April 2015): 185–211.

Lam, Willy Wo-Lap. *Chinese Politics in the Hu Jintao Era: New Leaders, New Challenges*. Armonk, NY: M. E. Sharpe, 2006.

_____. *Chinese Politics in the Era of Xi Jinping: Renaissance, Reform, or Retrogression*? New York: Routledge, 2015.

Landry, Pierre F., Xiaobo Lü, and Haiyan Duan. "Does Performance Matter? Evaluating Political Selection Along the Chinese Administrative Ladder." *Comparative Political Studies* 51, no. 8 (July 2018): 1074–1105.

Lardy, Nicholas. *The State Strikes Back: The End of Economic Reform in China*? Washington, DC: Peterson Institute for International Economics, 2019.

Laris, Michael. "U.S., China Reach Deal on Embassy Payments." *Washington Post*, December 16, 1999. https://www.washingtonpost.com/archive/politics/1999/12/16/us-china-reach-deal-on-embassy-payments/690c1ec6-b118-487a-a086-fc850ef67a67/?utm_term=.f5ff5cf06337, accessed May 2, 2019.

Larmer, Brook. "Li Na, China's Tennis Rebel." *New York Times*, August 23, 2013. https://www.nytimes.com/2013/08/25/magazine/li-na-chinas-tennis-rebel.html, accessed May 9, 2019.

Lau, Mimi. "Chinese Arabic School to Close as Areas with Muslim Populations Are Urged to Study the Xinjiang Way." *South China Morning Post*, December 9, 2018. https://www.scmp.com/news/china/politics/article/2177037/chinese-arabic-school-close-areas-muslim-populations-are-urged, accessed September 11, 2019.

Lee, Charlotte P. *Training the Party: Party Adaptation and Elite Training on Reform-Era China*. New York: Cambridge University Press, 2015.

Lee, Ching Kwan. *Against the Law: Labor Protests in China's Rustbelt and Sunbelt*. Berkeley: University of California Press, 2007.

Lee, Ching Kwan, and Yonghong Zhang. "The Power of Instability: Unraveling the Microfoundations of Bargained Authoritarianism in China." *American Journal of Sociology* 118, no. 6 (May 2013): 1475–1508.

Lee, Sing, and Arthur Kleinman. "Suicide as Resistance in Chinese Society." In Elizabeth J. Perry and Mark Selden, eds., *Chinese Society: Change, Conflict, and Resistance*. London and New York: Routledge, 2000.

Levitsky, Steven, and Lucan Way. "The Durability of Revolutionary Regimes." *Journal of Democracy* 24, no. 3 (July 2013): 5–17.

Li, Cheng. *China's Leaders: The Next Generation*. New York, NY: Rowman & Littlefield. 2001.

_____. *Chinese Politics in the Xi Jinping Era: Reassessing Collective Leadership*. Washington, DC: Brookings Institution Press, 2016.

_____. "The End of the CCP's Authoritarian Resilience? A Tripartite Assessment of Shifting Power in China." *China Quarterly*, no. 211 (September 2012): 595–623.

_____. "The New Bipartisanship within the Chinese Communist Party." *Orbis* 49, no. 3 (Sum mer 2005): 387–400.

Li, Cheng, and Lynn White. "The Fifteenth Central Committee of the Chinese Communist Party: Full-Fledged Technocratic Leadership with Partial Control by Jiang Zemin." *Asian Survey* 38, no. 3 (March 1998): 231–64.

Li, Hongbin, and Li-An Zhou. "Political Turnover and Economic Performance: The Incentive Role of Personnel Control in China." *Journal of Public Economics* 89, nos. 9/10 (2005): 1743–62.

Li, Lianjiang. "Political Trust and Petitioning in the Chinese Countryside." *Comparative Politics* 40, no. 2 (January 2008): 209–26.

_____. "The Politics of Introducing Direct Township Elections in China." *China Quarterly*, no. 171 (September 2002): 704–23.

Lieberthal, Kenneth G., and Michel Oksenberg. *Policy Making in China: Leaders, Structures, and Processes*. Princeton, NJ: Princeton University Press, 1988.

Lieberthal, Kenneth G., and David M. Lampton, eds. *Bureaucracy, Politics, and Decision Making in Post-Mao China*. Berkeley: University of California Press, 1992.

"Life Inside China's Total Surveillance State." *Wall Street Journal*, December 19, 2017. https://www.wsj.com/video/life-inside-chinas-total-surveillance-state/CE–

86DA19-D55D-4F12-AC6A-3B2A573492CF.html, accessed October 14, 2018.

Lo, Sonny Shiu-Hing. "Hong Kong." In William A. Joseph, ed., *Politics in China*, 3rd ed. New York: Oxford University Press, 2019.

Lorentzen, Peter L. "Designing Contentious Politics in Post-1989 China." *Modern China* 43, no. 5 (September 2017): 459–93.

_____, "Regularizing Rioting: Permitting Public Protest in an Authoritarian Regime." *Quarterly Journal of Political Science* 8, no. 2 (2013): 127–58.

Lorentzen, Peter L., Pierre Landry, and John Yasuda. "Undermining Authoritarian Innovation: The Power of China's Industrial Giants." *Journal of Politics* 76, no. 1 (January 2014): 182–94.

Lu, Jie. *Varieties of Governance in China: Migration and Institutional Change in Chinese Villages*. New York: Oxford University Press, 2014.

Lü, Xiaobo, and Pierre F. Landry. "Show Me the Money: Interjurisdiction Political Competition and Fiscal Extraction in China." *American Political Science Review* 108, no. 3 (August 2014): 706–22.

Lynch, Marc. "After Egypt: The Promise and Limitations of the Online Challenge to the Au- thoritarian Arab State." *Perspectives on Politics* 9, no. 2 (June 2011): 301–18.

Ma, Deyong, and Szu-chien Hsu, "The Political Consequences of Deliberative Democracy and Electoral Democracy in China: An Empirical Comparative Analysis from Four Counties." *China Review* 18, no. 2 (May 2018): 21.

Ma, Josephine, Linda Lew, and Lee Jeong-ho. "A Third of Coronavirus Cases May Be 'Silent Carriers,' Classified Chinese Data Suggests." *South China Morning Post*, March 22, 2020. https:// www.scmp.com/news/china/society/article/3076323/third-coronavirus-cases-may-be-silent-carriers-classified, accessed March 31, 2020.

MacFarquhar, Roderick, ed. *The Politics of China*, 3rd ed. New York: Cambridge University Press, 2011.

MacFarquhar, Roderick, and Michael Schoenhals. *Mao's Last Revolution*. Cambridge, MA: Harvard University Press, 2006.

Mahtani, Shibani. "A Student in Boston Wrote 'I am from Hong Kong.' An Onslaught of Chinese Anger Followed." *Washington Post*, May 25, 2019. https://www.washingtonpost.com/world/asia_pacific/a-student-in-boston-wrote-i-am-from-hong-kong-an-onslaught-of-chinese-anger-followed/2019/05/24/298ea3ee-719a-11e9-9331-30bc5836f48e_story.html, accessed May 25, 2019.

Manion, Melanie. "The Cadre Management System, Post-Mao: The Appointment, Promotion, Transfer and Removal of Party and State Leaders." *China Quarterly*, no. 102 (June 1985): 212–19.

_____, "The Electoral Connection in the Chinese Countryside." *American Political Science Review* 90, no. 4 (December 1996): 736–48.

_____, "How to Assess Village Elections in China." *Journal of Contemporary China* 18, no. 60 (June 2009): 379–83.

_____, *Information for Autocrats: Representation in Chinese Local Congresses*. New York: Cambridge University Press, 2015.

_____, "When Communist Party Candidates Can Lose, Who Wins?" *China Quarterly*, no. 195 (September 2008): 607–30.

Mann, James. *The China Fantasy: How Our Leaders Explain Away Chinese Repression*. New York: Viking, 2007.

Mansfield, Edward, and Jack Snyder. *Electing to Fight: Why Emerging Democracies Go to War*. Cambridge, MA: MIT Press, 2007.

Mao Zedong, "Some Questions Concerning Methods of Leadership," *Selected Works of Mao Tse-Tung*, vol. 3 (Beijing: Foreign Languages Press, 1967).

Martin, Peter. "Is Xi Jinping's Power Grab Starting to Backfire?" *Bloomberg Businessweek*, August 7, 2018. https://www.bloomberg.com/news/articles/2018-08-07/is-xi-jinping-s-bold-china-power-grab-starting-to-backfire, accessed August 7, 2018.

May, Tiffany, and Amy Qin. "The High School Course Beijing Accuses of Radicalizing Hong Kong." *New York Times*, September 1, 2019. https://www.nytimes.com/2019/09/01/world/asia/hong-kong-protests-education-china.html, accessed September 16, 2019.

Mendelson, Sarah E., and Theodore P. Gerber. "Soviet Nostalgia: An Impediment to Russian Democratization." *Washington Quarterly* 29, no. 1 (2005): 83–96.

Mertha, Andrew C. *China's Water Warriors: Citizen Action and Policy Change*. Ithaca, NY: Cornell University Press, 2008.

_____, "'Fragmented Authoritarianism 2.0': Political Pluralization in the Chinese Policy Process." *China Quarterly*, no. 200 (December 2009): 995–1012.

Michelson, Ethan. "Public Goods and State–Society Relations: An Impact Study of China's Rural Stimulus." In Dali L. Yang, ed., *The Global Recession and China's Political Economy*. New York: Palgrave Macmillan, 2012.

Miller, Alice. "Who Does Xi Jinping Know and How Does He Know Them?" *China Leadership Monitor*, no. 32 (Spring 2010): 1–8.

_____, "The Succession of Hu Jintao." *China Leadership Monitor*, no. 2 (Spring 2012): 1–8.

Minzner, Carl. *End of an Era: How China's Authoritarian Revival Is Undermining Its Rise*. New York: Oxford University Press, 2018.

Mitter, Rana. *China's War with Japan 1937–1945: The Struggle for Survival*. New York: Penguin Books, 2013.

Moore, Barrington. *Social Origins of Dictatorship and Democracy: Lord and Peasant in the Making of the Modern World*. Boston: Beacon Press, 1966.

Mozur, Paul. "In Hong Kong Protests, Faces Become Weapons." *New York Times*, July 27, 2019. https://www.nytimes.com/2019/07/26/technology/hong-kong-protests-facial-recognition-surveillance.html, accessed July 27, 2019.

Mozur, Paul, Jonah M. Kessel, and Melissa Chan. "Made in China, Exported to the World: The Surveillance State." *New York Times*, April 24, 2019. https://www.nytimes.

com/2019/04/24/technology/ecuador-surveillance-cameras-police-government.
html, accessed May 6, 2019.

Nathan, Andrew J. "Authoritarian Resilience." *Journal of Democracy* 14, no. 1 (January
2003): 6–17.

_____, "The Puzzle of the Chinese Middle Class." *Journal of Democracy* 27, no. 2 (April
2016): 5–19.

Nathan, Andrew J., and Perry Link, eds. The *Tiananmen Papers*. New York: Public Affairs,
2001.

Nathan, Andrew J., and Andrew Scobell. *China's Search for Security*. New York: Colum-
bia University Press, 2012.

Naughton, Barry. *Growing out of the Plan: Chinese Economic Reform, 1978–1993*. New
York: Cambridge University Press, 1995.

Norris, Pippa. *Democratic Deficit: Critical Citizens Revisited*. New York: Cambridge Uni-
versity Press, 2011.

Norris, Pippa, and Ronald Inglehart. *Cultural Backlash: Trump, Brexit, and Authoritarian
Populism*. New York: Cambridge University Press, 2019.

O'Brien, Kevin J. "Implementing Political Reform in China's Villages." *Australian Journal
of Chinese Affairs*, no. 32 (July 1994): 33–59.

_____, "Rightful Resistance." *World Politics* 49, no. 1 (October 1996): 31–55.

_____, "Rightful Resistance Revisited." *Journal of Peasant Studies* 40, no. 6 (2013): 1051–
62.

O'Brien, Kevin J., and Yanhua Deng. "The Reach of the State: Work Units, Family Ties
and 'Harmonious Demolition.'" *China Journal* 74 (July 2015): 1–17.

_____, "Repression Backfires: Tactical Radicalization and Protest Spectacle in Rural Chi-
na." *Journal of Contemporary China* 24, no. 93 (2015): 457–70.

O'Brien, Kevin J., and Rongbin Han. "Path to Democracy? Assessing Village Elections in
China." *Journal of Contemporary China* 18, no. 60 (June 2009): 359–78.

O'Brien, Kevin J., and Lianjiang Li. "Accommodating 'Democracy' in a One-Party State:
Introducing Village Elections in China." *China Quarterly*, no. 162 (June 2000): 465–
89.

_____, "Campaign Nostalgia in the Chinese Countryside." *Asian Survey* 39, no. 3 (May/
June, 1999): 375–93.

_____, *Rightful Resistance in Rural China*. New York: Cambridge University Press, 2006.

_____, "Selective Policy Implementation in Rural China." *Comparative Politics* 31, no. 2
(January 1999): 167–86.

Ong, Lynette H. "Thugs and Outsourcing of State Repression in China." *China Journal* 80
(July 2018): 94–110.

Ong, Lynette H. "'Thugs-for-Hire': Subcontracting of State Coercion and State Capacity
in China." *Perspectives on Politics* 16, no. 3 (September 2018): 680–95.

Osnos, Evan. "Angry Youth: The New Generation's Neo-Con Nationalists." *New Yorker*,

July 28, 2008.

Ownby, David. *Falun Gong and the Future of China*. New York: Oxford University Press, 2008.

Pan, Philip P. *Out of Mao's Shadow: The Struggle for the Soul of a New China*. New York: Simon and Schuster, 2008.

Pei, Minxin. "China's Coming Upheaval: Competition, the Coronavirus, and the Weakness of Xi Jinping," *Foreign Affairs* 99, no. 3 (May/June 2020): 82–95.

_____, *China's Crony Capitalism: The Dynamics of Regime Decay*. Cambridge, MA: Harvard University Press, 2016.

_____, *China's Trapped Transition: The Limits of Developmental Autocracy*. Cambridge, MA: Harvard University Press, 2006.

_____, "'Creeping Democratization' in China." *Journal of Democracy* 6, no. 4 (October 1995): 65–79.

Perry, Elizabeth J. *Anyuan: Mining China's Revolutionary Tradition*. Berkeley: University of California Press, 2012.

_____, "Chinese Conceptions of 'Rights': From Mencius to Mao—and Now." *Perspectives on Politics* 6, no. 1 (March 2008): 37–50.

_____, "Labor Divided: Sources of State Formation in Modern China." In Joel Migdal, Atul Kohli, and Vivienne Shue, eds., State Power and Social Forces: Domination and Transformation in the Third World. New York: Cambridge University Press, 1994.

Phillips, Tom. "Joy as China Shelves Plans to Dam 'Angry River.'" *Guardian*, December 2, 2016. https://www.theguardian.com/world/2016/dec/02/joy-as-china-shelves-plans-to-dam-angry-river, accessed August 19, 2019.

"Plagiarism and Xi Jinping." *AsiaSentinel*, September 24, 2013. https://www.asiasentinel.com/politics/plagiarism-and-xi-jinping/, accessed July 17, 2018.

Plumer, Brad. "Coal Pollution in China Is Cutting Life Expectancy by 5.5 Years." *Washington Post*, July 8, 2013. http://www.washingtonpost.com/blogs/wonkblog/wp/2013/07/08/chinas-coal-pollution-is-much-deadlier-than-anyone-realized/, accessed May 19, 2020.

Powers, John. *The Buddha Party: How the People's Republic of China Works to Define and Control Tibetan Buddhism*. New York: Oxford, 2017.

"Professor Jia Xijin: Two Years of the Overseas NGO Law." *China Development Brief: NGOnews*, December 12, 2018. https://mp.weixin.qq.com/s/jQggzCN-5TpG-9NeTWImbBw, accessed July 15, 2019.

Przeworski, Adam, and Fernando Limongi. "Modernization: Theories and Facts," *World Politics* 49, no. 2 (January 1997): 155–83.

Putnam, Robert D. *Bowling Alone: The Collapse and Revival of American Community*. New York: Simon and Schuster, 2001.

_____, *Making Democracy Work: Civic Traditions in Italy*. Princeton, NJ: Princeton University Press, 1993.

Qian, Licheng, Bin Xu, and Dingding Chen. "Does History Education Promote National-
ism in China? A 'Limited Effect' Explanation." *Journal of Contemporary China* 26,
no. 104 (2017): 199–212.

Qin, Amy, and Cao Li, "China Pushes for Quiet Burials as Coronavirus Death Toll Is Ques-
tioned," *New York* Times, April 3, 2020. https://www.nytimes.com/2020/04/03/
world/asia/coronavirus-china-grief-deaths.html, accessed April 4, 2020.

"Rare Release of Xi's Speech on Virus Puzzles Top China Watchers." *Bloomberg News*,
February 17, 2020. https://www.bloomberg.com/news/articles/2020-02-17/ra-
re-release-of-xi-s-speech-on-virus-puzzles-top-china-watchers, accessed
February 17, 2020.

Rauhala, Emily. "China's Claim of Coronavirus Victory in Wuhan Brings Hope, but
Experts Worry It Is Premature." *Washington Post*, March 25, 2020. https://www.
washingtonpost.com/world/asia_pacific/china-wuhan-coronavirus-zero-cas-
es/2020/03/25/19bdbbc2-6d15-11ea-a156-0048b62cdb51_story.html, accessed
March 25, 2020.

Reilly, James. *Strong Society, Smart State: The Rise of Public Opinion in China's Japan
Policy*. New York: Columbia University Press, 2012.

_____, "A Wave to Worry About? Public Opinion, Foreign Policy and China's Anti-Japa-
nese Protests." *Journal of Contemporary China* 23, no. 86 (2014): 197–215.

Roberts, Margaret E. *Censored: Distraction and Diversion inside China's Great Firewall*.
Princeton, NJ: Princeton University Press, 2018.

Rowen, Henry S. "When Will the Chinese People Be Free?" *Journal of Democracy* 18, no. 3
(July 2007): 38–62.

Russett, Bruce. *Grasping the Democratic Peace: Principles for a Post-Cold War World*.
Princeton, NJ: Princeton University Press, 1993.

Saich, Tony. "Negotiating the State: The Development of Social Organizations in China."
China Quarterly, no. 161 (March 2000): 124–41.

_____, *Providing Public Goods in Transitional China*. New York: Palgrave Macmillan, 2008.

Saunders, Phillip C., Arthur S. Ding, Andrew Scobell, Andrew N. D. Yang, and Joel Wuth-
now, eds. *Chairman Xi Remakes the PLA: Assessing Chinese Military Reforms*.
Washington, DC: National Defense University Press, 2018.

Schell, Orville, and John Delury. *Wealth and Power: China's Long March to the 21st Cen-
tury*. New York: Random House, 2014.

Schmitter, Philippe C., and Terry Lynn Karl. "What Democracy Is … and Is Not." *Journal
of Democracy* 2, no. 1 (Summer 1991): 75–88.

Schwartz, Jonathan, and Shawn Shieh, eds. *State and Society Responses to Social Welfare
Needs in China: Serving the People*. New York and London: Routledge, 2009.

Shambaugh, David. *China's Communist Party: Atrophy and Adaptation*. Berkeley and
Washington, DC: University of California Press and Woodrow Wilson Center Press,
2009.

_____, *China's Future*? Cambridge and Malden, MA: Polity, 2016.

_____, "The Dynamics of Elite Politics during the Jiang Era." *China Journal*, no. 45 (January 2001): 101–11.

"Shanghai Bishop Ma's Open Repentance Shocks Catholics." *UCAnews.com*, June 22, 2016. https://www.ucanews.com/news/shanghai-bishop-mas-open-repentance-shocks-catholics/76313, accessed September 7, 2019.

Shepherd, Christian. "China Outlaws Large Underground Protestant Church in Beijing." *Reuters*, September 9, 2018. https://www.reuters.com/article/us-china-religion/china-outlaws-large-underground-protestant-church-in-beijing-idUSKCN-1LQ07W, accessed April 1, 2019.

Shi, Tianjian. *The Cultural Logic of Politics in Mainland China and Taiwan*. New York: Cambridge University Press, 2015.

_____, "Village Committee Elections in China: Institutional Tactics for Democracy." *World Politics* 51, no. 3 (April 1999): 385–412.

Shieh, Shawn. "Remaking China's Civil Society in the Xi Jinping Era." *ChinaFile*, August 2, 2018, https://www.chinafile.com/reporting-opinion/viewpoint/remaking-chinas-civil-society-xi-jinping-era, accessed June 22, 2020.

Shieh, Shawn, and Guosheng Deng. "An Emerging Civil Society: The Impact of the 2008 Sichuan Earthquake on Grass-roots Associations in China." China Journal, no. 65 (January 2011): 181–94.

Shih, Gerry. "China Tightens Its Grip on Ethnic Hui." *Washington Post*, September 21, 2019. https://www.washingtonpost.com/world/asia_pacific/boiling-us-like-frogs-chinas-clampdown-on-muslims-creeps-into-the-heartland-finds-new-targets/2019/09/20/25c8bb08-ba94-11e9-aeb2-a101a1fb27a7_story.html, accessed September 21, 2019.

_____, "'If I Disappear': Chinese Students Make Farewell Messages amid Crackdowns over Labor Activism." *Washington Post*, May 25, 2019. https://www.washingtonpost.com/world/asia_pacific/if-i-disappear-chinese-students-make-farewell-messages-amid-crackdowns-over-labor-activism-/2019/05/25/6fc949c0-727d-11e9-9331-30bc5836f48e_story.html?utm_term=.e5cce0288eeb, accessed May 25, 2019.

Shih, Victor, Christopher Adolph, and Mingxing Liu. "Getting Ahead in the Communist Party: Explaining the Advancement of Central Committee Members in China." *American Political Science Review* 106, no. 1 (February 2012): 166–87.

Shih, Gerry, and Anna Kam. "Without Heroes or Martyrs: Hong Kong's Protest Movement Faces Its Defining Moment." *Washington Post*, August 16, 2019. https://www.washingtonpost.com/world/asia_pacific/without-heroes-or-martyrs-hong-kongs-protest-movement-faces-its-defining-moment/2019/08/16/d460ce74-bfe1-11e9-a8b0-7ed8a0d5dc5d_story.html, accessed August 20, 2019.

Shih, Gerry, and Emily Rauhala. "Angry over Campus Speech by Uighur Activist, Chinese Students in Canada Contact Their Consulate, Film Presentation." *Washington Post*, February 14, 2019. https://www.washingtonpost.com/world/angry-over-campus-speech-by-uighur-activist-students-in-canada-contact-chinese-consulate-film-presentation/2019/02/14/a442fbe4-306d-11e9-ac6c-14eea99d5e24_story.html?utm_term=.a29f9a462783, accessed February 14, 2019.

Shirk, Susan L. *China: Fragile Superpower: How China's Internal Politics Could Derail Its Peaceful Rise*. New York: Oxford University Press, 2007.

_____, ed. *Changing Media, Changing China*. New York: Oxford University Press, 2010.

Shue, Vivienne. "Legitimacy Crisis in China?" In Peter Hays Gries and Stanley Rosen, eds., *State and Society in 21st-Century China: Crisis, Contention and Legitimation*. New York: Routledge, 2004.

Simon, Karla. *Civil Society in China: The Legal Framework from Ancient Times to the "New Reform Era."* New York: Oxford University Press, 2013.

Slater, Dan. *Ordering Power: Contentious Politics and Authoritarian Leviathans in Southeast Asia*. New York: Cambridge University Press, 2010.

Smith, Graeme. "The Hollow State: Rural Governance in China." *China Quarterly*, no. 203 (September 2010): 601–18.

Smith, Tony. *Thinking Like a Communist: State and Legitimacy in the Soviet Union, China, and Cuba*. New York: W. W. Norton, 1987.

Snyder, Jack L. *From Voting to Violence: Democratization and Nationalist Conflict*. New York: W. W. Norton, 2000.

Snyder, Jack L., and Edward D. Mansfield. *Electing to Fight: Why Emerging Democracies Go to War*. Cambridge, MA: MIT Press, 2007.

Spires, Anthony J. "Lessons from Abroad: Foreign Influences on China's Emerging Civil Society." *China Journal*, no. 68 (July 2012): 125–46.

Spires, Anthony J., Lin Tao, and Kin-man Chan. "Societal Support for China's Grass-Roots NGOs: Evidence from Yunnan, Guangdong and Beijing." *China Journal*, no. 71 (January 2014), 65–90.

Steinhardt, H. Christoph, Linda Chelan Li, and Yihong Jiang. "The Identity Shift in Hong Kong since 1997: Measurement and Explanation." *Journal of Contemporary* China 27, no. 110 (2018): 261–76.

Stockmann, Daniela. *Media Commercialization and Authoritarian Rule in China*. New York: Cambridge University Press, 2012.

Stromseth, Jonathan R., Edmund J. Malesky, and Dimitar D. Gueorguiev. *China's Governance Puzzle: Enabling Transparency and Participation in a Single-Party State*. New York: Cambridge University Press, 2017.

Svolik, Milan. "Polarization versus Democracy." *Journal of Democracy* 30, no. 3 (July 2019): 20–32.

Tang, Wenfang. *Populist Authoritarianism: Chinese Political Culture and Regime Sustainability*. New York: Oxford University Press, 2016.

_____, "The Worshipping Atheist: Institutional and Diffused Religiosities in China." *China: An International Journal* 12, no. 3 (December 2014): 1–26.

Tang, Wenfang, and Benjamin Darr. "Chinese Nationalism and Its Political and Social

Origins." *Journal of Contemporary China* 21, no. 77 (2012), pp. 811–26.

Teets, Jessica C. *Civil Society under Authoritarianism: The China Model*. New York: Cambridge University Press, 2014.

_____, "The Evolution of Civil Society in Yunnan Province: Contending Models of Civil Society Management in China." *Journal of Contemporary China* 24, no. 91 (2015): 158–75.

_____, "Post-Earthquake Relief and Reconstruction Efforts: The Emergence of Civil Society in China?" *China Quarterly*, no. 198 (June 2009): 330–47.

Teets, Jessica C., and Oscar Almen. "Advocacy under Xi: NPO Strategies to Influence Policy Change." *Nonprofit Policy Forum*, 2018.

Teets, Jessica C., and Shawn Shieh, "CSOs as Social Entrepreneurs in China: Strategic Rebranding or Evolution?" forthcoming.

Teiwes, Frederick C. "The Politics of Succession: Previous Patterns and a New Process." In Wong, John and Yongnian Zheng, eds. *China's Post-Jiang Leadership Succession: Problems and Perspectives*, 21–58. Singapore: Singapore University Press and World Scientific Publishing, 2002.

Thornton, Patricia M. "The New Life of the Party: Party–Building and Social Engineering in Greater Shanghai." *China Journal*, no. 68 (July 2012): 58–78.

Tong, James. "The Devil Is in the Local: Provincial Religious Legislation in China, 2005–2012." *Religion, State and Society* 42, no. 1 (March 2014): 66–88.

_____, "The New Religious Policy in China: Catching Up with Systemic Reforms." *Asian Survey* 50, no. 5, (September/October 2010): 859–87.

Tong, Yanqi. "State, Society, and Political Change in China and Hungary." *Comparative Politics* 26, no. 3 (April 1994): 333–53.

Truex, Rory. *Making Autocracy Work: Representation and Responsiveness in Modern China*. New York: Cambridge University Press, 2016.

_____, "Focal Points, Dissident Calendars, and Preemptive Repression." *Journal of Conflict Resolution* 63, no. 4 (April 2019): 1032–52.

Tsai, Kellee S. *Capitalism without Democracy: The Private Sector in Contemporary China*. Ithaca, NY: Cornell University Press, 2007.

Tsai, Lily Lee. *Accountability without Democracy: Solidary Groups and Public Goods Provision in Rural China*. New York: Cambridge University Press, 2007.

Unger, Jonathan, ed. *Using the Past to Serve the Present: Historiography and Politics in Contemporary China*. Armonk, NY: M. E. Sharpe, 1993.

Unger, Jonathan, and Anita Chan. "China, Corporatism, and the East Asian Model." *The Australian Journal of Chinese Affairs*, no. 33 (January 1995): 29–53.

Uretsky, Elanah. *Occupational Hazards: Sex, Business, and HIV in Post-Mao China*. Stanford: Stanford University Press, 2016.

Vala, Carsten T. *The Politics of Protestant Churches and the Party-State in China: God above Party?* London and New York: Routledge, 2017.

_____, "Protestant Christianity and Civil Society in Authoritarian China: The Impact of Official Churches and Unregistered 'Urban Churches' on Civil Society Development in the 2000s." *China Perspectives*, no. 3 (July 2012): 43–52.

Vala, Carsten T., and Kevin O'Brien. "Attraction without Networks: Recruiting Strangers to Unregistered Protestantism in China." *Mobilization: An International Quarterly* 12, no. 1 (March 2007): 79–94.

Van der Kamp, Denise, Peter Lorentzen, and Daniel Mattingly. "Racing to the Bottom or to the Top? Decentralization, Revenue Pressures, and Governance Reform in China." *World Development* 95 (July 2017): 164–76.

Veg, Sebastian. "'The Rise of 'Localism' and Civic Identity in Post-Handover Hong Kong: Questioning the Chinese Nation-State." *China Quarterly*, no. 230 (June 2017): 323–47.

Walder, Andrew G. "The Decline of Communist Power: Elements of a Theory of Institutional Change." *Theory and Society* 23, no. 2 (April 1994): 297–323.

Wallace, Jeremy L. *Cities and Stability: Urbanization, Redistribution and Regime Survival in China*. New York: Oxford University Press, 2014.

Wallace, Jeremy L., and Jessica Chen Weiss. "The Political Geography of Nationalist Protest in China." *China Quarterly*, no. 222 (June 2015): 403–29.

Wang, Jianwei, and Xiaojie Wang. "Media and Chinese Foreign Policy." *Journal of Contemporary China* 23, no. 86, (March 2014): 216–35.

Wang, Shaoguang. "Changing Models of China's Policy Agenda Setting." *Modern China* 34, no. 1 (January 2008): 56–87.

_____, "Money and Autonomy: Patterns of Civil Society Finance and Their Implications." *Studies in Comparative International Development* 40, no. 4 (Winter 2006): 3–29.

Wang, Yuhua. *Tying the Autocrat's Hand: The Rise of the Rule of Law in China*. New York: Cambridge University Press, 2015.

Wang, Yuhua, and Carl Minzner. "The Rise of the Chinese Security State." *China Quarterly*, no. 222 (June 2015): 339–59.

Wang, Zheng. *Never Forget National Humiliation: Historical Memory in Chinese Politics*. New York: Columbia University Press, 2012.

Wang, Zhengxu, and Anastas Vangeli. "The Rules and Norms of Leadership Succession in China: From Deng Xiaoping to Xi Jinping and Beyond." *China Journal*, no. 76 (July 2016): 24–40.

Wedeman, Andrew. *Double Paradox: Rapid Growth and Rising Corruption in China*. Ithaca, NY: Cornell University Press, 2012.

Wee, Sui-Lee, and Paul Mozur. "China Uses DNA to Map Faces, with Help from the West." *New York Times*, December 10, 2019. https://www.nytimes.com/2019/12/03/business/china-dna-uighurs-xinjiang.html?smid=nytcore-ios-share, accessed December 20, 2019.

Wee, Sui-Lee, and Vivian Wang. "Here's How Wuhan Plans to Test All 11 Million of Its People for Coronavirus." *New York Times*, May 15, 2020. https://www.nytimes.

com/2020/05/14/world/asia/coronavirus-testing-china-wuhan.html?refer-
ringSource=articleShare, accessed May 15, 2020.

Weiss, Jessica Chen. "Autocratic Signaling, Mass Audiences and Nationalist Protest in
China." *International Organization* 67, no. 1 (January 2013): 1–35.

_____, "How Hawkish Is the Chinese Public? Another Look at 'Rising Nationalism' and
Chinese Foreign Policy." *Journal of Contemporary China* 28, no. 119 (2019): 679–95.

_____, *Powerful Patriots: Nationalist Protest in China's Foreign Relations*. New York: Ox-
ford University Press, 2014.

Weller, Robert, and Sun Yanfei. "Religion: The Dynamics of Religious Growth and
Change." In Joseph Fewsmith, ed., *China Today, China Tomorrow: Domestic Politics,
Economy, and Society*. Lanham, MD: Rowman & Littlefield Publishers, 2010.

White, Gordon, Jude Howell, and Shang Xiaoyuan. *In Search of Civil Society: Market Re-
form and Social Change in Contemporary China*. Oxford: Oxford University Press,
1996.

Whiting, Susan. "The Cadre Evaluation System at the Grass Roots: The Paradox of Party
Rule." In Barry Naughton and Dali Yang, eds. *Holding China Together: Diversity
and National Integration in the Post-Deng Era*. New York: Cambridge University
Press, 2004.

Wines, Michael. "Liang Congjie, Chinese Environmental Pioneer, Dies at 78." *New
York Times*, October 10, 2010. https://www.nytimes.com/2010/10/30/world/
asia/30liang.html, accessed July 17, 2019.

Wong, Edward. "China's Global Message: We Are Tough but Not Threatening." *New
York Times*, October 2, 2019. https://www.nytimes.com/2019/10/02/world/asia/
china-world-parade-military.html?smid=nytcore-ios-share, accessed October 3,
2019.

Woods, Jackson S., and Bruce J. Dickson. "Victims and Patriots: Disaggregating National-
ism in Urban China." *Journal of Contemporary China* 26, no. 104 (2017): 167–82.

Wright, Daniel B. *The Promise of the Revolution: Stories of Fulfillment and Struggle in
China's Hinterland*. Lanham, MD: Rowman & Littlefield, 2003.

Wright, Teresa. *Accepting Authoritarianism: State-Society Relations in China's Reform
Era*. Stanford: Stanford University Press, 2010.

_____, *Popular Protest in China*. Medford, MA: Polity Press, 2018.

Yan, Xiaojun, and Kai Zhou. "Fighting the Prairie Fire: Why Do Local Party-States in
China Respond to Contentious Challengers Differently?" *China: An International
Journal* 15, no. 4 (November 2017): 43–68.

Yang, Fenggang. *Religion in China: Survival and Renewal under Communist Rule*. New
York: Oxford University Press, 2012.

Yang, Guobin. *The Power of the Internet in China: Citizen Activism Online*. New York,
NY: Columbia University Press, 2009.

Yang, Yuan. "Inside China's Crackdown on Young Marxists." *Financial Times*, February
13, 2019. https://www.ft.com/content/fd087484-2f23-11e9-8744-e7016697f225,

accessed March 28, 2019. Yu, Elaine, and Austin Ramzy. "Amid Pandemic, Hong Kong Arrests Major Pro-Democracy Figures." *New York Times*, April 18, 2020. https://www.nytimes.com/2020/04/18/world/asia/hong-kong-arrests.html, accessed April 20, 2020.

Zhao, Ziyang. *Prisoner of the State: The Secret Journal of Premier Zhao Ziyang*. New York: Simon and Schuster, 2009.

Zhao, Suisheng. "A State-Led Nationalism: The Patriotic Education Campaign in Post-Tiananmen China." *Communist and Post-Communist Studies* 31, no. 3 (September 1998): 287–302.

_____, "Xi Jinping's Maoist Revival." *Journal of Democracy* 27, no. 3 (July 2016): 83–97.

Zhao, Tan. "Vote Buying and Land Takings in China's Village Elections." *Journal of Contemporary China* 27, no. 110 (2018): 277–94.

Zheng, Yongnian, and Gang Chen. "Xi Jinping's Rise and Political Implications." *China: An International Journal* 7, no. 1 (2009): 1–30.

Zhong, Raymond, and Paul Mazur. "Tech Giants Feel the Squeeze as Xi Jinping Tightens His Grip." *New York Times*, May 2, 2018. https://www.nytimes.com/2018/05/02/technology/china-xi-jinping-technology-innovation.html, accessed August 17, 2018.

Zhu, Guobin. "Prosecuting 'Evil Cults:' a Critical Examination of Law Regarding Freedom of Religious Belief in Mainland China." *Human Rights Quarterly* 32, no. 3 (2010): 471–501.

Zhu, Jiangnan, and Dong Zhang. "Weapons of the Powerful: Authoritarian Elite Competition and Politicized Anticorruption in China." *Comparative Political Studies* 50, no. 9 (August 2017): 1186–1220.

Zhu, Zi. "Backfired Government Action and the Spillover Effect of Contention: A Case Study of the Anti-PX Protests in Maoming, China." *Journal of Contemporary China* 26, no. 106(2017): 521–35.

찾아보기

당과 인민

2024년 4월 19일 1판 1쇄

지은이
브루스 J. 딕슨

옮긴이
박우

편집
이진, 이창연, 홍보람, 조연주

디자인
김효진

제작
박흥기

마케팅
이병규, 이민정, 김수진, 강효원

홍보
조민희

인쇄
천일문화사

제책
J&D바인텍

펴낸이
강맑실

펴낸곳
(주)사계절출판사

등록
제406-2003-034호

주소
(우)10881 경기도 파주시 회동길 252

전화
031)955-8588, 8558

전송
마케팅부 031)955-8595, 편집부 031)955-8596

홈페이지
www.sakyejul.net

전자우편
skj@sakyejul.com

블로그
blog.naver.com/skjmail

페이스북
facebook.com/sakyejul

트위터
twitter.com/sakyejul

값은 뒤표지에 적혀 있습니다. 잘못 만든 책은 서점에서 바꾸어드립니다.

사계절출판사는 성장의 의미를 생각합니다.
사계절출판사는 독자 여러분의 의견에 늘 귀 기울이고 있습니다.

ISBN 979-11-6981-192-7 03340